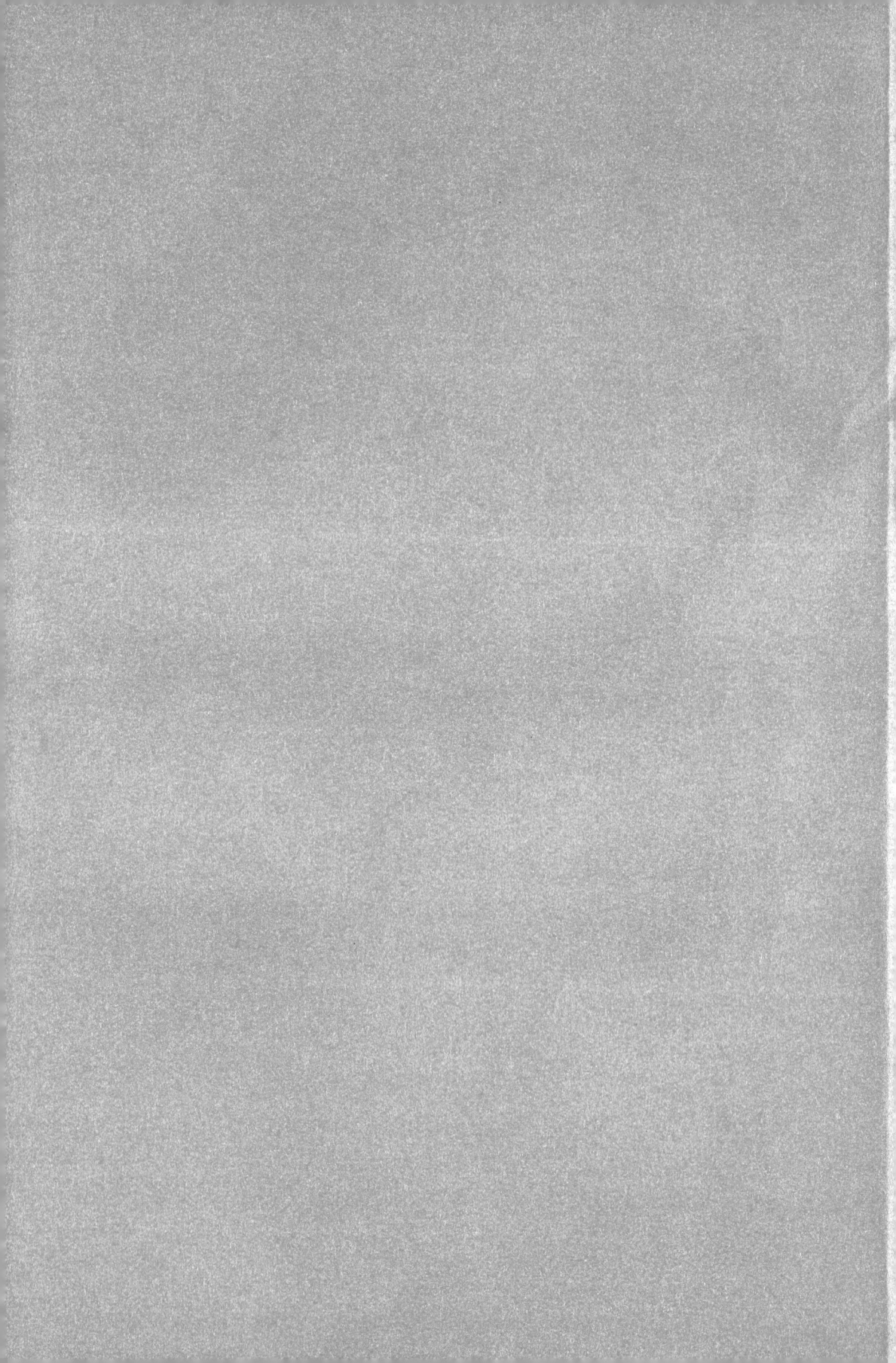

刘诗白 — 著

刘诗白

选集

第二卷

《资本论》研究

四川人民出版社

图书在版编目（CIP）数据

《资本论》研究 / 刘诗白著. — 成都：四川人民出版社，2018.12
（刘诗白选集；第二卷）
ISBN 978-7-220-10866-2

Ⅰ.①资…　Ⅱ.①刘…　Ⅲ.①《资本论》—马克思著作研究—文集　Ⅳ.①A811.23-53

中国版本图书馆CIP数据核字（2018）第184515号

ZIBENLUN YANJIU

《资本论》研究

刘诗白　著

责任编辑	徐　英
封面设计	陆红强
版式设计	戴雨虹
责任校对	王　璐　袁晓红
责任印制	王　俊
出版发行	四川人民出版社（成都槐树街 2 号）
网　　址	http://www.scpph.com
E-mail	scrmcbs@sina.com
新浪微博	@ 四川人民出版社
微信公众号	四川人民出版社
发行部业务电话	（028）86259624　86259453
防盗版举报电话	（028）86259624
照　　排	四川胜翔数码印务设计有限公司
印　　刷	成都东江印务有限公司
成品尺寸	170mm×240mm
印　　张	28
字　　数	340 千
版　　次	2018 年 12 月第 1 版
印　　次	2018 年 12 月第 1 次印刷
书　　号	ISBN 978-7-220-10866-2
全套定价	3000.00 元（全 13 卷）

目 录

论文

刘诗白选集

论《资本论》中的生产劳动理论[①]

关于生产劳动的理论，在马克思主义政治经济学理论体系中占主要地位。马克思在1863年写的《资本论》草稿中，把关于"生产劳动和非生产劳动"的问题，作为《资本论》第一卷的剩余价值理论的一个重要组成部分，特别是作为阐明资本的生产性的一个论题。深入研究这一问题，对进一步理解马克思的剩余价值理论有重要的意义。对社会主义国家来说，弄清生产劳动的理论，将有助于人们去解决社会主义国民经济中的社会劳动的合理组织，以最充分地发挥劳动的生产性，加速社会主义现代化的步伐。特别是20世纪70年代以来，无论是世界马克思主义理论界和西方资产阶级经济学界，对于这个问题都进行了热烈的讨论。近年来我国理论界对社会主义生产劳动的意见更是众说纷纭，因而研究这一问题，不仅具有重要的理论意义，而且也具有重大的现实意义。

---

① 这是一篇未发表的论文，写于1981年。

一、资产阶级古典经济学关于生产劳动和非生产劳动的理论

马克思关于生产劳动和非生产劳动的理论，是在批判地继承资产阶级古典经济学在这方面的研究成果的基础上，特别是在批判继承亚当·斯密关于这一问题的积极成果的基础上建立起来的，因此，为了阐明马克思的生产劳动理论，有必要首先对古典经济学关于生产劳动的理论作一概述。

关于生产劳动的理论是近代资本主义经济萌生期的资产阶级政治经济学中的一个论题。英国晚期的重商主义者戴韦特站在商业资本家的立场上，对生产劳动与非生产劳动作出了最早的论述，他把英国的臣民分为两个主要阶级：一个是"增加王国财富"的阶级，一个是"减少王国财富"的阶级。在他看来，前者是"生产的"，后者是"非生产的"。马克思认为，戴韦特的这种区分表明了他的重商主义立场，他把爵士、骑士、贵族、大小官吏、从事海上贸易的商人、法律家、教士、土地所有者、租地农场主、大小商人、海陆军军官等一大批寄生者都列入生产阶级，而把农业工人和制造业短工、农民等划在非生产阶级之内，这是十分荒谬的。[1]

资产阶级古典政治经济学对资本主义的生产劳动与非生产劳动的问题作了有益的探讨。马克思说："配第也已经有了生产劳动者的概念。"[2]配第在考察如何通过赋税以增加国家财富时，实际上已经提出了生产劳动是生产物质产品的劳动的概念，但是，他把士兵和土地耕

---

[1] 《马克思恩格斯全集》第26卷 I，人民出版社，1972年，第171~172页。

[2] 《马克思恩格斯全集》第26卷 I，人民出版社，1972年，第173页。

作者、海员、手工业者、商人都一样看成生产劳动者。此外，他还把生产金银的劳动看成最具有生产性的劳动，这表明他还未能摆脱重商主义的生产劳动观。

重农主义论证了创造剩余价值的劳动是生产性劳动的正确见解。但是，又把生产劳动规定为生产农产品这一特殊使用价值，即能创造"纯产品"的农业劳动，这一观点是错误的。马克思说："重农学派错误地认为，只有农业劳动才是生产的，但是他们坚持了正确的见解，即从资本主义观点来看，只有创造剩余价值的劳动……才是生产的。"[①]

古典经济学的杰出代表亚当·斯密，进一步阐述了有关生产劳动与非生产劳动的理论。斯密发展了配第和重农学派关于生产劳动是带来剩余价值的劳动的思想。斯密摆脱了重商主义和重农主义把剩余价值的生产归结为劳动的具体形式（生产金银或某种特殊的使用价值的劳动）的错误见解，他从劳动的具体形式抽取出共同本质，论证了不管是工业劳动、农业劳动、生产金银的劳动，只要它是一般的社会劳动，只要它是能提供剩余价值的劳动，就是生产劳动。这样，斯密关于生产劳动的论述就"摆脱了错误的表述方式，从而揭示出它的内核"[②]。

斯密对生产劳动作出了两种解释。第一种解释是，生产劳动是同资本交换的劳动，他在论述生产性劳动时说："制造业工人的劳动，通常会把维持自身生活所需的价值与提供雇主利润的价值，加在所加工的原材料的价值上。反之，家仆的劳动，却不能增加什么价值。"[③]关于生产劳动是与资本相交换的劳动，非生产劳动是与收入相交换的

---

① 《马克思恩格斯全集》第26卷Ⅰ，人民出版社，1972年，第144页。

② 《马克思恩格斯全集》第26卷Ⅰ，人民出版社，1972年，第144页。

③ 亚当·斯密：《国民财富的性质和原因的研究》上卷，商务印书馆，1972年，第303页。

劳动的论点，是斯密关于生产劳动的理论中的科学因素，这一科学的见解阐明了在资本主义经济中，资本家雇用什么样的劳动才能使他的资本增殖，使他的资本具有生产性，使他进一步"变富"，而另一方面，什么样的雇用劳动，不仅不能使他的资本增殖，起不到发财致富的效果，甚至还要消耗他的收入，削弱资本积累，甚至要"蚕食了资本"[①]，使他"变穷"。马克思在论述斯密关于生产劳动的理论时，指出：斯密的"巨大科学功绩之一……就在于，他下了生产劳动是直接同资本交换的劳动这样一个定义"[②]。又说："这里，从资本主义生产的观点给生产劳动下了定义，亚当·斯密在这里触及了问题的本质，抓住了要领。"[③]"斯密对生产劳动和非生产劳动的区分，仍然是全部资产阶级政治经济学的基础。"[④]

斯密上述关于生产劳动的定义，是从劳动所体现的生产关系来区分它的生产性和非生产性的。马克思说，斯密上述对劳动的生产性与非生产性的区分"不是从劳动的物质规定性（不是从劳动产品的性质，不是从劳动作为具体劳动所固有的特性）得出来的，而是从一定的社会形式，从这个劳动借以实现的社会生产关系得出来的"[⑤]。从劳动的物质规定性来看，饭店的厨师和缝纫厂的缝纫工和家庭的厨师与缝纫工，就其劳动的具体形式和劳动成果来看，都是同样的使用价值，但前者是生产劳动，后者却是非生产劳动。马克思说："生产劳动和非生产劳动的这种区分本身，……既同劳动独有的特殊性毫无关

---

① 《马克思恩格斯全集》第26卷Ⅰ，人民出版社，1972年，第311页。

② 《马克思恩格斯全集》第26卷Ⅰ，人民出版社，1972年，第148页。

③ 《马克思恩格斯全集》第26卷Ⅰ，人民出版社，1972年，第148页。

④ 《马克思恩格斯全集》第26卷Ⅰ，人民出版社，1972年，第148页。

⑤ 《马克思恩格斯全集》第26卷Ⅰ，人民出版社，1972年，第148页。

系，也同劳动的这种特殊性借以体现的特殊使用价值毫无关系。"①所不同者是这两种劳动体现的是不同的社会生产关系。

斯密对生产劳动做了第二种解释：生产劳动是物化在商品中的劳动。马克思指出，按照斯密的第二个定义："生产劳动就是生产商品的劳动，非生产劳动就是生产个人服务的劳动。前一种劳动表现为某种可以出卖的物品；后一种劳动在它进行的时候就要被消费掉。前一种劳动（创造劳动能力本身的劳动除外）包括一切以物的形式存在的物质财富和精神财富，既包括肉，也包括书籍；后一种劳动包括一切满足个人某种想象的或实际的需要的劳动，甚至违背个人意志而强加给个人的劳动。"②斯密说："牧师、医生、文人；……演员、歌手、舞蹈家……这一类劳动中，就连最高贵的，亦不能生产什么东西供日后购买等量劳动之用。象演员的对白，雄辩家的演说，音乐家的歌唱，他们这一般人的工作，都是随生随灭的。"③斯密根据这种服务劳动不创造物质产品和不创造价值的性质，把它们的生产者归为非生产劳动者。马克思说："这里，'生产的'和'非生产的'这些术语是在和原来不同的意义上说的。这里谈的已经不是剩余价值的生产……这里谈的是：一个劳动者，只要他用自己的劳动把他的工资所包含的那样多的价值量加到某种材料上，提供一个等价来代替已消费的价值，他的劳动就是生产劳动。这里就越出了和社会形式有关的那个定义的范围，越出了用劳动者对资本主义生产的关系来给生产劳动者和非生产劳动者下定义的范围。"④马克思说："可以看出，斯密走入这

<hr>

① 《马克思恩格斯全集》第26卷Ⅰ，人民出版社，1972年，第151页。
② 《马克思恩格斯全集》第26卷Ⅰ，人民出版社，1972年，第165页。
③ 亚当·斯密：《国民财富的性质和原因的研究》上卷，商务印书馆，1972年，第304页。
④ 《马克思恩格斯全集》第26卷Ⅰ，人民出版社，1972年，第153页。

条歧途。"①斯密关于生产劳动的第二个定义表明了他的理论尚未摆脱重农主义的影响。"这样，在重农学派的影响下，同时在反对重农学派的情况下，便产生了他对'生产劳动'的第二个定义。"②

马克思认为，斯密的第二个定义离开了社会规定性来给生产劳动下定义，这显然是错误的，但是，它也有其合理的因素。（1）斯密把生产劳动解释为生产商品的劳动，是符合资本主义实际的，因为"商品是资产阶级财富的最基本的元素的形式。因此，把'生产劳动'解释为生产'商品'的劳动，比起把生产劳动解释为生产资本的劳动来，符合更基本得多的观点"。③（2）斯密的第二个定义与第一个定义存在着内在的逻辑联系。斯密的第一个定义指明生产劳动是带来剩余价值的劳动，怎样理解剩余价值，"自然取决于所理解的价值本身具有什么形式"④。重商主义从价值形式上去理解价值，在他们看来，价值表现为货币，从而把能增加货币量的劳动看成生产劳动。重农学派把价值归结为使用价值，把剩余价值理解为土地的"纯产品"，从而把生产"纯产品"的农业劳动看成生产劳动。斯密克服了两者的片面性，从使用价值和交换价值的统一性上去理解价值，把价值看作表现在有用产品中的一般社会劳动，认为生产商品的劳动就是生产剩余价值的劳动⑤。因此，马克思对斯密关于生产劳动的第二个定义，不是简单的否定，而是指出其错误的同时肯定其合理的因素，并把它作为第一个定义的补充定义。马克思说："可以认为，生产工人即生产资

---

① 《马克思恩格斯全集》第26卷Ⅰ，人民出版社，1972年，第153页。

② 《马克思恩格斯全集》第26卷Ⅰ，人民出版社，1972年，第154页。

③ 《马克思恩格斯全集》第26卷Ⅰ，人民出版社，1972年，第165~166页。

④ 《马克思恩格斯全集》第26卷Ⅰ，人民出版社，1972年，第166页。

⑤ 《马克思恩格斯全集》第26卷Ⅰ，人民出版社，1972年，第166页。

本的工人的特点，是他们的劳动物化在商品中，物化在物质财富中。这样一来，生产劳动，除了它那个与劳动内容完全无关、不以劳动内容为转移的具有决定意义的特征之外，又得到了与这个特征不同的第二个定义，补充的定义。"[①]

二、马克思论劳动的社会规定性是生产劳动的本质特征

马克思以前的古典经济学家在生产劳动上既有科学见解，又有庸俗的论点，他们不能把科学见解贯彻到底。马克思批判了资产阶级古典经济学的生产劳动理论中的庸俗因素，继承了这一学说的积极成果，特别是批判地继承了斯密关于生产劳动的论述中的积极成果，建立了关于资本主义生产劳动的科学理论。这一理论通过对资本投放的各个不同领域的雇佣劳动对剩余价值的生产、实现与分配的关系的分析，进一步丰富了资本与剩余价值的理论。马克思根据历史唯物主义的基本原理，特别是以剩余价值的理论为基础，科学地阐明了资本主义制度下生产劳动的性质，阐明了划分生产劳动与非生产劳动的科学标准，论述了生产劳动所采取的原本形式与多样的转化形式，以及物质生产领域的生产劳动和非物质生产领域的生产劳动的关系，等等。马克思关于生产劳动与非生产劳动的理论，有着极为丰富的内容，它的基本原理也是我们分析社会主义的生产劳动的重要理论依据。

按照马克思政治经济学的研究方法与确立经济范畴的方法，生产劳动与非生产劳动，或者劳动的生产性与非生产性，乃是劳动的社会规定性而不是劳动的自然属性。马克思摒弃了资产阶级古典经济学如

[①] 《马克思恩格斯全集》第26卷Ⅰ，人民出版社，1972年，第442页。

重农主义所采用的以劳动的自然形式与物质内容——比如说以提供纯产品的生产小麦的农业劳动——来作为评判劳动生产性的标准，更批判了资产阶级庸俗经济学如萨伊之流所采用的以劳动能提供某种效用，具有满足一般人类需要的效果来评判劳动的生产性的错误理论，从而揭穿了这种强调各种劳动的同一性，把它们均说成生产性劳动的辩护性质。在马克思主义经济学中，生产劳动乃是一个经济范畴，即社会生产关系的理论表现，划分生产劳动与非生产劳动的标准是劳动的社会规定性，这样，马克思就真正创立了关于劳动的生产性与非生产性的科学理论，并把这一理论纳入他的政治经济学的理论体系之中。

马克思根据历史唯物主义关于生产关系的历史性的原理，把生产劳动放在特定的历史条件下，即特定的社会生产关系下来考察。他认为这种劳动的生产性与非生产性，总是要体现某一特殊生产关系的性质和表现某一特殊的生产当事人的评判标准。马克思在《资本论》中全面而深入地论述了资本主义生产劳动的性质，阐明了它是特殊的资本主义生产关系下的生产劳动，这一劳动的生产性，是受资本所规定的。他指出：资本主义生产劳动是能够实现资本的生产性，即使垫支的资本带来一个增量，引起资本增殖的劳动。马克思说：生产劳动是"生产资本的劳动"，"只有直接转化为资本的劳动，也就是说，只有使可变资本成为可变的量，因而使整个资本C等于C+Δ的劳动，才是生产的"[1]。或者用马克思的更简洁的定义："什么是生产劳动呢？就是创造剩余价值的劳动"[2]。

---

[1] 《马克思恩格斯全集》第26卷Ⅰ，人民出版社，1972年，第422页。
[2] 《马克思恩格斯全集》第26卷Ⅰ，人民出版社，1972年，第199页。

在这里，生产性的劳动，是从资本主义生产当事人，即从资本家的观点来看的，而不是从一般的生产者来看的。"这里，生产劳动和非生产劳动始终是**从货币所有者、资本家的角度**来区分的，不是从**劳动者**的角度来区分的。"①如果说，对于一个从事自给生产的个体农民来说，能给他提供足以维持自身及其家庭的必要生活资料的劳动，就可以说是生产的；对于一个小商品生产者来说，能够生产一个在交换中能补偿生产中的物质和劳动消耗，维持小商品经济的再生产的劳动，就是生产的；对于一个作为资本的人格化的资本家来说，由于"资本主义生产的目的是发财致富，是价值的增殖，是价值的增大，因而是保存原有价值并创造剩余价"②，那么，只有那种能够给垫支资本带来增殖额的劳动，才能是生产的。

因此，马克思把劳动的生产性问题作为实现资本的生产性，即资本的增殖性问题提出来，他把用资本来交换、雇用，并使资本增殖的劳动当作生产的。马克思在1861年写作《资本论》的第一部分的计划草稿中，以及1861～1863年所写作的《剩余价值理论》手稿的附录中，把生产劳动与非生产劳动作为剩余价值理论中的一个论题，是从资本借剩余价值而表现其生产性的角度，来论述劳动的生产性，马克思说："同资本相对立的劳动，怎样或者说为什么表现为生产的，表现为生产劳动呢？劳动的生产力就是资本的生产力，而劳动能力所以是生产的，是由于它的价值和它创造的价值之间有差别。"③可见，资本主义生产劳动是"从资本的观点来看什么是生产劳动的问题"④。马

---

① 《马克思恩格斯全集》第26卷Ⅰ，人民出版社，1972年，第148页。

② 《马克思恩格斯全集》第26卷Ⅰ，人民出版社，1972年，第430页。

③ 《马克思恩格斯全集》第26卷Ⅰ，人民出版社，1972年，第422页。

④ 《马克思恩格斯全集》第26卷Ⅰ，人民出版社，1972年，第422页。

克思指出，不能把"同一般说来哪一种劳动是生产的或什么是生产劳动的问题混为一谈"①。"不是劳动的这种具体性质，不是劳动的使用价值本身，……不是这一点使劳动在资本主义生产体系中打上生产劳动的印记。"②"我们所说的生产劳动，是指社会地规定了的劳动，这种劳动包含着劳动的买者和卖者之间的一个十分确定的关系。"③"把生产劳动同其他种类的劳动区分开来是十分重要的，因为这种区分恰恰表现了那种作为整个资本主义生产方式以及资本本身的基础的劳动的形式规定性。"④

归根到底，马克思是把生产与增殖资本的劳动作为生产劳动，这是从劳动的社会规定性来给生产劳动所下的定义，这是"对劳动所下的同劳动的一定内容，同劳动的特殊效用或劳动所借以表现的特殊使用价值绝对没有任何直接关系的定义"⑤。

马克思论述了生产与增殖资本的劳动是生产劳动，这一表述抓住了资本主义生产关系中劳动的生产性的本质特征，它克服了斯密关于具有物化形式和创造商品价值的劳动是生产劳动的第二个定义的缺陷。因为根据斯密的后一个定义，（1）个体小商品生产者的劳动由于也创造物化形态的商品，也创造价值，从而他的劳动也是具有生产性的了。（2）那些盲目投资于生产，那些业已过剩的，为社会所不需要的商品的劳动——也创造价值，但却是带来亏损，不能带来剩余价值的劳动——也是具有生产性的了。（3）那些被资本家叫到家里来缝制

---

① 《马克思恩格斯全集》第26卷Ⅰ，人民出版社，1972年，第422页。
② 《马克思恩格斯全集》第26卷Ⅰ，人民出版社，1972年，第431页。
③ 《马克思恩格斯全集》第26卷Ⅰ，人民出版社，1972年，第426页。
④ 《马克思恩格斯全集》第26卷Ⅰ，人民出版社，1972年，第426页。
⑤ 《马克思恩格斯全集》第26卷Ⅰ，人民出版社，1972年，第432页。

衬衣的女裁缝、修理工、厨师等，由于他们也把自己的劳动固定在某种物上，仿佛也创造了价值，因而实际上却只是提供消费性服务的劳动也是具有生产性的了。显然，这些劳动，尽管具有物化的形态，它结出物质产品之果，但是它却缺少使资本增殖，即形成与带来剩余价值这一资本主义生产劳动的最重要的本质特征。特别是资本家用于役使家内仆役的服务劳动的货币支出，"是用于我的消费的一笔支出，这不是我的货币的增加，倒是我的货币的减少。这决不是发财致富的手段"[①]，因而这些劳动绝不是生产的。马克思详尽地阐述道，如果按照斯密的第二个定义，那些歌女、演员、医生、教师等劳动者的不固定与不物化在商品中，没有"耐久性"的服务劳动，就不可能是生产劳动。但是在资本主义经济不断发展的情况下，这种服务性劳动也从属于资本，成为资本家的雇佣劳动，他实现的收入不仅能够补偿自己的工资并能提供一个利润，这种服务劳动与物质生产劳动就具有共同的经济特征——使资本增殖，因而它表现为生产劳动。马克思说："密尔顿创作《失乐园》得到5镑，他是非生产劳动者。相反，为书商提供工厂式劳动的作家，则是生产劳动者。……一个自行卖唱的歌女是非生产劳动者。但是，同一个歌女，被剧院老板雇用，……她就是生产劳动者，因为她生产资本。"[②]

可见，区分生产劳动与非生产劳动的标准应该是劳动的经济性质而不是劳动的具体形式与自然属性。把固定和物化在可出卖的商品中的劳动作为生产劳动的本质特征是错误的。

---

① 《马克思恩格斯全集》第26卷Ⅰ，人民出版社，1972年，第433页。
② 《马克思恩格斯全集》第26卷Ⅰ，人民出版社，1972年，第432页。

三、把生产劳动范畴内涵规定为劳动的社会规定性与劳动的物质生产性的统一

区分生产劳动与非生产劳动，固然是取决于由特定的生产关系所决定的劳动的社会规定性。但是，劳动的社会规定的生产性，从根本上说，并不是可以脱离劳动的物质生产性的，恰恰相反，劳动具有生产性，正是以劳动的物质生产性为前提和基础的。因而，可以说，任何生产劳动一方面是具有创造物质产品这一生产劳动一般的性质，另一方面又具有生产劳动的特殊的社会规定性，是以上两方面的统一。

在关于生产劳动与非生产劳动的讨论中，有的同志认为，既然生产劳动与非生产劳动由劳动的社会经济性质来区分，因而劳动的生产性是与劳动的物质生产性完全不相干的。这种论点实际上是脱离了物质生产这一一般劳动的本质特征来谈论劳动的社会生产性，或者是用劳动的由社会生产关系所赋予的特性来取消劳动的物质生产的一般内容，这种论点是值得商榷的。

必须指出，马克思在强调劳动的社会经济性质是生产劳动的本质特征时，他并没有抛开劳动的物质生产的性质，而是指出了生产劳动体现了劳动的物质生产性与劳动的社会规定性的双重内容。马克思在论述资本主义生产劳动生产剩余价值的实质时并没有抛弃劳动的物质生产的性质，恰恰相反，他阐明了这一生产劳动是剩余价值的增殖与物质生产的统一。

把剩余价值生产与物质生产统一起来考察，是马克思剖析资本主义生产过程的基本方法。这一研究经济事物的二重性的方法，是马克思创立的政治经济学研究中的辩证方法的体现。马克思根据唯物辩证法的对立统一规律，把社会经济活动与过程作为具有物质规定性与社

会规定性的二重物。马克思一方面将经济活动与过程的上述二重规定性严格加以区别，并阐明了政治经济学要以生产关系为研究对象，但是另一方面马克思又强调政治经济学在分析社会经济过程时，在揭示其社会生产关系的本质特征时，还要阐明这一社会经济过程的物质内容，也就是要采用通过研究物的运动来找出体现附翼和隐藏在物的运动后面的社会生产关系的方法。马克思用分析经济事物与过程的二重性的方法来剖析资本主义生产的二重性，指出：资本主义"生产过程是劳动过程和价值增殖过程的直接统一，正象生产过程的直接结果商品，是使用价值和交换价值的直接统一一样。"①马克思也论述了资本主义生产劳动的二重性：一方面它具有生产剩余价值的这一本质规定性；另一方面，它还具有作为一切生产劳动的共同内容的劳动的物质生产性。马克思1863年写的《直接生产过程的结果》就指出："从一般劳动过程的单纯观点出发，实现在产品中的劳动，更切近些说，实现在商品中的劳动，对我们就表现为生产劳动。但从资本主义生产过程的观点出发则要加上更切近的规定：生产劳动是直接增殖资本的劳动或直接生产剩余价值的劳动……"②（重点是引者所加）。

这里是把生产物质产品的性质，即生产劳动一般作为生产劳动的第一重规定或前提，把生产剩余价值作为生产劳动的另一重的、本质的规定。而且马克思紧接着又说："资本主义劳动过程并不能消除劳动过程的一般规定。劳动过程生产产品与商品。只要劳动物化在商品即使用价值与交换价值的统一中，这种劳动就始终是生产的。"③

《资本论》在分析资本主义生产劳动时，它采用了生产劳动一

① 马克思：《直接生产过程的结果》，人民出版社，1964年，54页。

② 马克思：《直接生产过程的结果》，人民出版社，1964年，第105页。

③ 马克思：《直接生产过程的结果》，人民出版社，1964年，第105页。

般的抽象范畴向资本主义生产劳动的范畴上升的方法。《资本论》首先舍象了生产劳动的资本主义形式，而剖析出生产劳动一般，即创造物质产品的物质生产劳动。"在劳动过程中，人的活动借助劳动资料使劳动对象发生预定的变化。过程消失在产品中。……如果整个过程从其结果的角度，从产品的角度加以考察，那末劳动资料和劳动对象表现为生产资料，劳动本身则表现为生产劳动。"[①]马克思将上述劳动的物质生产性，称为"从简单劳动过程的观点得出的生产劳动的定义"[②]。马克思指出，对于资本主义生产劳动的定义来说，从简单劳动过程得出的生产劳动的定义是"绝对不够的"，而要加上另一重的体现资本生产性的定义。他说："生产工人的概念决不只包含活动和效果之间的关系，工人和劳动产品之间的关系，而且还包含一种特殊社会的、历史地产生的生产关系。这种生产关系把工人变成资本增殖的直接手段。"[③]（重点是引者所加）可见，剩余价值生产是物质生产在资本主义关系下所具有的特殊的社会经济内容。剩余价值是雇佣工人的劳动制造的商品价值的一部分，它以劳动物化于物质产品中为前提。如果劳动者不创造一个物质产品，他们的劳动就无所依附，就不能对象化，从而就不会有价值形成和剩余价值的产生，这本来已经是马克思政治经济学的ABC。马克思在《直接生产过程的结果》中明确地指出："只有直接生产剩余价值的劳动是生产劳动，只有直接生产剩余价值的劳动能力的使用者是生产的劳动者，就是说，只有在直接生产过程中为了资本的价值增殖而消费的劳动才是生产劳动。"[④]马克思

---

① 《马克思恩格斯全集》第23卷，人民出版社，1972年，第205页。
② 《马克思恩格斯全集》第23卷，人民出版社，1972年，第205页注（7）。
③ 《马克思恩格斯全集》第23卷，人民出版社，1972年，第556页。
④ 马克思：《直接生产过程的结果》，人民出版社，1964年，第105页。

在这里，是将生产劳动明确地规定为物质生产劳动，即物质生产领域创造物质财富的劳动。马克思在另一处谈道，在资本主义关系高度发达，"整个商品世界，物质生产即物质财富生产的一切领域，都（在形式上或者实际上）从属于资本主义生产方式。……在这种情况下，可以认为，生产工人即生产资本的工人的特点，是他们的劳动物化在商品中，物化在物质财富中。这样一来，生产劳动，除了它那个与劳动内容完全无关、不以劳动内容为转移的具有决定意义的特征之外，又得到了与这个特征不同的第二个定义，补充的定义"①。马克思密切结合劳动的物质生产性质来论述资本主义生产劳动的本质特征——生产剩余价值的性质，从而是把资本主义生产劳动作为生产剩余价值的劳动与物质生产劳动的统一，由此对资本主义生产劳动的内涵作出了最全面、最科学的表述。

我们认为，不能对马克思有时提到生产劳动与非生产劳动的区分与劳动的物质规定性"毫无关系"的论述作片面的理解，得出非生产劳动似乎是完全可以与物质生产领域的劳动脱钩的。马克思从资本主义生产过程二重性的见地出发，论述了资本主义生产劳动的二重性，即劳动的生产剩余价值的性能与劳动的物质生产的性能的统一。上述二重规定性乃是狭义的与原本意义的资本主义生产劳动定义的必要内涵。

生产剩余价值的性能是资本主义生产劳动区别于其他社会形态下的生产劳动的本质特征，生产物质产品的性能则是这一劳动的生产性所由以依附的和生根的物质基础。当然，生产物质产品这一特征——也是作为一般生产劳动的特征——不足以揭示资本主义生产劳动的本质，但却仍然是资本主义生产劳动的不可缺少的一般前提。正如马克

---

① 《马克思恩格斯全集》第26卷Ⅰ，人民出版社，1972年，第442页。

思说："只有表现为商品，也就是表现为使用价值的劳动，才是同资本交换的劳动。这是不言而喻的前提。"①（重点是引者所加）马克思创立的政治经济学早已阐明，正是凝结、物化在物质产品中的劳动形成价值，而凝结、物化在物质产品中的剩余劳动形成剩余价值，如果劳动者不生产一个物质产品，他的劳动就不能对象化，就不能成为创造价值的要素。离开了物质生产，剩余价值就是无源之水、无本之木。如果认为剩余价值生产可以脱离物质生产，那岂不是说剩余劳动可以不采取物化的形态而直接表现为剩余价值？进一步说，那岂不是说一切劳动，即使是不创造产品，不采取物化形态也可以直接形成价值？这岂不是就从根本上离开了劳动价值理论与剩余价值理论而陷入了资产阶级庸俗经济学的效用价值理论？

有必要在此提到的是，在当前资本主义经济中提供非物质产品的服务业以及商业、金融业迅速发展的条件下，西方资产阶级经济学中关于提供非物质产品有用效果的服务创造价值、创造国民收入的理论又盛行起来。他们师承萨伊关于"所谓生产，不是创造物质，而是创造效用"的"效用价值理论"，宣称一切提供劳服务的非物质生产劳动均是生产劳动。此外，口头上也讲劳动价值论的新李嘉图学派，更把服务提供与物质生产混同起来，认为非物质生产的商业雇员甚至政府的雇员（公职人员、士兵、警察）提供的"劳动"也同样创造价值与剩余价值②。这种把一切劳动都视为具有生产性的理论，均是立足于商品价值的形成、资本的增殖是与物质生产过程无关的论点之上。正是因此，进一步领会马克思的资本主义生产劳动观是直接生产剩余价

---

① 《马克思恩格斯全集》第26卷 I，人民出版社，1972年，第431页。
② 参见［英］本·法因、［英］劳·哈里斯合著：《重读〈资本论〉》第3章，山东人民出版社，1993年。

值的劳动与生产物质产品的劳动两重规定性的统一，而不只是归结为某一个单方面的规定性的理论，就有重要的意义。马克思把体现生产劳动的本质特征的劳动的社会规定性与劳动的物质生产性联系起来，不仅体现了马克思在生产劳动理论中坚持运用辩证法，而且体现了在生产劳动理论中坚持劳动价值与剩余价值理论。

归根到底，在阐述资本主义生产劳动定义时，把劳动生产剩余价值的性质与生产物质产品的性质联系起来，这是马克思采取的方法。一方面，首先从生产剩余价值上去把握生产劳动的社会经济实质，另一方面，又从物质生产上去把握剩余价值生产所由以实现与依附的物质前提。对生产劳动范畴的含义的这种阐明，为我们揭示了资本主义生产劳动的本质联系，即从事物质生产的劳动的创造剩余价值的性质与能力，决定了与这种劳动相交换的货币的增殖性，决定这种货币成为资本，并由此使这一劳动具有生产性。

四、原本的生产劳动和形式的生产劳动

商品资本主义经济，是人类历史上最复杂的社会经济形态，在这一自发性的和具有物化形式的商品生产关系中，事物呈现在外部的现象形态与事物的本质不仅往往是大相径庭，而且往往是以本末颠倒的方式表现出来的。因此，要发现与阐明资本主义经济的本质联系，必须运用唯物辩证法关于事物的本质与现象是相对立和又相统一的科学观点，善于区分哪些是生产关系的表现形式，哪些是生产关系的内在实质。在分析资本主义生产劳动上，马克思运用了上述的科学方法，提出与阐述了表现生产劳动的本质关系的原本的生产劳动概念，和表现生产劳动的现象形态的形式的生产劳动概念。

马克思首先根据劳动价值理论与剩余价值理论，把生产劳动规定为物质生产中直接创造剩余价值的劳动。这指的是表现资本主义生产劳动的本质的、原本的和狭义的含义。马克思又把生产劳动规定为与资本相交换的劳动，指的是资本主义生产劳动的广义的含义（其中包括有形式上的生产劳动的概念）。资本主义生产劳动的狭义的和原本含义，无疑是指那种在物质生产领域中，采取物化形态和直接创造剩余价值的劳动。他说："如果从较狭窄的意义上来理解生产劳动和非生产劳动，那末生产劳动就是一切加入商品生产的劳动，……而非生产劳动就是不加入商品生产的劳动，是不以生产商品为目的的劳动。"[①]这种生产劳动体现了发生在物质生产领域的劳动与资本相交换的关系。

但是，在发达的资本主义经济中，不仅存在生产物质产品的产业部门，而且还存在提供非物化形态的各种服务（包括洗澡、照相、旅馆、公园、娱乐场、旅游，等等）的服务部门和各种精神生产部门（文化、教育、艺术、科研等单位），这些部门也从属于资本，是按照资本主义方式从事经营的企业单位。这些单位的雇佣劳动者（他们表现为工人、店员、教师、画家、作家、工程师、研究工作者），用他们的劳动来使雇佣他们的雇主的资本增殖，因而在这些领域也存在着劳动与资本相交换，因此，这种劳动，在更广泛的意义上来说，也可以称为生产劳动。从广义来说，凡是与资本相交换，并使资本增殖的劳动就是生产的劳动。马克思说："只有直接转化为资本的劳动，也就是说，只有使可变资本成为可变的量，因而使整个资本C等于C+ΔC的劳动，才是生产的。"这就是马克思对于广义的生产劳动的

---

① 《马克思恩格斯全集》第26卷Ⅲ，人民出版社，1974年，第476页。

论述。在资本主义生产方式下，资本家所唯一关心的是他的资本能否带来增殖额。只要雇用的劳动者能使他的预付资本再生产出来并且能实现一个增量 ΔC，这个劳动就是生产的。至于他的资本投放于什么领域，投于工业、商业或是服务业，或是精神生产领域，他雇用的劳动者是工人、职员，或者歌女、医生、教授，这些都是资本家所不关心的。在股份公司制产生后，一个大资本家事实上是把各种生产与经营都纳入他的投资场所，而且他的资本还不断地在这些不同领域流进流出。可见，广义的生产劳动概念，正是资本借雇佣劳动而增殖这一生产关系的理论表现，它是从资本家角度得出的生产劳动的观念，因而它是资本主义经济中客观的生产劳动的范畴。

在《资本论》中，马克思使用生产劳动范畴时，就是根据这一劳动与资本相交换是发生在物质生产领域还是非物质生产领域，有时是在狭义上来使用，有时是在广泛的意义上来使用的。发生在物质生产领域的劳动和与资本相交换的关系，以及发生在非物质生产领域的劳动和与资本相交换的关系，是既有区别又有联系的。

物质生产领域的劳动与资本的交换关系，从历史的和逻辑的角度来说，都是劳动与资本相交换的第一种形式，这种劳动是创造价值与剩余价值从而"直接增殖资本的劳动"[1]，"这种劳动在生产过程中直接作为变动着的价值量物化着"[2]。"对资本家来说，构成生产劳动的特殊使用价值的，不是生产劳动的一定有用性质，也不是物化着生产劳动的产品的特殊有用属性，而是生产劳动作为交换价值（剩余价值）的创造原素的性质"[3]（重点是引者所加）。这种在物质生产领域

---

① 马克思：《直接生产过程的结果》，人民出版社，1964年，第106页。
② 马克思：《直接生产过程的结果》，人民出版社，1964年，第106页。
③ 马克思：《直接生产过程的结果》，人民出版社，1964年，第111页。

与资本相交换的劳动，由于它固有的剩余价值创造原素的性质，因而是原本的生产劳动。它是非物质生产领域的劳动的生产性的基础。如果我们从社会总资本的角度来看，也就是从一切与劳动相交换的个别资本的总和 C 来看，C→C+ΔC，即作为各个领域投资的总和的社会总资本的增殖额 ΔC 是直接等同于社会在这一物质生产领域的劳动所创造的剩余价值总量的。

发生在物质生产领域的劳动与资本相交换，是资本关系的主要表现。在资本主义很长的发展阶段，进入这种交换关系的资本量在社会总资本中的比重以及进入这种交换关系的劳动量在与资本相交换的社会总劳动中的比重都是占据绝对优势。

非物质生产领域的劳动与资本相交换，是劳动与资本的第二种交换形式。非物质生产领域的劳动包括商业雇员从事的纯粹属于实现商品价值形态变化的劳动，金融机构的雇员为货币与资本流通服务的劳动，以及各种服务性的劳动。这种劳动不创造物质产品，不形成价值与剩余价值，尽管它通过雇佣劳动者的剩余劳动而给雇用他们的资本家带来社会同等水平的利润量，从而使投入这一领域的资本增殖，但是这一资本增殖不是由于这种商业雇员和银行职员的劳动或服务是价值创造的因素，而是由于它使与它相交换的资本分享物质生产领域的劳动所创造的剩余价值。

从使资本增殖就是生产的这一命题出发，即从广义的生产劳动的概念出发，那么，无论是商业雇员、银行职员的劳动或是服务劳动，由于它给予它相交换的资本带来利润，因而就具有生产劳动的形式的规定性。在《资本论》第二卷中，马克思指出商业雇员的劳动是"使商品变贵而不追加商品使用价值的费用，对社会来说，是生产上的非生产费用，对单个资本家来说，则可以成为发财致富的源泉"①。这里就已经包含着它是广义的生产劳动的意思。但另一方面，马克思基于这种劳动的不创造物质产品，不具有价值形成要素的性质，指出了它实质上是不生产的。马克思指出从事商品买卖的商业雇员劳动，"他和别人一样劳动，不过他的劳动的内容既不创造价值，也不创造产品。他本身属于生产上的非生产费用"②。由于这种劳动不增加商品使用价值，不形成价值，从而不增加社会资本的剩余价值总量，而且，这种雇佣劳动者的工资还要从社会剩余价值总量中来补偿，因而它不同于创造剩余价值的物质生产劳动，它是非生产劳动。马克思说："它的作用，不是使一种非生产职能转化为生产职能，或使非生产劳动转化为生产劳动。如果这种转化能够通过职能的这种转移来完成，那真是奇迹了。"③

马克思指出，如资本家雇用的歌女、教师、医生等服务，就其能给资本家提供利润而使资本增殖来说它是生产的劳动。但是马克思也论述了这种非物质生产劳动的不创造产品，不形成价值，不具有剩余价值形成要素的特点，从而不是生产的。在马克思的著作中，许多地方把商业雇员的劳动和服务劳动作为不生产的，这是就狭义的、原本的生产劳动而言的。

实际上服务性劳动能带来利润与增殖资本乃是由于资本主义经济中的竞争与利润平均化的市场经济机制的作用，一般地说，它是价值转化为生产价格或转化为服务价格的机制的作用。服务部门的资本同样要取得平均利润，从而使资本增殖，由C→C+ΔC，这是因为从事

---

① 《马克思恩格斯全集》第24卷，人民出版社，1972年，第154页。

② 《马克思恩格斯全集》第24卷，人民出版社，1972年，第149页。

③ 《马克思恩格斯全集》第24卷，人民出版社，1972年，第149页。

服务的劳动者的工资，"它们——它们的价值估价，这个从娼妓到国王的各种各样活动的价格——也陷于那个调节雇佣劳动价格的规律之下"[①]。服务劳动者的工资是决定于劳动力价值的规律，而服务劳动者提供的使用价值（服务）的售卖价格即服务价格，按照利润平均化的规律，它除了补偿垫支资本而外，还必须实现一个平均利润。因而，不存在什么服务价值而只有服务价格。服务价格是价值的转化形态，不过这个转化不是来自服务部门内部，而是来自物质生产部门，是产业部门创造的价值的转化形态。因而服务部门的劳动者的剩余劳动尽管不创造剩余价值，但却是通过价值转化为服务价格的市场机制而无偿地给服务领域的资本家带来了一份物质生产领域的劳动所创造的剩余价值。

当代西方经济学家，一点也不懂得价格再分配实际价值的职能和价值转化为服务价格的市场机制。他们宣扬服务部门的"非产品有用效果"创造价值的理论，来解释服务部门的投资的利润和工资收入。他们宣称商业雇员、医生、护士、教师等与产业工人一样都是生产劳动者。

要科学地阐明服务性劳动的生产性形式，无须求助于服务提供的"非产品有用效果"创造价值的理论，而应该根据马克思关于价值转化为生产价格、商业价格以及服务价格的理论。这一理论才能使我们对当代资本主义经济中分外复杂、分外多样的价格形态以及价格与价值的更经常的和更大的背离作出有科学根据的和有充分说服力的说明。要看到在当代资本主义经济中作为价值转化形态的价格是更加发展和多样化。这种转化不仅发生于物质生产的产业部门内，而且发生于从事流通活动

---

① 马克思：《直接生产过程的结果》，人民出版社，1964年，第108~109页。

的商业部门内，同时，还发生于不提供物质产品的服务部门内。正是这种通过自发的市场机制而实现的从价值向更多样的价格的转化，使那些不创造物质产品从而不创造剩余价值的各种各样的服务性劳动，能与物质生产劳动一样地带来剩余价值。对于服务劳动的生产性形式，如果离开了价值向各种价格形式转化的理论，想借助某种新的服务的有用效果创造价值的理论来加以说明，只不过是走入了一个死胡同。

既然服务价格所实现的剩余价值来源于物质生产领域的劳动，因而，在这里，表面上是非物质生产领域的劳动直接与资本相交换，而间接地与最终地是物质生产领域的劳动与社会总资本相交换。例如那种歌舞或戏剧演出服务，它是通过这种给人们提供审美享受的服务去换得产业部门工人的一部分工资收入和产业部门资本家来自利润的收入。因此，在物质生产领域中的劳动与资本交换是：资本——物质生产劳动 ΔC。在这里，ΔC 直接来自物质生产创造的价值。而在非物质生产领域中服务劳动与资本的交换则是：C——服务劳动……物质生产劳动——ΔC。在这里，资本增殖额 ΔC 表面上直接地来自服务劳动，实质上是间接地来自物质生产领域的劳动。

基于以上分析，我们可以看出，服务性劳动的生产性，即它的增殖资本的性能，不是由于它的创造价值与剩余价值的性质，而是由于它的借利润平均化的机制而分占已创造出的剩余价值的职能，服务性劳动的生产性实质上是物质生产劳动的生产性所赋予的。可见，物质生产领域的生产劳动是原本的生产劳动和真正的生产劳动，非物质生产领域的生产劳动是派生的，是在资本统治范围的扩大，劳动与资本相交换由第一种形式逐步发展到劳动与资本相交换的第二种形式的条件下产生的生产劳动的变形，它实质上是形式上的生产劳动，或生产劳动的转化的与歪曲的形态。如马克思称没有价值而只有价格的土地为形式上的商品一样。马克思基于服务性劳动的上述特点，指出不创造价值与剩余价值的服务表现为"具有这种跟生产劳动相同的性质"①，"这是**资本主义生产所特有**的和资本主义生产本身所造成的现象"②。这里，马克思显然是把不具有创造剩余价值能力的服务拥有生产劳动的性质，是当作价值转化为各种销售价格的经济机制下"所造成的现象"，因而可以称之为物质生产劳动的转化形态与现象形态。正是因此，马克思说："在自己出版商的指挥下生产书（例如政治经济学入门）的莱比锡无产阶级作家却近似地是生产劳动者，只要他的生产隶属于资本和单纯为了增殖资本而进行。"③在这里马克思说提供精神性服务的作家是"近似地生产劳动者"，表现了它的区别于物质生产劳动的性质。

总之，马克思使用的生产劳动范畴可以表述如下：

广义的生产劳动——与资本相交换的劳动（包括非物质生产领域与资本相交换的劳动，即形式的生产劳动）。

狭义的生产劳动——物质生产领域与资本相交换的劳动即本质上的生产劳动。

我们认为，区分劳动与资本的两种交换关系和区分原本的生产劳动范畴与转化和形式上的生产劳动范畴，有着重要的理论意义。这种区分是《资本论》中关于剩余价值生产、流通与分配的理论在生产劳动理论中的贯彻与运用。因为，它根据物质生产领域，商品交换领域，服务领域及一切精神生产领域劳动的性质及其在实现剩余价值的生产与资本增殖中的职能，科学地区分了直接创造剩余价值的真正的和原本的物质劳动，区分了什么是资本主义生产劳动的原本形式，什

① 马克思：《直接生产过程的结果》，人民出版社，1964年，第109页。
② 马克思：《直接生产过程的结果》，人民出版社，1964年，第109页。
③ 马克思：《直接生产过程的结果》，人民出版社，1964年，第111页。

么是资本主义生产劳动的变形；既看到资本主义经济中与资本相交换的多样性生产劳动的共性，又阐明了它们之间的特点与差别，这样就能深刻地揭示资本主义经济中的劳动生产性的本质联系及其多方面的和虚假的表现。特别是这种划分，揭示了作为资本主义剥削的物质内容的剩余价值的最终来源是物质生产领域的劳动，而其他非物质领域的生产劳动则是为投放于非物质领域的资本履行剩余价值再分配的职能，这样就把投放于各个不同的经济领域的资本，对不同领域的雇佣劳动的剥削的具体形式剖析得清清楚楚。

把原本的狭义的生产劳动与广义的和形式上的生产劳动区别开来，揭穿了庸俗经济学混淆服务与物质生产以掩盖资本主义剥削的辩护理论。萨伊与巴师夏之流就从创造效用就是生产的这一效用价值论出发，借物质生产与服务的共性，把一切物质生产都说成是服务。同时，由于服务具有提供一个活动直接收取一个代价这种"我给为了你做，我做为了你做，我做为了你给，我给为了你给"的形式，"在这种服务的购买中完全不包括劳动和资本的特殊关系，这种关系或者完全消失，或者完全不存在，所以它自然而然地变成了萨伊、巴师夏及其同伙为了表现资本与劳动的关系所喜爱的形式"[①]，庸俗经济学家正是由此进一步否认生产劳动的生产剩余价值的性质以达到从根本上掩盖资本对劳动的剥削关系。"这样一来就幸运地躲开了这种'生产劳动者'的differentia，specifica［特殊性］和资本主义生产——它是作为剩余价值生产、作为资本的自我价值增殖过程，而这种过程的单纯合并到自身中来的因素又是活劳动——的特殊性。"[②]萨伊的这种把一切劳动

---

① 马克思：《直接生产过程的结果》，人民出版社，1964年，第114～115页。
② 马克思：《直接生产过程的结果》，人民出版社，1964年，第109页。

均归结为服务，不区分物质生产与服务的理论，是从服务表现为生产劳动的现象出发的。马克思说："这种现象给辩护者提供了借口……"①这就表明，在概念上，区分原本的生产劳动与形式上的生产劳动，对于在理论上批判驳斥庸俗经济学对生产劳动的歪曲也是有重要意义的。

五、当前资本主义经济中生产劳动向纵深发展的新形式

《资本论》在阐述资本主义生产劳动概念的内涵时，贯穿着唯物辩证法的发展观，按照这一观点，资本主义生产劳动的内涵就不是固定不变的，而是要随着资本主义劳动方式的发展变化而出现新的特征，并由此增添新的内涵。因此，联系资本主义劳动方式的发展变化，探讨生产劳动概念扩大了的和新增添的内涵，便是马克思主义政治经济学的重要课题。

《资本论》先是就一个个体生产者的角度来分析生产劳动的概念，然后，就一个结合生产者即总体工人的角度来分析生产劳动的概念。马克思指出，由于资本主义生产社会化的发展，直接生产过程中的劳动分工与协作的发展，因而"产品从个体生产者的直接产品转化为社会产品，转化为总体工人即结合劳动人员的共同产品"②。在这种情况下，只要是成为总体工人的一个器官，即使劳动者不一定亲自动手，例如工厂的工程师与设计人员并不亲自从事某种产品的创造，但他也是生产劳动者。马克思在这里是根据资本主义直接生产过程的关系的变化阐述了"生产劳动和它的承担者即生产工人的概念也就必然

---

① 马克思：《直接生产过程的结果》，人民出版社，1964年，第109页。

② 《马克思恩格斯全集》第23卷，人民出版社，1972年，第556页。

扩大"①这种联系生产过程的条件与关系的变化来阐述生产劳动概念新的内涵的方法，是唯一正确的科学的方法。

在当前资本主义国家，由于生产社会化的进一步发展，特别是科学技术革命的发展，产生了结合劳动进一步在广度与深度上的发展，制造社会产品的总体工人的内容进一步扩大和表现为新的形式，在此基础上引起了物质生产领域的原本的生产劳动的概念进一步扩大。与此同时，资本主义经济中，随着产业资本的扩大，资本关系进一步征服与扩大到社会广泛的经济领域，从而出现劳动与资本的交换范围的扩大，由主要是物质生产领域的劳动与资本相交换，发展到物质生产领域及非物质生产领域的劳动与资本相交换两种形式并举，甚至出现了非物质生产领域的劳动与资本相交换的关系占据主导地位的趋势。在此基础上引起了形式上的生产劳动概念的扩大，即衍生出更多的派生的形式，从而广义的生产劳动的概念内涵就进一步扩大化。

（一）物质生产性的结合劳动向广度与深度发展与生产劳动概念的进一步扩大，是当前发达资本主义国家经济中的一个显著特征

生产劳动向广度与深度的发展，首先表现在当前发达的资本主义国家，由于生产力的进一步发展，企业的物质技术条件日益现代化，成为庞大的科学技术综合体。它的运转、使用、维修、更新要求有一大批工程师与技术人员与熟练工人，因而这就决定了科学技术的脑力劳动越来越发展，并且在企业的内部生产劳动者中占有更大的比重。如西方许多大企业都建立有规模庞大的科研机构和雇用大批的科学研究工作者与工程技术人员。这种情况表明了"结合劳动者"在广

---

① 《马克思恩格斯全集》第23卷，人民出版社，1972年，第556页。

度上的发展与物质生产劳动概念的扩大。总体工人中不仅是包括直接从事操作、调整、控制机器体系的工程师，而且包括那些不直接从事加工性劳动与操作，而只是单纯从事图纸设计的工程技术人员。特别是由于科学技术的发展日新月异与科学技术更加迅速地转化为直接生产力，因而某些从事理论性研究的科技工作者，由于他们的研究的直接转化与促进企业的技术革新与技术革命，直接地促使物质生产的发展，因而这些在表面看来与物质生产较为疏远的研究性脑力劳动者，也实质上成为结合劳动者的一员，从而这种与直接生产密切关联的科学研究性的劳动也就具有生产劳动的性质。

生产劳动向广度与深度的发展，还表现在原先企业内部的生产劳动的独立化。如科技性的劳动，被资本家集中组织在独立化的科技服务企业之中，向需要单位提供科技服务。如对委托的专门科学技术问题进行研究，提供新设计，提供图纸，对新的工艺方法与操作方法进行辅导，等等。这些处在企业生产过程之外的科技性的脑力劳动，实质上是结合劳动者，他们通过向企业提供的科技性服务而参与物质生产，成为企业总体工人的厂外部分，因而他们是直接物质生产劳动的一个部分。西方将这种科技性劳动称为"服务"，并将它列入"第三产业"，这种"服务"的概念与产业分离，掩盖了这一部门的劳动属于直接的物质生产的性质与这些科技劳动者的属于"总体工人"的地位。

生产劳动范围的扩大，还表现在专业化协作发展下，原来企业内部的机器设备维修劳动的独立化，成为从企业外部为生产提供维修服务的部门。维修部门的科技人员与劳动者也成为企业内部的物质生产总体工人的厂外部分。

生产劳动概念的新的内容，还表现于：在第三次科技革命的条件下，自动控制与信息传输日益成为物质生产与经营管理的必要内容，因而产生了新的科技性劳动形式——为传输、分析、整理信息服务的劳动，如为电子计算机编制程序，准备软件，管理操纵电子计算机等。这种为信息服务的人员在就业人口比重中逐渐增长，而且人们估计，随着电子计算机在经济中的普遍使用与生产全面自动化的发展，随着"信息时代"的到来，这种为提供、使用信息服务的劳动可能成为企业内劳动者的主要部分。随着专业化的发展，一部分为提供信息服务的劳动独立化，集中于提供信息服务的企业或部门。为提供信息服务的劳动，如果是为物质生产服务的，它属于直接物质生产。企业内部直接生产过程中的传输、整理信息的操作，它是脑力性的直接生产劳动，因为它是调节、操纵与控制现代化的自动化机器体系所必要的。它是物质生产结合劳动的一个新形式，它参与物质产品的创造与价值的创造，从而是生产劳动。

在发达资本主义国家，为提供、传输、整理信息服务的劳动，还广泛地应用于企业的经营管理方面，它为输送、收集经济情报，为提供经营决策方案与编制企业生产的计划服务。这种属于经营管理性的科技性的脑力劳动，具有二重性，它一方面是为榨取剩余价值服务，但另一方面，它又具有生产的组织职能，是科学技术革命条件下组织社会化大生产的管理劳动的一个新的形态。这种为提供信息服务的劳动，也就成为结合劳动的新的组成因素，并且具有物质生产劳动的性质。

以上举出的结合劳动范围的扩大，特别是由体力劳动向脑力劳动领域的扩展，由物质生产性劳动向提供信息的现代技术性劳动扩展与转化，由物质生产劳动向组织管理性劳动的发展，表明了当前科学技术革命条件下结合劳动在广度与深度的发展，这种情况使生产劳动概念进一步发展并具有更广泛、更丰富的内涵。

（二）非物质生产领域的劳动与资本的交换迅速发展，以及由此引起的形式上的生产劳动在广度与深度上的发展，是当代资本主义国家经济中发展的新的趋势

第一，流通领域的生产劳动的范围的扩大。它表现于商业领域从事商品买卖，为商品形态变化服务的劳动（商业领域中的从事保管储藏的劳动，以及将商品运到消费地点的商业的运输性劳动本身具有物质生产性质）的增长，以及金融领域为企业的资本借贷，为人们储蓄与消费信贷服务的金融保险机构的雇员的劳动的增长。上述这种情况，一方面是出于物质生产部门发展的需要，另一方面，则是由于资本主义竞争的激化，广告开支增长以及商业投机、金融投机的猖獗所引起。这种领域的劳动，它为产业资本的剩余价值的实现服务，这种劳动者的工资要从社会剩余价值总量中来补偿，因而它是生产的非生产费用。但是由于它直接使商业资本家与金融资本家的资本增殖，从而是形式的生产劳动。

第二，为个人生活消费服务的劳动的增长。表现在发达资本主义国家中，为人们日常衣食住行、娱乐、旅游等多方面生活消费服务的行业的大量出现，它是社会物质生产力提高，消费资料增长，从而是人们的消费构成与消费方式变化的产物，是消费社会化即过去依赖人们自身的家务劳动的个人消费生活日益转化为依赖社会劳动的社会消费的产物。特别值得注意的是在某些第三世界国家，旅游服务等行业在产业结构中占有很大比重，大量的资本投放于与个人消费性服务的交换中，这种消费性服务劳动不提供物质产品，主要是提供一个直接满足人们消费生活需要的使用价值，或者是为把已经创造出来的消费品实现为现实的消费提供辅助性劳动，有如人们借家庭服务性劳动把米下锅，把房屋清扫来实现对食物与住房的消费一样，正如马克思所

说，"很大一部分服务属于商品的消费费用"①。

以上两个方面的情况表明，当代资本主义经济中，出现了物质生产领域和非物质生产的流通领域（以及服务领域）的生产劳动进一步向纵深方面发展的趋势，这种情况与马克思写作《资本论》的时代有很大的不同。在19世纪中叶的资本主义国家，服务性的企业还不很发达，因而马克思在考察生产劳动时指出与资本相交换的服务也带有生产性，但是又指出，由于它们在资本家企业的雇佣劳动中只占很小比例，在考察生产劳动时可以略而不计。因而，在那种情况下，生产劳动将主要表现为原本的、物质生产领域的劳动，而物质生产领域的生产劳动在形态上也是不发达的。而当代的资本主义生产劳动，除了物质生产领域的原本意义的生产劳动外，非物质生产领域的形式上的生产劳动已取得巨大的发展，表现为多样化的形态。这些新的情况，要求人们进一步发展马克思生产劳动的理论和阐明生产劳动概念的新的内涵。

---

① 马克思：《直接生产过程的结果》，人民出版社，1964年，第115页。

论价值决定①

如何理解马克思的价值决定范畴的含义，特别是"另一含义的社会必要劳动"与价值决定的关系是怎样的？它是否是价值决定的要素？这一问题在理论界一直存在着分歧。近年来，不少同志发表了论述"第二含义的社会必要劳动"也参与价值决定的文章。本文对此提出一点质疑。我认为弄清这些问题，对于进一步搞清楚马克思阐述的价值规律的内涵和马克思创立的科学的劳动价值论有着重要意义。在本文中试图就这一问题，谈谈自己的看法。

一、价值决定的理论包括市场价值决定的原理

价值规律是商品的价值决定与商品按照价值相交换的规律。它是商品经济的基本规律，科学地阐明价值规律的作用机制和形式，是理解资本主义生产的总过程以及它的生产机制、流通机制、分配机制、消费机制的关键。

---

① "纪念马克思逝世一百周年"论文，写于1982年。

商品的价值决定是商品按照价值相交换的基础，因此对价值决定的阐明乃是马克思价值规律理论的重要内容。《资本论》第一卷，首先开始于商品价值决定的分析。《资本论》中以最严格的逻辑，细致而周密地分析了商品价值的本质和价值实体的形成，阐明了商品之间的等价交换不过是价值决定的表现形式，由此奠定了科学的劳动价值论，并在价值规律的基础上，阐明了资本主义经济运行的内在规律，由此创立了马克思主义的科学的政治经济学。

必须指出，对价值规律的集中的论述是在《资本论》第一卷中作出的。在《资本论》第一篇，马克思以高度抽象的方式，假定了一个单个商品，阐述了商品的价值决定于生产中耗费的社会必要劳动时间，即劳动者在平均技术条件与平均熟练程度下生产一个商品的劳动时间。同时，阐明了两个商品之间的交换比例，是按照社会必要劳动时间来确定的，指出这是一个要在商品交换中强制地为自己开辟道路的自然规律，"就象房屋倒在人头上时重力定律强制地为自己开辟道路一样"①。

按照《资本论》的科学抽象法，《资本论》第一篇舍象了生产中的有机构成不同部门的存在和部门内生产条件不同的许多商品生产者的存在，舍象了众多生产者之间的竞争与市场供求作用，而单纯地考察单个商品的价值决定。因而，《资本论》第一卷，主要是着眼于分析价值决定一般，提出并阐述了原本的社会必要劳动时间这个第一级的抽象价值范畴的内涵。《资本论》第一卷不曾分析现实经济生活中价值决定的具体实现形式，未阐述资本主义市场机制下部门内生产条件不同的商品个别价值向社会价值的转化，以及资本有机构成不同的诸部门之间的商

---

① 《马克思恩格斯全集》第23卷，人民出版社，1972年，第92页。

品价格向生产价格的转化。只是在阐述了商品的价值决定一般以后，马克思在《资本论》第三卷中运用抽象到具体的方法，即在考察资本主义总过程时，首先，引进了由生产条件不同的生产者提供的部门总商品及其在市场上的竞争这一条件，进一步阐述了市场价值或社会价值这一概念，科学地阐明了个别价值向市场价值的转化。然后又引进了资本有机构成不同的各个产业部门提供的商品及其在市场上的竞争这一条件，得出了生产价格的概念，阐明了部门的平均价值向生产价格的转化。这样，对价值规律的研究就由个别的角度，进至部门的角度，最后是全社会范围的角度，即由微观的研究进至宏观的研究，而价值范畴也就越加多样化，表现为：价值——部门内形成的市场价值——社会范围内形成的生产价格，这即是价值范畴由第一级的抽象范畴上升到第二级和第三级的抽象范畴。经过这样的由抽象到具体，对价值决定也就由抽象一般和纯粹的形式的阐明，进入了具体的实现形式及其作用机制的阐述，从而完成了对价值规律的科学阐述。可见，《资本论》第一卷的有关价值决定一般的阐述和第三卷的有关市场价值决定与生产价格的阐述，是马克思的科学的劳动价值论的有机组成部分。因而我们不能把马克思的价值决定理论的内涵，仅仅归结为社会必要劳动时间决定价值这一方面，要看到《资本论》第三卷阐述的有关市场价值决定的原理，也是价值决定理论的重要内容。

二、市场价值决定的三种形式

市场价值或社会价值，是指同一部门所提供的一大批同样的产品——它们由条件不一样的生产者所提供和个别价值不同——的统一的价值，它是同种商品的市场价格的调节者，是不断波动的市场价格的中心。市场价值具有以下特点：

第一，它是存在个别劳动耗费不同的许多商品条件下的价值概念。市场价值以生产条件不同的许多商品生产者存在和他们在市场上交换商品为前提，如果是只有单一的生产者，或者虽然有许多的生产者但他们的生产条件与劳动耗费是相同的，就不存在市场价值，因为在那里，生产者的个别价值也就是市场价值。只有在存在许多生产条件不同的商品生产者的情况下，才存在区别于个别价值的社会价值或市场价值的范畴。

第二，市场价值是引进竞争条件下的价值概念。市场价值，是在商品生产者相互之间的市场竞争中自发形成的。正是由于市场竞争，使同类商品只能按照同一的价格水平出售，而这个竞争中形成的均衡价格，不能由生产者各自耗费的劳动即个别价值来调节，而只能由这一商品的社会必要劳动来调节。"竞争首先在一个部门内实现的，是使商品的各种不同的个别价值形成一个相同的市场价值和市场价格。"①

第三，市场价值是引进供求因素条件下的价值概念。市场价值是适应于一定的社会需要总量而形成的部门商品总量的条件下的价值决定，是特定的部门内在结构与生产规模条件下的价值决定。市场价值是生产条件不一样的部门生产构成所提供的商品总量的价值决定，它是以这个商品总量的统统能够售卖，即商品供给等于社会对商品的需求为前提。随着社会需求的变化，它会引起商品供给，从而部门内部生产构成的变化，从而将引起市场价值的移位。

第四，市场价值决定具有多样形式，存在着高位、中位、低位三种水准与形式。在平均条件的商品占大多数情况下，它表现为中位

---

① 《马克思恩格斯全集》第25卷，人民出版社，1974年，第201页。

市场价值，在优等条件的商品占大多数情况下，它表现为低位市场价值，在劣等条件的商品占大多数情况下，它表现为高位市场价值。具体地说：如果部门总产品中，中等生产条件下生产商品占多数，那么就由中等条件下生产的商品的个别价值调节市场价值。部门总商品量中，最劣条件的商品占大多数，最坏条件下的商品个别价值调节市场价值。如果部门总产品中，最好条件的商品占大多数，就由最好条件下生产的商品的个别价值调节市场价值。

第五，"市场价值决定要按不同方法来调节"[①]，它具有多样（多位）的形态，绝不会违反价值决定于社会必要劳动的一般规律，因为市场价值是以个别价值为基础，是个别价值的转化形态，是具有由物化劳动形成的内在价值实体的价值范畴。尽管市场价值是在许多生产者竞争中形成的，但是这里竞争是强使同一类商品的生产者按照这一部门的平均价值水准出售，而这个平均价值，总是要受到这一部门生产中投入的总社会劳动量的约束，而不能任意超越这一界限。具体地说，一个部门的商品总量的市场价值的总和要等于它的个别价值的总和。马克思说，"市场价值，一方面，应看作是一个部门所生产的商品的平均价值"[②]，"严格地说，每一单个商品或商品总量的每一相应部分的平均价格或市场价值，在这里是由那些在不同条件下生产的商品的价值相加而成的这个总量的总价值，以及每一单个商品从这个总价值中所分摊到的部分决定的。"[③]这表明，市场价值＝平均价值＝部门内个别价值总和÷商品量。可见，平均价值就是个别价值的转化形式。

第六，在市场价值决定下，存在着某些生产者的个别价值与市场

---

① 《马克思恩格斯全集》第25卷，人民出版社，1974年，第207页。

② 《马克思恩格斯全集》第25卷，人民出版社，1974年，第199页。

③ 《马克思恩格斯全集》第25卷，人民出版社，1974年，第205页。

价值的偏离。这是由于，在平均条件下生产的商品的个别价值即中位价值决定市场价值的情况下，对于优等生产条件与劣等生产条件这两端来说，平均价值是与个别价值不一致的，对于前者，它体现了一个强加于它的额外价值，对于后者，它体现了一个不足价值。在这两个场合，均存在个别价值对市场价值的偏离。在由劣等条件生产的商品的个别价值，即高位价值决定市场价值的场合，则中等与优等条件生产出的小部分商品均要体现一个额外价值。而在优等条件生产的商品的个别价值决定市场价值的场合，中等条件与劣等条件生产的商品均体现有一个不足价值。以上情况表明，只要我们着眼于考察市场价值决定，价值规律的作用机制就是更加复杂化和以更为隐蔽的形式表现出来。

三、市场价值决定是价值决定的具体形式

上述市场价值决定的方式表明，部门总产品中一部分产品的个别价值等于市场价值，而大多数产品的个别价值等于或接近市场价值，总有一部分商品的个别价值会高于或低于市场价值，从而或体现有一个社会强加给它们的额外价值，或是体现一个不足价值。在这种市场价值决定的方式下，商品的价值似乎脱离了商品生产中耗费的劳动，因而似乎是违反了价值规律。我们知道，国内外学术界，对市场价值解释不一样，甚至有从供求关系来论述价值决定的主张，而资产阶级经济学家更是在市场价值概念上大做文章，扬言《资本论》第三卷与第一卷之间有矛盾，说完全无须有什么价值概念，更谈不上生产商品所耗费的劳动决定价值。

马克思显然预见到市场价值的概念会在一些人的头脑中产生关于价值规律的许多糊涂观念和资产阶级经济学对劳动价值论的攻击，因

而，他在《资本论》第三卷第十章中十分严密地论证了市场价值的决定正是立足于社会必要劳动决定商品价值的基础之上。马克思分别就三种情况来加以论述：

作为这三种情况的共同前提，一是假定这两个部门的供给即产量不变，二是假定供求是平衡的。

第一种情况：部门内很大数量的商品是在平均条件下生产出来的，而较小部分的商品是分别由高于或低于平均条件的生产者提供的，而这两类的生产者在数量上是差不多的，它们的个别价值的超过与低于中等价值的数量能互相平衡，这时市场价值由中等条件下生产的商品价值即中等价值来决定，而这一部门"商品总量的价值，也就同所有单个商品合在一起……的价值的实际总和相等"[①]。

我们可以采取如下表式：

假定部门内很大数量的商品是在平均生产条件即中等生产条件下生产出来的，而优等生产条件和劣等生产条件下提供的商品各占10%。市场价值总和＝个别价值总和；市场价值＝部门的平均价值（个别价值总和的加权平均）。

表一

各企业提供的商品总量（件）		每件产品的个别价值	每件产品的市场价值	个别价值总和	市场价值总和	个别价值总和与市场价值总和之差	部门的平均价值（加权平均数）
优等条件	500	5小时	10小时	2500小时	5000小时	−2500	
中等条件	4000	10小时	10小时	40000小时	40000小时		10小时
劣等条件	500	15小时	10小时	7500小时	5000小时	+2500	
合计	5000	—	—	50000小时	50000小时		

① 《马克思恩格斯全集》第25卷，人民出版社，1974年，第204页。

从上表可以看出，对于这种部门结构来说，尽管优等条件生产的商品将体现一个超额价值，但由于它在数量上与劣等条件生产的商品的不足价值相均衡，因而就部门总产品来说，它的市场价值的总和等于商品个别价值的总和，社会必要劳动量决定价值的规律的作用是表现得很清楚的，正如马克思说："适用于单个商品的价值的条件，在这里会作为决定这种商品总额的价值的条件再现出来。"[1]

第二种情况：部门内很大数量的商品是由较坏条件下的生产单位提供的，在这种情况下，较坏条件下生产的商品的个别价值量大于较好条件下生产的商品的个别价值量，二者不能互相平衡，这时市场价值就由较坏条件下生产的大量商品来调节。

必须指出，对于马克思指出的"市场价值由较坏条件下生产的大量商品来调节"，学术界许多同志均理解为市场价值即是等同于劣等条件的个别价值。我认为，这是第一个误解。也正是基于上述理解，许多同志认为在这第二种市场决定的方式下，商品总量的社会价值会高于它们的个别价值的总和。我认为，这是第二个误解。基于上述两个误解，一些同志认为这一类商品总社会价值大于它内在的价值，从而里面包含有一个"虚假社会价值"，我认为这是第三个误解。认为市场价值决定要引起某一部门商品总价值中产生"虚假社会价值"的观点同市场价值决定是社会必要劳动时间决定价值的具体形式的观点是相对立的。

我们认为，按照《资本论》第三卷关于市场价值或社会价值由在较坏条件下生产的大量商品来调节的论点，包含着两种含义：（1）在一般条件下，市场价值高于平均条件的中等价值但低于劣等条件的高

---

[1] 《马克思恩格斯全集》第25卷，人民出版社，1974年，第202页。

位价值。（2）在特殊条件下，市场价值接近和等于高位价值。《资本论》中，马克思论述了上述第二种情况下（部门内很大量商品由较坏条件的生产者提供）的市场价值，并不是等于而只是**接近**这个低位生产条件的商品的个别价值。因为，市场价值既然是部门各类条件不同的生产者提供的商品的个别价值的加权平均，那么，在劣等条件生产的商品占大多数，但中等条件和优等条件的商品又有一定比重的情况下，按加权平均得出的商品市场价值，显然地，它不可能在数值上等于高位个别价值，即高位市场价值，而只能高出中等价值而接近高位价值，这乃是一个数学上的常识。正因为如此，马克思说："这样得到的市场价值，不仅会高于有利的一端生产的商品的个别价值，而且会高于属于中等部分的商品的个别价值；但它仍然会低于不利的一端生产的商品的个别价值。至于它和后一种个别价值接近到什么程度，或最后是否和它相一致，这完全要看不利的一端生产的商品量在该商品部门中具有多大规模。"①

因而，在第二种情况下，即我们简称之为高位型的市场价值起调节作用的情况下，严格地说，乃是以高位价值为其极限，但是一般地说，它不会等于这一极限。因为，部门生产结构中还存在着一部分中等条件以及某些优等条件的生产者，这部分商品是趋向于按较低价格参加市场竞争，从而使市场价值决定保持在低于劣等条件的个别价值的水平。只有在劣等条件生产的商品已经几乎是部门产品的绝大多数的条件下，市场价值才可能与高位价值相一致。请见以下两个表式：

第二种情况的表式（表二）：部门内很大数量的商品是在劣等生产条件下生产出来的，而优等生产条件和中等生产条件下提供的各占10%。

---

① 《马克思恩格斯全集》第25卷，人民出版社，1974年，第205~206页。

整个部门的市场价值总和＝该部门的个别价值总和；部门的平均价值（个别价值总和的加权平均）高出中位价值而接近高位价值。

第三种情况的表式（表三），部门内很大数量的商品是在优等生产条件下生产出来的，而中等生产条件和劣等生产条件下提供的各占10％。

表二

各企业提供的商品总量（件）		每件产品的个别价值	每件产品的市场价值	个别价值总和	市场价值总和	个别价值总和与市场价值总和之差	部门的平均价值（加权平权数）
优等条件	500	5小时	13.5小时	2500小时	6750小时	−4250小时	
中等条件	500	10小时	13.5小时	5000小时	6750小时	−1750小时	
劣等条件	4000	15小时	13.5小时	60000小时	54000小时	+6000小时	
合计	5000	67500	67500	13.5小时			

表三

各企业提供的商品总量（件）		每件产品的个别价值	每件产品的市场价值	个别价值总和	市场价值总和	个别价值总和与市场价值总和之差	部门的平均价值（加权平权数）
优等条件	4000	5小时	6.5小时	20000小时	2600小时	−6000小时	
中等条件	500	10小时	6.5小时	5000小时	3250小时	+1750小时	
劣等条件	500	15小时	6.5小时	7500小时	3250小时	+4250小时	6.5小时
合计	5000		32500	32500			

整个部门的市场价值总和＝该部门的个别价值总和；部门的平均价值（个别价值总和的加权平均）低于中位价值而接近于低位价值。

从表二可以看出：（1）市场价值是该部门商品个别价值的加权平均，即平均价值（它是第一种情况下的中等价值）；（2）在劣等条件生产的商品占该部门总产品绝大多数条件下，市场价值才接近于高位价值；（3）部门内的中等条件以及优等条件生产的商品，均体现有一个社会强加和赋予的超额价值，而劣等条件的商品还将体现有一部分不足价值（或未实现价值）；（4）部门总产品的市场价值总和等于不同生产条件下的个别价值总和，而不是如有的同志所说的商品总量的社会价值会高于它们的个别价值总和。

基于以上四点，我们可以看见，在按照劣等生产条件的低位价值来调节市场价值的场合，社会必要劳动决定价值的规律，对那些中等条件与优等条件生产的商品，似乎是不再有决定作用，但是对于部门总商品量来说，它仍然起着决定作用。这种情况下，商品总量的社会价值与它们生产中耗费的社会必要劳动，从而物化的个别价值总量仍然是一致的。因而，市场价值中不存在"社会虚假价值"的因素。这里，也仍然是"适用于单个商品的价值的条件，在这里会作为决定这种商品总额的价值的条件再现出来"[1]。

在优等条件生产的商品价值调节市场价值的场合，社会价值的总和也是等于商品个别价值的总和，这就不需再列表式了。

总之，市场价值决定乃是价值决定的具体形式，在这里，社会价值分别由平均条件下生产的商品的中位价值，由劣等条件下生产的商品的高位价值，由优等条件下生产的商品的低位价值来调节。但是，这里仍然是通行着由社会必要劳动决定商品价值的规律，因为商品总量的价值仍然是由生产中耗费的劳动总量（个别劳动时间的总和）来调节。正如马克思指出："如果我们把商品总量，首先是把一个生产部门的商品总量，当作一个商品，并且把许多同种商品的价格总额，

---

① 《马克思恩格斯全集》第25卷，人民出版社，1974年，第202页。

当作一个总价格，那末问题就很容易说明了。这样一来，关于单个商品所说的话就完全适用于市场上现有的一定生产部门的商品总量。商品的个别价值应同它的社会价值相一致这一点，现在在下面这一点上得到了实现或进一步的规定：这个商品总量包含着为生产它所必需的社会劳动，并且这个总量的价值＝它的市场价值。"[①]

总之，马克思在论述市场价值决定时，绝不是像某些西方经济学者所说的是"修改"了价值规律，恰恰相反，他的有关市场价值的论述，正是严格地遵循社会必要劳动时间决定价值的规律。

四、需求与市场价值

国内外理论界存在下述观点：马克思的市场价值的概念，意味着需求从而使用价值参与价值决定，如美国经济学家格罗尔声称：马克思在《资本论》第三卷第十章有关市场价值与第二含义的社会必要劳动的论述，修改了第一卷的劳动价值论的理论，转到了需求参与价值决定的观点。果真是如此吗？

无疑，马克思的市场价值的概念，可以说是引进市场供求因素从而在市场作用下的价值概念，而《资本论》第三卷中关于市场价值的决定的论述，乃是阐明了市场机制下的价值决定，从而不同于第一卷关于价值决定的一般论述。《资本论》第一卷，考察的是单个商品的价值决定，它假定商品有使用价值而社会对它有需要，自然地，这就无须进一步考察社会需要的量。但是，第三卷中，研究的对象已经不是单个商品，而是部门的总产品，是由许多生产条件不同的商品生产

[①] 《马克思恩格斯全集》第25卷，人民出版社，1974年，第203页。

者提供的总商品，在这种场合，社会价值水准的确定机制和调节方式的阐明，就不能不联系到社会需要与供给的状况。

这是因为，如我们以上所述，市场价值决定表现为低位价值、中位价值、高位价值等不同的模式。而到底是采取哪一种市场价值模式，则又是由提供这一商品量的部门内的生产结构所决定的。例如，生产结构中劣等生产条件的单位占更大的比重，从而表现为低位型生产结构，而这种高位的个别价值将成为市场价值的调节中心；在中等生产条件的单位占绝大多数，从而表现为中位型生产结构的情况下，这种中位个别价值就将成为市场价值调节的中心；而优等条件的生产单位占大多数，中位的与低位的单位只是有很小比例，这将是属于高位型的部门生产结构，而低位的个别价值就将成为市场价值的调节中心，而这部门生产结构的类型是高位型、中位型还是低位型，在社会技术条件不变与资源丰度不变的情况下，则是取决于社会需求的状况。例如，假定社会需要某一产品1万单位，而在一个国家的物质技术能力与生产资源状况，使中等条件的生产单位提供产品9000个单位，再加上少许劣等条件与优等条件下生产的1000个单位（各提供500个单位），就足以满足这一需要。这时的市场价值将表现为中位价值。假设社会需要增长为9万单位，由于物质技术能力与资源不变，需要劣等生产条件的单位提供8.5万个单位，这种情况下，劣等条件提供的产品占绝大部分，从而市场价值表现为高位价值。假设社会需要缩减为800个单位，从而总产品中绝大部分由优等条件的单位来提供，市场价值就表现为低位价值。可见，社会需求的作用在于它调节着社会生产的规模，调节着特定的部门内部的各不同条件的商品生产者的组合，从而它也就要间接地影响与制约着市场价值的决定方式，使市场价值发生向上或向下的移位。大体说来，在物质技术条件不变与生产资源不变的条件下，社会需要的增长会伴随着市场价值的向上移位，而社会需要的缩减则会有市场价值的向下移位。例如，在农业生产领域，我们看见，在物质技术条件不变而优等土地有限的情况下，随着人口的增长，农业成本的增长，劣等地的投入生产，因而会有农产品市场价值的提高。

可见，对于马克思所说的研究市场价值，要考察"有待满足的需要的量"[1]，必须正确地理解。马克思并不是说社会需求，从而使用价值的变化决定价值。以上的例证表明，并不存在什么需求直接决定价值，决定价值的仍然是生产中的必要劳动时间。社会需求的作用，仅仅在于使市场价值的移位，即在供不应求和供过于求的所带来的市场价值的变动中，或是将一些新生产单位吸引进来，或是将一些旧的生产单位排斥出去，从而增加或减少这一部门中的社会劳动投入，并最终在供求平衡时，引起市场价值中心的移位。可见市场价值的向上移位——即转向高位价值——在于有更多的社会劳动投入这一部门的生产，而市场价值向下移位——即转向低位价值——在于劣等条件的生产单位的退出，从而商品总量中的劳动投入量减少。可见，价值的决定因素，仍然是商品生产中耗费的社会劳动，这里，价值决定并不包含有任何需求的因素。

五、供求不平衡，市场价格与市场价值的偏离

我们以上论述的市场价值决定，是以假定社会需求与供给相等为前提的。在这种情况下，市场价值调节着市场商品价格，使这一部门

---

[1] 《马克思恩格斯全集》第25卷，人民出版社，1974年，第206页。

的同类的商品均按照这一价值水准来出售。但是供求的绝对一致，只能是理论上的假设，在实际生活中不可能有供求的绝对一致，而不一致却总是经常发生的，为此在考察市场价值实现的机制时，要引入供求不一致的因素与引入市场价格的概念，并且论述供求不一致情况下的市场价格与市场价值的偏离。

《资本论》第三卷中马克思就阐述了这种由供求变动所引起的市场价格与市场价值的偏离。首先要谈一谈对《资本论》第三卷第207页一段文字的理解。马克思说："如果这个量（指供给——引者）小于或大于对它的需求，市场价格就会偏离市场价值。第一种偏离就是：如果这个量过小，市场价值就总是由最坏条件下生产的商品来调节，如果这个量过大，市场价值就总是由最好条件下生产的商品来调节，因而市场价值是由两端中的一端来规定的，尽管单纯就不同条件下生产的各个量的比例来看，必然会得到另外的结果。如果需求和生产量之间的差额更大，市场价格也就会偏离市场价值更远，或更高于市场价值或更低于市场价值。"①

《资本论》第三卷第206页和207页，这两页是很难懂的，这里讲的是供求不平衡条件下市场价格与市场价值的偏离。如果这里指的是一个中位型的部门生产结构，那么，第一种偏离就应该是供给稍稍不足于需求下市场价格是由最坏条件下生产的商品来调节，即接近与趋向于最坏条件下的市场价值。例如第206页谈到高位型生产构成下的市场价值是接近低位个别价值时，说"只要需求稍占优势，那末市场价格就会由在不利条件下生产的商品的个别价值来调节"②。而第207页

---

① 《马克思恩格斯全集》第25卷，人民出版社，1974年，第207页。

② 《马克思恩格斯全集》第25卷，人民出版社，1974年，第206页。

中说："如果这个量过大，市场价值总是由最好条件下生产的商品来调节。"这里是指市场价格接近与趋向低位的市场价值，例如第206页谈到低位型的部门生产结构时指出，"如果需求小于供给，那末在有利条件下生产的那部分不管多大，都会把它的价格缩减到它的个别价值的水平"[①]。特别是，紧接着一句是"如果需求和生产量之间的差额更大，市场价格也就会偏离市场价值更远，或更高于市场价值或更低于市场价值。"[②]从上下文中，可以看出，马克思论述的是，如果供大于求，就会有市场价格低于市场价值，如果供不应求，就会有市场价格高于市场价值。

我们可以用表四来阐明：

表四

	供给等于需求			供给小于需求			供给远远小于需求		
平均生产条件生产的商品占绝大多数	市场价格	市场价值		市场价格	市场价值		市场价格	市场价值	
	100	100		120	100		150	100	
	市场价格与市场价值（平均价值）一致			市场价格大于市场价值			市场价格大大超过市场价值		
劣等生产条件生产的商品占绝大多数	市场价格	市场价值	个别价值	市场价格	市场价值	个别价值	价格	价值	价值
	120	120	130	130	120	130	180	120	130
	市场价格等于市场价值，但小于高位个别价值			市场价格大于市场价值，但等于高位个别价值			市场价格大大超过市场价值，也超过高位个别价值		

从表四可以看出：

第一，在供求相等时，市场价格等于市场价值（或者是中位个别

---

①　《马克思恩格斯全集》第25卷，人民出版社，1974年，第206页。

②　《马克思恩格斯全集》第25卷，人民出版社，1974年，第207页。

价值，或高位个别价值，或低位个别价值）。

第二，在供不应求时，市场价格总是由超过平均价值的高位个别价值来规定，从而有市场价格与市场价值的偏离。而在极大的供不应求或供过于求时，市场价格则是更大大高于高位的个别价值，市场价格与市场价值的偏离就更大[1]。

总之，马克思把针对个别商品的价格与价值的相区别的理论，进一步用于阐述部门总商品的市场价值与市场价格的区别。马克思阐明了：（1）市场价值是个别价值的转化形态，是一种平均的价值，"这种市场价值又成为市场价格波动的中心"[2]，而市场价格，则是市场价值的表现；（2）市场价值是价值的具体形式，它是带有稳定性的，在社会需求决定的生产构成不变的条件下，市场价值也是不变的。但市场价格，它的水平决定于市场价值，但又是日常变化的，它的日常变化则是决定于供求，"供求调节着市场价格，或者确切地说，调节着市场价格同市场价值的偏离"[3]。（3）既然市场价值是价值的转化形态，因市场价值的总和应该等于所有部门产品个别价值的总和，而市场价格的变动是对价值的偏离，因此，市场价格的总和可以大于或

---

[1] 《经济研究》1982年第1期，谷书堂、杨玉川同志的《对价值决定和价值规律的再探讨》一文中说，"供需发生一般不平衡的条件下，商品的社会价值仍由不同生产条件下的加权平均劳动耗费所决定"，从而认为商品价格总和是等于社会价值总和的，而只有当需求极大地超过供给或供给极大地超过需求的情况下，商品的社会价值才会与劣等或优等条件下生产的商品的个别价值相一致，这时商品的社会价值就不再由不同生产条件下的加权平均劳动耗费所决定，只能由劣等条件下生产的商品的个别劳动耗费所决定了，这时，商品的社会价值就会大大地高于平均价值。社会价值总和也远远高出个别价值总和。《财经研究》1982年第1期也有类似观点。我认为这一观点是值得商榷的。应该是在供求不一致下，就有市场价格与市场价值的偏离，而供求的极大不一致，则有市场价格与市场价值的更大的偏离。

[2] 《马克思恩格斯全集》第25卷，人民出版社，1974年，第199页。

[3] 《马克思恩格斯全集》第25卷，人民出版社，1974年，第202页。

小于市场价值的总和。可见，马克思根本不曾说什么需求参与价值决定，而只是指出供求影响市场价格，认为需求参与价值决定，乃是混淆了市场价值与市场价格范畴的原则区别。

六、第二种含义的社会必要劳动不参与价值决定

在这里，我们就理论界存在意见分歧的关于第二种含义的社会必要劳动是否参与价值决定的问题，谈一点自己的意见。

在《资本论》第三卷中，马克思就存在着社会分工、存在许多不同部门，从而有众多的商品提供到市场上的场合，进一步论述了价值决定的具体形式与机制，提出了另一种含义的社会必要劳动的范畴。马克思说，在许多不同的生产部门存在的条件下，"社会劳动时间可分别用在各个特殊生产领域的份额的这个数量界限，不过是整个价值规律进一步发展的表现，虽然必要劳动时间在这里包含着另一种意义。为了满足社会需要，只有这样多的劳动时间才是必要的"[1]。学术界存在着一种观点，即认为以上马克思的论述，可以理解为第二含义的社会必要劳动也参与价值决定，或者说是第一种含义的社会必要劳动与第二种含义的社会必要劳动共同决定价值[2]。

我认为，第二种含义的社会必要劳动决定价值的论点是不能成立的。

马克思所提出的第二种含义的社会必要劳动的范畴，指的是"为

---

[1] 《马克思恩格斯全集》第25卷，人民出版社，1974年，第717页。

[2] 参见《经济研究》1982年第1期《对价值决定和价值规律的再探讨》一文与《南开经济研究所季刊》1982年第2期《第二含义的社会必要劳动时间与价值决定》一文。

了满足社会需要，只有这样多的劳动时间才是必要的"[1]，"这是生产特殊物品，满足社会对特殊物品的一种特殊需要所必要的劳动"[2]，它可以称为满足需要的必要劳动。

满足需要的必要劳动与决定商品价值的社会必要劳动，这是两个不同的经济范畴，是不能加以混淆的。

第一，满足社会需要的必要劳动是在出现了社会分工以后的劳动时间范畴，它表明了人们把社会总劳动按照社会的各种不同的需要，合理地分配于各个不同的生产部门，使投在各种部门，从事于品类各别的使用价值的生产的劳动在量上恰恰是满足社会的需要所必要的。决定商品的价值的必要劳动，则是指在平均的生产条件下生产一个商品的社会必要劳动，它是创造与形成商品内在的价值实体的劳动时间范畴，它是商品生产者的个人劳动耗费的社会尺度，即只有这样的劳动量才能形成价值，才是社会所承认的。

第二，满足需要的必要劳动，直接受社会需要的调节，如果社会需要发生了变化，对各种不同生产门类的必要劳动量就发生变化。例如，消费需要的变化，会使某些生产部门的劳动由必要的而变成不必要的。同时，它使某些产品因社会大量需要，它的必要劳动量的界限大为扩大，从而引起新的生产单位与部门的出现。可见，满足需要的必要劳动的变动，推动着社会部门生产结构的调整，促使产业结构、部门内部结构的合理化。商品生产的必要劳动，则是直接受生产中投入的平均必要劳动的调节，如果生产条件变化，例如物质技术条件的改进与工人熟练程度的提高，投入的平均必要劳动减少，物化的价值

---

① 《马克思恩格斯全集》第25卷，人民出版社，1974年，第717页。
② 《马克思恩格斯全集》第25卷，人民出版社，1974年，第716页。

实体就减少；反之，物化的价值实体就增大。可见，商品生产的必要劳动，以一个社会中准，起着规范与调节生产同类商品的各个生产者的个别劳动使之符合社会平均的劳动耗费水平的作用。

第三，满足需要的必要劳动乃是对于任何社会形态都要起作用的一般经济范畴，对于人类社会发展程度高低不同的社会形态——从实行不发达的、自然分工的原始社会，直到劳动分工高度发达的共产主义社会——无论是对于私有制社会还是公有制社会，人们都必须按照满足社会需要的必要劳动的界限来安排社会劳动在各个不同部门中的投放。特别是以满足全体社会成员不断增长和经常变化的需要为目的的社会主义、共产主义社会，满足社会需要的必要劳动范畴更是具有重要意义。商品生产必要劳动，则是一个历史范畴，它只适用于存在商品生产与交换的场合。一旦商品关系消灭了，这一社会必要劳动及作为它的体现的价值，就退出历史舞台。

第四，尽管满足需要的必要劳动与商品生产必要劳动属于性质不同的两个范畴，但是它们二者之间又存在着联系，这就是在商品经济中，分摊在个别商品生产中的个别必要劳动量的形成价值实体，要以全部商品中的这一劳动量的被规范在满足需要必要劳动的数量界限内为前提。这就是说，必须有满足需要必要劳动量＝个别商品生产必要劳动×商品量。马克思说："要使一个商品按照它的市场价值来出售，也就是说，按照它包含的社会必要劳动来出售，耗费在这种商品总量上的社会劳动的总量，就必须同这种商品的社会需要的量相适应，即同有支付能力的社会需要的量相适应。"[①]我们假定某一个部门全是由平均条件的生产者组成，所有的商品均是包含平均劳动时间，

---

① 《马克思恩格斯全集》第25卷，人民出版社，1974年，第215页。

即体现了原本含义的商品生产的社会必要劳动时间，但是还存在商品总量中的社会劳动量（商品生产社会必要劳动时间总和）等于、大于或小于满足需要社会必要劳动的三种情况。第一种情况，满足需要必要劳动量＝商品生产平均必要劳动×商品量。商品市场价格＝市场价值。第二种情况，满足需要必要劳动量＞商品生产平均必要劳动×商品量。商品市场价格大于市场价值。第三种情况，满足需要必要劳动量＜商品生产平均必要劳动×商品量。商品市场价格小于市场价值。以上情况表明，部门总产品中的劳动等于满足需要必要劳动量，乃是个别商品按市场价值出售的前提。

部门总产品所耗费的社会劳动量等于满足需要的必要劳动，乃是商品按照市场价值出售的前提，这一商品经济的价值决定机制，并不是意味着需求，从而使用价值成为商品价值决定的要素，恰恰相反，它只不过是"使用价值乃是商品的价值的物质前提，是抽象的人类劳动得以物化和形成价值实体"这一劳动价值理论一般原理的上升与具体化。因为，一个部门的劳动是否是满足需要的社会必要劳动量，表现在它的使用价值总量是否符合社会需要上，或者说部门总产品是否有使用价值上。上述满足需要必要劳动量＝商品生产必要劳动×商品量，不外乎是说部门总产品是具有社会使用价值的，这些商品全部均能出售，生产这些总产品所耗费的社会必要劳动量和形成的市场价值总量也就能得到实现。如果部门内投下的总劳动，超出了满足需要所必要的这一界限，它不过表明部门总产品因数量太大，因而一部分产品已经不具有社会使用价值——它表现为生产过剩——商品的市场价格就会低于市场价值，这就意味着商品中物化价值实体不能得到实现。如果社会需求超过了供给，市场价格就会超出市场价值。这个部门的商品除了能实现它的内在的价值实体而外，还将从价格中取得一部分其他部门的社会劳动。可见，满足需要的必要劳动范畴，它的作用在于对商品的社会需求的调节，它只是影响市场供求的变化，从而决定价格与价值的偏离，它与商品价值决定是毫无关系的，后者是受生产中的劳动投入，即形成价值实体的社会劳动耗费来调节的。在《资本论》第三卷中，在论述社会不同部门的总产品的价值决定的场合，马克思提出了第二种含义的社会必要劳动时间这一范畴的重要意义，强调了部门总产品统统要按照价值出售，必须以总产品的数量等于社会需求，即具有社会使用价值的条件。第二种含义社会必要劳动时间范畴的提出，并不曾修改价值决定的一般理论，而只不过是从部门总产品的角度来进一步阐述使用价值的物质担当者这一命题，正如马克思说："这不过是已经在单个商品上表现出来的同一规律，也就是：商品的使用价值，是它的交换价值的前提，从而也是它的价值的前提。"①这里，丝毫也不包含有什么需求或使用价值参与价值决定的意思。

至于说到社会需要的变化，引起一个部门内部的生产结构与规模的变化，并由此引起市场价值的移位，这种情况也不能称为第二种含义的社会必要劳动直接决定价值或参与价值决定，从而成为价值决定的要素。因为，价值决定的要素必须是价值实体的形成要素，这只能是由生产中耗费的社会劳动。市场价值移位，固然是由社会需求的变化所引起，但是就其本质来看，它乃是社会劳动投入量的变化所决定，市场价值能上下移位，在于投入的社会劳动量的增减。因而说社会需求，参与价值决定，就难免要混淆事物的现象与本质，就将难以与需求和劳动共同决定价值的理论划清界限。

---

① 《马克思恩格斯全集》第25卷，人民出版社，1974年，第716页。

综上所述，我们归结到一点：《资本论》第三卷所提出的市场价值概念和第二种含义的社会必要劳动概念，并不是对价值概念的"修正"，更不是放弃了价值规律，而只不过是马克思《资本论》第一卷中基于劳动价值论而科学地阐明了的价值决定的进一步的具体化。

《资本论》第一卷是着眼于对单个商品的价值决定的分析，第三卷有关部分则是分析了部门总产品的价值决定（社会价值），和由各个不同部门的产品组成的社会总产品的价值决定（生产价格）。因而，这里研究的角度有个体与总体（包括部门总体以及社会总体）的差别。这种对价值决定与价值规律的研究，体现了《资本论》的从抽象上升到具体的方法。它对价值规律的阐明，由简单的规定，进至更加接近实际的具体作用与机制的剖析。但是必须看到《资本论》第一卷对单个商品的分析，尽管是更加抽象和一般，但是却因为舍去了表象而抓住了事物的本质。在价值决定上，第一卷考察的是单个商品，并且假定它具有社会使用价值（舍象掉可能生产出社会不需要的废品的这种状况），由此阐明了价值由生产中耗费的社会必要劳动（即原本含义的社会必要劳动时间）决定，而一针见血地把握住价值决定的本质要素，这里也体现了马克思的科学研究方法。

正由于此，我们不能认为《资本论》第一卷对于价值决定的阐述还未完成，而要到第三卷关于市场价值和第二种含义的社会必要劳动范畴的提出才完成了价值决定的分析。要看到第一卷中业已完备地在最抽象的形式上，阐明了商品价值的本质与实体和价值的形成。因而《资本论》第一卷中，已经科学地奠定了价值规律的基础，而第三卷的部门总产品条件下价值决定，或社会总产品条件下的价值决定，则是立足于第一卷的价值决定的基本理论的分析之上的，是对价值规律的更具体的与更加发展的作用形式的阐述。

特别是第三卷提出的另一含义的社会必要劳动时间范畴，是为了指明总产品的价值实现的必要条件。这个另一含义的社会必要劳动时间，只不过是社会需求的另一种说法，它本身不是价值决定的要素。因而，应该说马克思阐述的作为价值决定的劳动，是商品生产的社会必要劳动，这就是原本含义的社会必要劳动。严格地说，马克思论述的参与价值决定的，就是这种原本含义的社会必要劳动时间，把它称为"第一种含义的社会必要劳动时间"是不确切的。而人们所谓第二种含义的社会必要劳动时间，按照马克思的提法，只不过是"另一含义"的，即是"转"义的社会必要劳动范畴，它是由社会需求来调节的社会必要劳动，它与作为价值决定要素的社会必要劳动根本不同，是不能任意加以混淆的。把两种含义的社会必要劳动都说成是价值决定要素是不妥当的。

论马克思关于生产劳动和
非生产劳动的理论[①]

一、劳动的社会规定性是生产劳动的本质特征

关于生产劳动的理论，在马克思的政治经济学理论中占有重要的地位，它是马克思创立的剩余价值理论的一个重要内容。早在马克思经济学产生以前，古典经济学就研究与探讨了资本主义的生产劳动与非生产劳动的问题。特别是古典经济学的杰出代表亚当·斯密，阐述了有关生产劳动与非生产劳动的理论。斯密发展了配第和重农学派关于生产劳动是带来剩余价值的劳动的思想，进一步提出了生产劳动是与资本相交换的劳动，非生产劳动是与收入相交换的劳动的论点。斯密关于生产劳动的理论是有不少科学因素的，这些科学的见解阐明了在资本主义经济中，资本家雇用什么样的劳动才能使他的资本增殖，使他的资本具有生产性，使他进一步"变富"，而另一方面什么样的

---

① 原载《社会科学战线》1982年第3期。

雇佣劳动，不仅不能使他的资本增殖，起不到发财致富的效果，甚至还要消耗他的收入，削弱资本积累，甚至要"蚕食了资本"，使他"变穷"[①]。马克思指出：斯密的"巨大科学功绩之一……就在于，他下了生产劳动是**直接同资本交换的劳动**这样一个定义"[②]。又说："这里，从资本主义生产的观点给生产劳动下了定义，亚当·斯密在这里触及了问题的本质，抓住了要领。""斯密对生产劳动和非生产劳动的区分，仍然是全部资产阶级政治经济学的基础。"[③]

斯密关于生产劳动的理论既有科学因素，也有非科学的成分。这表现在他又提出了生产劳动就是生产物质产品、创造价值的劳动的第二个定义。斯密说：牧师、律师、医师、文人、演员、歌手、舞蹈家，"这一类劳动中，就连最尊贵的，亦不能生产什么东西供日后购买等量劳动之用，象演员的对白，雄辩家的演说，音乐家的歌唱，他们这一般人的工作，都是随生随灭的"[④]。他把他们归之于非生产劳动者。马克思说，"这里，'生产的'和'非生产的'这些术语是在和原来不同的意义上说的。这里谈的已经不是剩余价值的生产……这里谈的是：一个劳动者，只要用他自己的劳动把他的工资所包含的那样多的价值量加到某种材料上，提供一个等价来代替已消费的价值，他的劳动就是生产劳动。这里就越出了和社会形式有关的那个定义的范围，越出了用劳动者对资本主义生产的关系来给生产劳动者和非生产劳动者下定义的范围"[⑤]。马克思说："可以看出，斯密走入这条歧

---

① 亚当·斯密：《国民财富的性质和原因的研究》上卷，商务印书馆，1972年，第311页。

② 《马克思恩格斯全集》第26卷Ⅰ，人民出版社，1972年，第148页。

③ 《马克思恩格斯全集》第26卷Ⅰ，人民出版社，1972年，第148页。

④ 亚当·斯密：《国民财富的性质和原因的研究》上卷，商务印书馆，1972年，第304页。

⑤ 《马克思恩格斯全集》第26卷Ⅰ，人民出版社，1972年，第153页。

途。"①

马克思批判地继承了资产阶级古典经济学关于生产劳动理论的积极成果，特别是批判地继承了斯密关于生产劳动的论述中的积极成果，建立了关于资本主义生产劳动的科学理论，这一理论通过对资本投放的各个不同领域的雇佣劳动对剩余价值的生产实现与分配的关系的分析，进一步丰富了资本与剩余价值的理论。马克思根据历史唯物主义的基本原理，特别是以剩余价值的理论为基础，科学地阐明了资本主义制度下生产劳动的性质，阐明了划分生产劳动与非生产劳动的科学标准，论述了生产劳动的多样形式以及物质生产领域的生产劳动和非物质生产领域的服务性劳动的关系，等等。马克思关于生产劳动与非生产劳动的理论，包含着极为丰富的内容，它的基本原理也是我们分析社会主义的生产劳动的重要理论根据。

马克思把生产劳动与非生产劳动，或者劳动的生产性与非生产性，作为劳动的社会规定性而不是作为劳动的自然属性，把生产劳动作为一个经济范畴，即社会生产关系的理论表现，这样，就使生产劳动概念成为一个科学范畴。

马克思摒弃了资产阶级古典经济学如重农主义所采用的以劳动的自然形式与物质内容——比如说以提供纯产品的生产小麦的农业劳动——来作为评判劳动生产性的标准，更批判了资产阶级庸俗经济学家如萨伊所采用的以劳动能提供某种效用，具有满足一般人类需要的效果来评判劳动的生产性的错误理论，揭穿了他这种强调各种劳动的同一性，把它们均说成生产性劳动的论点的辩护性质。

马克思根据历史唯物主义关于生产关系的历史的原理，把生产劳

---

① 《马克思恩格斯全集》第26卷Ⅰ，人民出版社，1972年，第153页。

动放在特定的历史条件下，即特定的社会生产关系下来考察。他深入地论述了资本主义生产劳动，是特殊的资本主义生产关系下的生产劳动，这一劳动的生产性，是受资本所规定的。马克思把生产劳动规定为能够实现资本的生产性，即使垫资的资本带来的一个增量，引起资本增殖的劳动。马克思说：生产劳动是"生产资本的劳动"，"只有**直接转化为资本**的劳动，也就是说，只有使可变资本成为可变的量，因而使整个资本C等于C＋Δ的劳动，才是**生产的**"①。或者用马克思的更简洁的定义："什么是生产劳动呢？就是创造剩余价值的劳动。"②

马克思是把生产与增殖资本的劳动作为生产劳动，这是从劳动的的社会规定性来给生产劳动所下的定义，这是"对劳动所下的同劳动的**一定内容**，同劳动的特殊效用或劳动所借以表现的特殊使用价值绝对没有任何直接关系的定义"③。

生产与增殖资本的劳动是生产劳动，这一定义抓住了资本主义生产关系中劳动和生产性的本质特征，它克服了斯密关于物化的和创造价值的劳动是生产劳动的第二个定义的缺陷。因为根据斯密的后一个定义，（1）个体小商品生产者的劳动由于也创造物化形态的商品，也创造价值，从而它的劳动也是具有生产性的了。（2）那些盲目投资于生产业已过剩的、为社会所不需要的商品的劳动——也创造价值，但却是带有亏损，不能带来剩余价值的劳动——也是具有生产性的了。（3）那些被资本家叫到家里来缝制补衣的女裁缝、修理工、厨师等，由于他们也把自己的劳动固定在某种物上，仿佛也创造了价值，而实际上却只是提供消费性服务的劳动也是具有生产性的了。显然，这

---

① 《马克思恩格斯全集》第26卷Ⅰ，人民出版社，1972年，第422页。

② 《马克思恩格斯全集》第26卷Ⅰ，人民出版社，1972年，第199页。

③ 《马克思恩格斯全集》第26卷Ⅰ，人民出版社，1972年，第432页。

些劳动，尽管具有物化的形态，它结出物质产品之果，但它却缺少使资本增殖这一资本主义生产劳动的最重要的本质特征。特别是资本家用于役使家内仆役的服务劳动的货币支出"是用于我的消费的一笔**支出**，这不是我的货币的增加，倒是我的货币的减少。这决不是发财致富的手段"①。因而这些劳动绝不是生产的。马克思详尽地阐述了如果按照斯密的第二个定义，那些歌女、演员、医生、教师等劳动者的劳动不固定与不物化在商品中，没有"耐久性"的服务劳动，就不可能是生产劳动。但是在资本主义经济不断发展的情况下，这种服务性劳动也从属于资本，成为资本家的雇佣劳动，它实现了收入不仅能够补偿自己的工资并能提供一个利润，这种服务劳动与物质生产劳动就具有共同的经济特征——使资本增殖，因而它也是一种生产劳动。马克思说："密尔顿创作《失乐园》得到5镑，他是**非生产劳动者**。相反，为书商提供工厂式劳动的作家，则是**生产劳动者**。""一个自行卖唱的歌女是**非生产劳动者**。但是，同一个歌女，被剧院老板雇用，老板为了赚钱而让她去唱歌，她就是**生产劳动者**，因为她生产资本。"②

可见，区分生产劳动与非生产劳动的标准应该是劳动的经济性质而不是劳动的具体形式与自然属性。把固定和物化在可出卖的商品中的劳动作为生产劳动的本质特征是错误的。

---

① 《马克思恩格斯全集》第26卷Ⅰ，人民出版社，1972年，第433页。
② 《马克思恩格斯全集》第26卷Ⅰ，人民出版社，1972年，第432页。

二、生产劳动是劳动的社会规定性与劳动的物质生产性的统一

区分生产劳动与非生产劳动，固然是取决于由特定的生产关系所决定的劳动的社会规定性，但是劳动的社会规定的生产性，从根本上说，并不是可以脱离劳动的物质生产性的，恰恰相反，劳动具有生产性，从根本上说是以劳动的物质生产性为前提和基础。因而，可以说，任何生产劳动一方面是具有创造物质产品这一生产劳动一般的性质，另一方面又具有生产劳动的特殊的社会规定性，是以上两个方面的统一。

有的同志认为，既然生产劳动与非生产劳动由劳动的社会经济性质来区分，因而劳动的生产性是与劳动的物质生产性完全不相干的，这种论点实际上是脱离物质生产这一一般劳动的本质特征来谈论劳动的社会生产性，或者是用劳动的由社会生产关系所赋予的特性来取消劳动的物质生产的一般内容，这种论点是值得商榷的。

把剩余价值生产与物质生产统一起来考察，是马克思剖析资本主义生产过程的基本方法。马克思指出：资本主义"生产过程是劳动过程和价值增殖过程的直接统一，正象生产过程的直接结果即商品，是使用价值与交换价值的直接统一一样"①。基于资本主义生产的二重性，马克思在论述资本主义生产劳动时，他是把这一劳动的生产剩余价值的性质作为加于劳动的物质生产性这一规定性之上的另一重规定性。马克思指出："从一般劳动过程的单纯观点出发，实现在产品中的劳动，更切近些说，实现在商品中的劳动，对我们就表现为生产劳

---

① 马克思：《直接生产过程的结果》，人民出版社，1964年，第54页。

动。但从资本主义生产过程的观点出发则要加上更切近的规定：生产劳动是直接增殖资本的劳动或直接生产剩余价值的劳动⋯⋯"①（重点是引者所加）

这里是把生产产品的性质——即生产劳动一般——作为生产劳动的第一重规定或前提，把生产剩余价值作为生产劳动的另一重的、本质的规定。而且马克思紧接着又说："资本主义劳动过程并不能消除劳动过程的一般规定。劳动过程生产产品与商品。只要劳动物化在商品即使用价值与交换价值的统一中，这种劳动就始终是生产的。"②

在《资本论》第一卷论述生产劳动的两处地方③，马克思指出对于资本主义生产劳动的定义来说，从简单劳动过程得出的生产劳动的定义是"绝对不够的"，而要加上另一重的体现资本生产性的定义。他说："生产工人的概念决不只包含活动和效果之间的关系，工人和劳动产品之间的关系，而且还包含一种特殊社会的、历史地产生的生产关系。这种生产关系把工人变成资本增殖的直接手段。"④（重点是引者所加）

以上引述表明，马克思是密切结合劳动的物质生产性质来论述资本主义生产劳动的本质特征——生产剩余价值的性质。

剩余价值生产是物质生产在资本主义关系下所具有的特殊的社会经济内容。剩余价值是劳动创造的商品价值的一部分，它以劳动物化于物质产品中为前提。如果劳动者不创造物质产品，他们的劳动就无所依附，就不能对象化，从而就不会有价值形成和剩余价值的生产。

---

① 马克思：《直接生产过程的结果》，人民出版社，1964年，第105页。
② 马克思：《直接生产过程的结果》，人民出版社，1964年，第105页。
③ 《马克思恩格斯全集》第23卷，人民出版社，1972年，第205页、第555~556页。
④ 《马克思恩格斯全集》第23卷，人民出版社，1972年，第556页。

马克思指出："只有直接生产剩余价值的劳动是生产劳动，只有直接生产剩余价值的劳动能力使用者是生产的劳动者，就是说，只有在直接生产过程中为了资本的价值增殖而消费的劳动才是生产劳动。"[1]马克思在这里，是将生产劳动明确地规定为物质生产劳动，即物质生产领域创造物质财富的劳动。马克思在另一处谈道，在资本主义关系高度发达，"整个商品世界，物质生产即物质财富生产的一切领域，都（在形式上或者实际上）从属于资本主义生产方式。……在这种情况下，可以认为，生产工人即生产资本的工人的特点，是他们的劳动物化在商品中，物化在物质财富中。这样一来，生产劳动，除了它那个与劳动内容完全无关、不以劳动内容为转移的具有决定意义的特征之外，又得到了与这个特征不同的第二个定义，补充的定义"[2]。这里，马克思明确地阐明了资本主义生产劳动定义的二重内涵：劳动的社会规定性——资本增殖性，以及劳动的物质生产性。

我们认为，不能对马克思有时提到生产劳动与非生产劳动的区分与劳动的物质规定性"毫无关系"的论述作片面的理解，得出生产劳动似乎是完全可以与物质生产领域的劳动脱钩的。我们认为，马克思从资本主义生产过程二重性的见解出发，论述了资本主义生产劳动的二重性，即劳动的生产剩余价值的性能与物质生产的性能的统一。上述二重规定性乃是狭义的与原来意义的资本主义生产劳动定义的必要内涵。

生产剩余价值的性能则是资本主义生产劳动区别于其他社会形态下的生产劳动的本质特征，生产物质产品的性能则是这一劳动的生产

---

① 马克思：《直接生产过程的结果》，人民出版社，1964年，第105页。

② 《马克思恩格斯全集》第26卷Ⅰ，人民出版社，1972年，第442页。

性的物质基础。当然，生产物质产品这一特征——也是作为一般生产劳动的特征——不足以揭示资本主义生产劳动的本质，但却仍然是资本主义生产劳动的不可缺少的一般前提。正如马克思说："只有表现为**商品**，也就是表现为使用价值的劳动，才是同资本交换的劳动。"①马克思创立的政治经济学早已阐明，正是凝结物化在物质产品中的劳动形成价值，而凝结物化在物质产品中的剩余劳动形成剩余价值，如果劳动者不生产一个生产品，他的劳动就不能对象化，就不能成为创造价值的要素。离开了物质生产，剩余价值就是无源之水，无本之木。如果认为剩余价值生产可以脱离物质生产，那岂不是说剩余劳动可以不采取物化的形态而直接表现为剩余价值？进一步地说，那岂不是说一切劳动，即使是不创造产品，不采取物化形态也直接形成价值？那岂不是就从根本上离开了劳动价值理论与剩余价值理论而陷入了资产阶级庸俗经济学的效用价值理论？

有必要在此提到的是，在当前资本主义经济中提供非物质产品的服务业以及商业、金融业迅速发展的条件下，西方资产阶级经济学中关于提供非产品有用效果的服务创造价值和创造国民收入的理论又盛行起来。此外，自称是赞同劳动价值论的新李嘉图学派，也混同服务与物质生产，认为非物质生产的商业雇员甚至政府的雇员（公职人员、士兵、警察）提供的"劳务"也同样创造价值与剩余价值。这种把一切劳动都视为具有生产性的理论，均是立足于价值的形成、资本的增殖是与物质生产相脱钩的论点之上。因此，我们认为，进一步领会马克思把资本主义生产劳动视为直接生产剩余价值的劳动与生产物质产品的劳动两重规定性的统一，而不只是归结为某一个单方面的规

---

① 《马克思恩格斯全集》第26卷Ⅰ，人民出版社，1972年，第431页。

定性的理论就有重要意义。马克思把体现生产劳动的本质特征的劳动的社会规定性与劳动的物质生产性联系起来，不仅是体现了马克思在生产劳动理论中坚持运用辩证法，而且体现了在生产劳动理论中坚持劳动价值论与剩余价值理论。

归根到底，在阐明资本主义生产劳动定义时，把劳动生产剩余价值的性质与生产物质产品的性质联系起来，这是马克思采取的方法。这样，就从生产剩余价值上把握生产劳动的社会经济实质，又从物质生产性上把握剩余价值生产所由以实现与依附的物质前提。这样的生产劳动的含义，为我们揭示了资本主义生产劳动的本质的联系：即正是从事物质生产的劳动的生产剩余价值的性质与能力，决定了与这种劳动相交换的货币以增殖性，决定这种货币成为资本，并由此使这一劳动成为具有生产性的。

三、两种资本与劳动交换关系以及两种生产劳动：原本的生产劳动和派生的生产劳动

我们在第一点中论述了马克思把一切与资本相交换，引起资本增殖的劳动均作为生产劳动。在第二点中又论述了马克思把物质生产领域生产剩余价值的劳动作为生产劳动。乍一看来，这两个生产劳动的定义似乎是矛盾的。

实际上这种矛盾是不存在的。我们认为，如果仔细地研究马克思关于生产劳动的有关论述，特别是根据马克思经济学的理论基础的劳动价值理论与剩余价值理论，可以认为，马克思关于生产劳动和第一个定义——即与资本相交换的劳动是生产劳动——是广义的资本主义生产劳动的定义。而马克思的第二个定义——即物质生产中直接创造

剩余价值的劳动是生产劳动——乃是狭义的生产劳动的定义，这两种生产劳动的概念是与资本主义经济中存在两种资本与劳动的交换关系相适应的。

从广义来说，凡是与资本相交换，并使资本增殖的劳动就是生产的劳动。马克思："只有**直接转化为资本**的劳动，也就是说，只有使可变资本成为可变的量，因而使整个资本C等于C＋Δ劳动，才是**生产的**。"①这就是马克思对于广义的生产劳动的论述。在资本主义生产关系中，资本家唯一关心的是他的资本能否带来增殖额。只要雇用的劳动能使他的资本再生产出来并且能实现一个增量ΔC，这个劳动就是生产的，至于他的资本投放于什么领域，如投于工业、商业或是服务业，他雇用的劳动者是工人、职员或是歌女、医生，这些都是资本家所不关心的。广义的生产劳动，正是资本借雇佣劳动而增殖这一生产关系的理论表现，它是从资本家见地得出的生产劳动的观念，因而它是资本主义经济中客观的生产劳动的范畴。

广义地说，凡是与资本相交换的劳动就是生产劳动，这只不过是我们研究资本主义经济中多样的生产劳动的起点。进一步研究表明，资本主义经济中存在着资本与劳动相交换的两种形式，第一种是资本与物质生产劳动相交换，它直接生产与增殖剩余价值，这是属于**狭义的与原来的生产劳动**，第二种是资本与非物质生产领域的劳动相交换，它不生产而只是分享第一种生产劳动所创造的剩余价值，这是属于派生的与转化的生产劳动，或广义的生产劳动。

马克思已经提出了狭义的生产劳动的概念，他说："如果从较狭窄的意义上来理解生产劳动者和非生产劳动者，那末生产劳动就是一

---

① 《马克思恩格斯全集》第26卷Ⅰ，人民出版社，1972年，第422页。

切加入**商品**生产的劳动，……而非生产劳动就是不加入商品生产的劳动，是不以生产商品为目的的劳动。"①可见，马克思实际上分析了生产劳动的两种形式和资本与劳动相交换的两种形式。因此，进一步研究资本与物质生产领域的劳动以及与非物质生产领域的劳动相交换的共同点与差别以及原本的生产劳动与派生的生产劳动的区别与联系就有重要意义。

资本与物质生产领域的劳动的交换关系，从历史的和逻辑的角度来说，都是资本与劳动相交换的第一种形式，这种劳动是创造价值与剩余价值从而"直接增殖资本的劳动"，"这种劳动在生产过程中直接作为变动着的价值量物化着"②。"对资本来说，构成生产劳动的特殊使用价值的，不是生产劳动的一定有用性质，也不是物化着生产劳动的产品的特殊有用属性，而是生产劳动作为交换价值（剩余价值）的创造原素的性质。"③（重点是引者所加）。这种在物质生产领域与资本相交换的劳动，由于它固有的剩余价值创造原素的性质，因而是原本的生产劳动。它是非物质生产领域的劳动的生产性的基础。如果我们从社会总资本的角度来看，也就是从一切与劳动相交换的资本的总和C来看，C→C＋ΔC，即作为各个领域的投资总和的社会总资本的增殖额ΔC，是直接等同于这一物质生产领域的劳动所创造的剩余价值的。

资本与物质生产领域的劳动相交换，是资本关系的主要表现。在资本主义很长的发展阶段，进入这种交换关系的资本量在社会总资本中的比重以及进入这种交换关系的劳动量在与资本相交换的社会总劳

---

① 《马克思恩格斯全集》第26卷Ⅲ，人民出版社，1974年，第475～476页。

② 马克思：《直接生产过程的结果》，人民出版社，1964年，第107页。

③ 马克思：《直接生产过程的结果》，人民出版社，1964年，第111页。

动中的比重都是占据绝对优势。

资本与非物质生产领域的劳动相交换，是资本与劳动的第二种交换形式。非物质生产领域的劳动包括商业雇员从事的纯粹属于实现商品价值形态变化的劳动，金融机构的雇员为货币与资本流通服务的劳动，以及各种服务性的劳动。这种劳动不创造物质产品，不形成价值与剩余价值，尽管它通过劳动者的剩余劳动而给雇用他们的资本家带来社会同等水平的利润量，从而使这一领域的资本增殖，但是这一资本增殖不是由于这种商业雇员和银行职员的劳动或服务是创造价值的因素，而是由于它使与它相交换的资本分享物质生产领域的劳动所创造的剩余价值。

如果从使资本增殖就是生产的这一命题出发，即从广义的生产劳动的概念出发，那么，无论是商业雇员、银行职员的劳动或是服务劳动，由于它给与它相交换的资本带来利润，因而就具有生产劳动的性质。在《资本论》第二卷中，马克思指出商业雇员的劳动是："使商品变贵而不追加商品使用价值的费用，对社会来说，是生产上的非生产费用，对单个资本家来说，则可以成为发财致富的源泉。"[1]这里就已经包含着它是广义的生产劳动的意思。但另一方面，马克思基于这种劳动的不创造物质产品，不具有价值形态要素的性质，指出了它的不生产的性质。马克思指出从事商品买卖的商业雇员劳动，"他和别人一样劳动，不过他的劳动内容既不创造价值，也不创造产品。他本身属于生产上的非生产费用"[2]。由于这种劳动不增加商品使用价值，不形成价值从而不增加社会资本的剩余价值总量，而且它的工资还要

---

[1] 《马克思恩格斯全集》第24卷，人民出版社，1972年，第154页。

[2] 《马克思恩格斯全集》第24卷，人民出版社，1972年，第149页。

从社会剩余价值中来补偿，因而它不同于创造剩余价值的物质生产劳动，它是非生产劳动。马克思说："它的作用，不是使一种非生产职能转化为生产职能，或使非生产劳动转化为生产劳动。如果这种转化能够通过职能的这种转移来完成，那真是奇迹了。"[①]马克思在这里把商业雇员的劳动作为不生产的，这是就狭义的、原本的生产劳动而言的。

马克思指出，如资本家雇用的歌女、教师、医生等服务，就其能给资本家提供利润而使资本增殖来说它是生产的劳动。但是马克思也论述了这种非物质生产劳动的不创造产品，不形成价值，从而不具有剩余价值形成要素的特点。

实际上服务性劳动之所以能带来利润与增殖资本是由于资本主义经济中的竞争与利润平均化的市场经济机制的作用，它是由于价值转化为生产价格或转化为服务价格的机制的作用。服务部门的资本同样要取得平均利润，从而使资本增殖，由$C \to C + \Delta C$，这是因为从事服务的劳动者的工资，"它们——它们的价值估价，这个从娼妓到国王的各种各样的活动的价格——也陷于那个调节雇佣劳动价格的规律之下"[②]。服务劳动者的工资是决定于劳动力价值的规律，而服务劳动者提供的使用价值（服务）的交换价值，即服务价格，按照利润平均化的规律，它除了补偿垫支资本而外，还必须实现一个平均利润。因而，不存在什么价值而只有服务价格，服务价格与商业价格一样，它是价值的转化形态，不过这个转化不是来自服务部门内部，而是来自物质生产部门，是产业部门创造的价值的转化形态。因而服务部门的

---

① 《马克思恩格斯全集》第24卷，人民出版社，1972年，第149页。

② 马克思：《直接生产过程的结果》，人民出版社，1964年，第108～109页。

劳动者的剩余劳动尽管不创造剩余价值,但却是通过价值转化为服务价格的机制而无偿地给服务领域的资本家带来了一份物质生产领域的劳动所创造的剩余价值。

我们认为,要科学地阐明服务性劳动的生产性,无须求助于服务提供的"非产品有用效果"创造价值的理论,而应该根据马克思关于价值转化为生产价格、商业价格以及服务价格的理论,这一理论才能使我们对当代资本主义经济中分外复杂,分外多样的价格形态以及价格与价值的更经常的和更大的背离作出有科学根据和有充分说服力的说明。要看到在当代资本主义经济中作为价值转化形态的价格是更加发展和多样化。这种转化不仅发生于物质生产的产业部门内,而且发生于从事流通活动的商业部门内,还发生于不提供物质产品的服务部门内。正是这种市场机制中的从价值向更多样的价格的转化,使那些不创造物质产品从而不创造剩余价值的各种各样的服务性劳动带来生产性。对于服务劳动的生产性,如果离开了价值向各种价格形式转化的理论,想借助某种新的服务的有用效果创造价值的理论来说明,无疑走入了一个死胡同。

既然服务价格所实现的剩余价值来源于物质生产领域的劳动,因而,在这里,资本表面上是直接与非物质生产领域的劳动相交换,而间接地与最终地是与物质生产领域的劳动相交换。例如那种歌舞或戏剧演出服务,它是通过这种给人们提供审美享受的服务去换得产业部门的工人的一部分工资收入和产业部门资本家来自利润的收入。因此,在物质生产领域中的资本与劳动交换是:C——物质生产劳动——ΔC。在这里,ΔC直接来自物质生产劳动创造的价值。而在非物质生产领域中资本与服务劳动的交换则是:C——服务劳动……物质生产劳动——ΔC。在这里,ΔC表面上直接地来自服务劳动,实质上是间接地来自物质生产领域的劳动。

基于以上分析，我们可以看出，服务性劳动的生产性，即它的增殖资本的性能，不是由于它的创造价值与剩余价值的性质，而是由于它的借利润平均化的机制而分占已创造出的剩余价值的职能，服务性劳动的生产性实质上是物质生产劳动的生产性所赋予的。可见，物质生产领域的生产劳动是原来的生产劳动，非物质生产领域的生产劳动是派生的，是前者的转化形态，是在资本统治范围的扩大，资本与劳动相交换由第一种形式逐步发展到资本与劳动相交换的第二种形式的条件下产生的生产劳动概念的扩大。马克思基于服务性劳动的上述特点，指出不创造价值与剩余价值的服务表现为"具有这种跟生产劳动者相同的性质"，"这是**资本主义生产所特有**的和资本主义生产本身所造成的现象"[①]，马克思把不具有创造剩余价值能力的服务的拥有生产劳动的性质，是当作价值转化为各种销售价格的经济机制下"所造成的现象"，因而可以称之为物质生产劳动的转化形态，正是因此，马克思说："在自己出版商的指挥下生产书（例如政治经济学入门）的莱比锡无产阶级作家，却近似地是生产劳动者，只要他的生产隶属于资本和单纯为了增殖资本而进行。"[②]在这里马克思说提供精神性服务的作家"近似地是生产劳动者"，表明了它的区别于物质生产劳动的性质。

我们认为，区分资本与劳动的两种交换关系和区分原来的生产劳动与派生的生产劳动，有着重要的理论意义。这种区分是劳动价值论与剩余价值理论在生产劳动理论中的贯彻与运用。因为，它根据物质

---

① 马克思：《直接生产过程的结果》，人民出版社，1964年，第109页。

② 马克思：《直接生产过程的结果》，人民出版社，1964年，第111页。

生产领域，商品交换领域，服务领域及一切精神生产领域劳动的性质及其在实现剩余价值的生产与资本增殖中的职能，科学地区分了来自直接创造剩余价值的劳动的生产性与来自实现与分占剩余价值的劳动的生产性，区分了什么是资本主义生产劳动的基础，什么是资本主义生产劳动的分支，既看到资本主义经济中与资本相交换的多样性的生产劳动的共性，又阐明了它们之间的特点与差别，这样就能深刻地揭示资本主义经济中的劳动生产性的本质联系及其多方面的表现。特别是这种划分，揭示了作为资本主义剥削的物质内容的剩余价值的最终来源是物质生产领域的劳动，而其他非物质领域的生产劳动则是为投放于非物质领域的资本履行这一剩余价值再分配的职能，这样就把投放于各个不同的经济领域中的资本，从而不同领域的劳动的生产性的来龙去脉剖析得清清楚楚。

对生产劳动的两种形式的划分，揭穿了庸俗经济学混淆服务与物质生产以掩盖资本主义剥削的辩护理论。萨伊与巴师夏等就从创造效用就是生产的这一效用价值论出发，借物质生产与服务的共性，把一切物质生产都说成是服务。同时，由于服务具有以提供一个活动直接收取一个代价这种"我给为了你做，我做为了你做，我做为了你给，我给为了你给"的形式，"在这种服务的购买中完全不包括劳动和资本的特殊关系，这种关系或者完成消失，或者完全不存在，所以它自然而然地变成了萨伊、巴师夏及其同伙为了表现资本与劳动的关系所喜爱的形式"①。庸俗经济学家正是由此进一步否认生产劳动的生产剩余价值的性质以达到从根本上掩盖资本对劳动的剥削关系，"这样一来就幸运地躲开了这种'生产劳动者'的differentia, specifica［特殊

---

① 马克思：《直接生产过程的结果》，人民出版社，1964年，第114～115页。

性〕和资本主义生产——它是作为剩余价值生产、作为资本的自我价值增殖过程，而这种过程的单纯合并到自身中来的因素又是活动——的特殊性"[1]。萨伊的这种把一切劳动均归结为服务，不区分物质生产与服务的理论，是从服务的表现为生产劳动的现象出发的。马克思说："这种现象给辩护者提供了借口……"[2]这就表明，区分两种形式的生产劳动，对于在理论上批判驳斥庸俗经济学对生产劳动的歪曲也是有重要意义的。

四、当前资本主义经济中生产劳动向纵深发展的新形式

在当代资本主义国家的经济中，由于生产社会化的进一步发展，特别是科学技术革命的发展，产生了结合劳动进一步在广度与深度上的发展，创造社会产品的总体工人的内容进一步扩大和表现为新的形式，在此基础上引起了物质生产领域的生产劳动的概念进一步扩大。与此同时，在资本主义经济中，随着产业资本的壮大，资本关系进一步征服与扩大到社会广泛的经济领域，从而出现资本与劳动的交换范围的扩大，由主要是资本与非物质生产领域的劳动的交换，发展到资本与物质生产领域及非物质生产领域的劳动两种交换形式的并举，甚至出现了资本与物质生产领域的劳动的交换关系占据主导地位的趋势。在此基础上引起了生产劳动概念的扩大，即由原来的生产劳动，衍生出更多的派生的生产劳动，从而广义的生产劳动的内容就进一步扩大化。在这种情况下，怎样来认识当代资本主义生产劳动的新特

---

[1] 马克思：《直接生产过程的结果》，人民出版社，1964年，第109页。

[2] 马克思：《直接生产过程的结果》，人民出版社，1964年，第109页。

征，与怎样来对待生产劳动的概念，以及如何区分生产劳动与非生产劳动，便成为值得进一步加以研究的重要理论问题。

我们认为，当前资本主义经济中生产劳动具有下列新的特点：

物质生产性的结合劳动向广度与深度发展与生产劳动概念的进一步扩大，是当前发达的资本主义国家的经济中的一个显著特征。

马克思在论述资本主义经济中的生产劳动时，就曾经指出由于生产社会化的发展，直接生产过程中的劳动分工与协作的发展，因而"产品从个体生产者的直接产品转化为社会产品，转化为总体工人即结合劳动人员的共同产品"①。在这种情况下，只要是成为总体工人的一个器官，即使劳动者不一定亲自动手，例如工厂的工程师与设计人员并不亲自从事某种产品的创造，但他也是生产劳动者。马克思在这里，是根据资本主义直接生产过程的关系的变化而阐述了"生产劳动和它的承担者即生产工人的概念也就必然扩大"②，这种联系生产过程的条件与关系的变化来阐述生产劳动概念新的内涵的方法，是唯一正确的科学方法。

生产劳动向广度与深度上的发展，首先表现在当前发达的资本主义国家，由于生产力的进一步发展，企业的物质技术条件日益现代化，成为庞大的科学技术综合体，它的运转、使用、维修、更新要求有一大批工程技术人员与熟练工人，因而这就决定了科学技术的脑力劳动越来越发展，并且在企业的内部生产劳动者中占有更大的比重。如西方许多大企业都建立有规模庞大的科研机构和雇用大批的科学研究工作者与工程技术人员。这种情况表明了"结合劳动者"在广度上

---

① 《马克思恩格斯全集》第23卷，人民出版社，1972年，第556页。
② 《马克思恩格斯全集》第23卷，人民出版社，1972年，第556页。

的发展与物质生产劳动概念的扩大。总体工人中不仅是包括直接从事操纵、调整、控制机器体系的工程师，而且包括那些不直接从事加工性劳动与操作，而只是单纯从事图纸设计的工程技术人员。特别是由于科学技术的发展日新月异与科学技术更加迅速地转化为直接生产力，因而某些从事理论性的研究的科技工作者，由于它们的研究的直接转化与促进企业的技术革新与技术革命，直接地促使物质生产的发展，因而这些在表面看来与物质生产较为疏远的研究性脑力劳动者，也实质上成为结合劳动者的一员，从而这种与直接生产密切关联的科学研究性的劳动也就具有生产劳动的性质。

生产劳动向广度与深度的发展，还表现在原先企业内部的生产劳动的独立化。如科技性的劳动，被资本家集中组织在独立化的科技服务企业之中，向需要单位提供科技服务。如对委托的专门科学技术问题进行研究，提供新设计，提供图纸，对新的工艺方法与操作方法进行辅导等。这些处在企业生产过程之外的科技性的脑力劳动，实质上是结合的劳动者，他们通过向企业提供的科学性服务而参与物质生产，成为企业总体工人的厂外部分，因而他们是直接物质生产劳动的一个部分。西方将这种科技性劳动称为"服务"，并将它列入"第三产业"，这种"服务"的概念与产业分类，掩盖了这一部门的劳动的属于直接的物质生产的性质与这些科技劳动者的属于"总体工人"的地位。

生产劳动范围的扩大，还表现在专业化协作发展下，原来企业内部的机器设备维修劳动的专门化，成为从企业外部为生产提供维修服务的部门。维修部门的科技人员与劳动者也成为企业内部的物质生产总体工人的厂外部分。

生产劳动的概念的新的内容，还表现于：在第三次科技革命的条件下，自动控制与信息传输日益成为物质生产与经营管理的必要内容，因而产生了新的科技性劳动形式——为传输、分析、整理信息服务的劳动，如为电子计算机编制程序，准备软件，管理与操作电子计算机等。这种为信息服务的人员在就业人口比重中逐渐增长。而且人们估计，随着电子计算机在经济中的普遍使用与生产的全面自动化的发展，随着"信息"时代的到来，这种为提供、使用信息服务的劳动可能成为企业内劳动者的主要部分。随着专业化的发展，一部分为提供信息服务的劳动独立化，集中于提供信息服务的企业或部门。为提供信息服务的劳动，如果是为物质生产服务的，这种属于直接物质生产。企业内部直接生产过程中的传输、整理信息的操作，它是脑力性的直接生产劳动，因为它是调节、操纵与控制现代化的自动化机器体系所必要的，它是物质生产结合劳动的一个新形式，它参与物质产品的创造与价值的创造，从而是生产劳动。

在发达资本主义国家，为提供、传输、整理信息服务的劳动，还广泛地应用于企业的经营管理方面，它为输送、收集经济情报，为提供经营决策方案与编制企业生产的计划服务。这属于经营管理性的科技性的脑力劳动，具有二重性，它一方面是为榨取剩余价值服务，但另一方面，它又具有生产的组织职能，是科学技术革命条件下组织社会化大生产的管理劳动的一个新的形态。这种为提供信息服务的劳动，也就成为结合劳动的新的组成因素，并且具有物质生产劳动的性质。

以上举出的结合劳动范围的扩大，特别是由体力劳动向脑力劳动领域的扩展，由物质生产性劳动向提供信息的现代技术性劳动的扩展与转化，由物质生产劳动向组织管理性劳动的发展，表明了在当前科学技术革命条件下结合的劳动在广度与深度的发展，这种情况使生产劳动概念进一步发展并具有更广泛、更丰富的内涵。

资本与非物质生产领域的劳动的交换的迅速发展，并由此引起广义的生产劳动在广度与深度上的发展，是当代资本主义国家经济中的新的趋势。这种情况表现在：

第一，流通领域的生产劳动的范围的扩大，它表现于商业领域从事商品买卖，为商品形态变化服务的劳动（商业领域的从事保管储藏的劳动，以及将商品运到消费地点的商业的运输性劳动本身具有物质生产性质）的增长，以及金融领域从事货币的资本借贷，为人们储蓄与消费信贷服务的金融保险机构的雇员的劳动的增长。上述这种情况，一方面是出于物质生产部门发展的需要，另一方面，则是由于资本主义竞争的激烈化，广告开支增长以及商业投机、金融投机的猖獗所引起。这种领域的劳动，它为产业资本的剩余价值的实现服务，这种劳动者的工资要由社会剩余价值总量来补偿，因而它是生产的非生产费用。但是由于它直接使商业资本家与金融资本家的资本增殖，从而是广义的生产劳动。

第二，为个人生活消费服务的劳动的增长。首先，这表现在发达资本主义国家中，为人们日常衣食住行、娱乐、旅游等多方面的生活消费服务的行业的大量出现，它是社会物质生产力提高，消费资料增长，从而引起人们的消费构成与消费方式变化的产物，是消费社会化即过去仰赖于人们自身的家务劳动的个人消费生活，日益转化为依赖社会劳动的社会消费生活的产物。其次，它表现为少数资产者的穷奢极欲的消费生活服务的行业的大量兴起，它反映了帝国主义腐朽性的增长。特别值得注意的是在某些第三世界国家，旅游服务等行业在产业结构中占有很大比重，大量的资本投放于与个人消费性服务的交换中。这种消费性服务劳动不提供物质产品，主要是提供一个直接满足人们消费生活需要的非产品使用价值，或者是为把已经创造出来的消费品实现为现实的消费提供辅助性劳动，有如人们借家庭服务性劳动把米下锅，把房屋清扫来实现对食物与住房的消费一样，正如马克思说："很大一部分服务属于商品的消费费用。"①

从以上所述，我们看出，当代资本主义经济中，出现了物质生产领域，非物质生产的流通领域，以及非物质生产的服务领域等多方面的经济领域中的生产劳动进一步向纵深方面发展的趋势，这种情况与马克思写作《资本论》的时代有很大的不同。在19世纪中叶的资本主义国家，服务性的企业还不很发展，因而马克思在考察生产劳动时，尽管指出与资本相交换的服务是生产劳动，但是又指出，由于它们在资本家企业的雇佣劳动中只占很小比例，在考察生产劳动时可以略而不计。因而，在那种情况下，生产劳动将主要表现为物质生产领域的劳动，而物质生产领域内部的生产劳动在形态上也是不发达的。而在当代资本主义生产劳动，除了物质生产领域的原本意义上的生产劳动而外，非物质生产领域的广义的生产劳动已取得巨大的发展，而各个领域的生产劳动还表现为多样化的形态。正是因此，生产劳动概念的内涵就更加丰富，而研究生产劳动的这一新变化与阐明生产劳动概念的新的内涵就是十分有意义的。

---

① 马克思：《直接生产过程的结果》，人民出版社，1964年，第115页。

《资本论》与中国社会主义经济建设[1]

今天，我们在这里举行学术讨论会，纪念开拓了无产阶级解放广阔道路的伟大思想家、革命导师马克思逝世100周年，我们不仅要缅怀他的伟大的革命的一生，追思与颂扬他在创立无产阶级的科学理论与发展共产主义事业中所作出的巨大贡献，更重要的是要进一步学习、宣传和捍卫他的革命学说，把马克思毕生所从事的共产主义革命事业进行到底。

一、《资本论》中的基本理论是万古长青的

《资本论》是马克思以毕生精力写成的宏伟巨著，是"科学社会主义的主要和基础的著作"[2]，是马克思主义哲学的光辉著作，更是"现代最伟大的政治经济学文献"[3]。《资本论》把科学社会主义理论的三个组成部分有机地结合在一起，成为一部马克思主义的百科

① 这篇文章写于1983年3月，原载《坚持和发展马克思主义——纪念马克思逝世一百周年学术论文选》，四川人民出版社，1984年，第62~84页。

② 《列宁文选》第1卷，人民出版社，1960年，第141页。

③ 列宁：《论恩格斯》，见《马克思恩格斯及马克思主义》，人民出版社，1953年，第51页。

全书。这部著作的完成与出版，不仅仅给无产阶级政党推翻资本主义、创建社会主义新社会的革命斗争，奠定了理论基础，而且它以其科学性与革命性的统一，以其系统、深刻、完备的科学的理论体系与"不会屈服在任何事物面前"的批判的精神的完美结合，成为一本人类思想理论发展史上划时代的著作。这部书不仅仅对于世界无产阶级的革命斗争的发展起着极其巨大的推动作用，成为促进共产主义运动的精神力量，开创了无产阶级在包括政治、经济和思想三个战线上的革命斗争的新时代，而且，它以人类文化思想史上从来未曾有的、最完备、最系统、最深刻的科学理论开辟了马克思主义意识形态发展壮大与战胜资产阶级和一切陈腐的意识形态的新时代，从而开拓了人类精神文明发展的新时代。这部著作的重要性是无论如何估计都不会过高的。

实践是检验真理的唯一标准。我们共产党人与革命者所以信奉和推崇《资本论》，是因为它揭示的资本主义必然灭亡、社会主义必然胜利的规律，以及它所阐述的马克思主义的基本原理，在《资本论》出版后的一百多年的革命实践中，在各国工人阶级所从事的埋葬资本主义制度的革命大风大浪的考验中，特别是在中国共产党领导我国人民进行新民主主义革命和社会主义革命的考验中，证明了它的真理性。实践一再证明，即使是在世界的情况有很大发展变化的20世纪末期，在世界资本主义经济较之19世纪末和20世纪初，都有着新的发展和新的变化的20世纪80年代，在无产阶级的社会主义革命和社会主义建设面临许多新情况与新特点的条件下，《资本论》的基本理论不仅并未过时，而且越加证明它的正确。坚持与捍卫《资本论》的基本理论，仍然是争取社会主义与共产主义事业胜利的重要前提。如果说，任何一部社会政治理论著作总是要在历史发展中验证它的意义和重要性，而历史的发展也使许许多多名噪一时的著作成为图书馆书架上的陈列品。但是，《资本论》却是经过一百多年历史的严峻考验，证明了它仍然是工人阶级认识世界与改造世界的理论武器，是一切革命者必读之书。《资本论》的基本理论是永放光芒、万古长青的。在马克思逝世100周年之际，最好的纪念，就是认真学习马克思主义，特别要学好《资本论》，坚持、发展与捍卫《资本论》的基本理论，更好地发挥它对无产阶级解放事业的指导作用。

二、《资本论》与社会主义精神文明的建设

我们当前面临着开创社会主义现代化建设的新局面的重大任务，现代化建设的重点与核心是社会主义经济建设。党的十二大，提出了在重点抓好社会主义经济建设的同时，要大力进行社会主义精神文明的建设，用思想文化建设来推动经济建设的方针，这是在社会主义建设中正确处理好经济与政治的关系、物质与精神的关系的一个马克思主义的方针，是保证我国经济建设在社会主义轨道上顺利发展的正确方针。它既坚持了经济的首要地位，又高度重视与充分发挥思想的积极作用，充分发挥人们的共产主义思想觉悟与革命精神对经济建设的推动作用，反对把社会主义经济建设单纯当作是实现物质富裕，甚至等同于单一的物质利益的追求。

马克思主义思想意识是社会主义精神文明的核心。因此，十二大提出的在进行社会主义"四化"建设同时努力进行高度的社会主义精神文明建设的战略方针，就要求我们要把思想建设和文化建设工作，特别是要把马克思主义理论的学习放在重要地位。

我国"四化"建设的新情况是，十一届三中全会以来，我们党重

新确立了马列主义、毛泽东思想路线，我们克服与摒弃了社会主义建设的"左"的错误做法。

第一，我们摒弃了那种单纯靠革命觉悟来调动群众积极性，而不重视和不给人民以物质利益的"左"的路线。我们党提倡关心群众生活，重视人民的福利，重视在经济工作中贯彻社会主义生产的目的。

第二，我们摒弃了分配中的平均主义，认真坚持按劳分配，承认差别，敢于提出让一部分人先富起来的方针。

第三，我们基于社会主义经济的规律，实行放宽政策，搞活经济，在农村适当地扩大自留地，开放与发展集市贸易，积极地与适当地发展城乡集体所有制经济与个体经济，维护劳动者的正当经营收入，反对把发展个人副业、个体商业、正当的长途贩运当作资本主义复辟。

第四，我们摒弃了那种违反社会主义经济规律的搞自然经济的做法，根据现阶段社会主义社会的性质与特点，大力发展社会主义商品生产与交换，重视运用市场的作用，运用有限度的社会主义竞争，承认企业与个人在商品生产中的物质利益。

第五，特别是我们基于社会主义经济的规律与我国的国情，大胆实行经济体制的改革，进行各种试验，在农村实行家庭承包责任制，在城市实行各种经济责任制，包括在许多领域中正在扩大推行经营承包责任制，正确处理国家、企业、个人的利益关系，进一步运用社会主义物质利益原则。

第六，我国坚持实行对外开放，发展对外经济关系，开展技术交流与文化交流，反对闭关锁国政策。

总之，为了加速"四化"建设，我们一方面对内大力搞活经济，一方面坚持对外开放。搞活经济，必然要进一步运用物质利益原则，不能搞禁欲的平均主义，因而在经济生活中物质利益的刺激或鼓励因素越充分，越是要大力加强思想政治教育，提倡共产主义劳动态度。我们在坚持按劳分配的同时，提倡对群众大力进行思想政治教育，发扬共产主义的精神。

就意识形态与学术思想领域来说，实行对外开放，资本主义思想与生活方式有着更多的渠道渗入我国社会生活之中；实行对外文化交流，资本主义学术观点也难免要渗透到我国学术思想领域之中。特别是当前西方各种学术思潮，如哲学上的存在主义，在一部分青年中是有影响的；经济学领域中随着引进西方科学的管理知识与技术，西方经济学的某些偏颇理论，也难免会使缺乏马克思主义素养的青年人产生思想上的迷惑。

我们要正确对待与吸取人类的科学文化知识，反对长期以来把西方经济学不加区别，一律排斥的"左"的做法。不能认为当代西方经济学全是腐朽的，只能批判，不能吸取。但是也要清醒地看到在对国外经济理论与技术的引进中，也会有盲目性与缺乏鉴别能力、精华与糟粕不分的情况。对西方管理科学如何批判地吸取？它的哪些理论、方法，包括名词术语是可以批判地吸取的？哪些则不可取？我们如何建立社会主义经营管理学？其他经济理论，包括政治经济学，如何在新的历史时期，批判地吸取国外理论的某些"合理的内核"，做到坚持马克思主义理论，又发展马克思主义经济理论，既不故步自封，又不为西方所溶化，这是一个重大而艰难的课题。随着现代化建设全面发展的新局面的到来，我国经济理论面临着大发展的可喜形势。如何在经济学理论的大发展中，保持、捍卫马克思主义政治经济学的纯洁性，这也是我们今后长时期面临的任务。

总之，我国"四化"建设面临的新形势、新条件和"四化"建设本身的新特点、新方法，要求我们把社会主义精神文明建设，把马克思主义的学习放在极其重要的地位，要求我们加强《资本论》及其他马克思列宁主义、毛泽东思想著作的学习。《资本论》的作者，就是在批判资产阶级政治经济学的理论观点中创造、建立与发展马克思主义的经济理论。众所周知，《资本论》的副标题就是"政治经济学批判"。把马克思开创的批判资产阶级政治经济学的战斗继续下去，这已经是当前马克思主义经济理论工作者面临的一项重要任务。要看到，对于西方的经济理论的鉴别、批判，对各种积极因素的吸取，不是轻而易举的，要求有很高的马克思主义的素养，这就有必要深入地学习《资本论》，因为，这样的一部马克思主义的宏伟理论巨著，它蕴藏着丰富的思想财富，是提高我们的鉴别能力与对西方资产阶级理论、各种反马克思主义理论的批判和战斗能力的最强大的理论武器。

三、《资本论》与社会主义经济建设

《资本论》不仅是工人阶级进行社会主义革命的理论武器，而且也是无产阶级与革命人民在夺取了国家政权后，进行社会主义经济建设的重要理论指针。

《资本论》对社会主义经济建设是否还有重要意义？在这个问题上曾经存在着一些模糊的认识，仿佛对于已经走上社会主义道路的国家，《资本论》的学习，是用以认清资本主义制度的剥削本质及其不可调和的矛盾及其必然灭亡的命运，从而在思想上划清资本主义与社会主义的界限；认识社会主义制度的优越性，增强人们的共产主义必胜的信念。

我们党是一贯重视《资本论》学习的，十一届三中全会以后更组织了广大干部对《资本论》第二卷中的马克思的再生产理论的学习。最近中央领导同志又一次强调了《资本论》学习的重要性。《资本论》不能指导社会主义经济建设的说法，是完全错误的。恰恰相反，《资本论》的基本理论对我国社会主义经济建设，对于建设具有中国特色的社会主义这一重大课题，有着重要的指导作用。而且，可以说，在我国社会主义现代化建设的新时期，为了完成党的十二大提出的我国在20世纪末的战略目标，有必要进一步加强《资本论》的学习。

《资本论》一书对我国社会主义"四化"建设的现实意义是什么？

要顺利地进行"四化"建设，完成翻两番的战略目标，最重要的是认识社会主义的经济规律。《资本论》所论述的不少基本经济理论、原理，都有助于我们去加深对社会主义经济规律的认识，去把我国经济工作的实践经验上升到理论。马克思在《资本论》第一版序言中说："我要在本书研究的，是资本主义生产方式以及和它相适应的生产关系和交换关系。"[1]"本书的最终目的就是揭示现代社会的经济运动规律。"[2]为什么以研究资本主义生产关系，揭示资本主义经济运动规律为其任务的《资本论》有助于我们去认识社会主义的经济规律呢？因为《资本论》是以阐明资本主义经济规律为对象，它的理论的核心是关于剩余价值的生产、实现与分配的规律。《资本论》的经济理论、经济规律的阐述与理论体系具有下述四个方面的特点：

第一，《资本论》在研究资本主义经济规律时，它也涉及了对前资本主义经济规律的阐述与对未来社会主义社会的特有的经济规律的原则上的论述。

---

① 《马克思恩格斯全集》第23卷，人民出版社，1972年，第8页。

② 《马克思恩格斯全集》第23卷，人民出版社，1972年，第11页。

《资本论》基于历史唯物论的发展观，它把任何生产关系都视为处于发生、发展与灭亡过程中的历史过渡性的生产关系。因此，它在研究资本主义生产关系时，就要进行历史的考察，要探索资本主义生产关系的来龙去脉。因而，它在阐明与揭示资本主义经济规律时，也往往要阐述、对比前资本主义的经济规律，并要展望未来社会新的经济规律。在《资本论》中对社会主义、共产主义形态的所有制（自由人的联合体）劳动、计划经济（社会劳动的有计划分配）、时间节约、消费品的按劳分配、再生产等方面，都提出了很多重要的观点并作了很深刻的阐述，这对社会主义生产与经济生活的组织与调节，也有重要的指导意义。

第二，《资本论》尽管是研究资本主义经济的规律的，但是还包含着许多适合人类各个社会形态的一般的经济规律，特别是适合社会化大生产的一般经济规律。这些规律对社会主义经济也是适用的。

《资本论》采用了具体到抽象，即从表象出发，抽取出经济关系与经济过程的本质规定，再进一步上升到具体的方法，由此揭示资本主义的经济规律。由于采用从具体到抽象的方法，因而它首先就要撇开具体的生产关系与社会关系，抽出适用于各个社会的一般经济规律。斯大林在《苏联社会主义经济问题》一书中，批判了雅罗申柯否认马克思在《资本论》中阐述的再生产理论的普遍适用性的错误观点，十分深刻地指出，马克思由于研究资本主义生产规律的结果而制定出来的再生产理论是反映资本主义生产的特点，自然也就具有商品的资本主义的价值关系的形式。不这样也是不可能的。但是，在马克思的再生产理论中，如果仅仅看到这个形式，而看不出它的基础，看不出它那不仅对于资本主义社会形态发生效力的基本内容，就是一点也不懂得这个理论。斯大林这一论述是十分深刻的，看不见《资本论》中所包含的一般经济规律及其意义，可以说，就是贬低了《资本论》的意义，无视它所蕴含的十分丰富的思想财富。

《资本论》中这个由具体到抽象的方法，是运用得十分广泛的，贯穿在《资本论》的第一卷中。它抽出的不是一两个，而是一系列的适合于人类社会的一般经济规律，特别是社会化大生产的一般规律，可以说它包含有一般经济规律的体系。也就是说，尽管《资本论》主要是狭义的政治经济学，但是也考察和阐述了广义政治经济学的许多重要理论与规律。

《资本论》中有哪些主要的一般经济规律与一般经济范畴呢？这里可以指出如下：

其一，生产关系一定要适合生产力性质的规律（包括所有制适应生产力变化的规律），生产与分配的相互关系的规律，生产与交换的相互关系的规律，生产与消费的相互联系的规律，等等。

其二，生产一般理论。如生产劳动一般的理论，剩余产品生产一般的理论，积累一般的理论（剩余产品的用于扩大再生产），再生产一般的理论（简单再生产与扩大再生产一般的理论），如社会生产划分为两大部类的原理，剩余产品是积累的源泉，积累是扩大再生产的源泉，再生产中总产品的实物补偿的原理，简单再生产条件下实物补偿所制约的两大部类交换比例关系 $[\,I\,(v+m)=II\,c\,]$ 的原理，扩大再生产条件下，两大部类产品相交换的比例关系 $[\,I\,(v+m)>II\,c\,]$ 的原理，等等。显然地，这些一般经济规律，内容是很广泛的，绝不限于《资本论》第二卷的内容。这些一般经济规律对于社会主义经济也是适用的，而且是社会主义经济建设中必须自觉利用而不能违反的。

《资本论》是一个既包括资本主义经济规律，又包括对于社会主义社会也能发生效力的一般经济规律的经济理论的宝库，我们应该深刻发掘它阐述的一般经济规律，并联系社会主义建设的实际，去发现这些阐述与规律的重要价值与现实意义。这样，就会加深我们对社会主义经济的运动机制的认识。例如，《资本论》第一卷，通过对资本主义生产关系的分析，包含对生产一般与扩大再生产一般的论述，对社会主义建设有着重要的意义。如生产劳动一般是提供物质产品的劳动，这也是社会主义生产劳动的一个重要的规定性。社会主义社会劳动的生产性，必须建立在物质生产劳动中，而不是机构重叠、人员庞大的非物质生产劳动中。《马克思恩格斯全集》第26卷论述的生产劳动一般是提供剩余产品的劳动，这也对社会主义生产劳动的规定性有着重要意义。《资本论》阐述了生产劳动的本质特征是由生产关系所赋予的社会规定性，基于这一论述在社会主义制度下，满足人民群众的物质与文化生活的需要乃是社会主义生产劳动的本质特征。这些基本原理对于组织社会主义劳动体系，充分发挥劳动的生产性，提高劳动的有用效果，以争取更大的经济效果，有着重要的指导意义。《资本论》关于积累即剩余价值资本化与扩大再生产的论述，舍弃其资本主义生产关系的形式，我们将发现剩余产品是积累的源泉，积累是扩大再生产源泉的一般原理，这对于指导社会主义扩大再生产有着重要意义。这将使我们加深对于大力提高经济效益，增大剩余产品，并且在满足人民需要的产品正常增长的条件下，最大限度增大剩余产品中用于扩大再生产的部分，以加速社会主义建设的重要意义的认识，进一步理解"一要吃饭，二要建设"的方针的正确性。

必须指出，《资本论》有关社会化大生产的一般规律，是贯穿于《资本论》三卷之中。过去有一种说法，即认为学习《资本论》第一卷是为了认识资本主义制度的剥削本质，主要是通过学习，提高人们的革命觉悟；而第二卷的学习，则是涉及有关流通与再生产的规律，学习它是为了加深对社会主义经济中的有关规律的理解，以服务于社会主义经济建设。这种认识是有片面性的，不正确的，它低估了《资本论》的丰富内容与现实意义。

关于社会化大生产一般的规律，主要是在《资本论》第一卷、第三卷中论述的。事实上，学习《资本论》第一卷，除了认识资本主义的剥削本质，也要紧密联系社会主义经济建设的实际。学习第二卷，除了联系社会主义经济建设实际，也要着眼于资本主义流通与再生产的不可克服的矛盾，认识经济危机的不可避免，进一步认识资本主义制度灭亡的历史必然性。在当前"四化"建设的新阶段，我们更要注意发掘《资本论》第一、二、三卷中有关一般经济规律的宝贵的思想财富，要看到《资本论》第一、二、三卷中的许多有关一般经济规律的论述，对我国社会主义经济建设都有着十分重要的指导意义。它对于打开我们的思路，加深我们对社会主义经济的运行机制的认识，对我国"四化"建设有重要的现实意义。

第三，《资本论》中包含着对商品关系的一般规律的阐述。这些规律对于不论什么社会的商品关系，均是要以不同形式发生作用的，对于我国现阶段社会主义的商品关系领域，也是要发生作用的。我国当前处于社会主义社会的初级阶段，在这一阶段还存在商品生产与交换，这是现阶段不发达社会主义的重要特征，而且，商品关系的经济规律对于一切社会主义经济规律都有其影响，使其具有特殊的作用机制与实现形式。通过学习《资本论》，懂得商品关系的一般经济规律，对于我国社会主义经济建设的顺利发展有着十分重要的意义。

《资本论》中包含着许多对商品经济的一般规律的论述，这些一般规律或是表现在直接对商品生产与交换一般规律的阐述中，或是包含在资本主义商品生产与资本主义商品交换的规律的阐述中，对于后一种情况，只要抛开它的资本主义形式，我们就不难发现它的商品关系一般规律的内容。

《资本论》使用科学抽象法，首先从资本主义商品生产与交换关系的具体出发，进行抽象，抽象出商品生产与交换的一般，然后再进一步上升到资本主义商品生产与交换的具体。这些商品经济的一般规律与一般范畴，可以举出如下：

其一，商品生产一般。（1）有关商品一般的理论（商品二因素，创造商品的劳动二重性）；（2）商品价值量由社会必要劳动决定的原理（价值决定）；（3）价值形式的原理（价值表现形式）；（4）货币的本质（一般等价物）与职能的理论。

其二，商品按照价值量进行交换的规律。（1）商品按照价值进行交换的规律；（2）商品交换与市场的一般理论；（3）价值规律在市场价格波动与供求变动中实现，即体现在市场机制中的理论；（4）部门商品总量中体现的投入的劳动量符合社会需求是价值实现的条件的原理，等等。

其三，商品关系下再生产一般。在存在商品关系条件下，再生产具有商品价值形式的原理；在商品关系存在的条件下，再生产中不仅有实物补偿（替换），而且有价值补偿的原理；两大部类产品的交换，要以用来交换的产品价值量相等为条件，即作为价值等式的 $Ⅰ(v+m)=Ⅱc$，以及其他部门间和部门内的交换的价值等式；商品生产条件下，再生产中货币流通的规律，等等。

其四，商品关系存在条件下的分配。《资本论》第三卷从资本主义总过程，通过生产、流通的总体来考察更具体的资本主义经济运行机制，揭示了商品关系存在条件下，流通是分配的杠杆。它结合流通中的经济机制，通过利润、利息、地租等范畴阐明了剩余价值的分配。这对于我们考察现阶段商品关系存在的条件下的社会主义分配形式与机制具有重要意义。

这里有必要指出，我们说《资本论》中包含着关于商品生产一般的规律，但是应当明确，《资本论》主要阐述的是有关资本主义商品生产的规律，它的主要篇幅是用于阐述这方面的内容。不能为了强调《资本论》对社会主义经济建设的现实意义，就说《资本论》的理论主要是有关商品生产一般的规律，这样就会歪曲《资本论》的对象。

但是，的确又要看到《资本论》中包含着不少关于商品生产的一般规律。这些规律是通过两种方式来体现的：一是直接论述商品生产一般。如第一卷的前三章的有关商品与交换的主要内容及许多篇章中的有关部分。二是更多地寓一般规律于资本主义商品经济规律的阐述之中，如《资本论》第二卷关于资本循环与周转的理论和社会总资本的再生产的理论，从中舍象资本关系就可以得出也适用于社会主义再生产的两大部类交换的一般原理。《资本论》第三卷论述了发达的资本主义商品经济中，产业资本、商业资本、借贷资本的各种资本形式，如果我们从中舍去资本主义关系，就可以得出社会主义商品关系中的资金在产业、商业、银行信贷诸领域采取的特殊形式及其职能。《资本论》中主要是阐述资本主义商品经济的规律，基于此，要求我们要善于从《资本论》阐述的商品关系特殊中找出能适用于社会主义的商品关系一般。这是一个较为艰巨的任务。

深入学习《资本论》中有关商品经济的一般规律，在当前尤其有现实意义。商品性是现阶段社会主义生产的一个重要特征。斯大林的《苏联社会主义经济问题》阐述了社会主义国民经济有计划按比例发展的规律，强调了社会主义经济的计划性。但是，斯大林对《资本论》中的适用于社会主义商品关系的商品关系一般及其意义论述不够。斯大林把社会主义全民所有制的商品作为外壳，否认它的商品性，认为全民所有制的生产已经超出价值规律起作用的领域。社会主义建设实践表明，不发达的社会主义，是以商品生产与交换关系的具有广泛性为特征，因而存在着商品经济的基本规律——价值规律的广泛作用。因此，根据《资本论》中有关商品关系的一般规律的论述，进一步联系现阶段社会主义的实际，进一步从理论上弄清支配社会主义商品关系的经济规律的作用形式与机制，仍然是经济研究中的重要课题，它对我国社会主义经济建设具有十分重要的现实意义，我们切不可看不见与忽视《资本论》中这方面的宝贵财富。

第四，《资本论》中包含着生产力性质的规律（广义的经济规律）。《资本论》乃是以揭示生产关系的运动规律即经济规律为任务的。但是《资本论》采用紧密联系生产力来研究生产关系的方法，因此，它在研究生产关系时，要考察与研究生产力的某些一般规律。因为，社会生产方式有两个方面，它的物质技术方面和社会经济方面，二者之间存在辩证的关系。许多资产阶级经济学流派以物质技术为政治经济学的对象，它们舍去经济关系而论述生产的技术关系与形式，把后者说成经济规律。马克思主义经济学则从唯物辩证法出发，它首先严格区分生产的物质技术内容与生产的社会经济内容，并把后者作为政治经济学的研究对象，它摒斥了将生产的物质技术内容作为政治经济学对象的庸俗经济学的观点。但是，另一方面，马克思主义政治经济学在研究生产关系时，却又紧密地联系生产力的状况，把经济关系的变动与生产力的变动联系起来，并将后者作为经济关系变动的决定因素。正是因此，《资本论》这一部研究资本主义生产关系的运动规律的著作，不仅不排斥对生产力的研究，恰恰相反，它包含着有关生产的物质技术关系的运动规律的丰富内容。这些内容，大体说来是：（1）有关劳动过程的要素的分析。如论述任何生产的一般要素是人的因素和物的因素的统一与结合，论述了生产的物的因素的组成、结构（劳动手段与劳动对象），论述了生产力诸要素的内在矛盾，特别是作为生产力的重要决定因素的劳动手段发展变化的规律，论述了物质生产力或技术生产力发展规律。（2）有关生产力的人的要素的分析。论证劳动者这一要素的发挥作用的形式——劳动，如何由个体的、孤立的劳动转化为社会化的劳动、社会结合的劳动，以及如何由结合劳动的初级、不发达的形式发展为成熟的、高级的形式。《资本论》第一卷为论证相对剩余价值生产结合分析了劳动社会化的规律，由简单协作这一结合劳动的形式转化为分工这一结合劳动的特殊形式，论证了企业中组织结合劳动的方法，例如，适应于手工技术的工场手工业组织结合劳动（形成企业的劳动组织、班组）的方法；论证了适应机器大生产的工厂中组织结合劳动的方法；论证了适应物质生产力水平的提高，劳动者的熟练与智力提高的形式与规律。（3）论证了现代化大生产的生产力中的决定要素——科学技术，它的原本形式是表现为知识形态，它的物质形式表现为机器、技术设备；论述了科学技术应用于生产与转化为直接生产力的过程与规律，论述了技术进步在劳动生产力提高中的"爆发力"的作用。（4）作为以上三方面的统一的劳动方式的演进。如手工业生产方式—工场生产方式—机器大生产方式。这些涉及生产力发展的一般规律，即使是社会主义社会生产社会化，也是要遵从的规律，是不能违反的。例如，以手工工具为基础的手工业生产方式—工场手工业生产方式—机器大工业生产方式发展的依次递进的规律，在社会主义农业中可以看得较为鲜明。我国现阶段农业中占据统治形式的家庭承包责任制是以家庭生产方式为物质基础，是集体所有制的合作经济。这一集体所有制是初级的与不成熟的，随着今后农村物质技术基础的提高与过渡到机器生产，家庭经济将通过联合，进一步发展与过渡到更完全的集体所有制。

当然，《资本论》是研究生产关系的运动规律即经济规律的，而不是以有关生产力的规律为对象的，生产力的规律也不能与政治经济学的规律混为一谈。但是，上述那些生产力的规律，是阐明生产关系的运动规律所必要的，而且也是经济学中的部门经济学、生产力经济学的重要研究对象。当人们强调《资本论》对社会主义革命的指导意义时，不曾重视《资本论》中有关生产力的规律的论述的意义，在当前我们进行社会主义经济建设时，显然，我们应该认识《资本论》中对生产力的深刻的研究与一般规律的论述，乃是这部著作所包孕的重要的精神财富。今天我们来学习《资本论》，就应该更加重视发掘这方面的精神财富，来为我国四个现代化的建设服务。

四、《资本论》与经济体制改革

我国当前由于调整国民经济取得了初步成就，因而理所当然地要加快经济体制改革的步伐。经济体制改革，一般地说是社会主义生产关系的完善，是每一个建设社会主义的国家都要进行的。它的理论基础，就是毛泽东同志在《关于正确处理人民内部矛盾的问题》中对社会主义社会基本矛盾的理论阐述。在社会主义制度下，适应社会生产力的发展，需要不断调整生产关系的具体形式来不断完善社会主义生产关系，从而充分发挥社会主义制度的优越性，因而体制改革是贯穿社会主义经济建设始终的。

我国当前经济体制的改革，主要是为了解决我国20世纪50年代以来建立的承袭苏联的国民经济管理体制存在的一些弊端。主要是集中过多，作为基层单位的企业缺乏自主权与责任心，分配中的平均主义和吃大锅饭这些弊病，严重地束缚了企业与广大职工的积极性。当前经济体制改革的重点，一是企业经营管理形式的完善，二是消费品分配方式的改革。它最终的目标，是要进一步对整个国民经济管理体制实行革新，建立起具有中国特色的国民经济管理体制，这是我国1956年生产资料私有制的社会主义改造取得了基本胜利后，确立起来的社会主义生产关系的具体形式的调整，实质是社会主义生产关系的完善。它关系翻两番的战略目标的实现，关系我国四个现代化的能否顺利实现。

学习《资本论》对经济体制的改革具有什么意义呢？

我国体制改革，是根据生产关系一定要适合生产力，上层建筑一定要适合经济基础的历史唯物主义原理，根据我国国情与生产力状况和要求，正确地调整生产关系与上层建筑，建设具有中国特色的社会主义。进行体制改革，要从实际出发，敢于打破不适合生产力要求的陈旧的管理模式，这就要求在思想上打破某些长期束缚人们思想和早就经不起实践检验的旧框框。而学习《资本论》将使人们有深厚的理论武装，站得更高，看得更远，从而使人们对改革中的新鲜事物有深刻的理解，并能提高到理论上加以说明。更好地说明世界，将更能坚定人们的信心，去更好地改造世界。

第一，《资本论》把唯物辩证法的发展观应用于对生产关系的运动的分析，特别是应用于资本主义生产关系的运动规律的分析。《资本论》论述了任何社会的生产关系确立以后，都有一个进一步发展，即由初始期的不成熟的形式到成熟的形式和走向灭亡的过程。《资本论》详细地分析了资本主义生产关系的产生、确立和走向成熟的历史过程；论述了随着资本主义物质技术基础的发展，资本主义生产关系的具体形式也要相应地发生变化。例如，资本主义所有制就经历了发生期的、带有过渡性质的小业主所有制，进至工场主所有制，最终发展为工厂主所有制。此后，又由个别资本家私有制，发展为股份公司联合资本形式的资本所有制。此后，列宁进一步论述了现代的垄断资本所有制形式。《资本论》论述了资本家经营形式，资本主义的分配形式，均不是固定不变的。这一切，有助于加深我们对社会主义制度下，社会主义生产关系的不断完善与生产关系的具体形式的变革的理解，更深刻领会在"四化"建设中进行经济体制改革的必要性，从而更加自觉地投身于体制改革，做改革的促进派。

第二，经济体制改革作为社会主义生产关系的完善，必须适应客观经济规律。生产关系的具体形式——企业经营管理形式，国民经济管理形式，消费品分配形式，流通形式等的具体形式——的调整都必须是适应社会主义生产关系的运动规律，而不能违反这一规律。如果人们在调整经济关系的具体形式时，不严格地根据社会主义经济规律的要求办事，随心所欲，那么，体制改革就不能收到实效，甚至会引起某些挫折，对此，我们已经有过历史教训。因此，我们必须保持清醒的头脑。

但是，我们不能对社会主义经济规律作教条式的理解，不能认为政治经济学社会主义部分已经对社会主义经济规律作了完备的论述，甚至不能把《资本论》和经典作家对社会主义经济规律的某些原则的论述和预测，作为不可更易的结论，而是要运用《资本论》的立场、观点、方法，来分析社会主义经济的实际，进行创造性的研究，根据我国的国情，根据社会主义建设的新的条件与新的情况，研究新问题，得出新结论。因而，学习《资本论》，联系实际深入研究，在更加科学的水平上正确地完备地阐述社会主义的经济规律，就是头等重要的事。

我们要学习《资本论》关于所有制的理论，包括所有权、占有权、支配使用权相统一又相分离的理论，深入研究社会主义所有制的形式、特点及其运动规律，探索我国城乡所有制的具体形式改革的途径；要学习《资本论》有关商品生产与价值规律的理论，深入研究社会主义商品生产、市场的特点与价值规律的作用，探索发展社会主义商品生产与交换和运用市场机制的方法；要学习《资本论》有关价值、市场价值、价格的理论，深入研究社会主义制度下价格的形式及其运动的规律，探索价格体制改革的方式；学习《资本论》有关借贷资本与信用的理论，深入研究社会主义制度下的资金借贷与信用的性质、特点与作用，探索银行与信贷体制改革的道路；要学习《资本论》有关地租的理论，联系实际，深入研究社会主义制度下的级差收益，探索更好地运用各种经济杠杆与行政方法来对包括全民所有制与集体所有制在内的企业利益的调整的形式与方法。

我国正在开展的经济体制改革，是一场进一步完善社会主义生产关系的伟大革命实践，是在党的领导下，由亿万人民投身其中的建设具有中国特色的社会主义的探索。它是以马克思主义的理论，以有关社会主义经济的客观规律的科学知识来指导的。我们一方面要敢于改革，在改革试点中总结经验，及时推广；另一方面要加强研究，理论先行。要争取通晓社会主义经济规律，加强改革实践的自觉性，避免盲目性。要力争改革每一步行动都有深厚的充分的科学理论的指导，这样使我们的改革有条不紊地、扎扎实实地朝着既定的方向发展，去取得预期的效果，从而夺得体制改革的伟大胜利。

对马克思主义生产力理论的新贡献①

——访西南财经大学教授刘诗白

《光明日报》通讯员 丁任重

邓小平同志关于建设中国特色社会主义的思想中，发展生产力的理论占有重要地位。他曾多次论述过生产力问题，强调社会主义的根本任务是发展生产力。前不久，他在南方视察时，又提出：社会主义的本质就是发展和解放生产力；抓住有利时机把国民经济搞上去，等等。如何理解邓小平同志的这些论述，以及这些论述目前有何重要意义？最近，笔者就这些问题，走访了我国著名经济学家、西南财经大学名誉校长刘诗白教授。

刘诗白认为，邓小平同志对社会主义制度建立后必须大力发展生产力这一论题的阐述，其理论贡献有三条：（1）联系我国实际，具体阐述了马克思主义创始人关于社会主义必须立足于社会化大生产之上的科学命题；（2）阐述了在我国现阶段物质生产力的条件下，只能建

---

① 原载《光明日报》1992年5月23日。

立以公有制为主体的初级阶段的社会主义，而不能实行"一大二公"的高级阶段的社会主义；（3）社会主义要消灭贫穷。这一论题通俗而明白地指出，现阶段社会主义主要矛盾在于生产力水平低，从而提出了建设社会主义要自始至终抓住经济建设这个中心不放。

刘诗白指出，邓小平同志关于发展生产力的论述有着重要的现实意义。自改革开放以来，我国经济发展迅速，其成就举世瞩目。但是，我国仍是发展中的社会主义国家，生产力水平低，远不能适应发展和巩固社会主义制度的需要，这仍是我国现阶段的主要矛盾，对此我们应有清醒的认识。当前的国际国内形势，一方面为我们提供了加快经济发展的良好机遇，另一方面也使我们面临严峻的挑战。为了维护和巩固社会主义，从根本上说，必须把自己的事情办好，首要的是把国民经济搞上去。在当前，进一步学习和领会邓小平同志的论述，有助于我们在新的形势下保持清醒的头脑，认清我国社会主义的主要矛盾，更加横下心来搞经济建设，坚持基本路线不动摇。

邓小平同志提出改革也是解放生产力，这是一个新的提法，笔者请刘诗白谈谈自己的理解。刘诗白认为，邓小平同志提出了一个重要的论题，即社会主义条件下需要通过改革解放生产力，不解放生产力，就谈不上发展生产力。在社会主义条件下，改革也是解放生产力这一命题的提出有着重要的现实意义：（1）肯定了社会主义生产关系与生产力之间存在着矛盾，如果二者"完全适应"，那么就不存在生产关系需要调整和完善的必要性，也不存在什么"解放"生产力的问题；（2）在社会主义国家必须对生产关系进行较为深入、较大范围的调整与完善，才能起解放生产力的作用。

刘诗白认为，我国的经济体制改革，就是一种体制上的根本性革新。这一改革是由以社会主义产品经济论为理论基础的、高度集中的、以政府为主体的经济体制，向以社会主义商品经济论为理论基础的、以企业为中心的新体制的转变；是由"纯"社会主义的一元化模式，向以公有制为主体、以各种非公有制经济为补充的多样化模式的转变。特别重要的是，我国传统的经济体制形成于20世纪50年代，尽管在建立之初对促进国家工业化起了积极作用，但毕竟存在弊端。由于改革的滞后，二十多年来旧体制的弊端不断积累，量的积累引起质的变化，决定了20世纪70年代末旧体制已经明显地不适合生产力的发展。因此，为了使生产关系充分适应生产力，使社会主义经济充满生机和活力，改革就不能不是十分深刻的、涉及体制各个方面和各个环节的、广泛的变革，这是一种根本性的变革。从这种意义上说，改革也是一场革命。这样程度深、范围广的体制革新，客观上起着解放生产力的作用。我国的农村改革、城市改革、实行特区的改革等所带来的经济迅猛发展的事实，具体表明了改革所具有的"解放"生产力的性质。所以，关于社会主义条件下改革也是解放生产力的新认识，体现了邓小平同志对这一场经济体制改革的性质的深刻分析。邓小平同志认定，社会主义制度完善的新体制，将为生产力的发展开拓最广阔的道路，只要我们大胆地探索，建立起这样的新体制，我国生产力一定能不断登上新台阶。总之，邓小平同志的论述，既坚持了社会主义条件下生产力的决定作用，又高度强调生产关系的反作用。这是把历史唯物主义基本原理和基本方法应用于分析社会主义经济的典范。

陈豹隐与《资本论》理论在
中国大学讲堂的传播[①]

今年是陈豹隐先生诞辰127周年，西南财经大学特别举行《陈豹隐全集》发行会，以纪念这位马克思主义在中国早期的传薪者、《资本论》最早的翻译者，这是非常有意义的事情。今天又是5月5日，是马克思诞辰195周年，发行会在今天举行分外地有意义。

陈豹隐是20世纪五四运动以来中国左派社会活动家、经济学大师、教育家，是西蜀人杰。他一生从事革命社会活动、学术活动。他的人生经历丰富、波澜起伏。最初东瀛留学，1917年任北京大学法科教授，他是1919年五四运动的积极参与者。20世纪20年代大革命时期投笔从戎，他担任过国民革命军政治部的宣传委员，当时政治部的主任是邓演达，副主任是郭沫若，他还担任过国民革命军第20军政治部主任。1924年他参加中国共产党和中国国民党，他与国民党左派一起共同支持参与北伐。1926年任黄埔军校的政治教官，是农民运动讲习

---

① 本文是刘诗白教授在《陈豹隐全集》首发式上的讲话，原载《经济学家》2013年第6期。

所的教员。宁汉分裂前，国民党中央和国民党的右派人士进行了激烈的斗争，当时他是武汉国民党中央政治会议秘书长，积极参与共产党领导的反对蒋介石"分裂"活动，是大革命时期的活跃人物。大革命失败后，遭到国民党的通缉，1928年他流亡日本，将精力转入革命的学术活动，研究、翻译马克思的经济学说，他首先翻译了河上肇的《经济学大纲》，紧接着又翻译了马克思的《资本论》。

陈译《经济学大纲》在国内出版后深受读者欢迎，大大超过了当时国内介绍马克思主义的其他书籍。20世纪三四十年代，许多青年知识分子就是从该书了解了马克思主义的经济学说，而后走上革命道路的。据称该书"毛主席读过不只一遍"。我国著名经济学家关梦觉先是学西方资产阶级经济学的，"九一八"事变后流亡到北京，开始自学马克思主义，首先接触到的著作之一，就是陈豹隐翻译的《经济学大纲》。因此，关梦觉称陈豹隐是他的启蒙老师。

陈豹隐翻译的《资本论》是根据考茨基国民版（1928年德文版），参照日、法、英文版，其主要内容为《资本论》第一卷第一篇《商品和货币》。尽管《商品和货币》这一篇在马克思经典大作《资本论》中只占一小部分，但它是马克思劳动价值原理的集中阐述，是整个《资本论》大厦的基石，也是全书中最难翻译的部分。陈豹隐精通多国语言，他中学时代就学好了法文，留学日本时学习了德文、英文和日文，他的多种语言功底对这部书的翻译有很大的帮助。《资本论》是马克思主义全新的经济学体系，它有着很多新鲜的专业范畴，词语和文字表述优美生动，要确切翻译好这本书，除经济学专业功底外，还需要很好的外文功底和文字功底。

陈豹隐除了翻译《资本论》第一卷第一篇正文及第一、二版序言外，还用了近190页的篇幅刊载"译者例言""资本论旁释""考茨基国民版序"等内容。在一些难译的地方，加上了自己的注释，即"陈注"，共47条。除了有3条是注释地名外，其余各条都是陈豹隐对《资本论》中名词概念翻译的注释。仅此一例，足见陈豹隐为传播马克思主义用心良苦之一斑。

陈豹隐（当时名字为陈启修）翻译的《资本论》于1930年3月在上海昆仑书店出版。这部书的出版推启了20世纪30年代的《资本论》翻译工程。有多位进步学者、翻译家参与了该书其他内容的翻译。1932年9月，北平国际学社出版了王思华、侯外庐翻译的《资本论》第一卷上册。1933年1月，北平东亚书店出版了潘冬舟的《资本论》第一卷第 2、3、4分册，定名为《资本论》第一卷2、3分册，成为陈译本的后续部分。1934年5月商务印书馆出版了第一卷第1、2篇，译者是吴半农，校译者是千家驹。1936年6月出版了玉枢（侯外庐）和右铭（王思华）的第一卷中、下册的合译本，接替了陈豹隐把《资本论》第一卷译完。由于是众家所译，所以内容不统一、体例庞杂，需要有一个更好的译本。1936年上海一些左派出版社邀请郭大力和王亚南翻译三卷《资本论》。郭大力为翻译这本书深居古庙，全心全意，从朝至暮，经过长年艰苦努力，1938年郭王本的《资本论》第一、二、三卷由上海读书生活出版社出版。当时是在上海租界里印的，大后方还不能印这部书，因为马克思的著作被国民政府作为禁止出版的"反动"著作。经过上海方面的各种努力，运了一个版到重庆，用内地土纸印出，所以中国完整的《资本论》译本是1938年重庆出版的郭王本。中华人民共和国成立后，由三联书店印刷，这就是后来1972年国家编译局《资本论》的新译版本的前身。

陈豹隐的译本对原作十分忠实，文字十分优美。编译局出版的1972年译本，只是说译本参考了郭王本，并没有说参考了陈启修译本。但是我发现编译局新译本若干地方与陈豹隐译的译文几乎没有多大差别。我举个例子，在第一版序言里，马克思有一句有名的话，编译局的译文是："政治经济学所研究的材料的特殊性，把人们心目中最激烈、最卑鄙、最恶劣的情感，把代表私人利益的复仇女神召唤到战场上来反对自由的科学研究。英国的高教会宁愿饶恕对它的三十九个信条中的三十八进行攻击，而不饶恕对它的现金收入的三十九分之一进行攻击。"陈豹隐的译文是："经济学的研究材料所带着的一个特殊性质，会把人类胸里最激烈、最狭量、最带恶意的情念，把私的利益的复仇女神唤到战场上，去反对经济学。如像英国的国教会，就宁肯宽恕那种对于他的'三十九个信条'的三十八个的攻击，不肯饶恕那种对于他的货币所得的三十九分之一的攻击。"这里面，编译局译文的好些语句与陈译几乎是完全一样的。

这里，我还要讲一下编译局译文，"把人们心目中最激烈、最卑鄙、最恶劣的情感"这句话，与陈译"把人类胸里最激烈、最狭量、最带恶意的情念"（重点是引者所加）存在不同。一个是"人们心目中"，一个是"人类胸里"，如果仔细推敲，那些"最卑鄙、最激烈的情感"应该是"胸中"的情感，而不是"心目中"的情感，"心目中"与"胸里"的含义是不同的，"心目中"往往指外物在个人脑海中的印象，"胸里"则指心胸中内在的愤怒。根据彭迪先老师1944年送给我的1922年汉堡奥托梦士纳出版社的《资本论》德文本，德文原文是"Der menshlichen Brust"，正确译文是"人类胸中"。莫斯科外文出版社英文版为"human breast"，即人胸内。对这一句话，我觉得陈译更忠实、更准确。

陈译《资本论》的出版推动了20世纪30年代一系列的《资本论》续译和出版工作，对马克思主义学说在中国的传播起了重大的作用。

《资本论》启迪教育了一大批革命的青年，中国30年代有名的左翼经济学家，如王亚南、郭大力、王思华、薛暮桥、彭迪先、许涤新、漆琪生等，都是《资本论》的卓越研究者或者是翻译者，郭大力与彭迪先还翻译了《资本论》勘注。

陈豹隐还是中国较完整的马克思主义经济学教材的最早的编著者。《资本论》是马克思经济学的基础，但是要进入中国的大学讲堂，还要编译自己的教材。陈豹隐的《政治经济学讲话》出版于1933年11月北京好望书店，1937年前印刷三次。该书是陈豹隐在北平大学商学院讲课的内容，由几位学生记录整理而成，内容包括价值理论、剩余价值理论、平均利润理论、资本蓄积理论、危机理论，最后是资本扬弃理论，即对《资本论》第一卷中的有关资本主义积累导致资本被否定和社会主义的产生的历史趋势的理论介绍。这是一部洋洋五六十万言的马克思主义政治经济学教材，较系统完整地介绍了《资本论》三卷的理论，结合中国实际，针对中国的社会问题，发表了陈豹隐的观点。20世纪二三十年代的中国大学，尽管有很多左派学者，但在经济学领域，主要讲授的是英美经济学说，内容是当时英美流行的马歇尔经济学。马寅初先生是一位革命的、民主的知识分子，他出版了一部教材，叫作《马先尔经济学》，当时国内不少大学使用这一教材。

20世纪30年代中国大学讲堂已经出现了马克思主义经济学的讲授者。据罗章龙回忆，陈豹隐1922年是"北平大学马克思研究会"《资本论》研究组导师，给研究会会员辅导《资本论》。1932年，陈豹隐在北平大学商学院任教时编写的《政治经济学讲话》，系统介绍了马克思的经济学说，联系了中国的实际，讲了中国未来要进行资本的扬弃，走向社会主义。我没有发现1933以前其他经济学家有如此系统的政治经济学讲稿。1934年，沈志远出版了一本《新经济学大纲》，这是一部很有名的著作，应该说是第二本较系统的马克思主义经济学教材。

所以，陈豹隐应该是中国编著系统的马克思经济学教材的第一人，而且是将系统的马克思经济理论引入大学讲坛的第一人。陈豹隐为马克思主义经济学进入中国大学做出了重要的贡献，促进了《资本论》理论在中国的研究和学习。

最后我还想讲一下陈豹隐在泰山讲学时写的一首诗。1934年陈豹隐应冯玉祥邀请，在泰山讲学，讲授中国的新政治、新经济，宣传团结、抗日，争取民主、民族独立和社会进步。他的这首诗为："朝讲学于斯，暮游息于斯，朝朝暮暮念兹在兹，吾身遂与世长辞耶，吾念将终无已时耶，世若无知者，吾宁永寄踪于凌汉峰下梅花岗上之烈士祠。"这首诗表明了陈豹隐先生的壮志豪情和革命抱负，可以说是陈豹隐的精神追求、高尚品德在泰山石壁上散发光辉。我们的青年同学要好好体会这首诗的丰富意涵！有志于理论研究的同学应静下心来，认真钻研马克思《资本论》的理论和方法，并用它来分析当代中国实际、当代世界实际和当代经济思潮，为坚持和发展马克思主义经济学而不懈努力。

专著

《资本论》研究——对象与方法

这是一本未发表的学术专著，写于1985年。

《资本论》的研究对象

一、关于对象问题的讨论

无产阶级政治经济学的研究对象是生产关系，这是马克思主义经典作家明确地加以论述了的。在《资本论》第一卷的有关序言和跋中，马克思指出，《资本论》研究的是现代社会的"经济运动规律"，并且同意俄国作家关于经济运动的规律就是生产关系发生、发展和转变为更高级的生产关系的规律的见解。马克思在《资本论》第一卷第二版跋中转引了考夫曼的如下一段评述："马克思竭力去做的只是一件事：通过准确的科学研究来证明一定的社会关系秩序的必然性"[1]，"生产力的发展水平不同，生产关系和支配生产关系的规律也就不同。马克思给自己提出的目的是，从这个观点出发去研究和说明资本主义经济制度，……这种研究的科学价值在于阐明了支配着一定社会机体的产生、生存、发展和死亡以及为另一更高的机体所代

---

[1] 《马克思恩格斯全集》第23卷，人民出版社，1972年，第20页。

替的特殊规律"①。马克思指出，考夫曼对他的方法"描述得这样恰当"②。恩格斯在《反杜林论》政治经济学篇也明确指出："政治经济学，从最广的意义上说，是研究人类社会中支配物质生活资料的生产和交换的规律的科学。"③列宁在《什么是人民之友》中更明确地指出："政治经济学决不是研究'生产'，而是研究人们在生产上的社会关系，生产的社会制度。"④并认为："凡是资产阶级经济学家看到物与物之间的关系的地方（商品交换商品），马克思都揭示了人与人之间的关系。"⑤他又说，马克思"把这个形态的活动规律和发展规律做了极详尽的分析。这个分析仅限于社会成员间的生产关系。马克思一次也没有利用这些生产关系以外的什么因素来说明问题"⑥。斯大林在《苏联社会主义经济问题》一书中也提出了一个关于"政治经济学的对象是人们的生产关系，即经济关系"的定义。

还需要指出的是，马克思主义政治经济学的研究对象是生产关系，清楚地表现在马克思的政治经济学巨著《资本论》中，《资本论》第一卷研究资本的生产过程，在这里，作为对象的"资本不是一种物，而是一种以物为媒介的人和人之间的社会关系"⑦。更具体地说，资本反映的是生产资料的垄断者，无偿占有雇用劳动者生产的剩余价值的关系。《资本论》第一卷科学地论述了剩余价值生产的实质，它的条件、过程、方法与后果，这一切的理论分析是集中在资本

① 《马克思恩格斯全集》第23卷，人民出版社，1972年，第23页。

② 《马克思恩格斯全集》第23卷，人民出版社，1972年，第23页。

③ 恩格斯：《反杜林论》，见《马克思恩格斯选集》第3卷，人民出版社，1972年，第186页。

④ 《列宁全集》第3卷，人民出版社，1959年，第42页。

⑤ 《列宁全集》第19卷，人民出版社，1959年，第5~6页。

⑥ 《列宁全集》第1卷，人民出版社，1955年，第121页。

⑦ 《马克思恩格斯全集》第23卷，人民出版社，1972年，第834页。

主义直接生产过程中的人与人的关系，旨在揭示资本主义物质生产过程所体现的资产阶级对无产阶级的剥削与压迫。《资本论》第二卷研究资本的流通过程，它通过个别资本流通与社会总资本流通的形式与机制，进一步揭示了资本家生产和实现剩余价值的方法及其后果。《资本论》第三卷研究作为资本主义生产过程和流通过程的统一的资本主义生产的总过程，"揭示和说明资本运动过程作为整体考察时所产生的各种具体形式"①。通过从产业资本分化出来的商业资本、借贷资本等新的资本形式，进一步阐明剩余价值分化为商业利润、企业主收入、利息、地租等具体形式，由此揭示了资本主义分配的重要方面：剩余价值在资本主义社会各个剥削集团之间的瓜分以及这一分配机制所体现的资本家对工人阶级的剥削的加深。总之，《资本论》这一部宏大的著作的内容表明，它研究的是以榨取剩余价值为实质的资本主义生产关系（狭义的）、交换关系与分配关系（包括了消费关系）。无须否认的是，对资本主义生产关系（广义的）的各个主要方面、侧面与环节的全面研究，对支配资本主义生产关系的发展变化的客观规律的揭示，正是《资本论》这一部政治经济学巨著的鲜明特色。而《资本论》也正是以其最深刻、最全面地阐明支配资本主义生产关系的运动规律（包括某些前资本主义形态的和社会主义、共产主义形态的规律）的科学业绩，从而确立了马克思主义政治经济学以生产关系为研究对象的格局。我们可以看到，马克思主义经典作家主要的政治经济学著作，如恩格斯的《反杜林论》经济篇，列宁的《俄国资本主义的发展》《帝国主义论》，斯大林的《苏联社会主义经济问题》等，都是把生产关系作为研究对象的。这些著作中，作为研究对

---

① 《马克思恩格斯全集》第25卷，人民出版社，1974年，第29页。

象和加以科学阐述了的对象的运动规律——经济规律，从来是集中于生产关系的规律的范围之内的。

尽管马克思主义经典作家对政治经济学的研究对象有上述的许多论述，但对这个问题的看法在理论界却一直还存在一些分歧。在社会主义国家学术界，对于政治经济学的研究对象是什么进行了多次讨论。苏联从20世纪20年代以来开始了这一讨论，我国在20世纪50年代末和70年代末也有两次大讨论。

大体说来，对政治经济学研究对象的认识可分为三种观点：第一种认为政治经济学研究生产关系；第二种认为生产力也是政治经济学的研究对象，特别是政治经济学的社会主义部分的主要研究对象；[①]第三种认为政治经济学研究生产方式。第二、第三两种观点均认为应该把生产力纳入政治经济学的研究对象之中。

把生产力也当作政治经济学的研究对象的观点之所以产生，一方面是出于对马克思主义经典作家的有关论述的理解不一样，但更主要的是出于社会主义建设的特殊的历史条件对生产力的研究本身所具有的重要意义。众所周知，无产阶级领导的革命取得了胜利的国家，在建设社会主义中一方面要解决对私有制生产关系的改造问题；另一方面要解决发展生产力，建立起与社会主义经济制度相适应的强大的物质技术基础的问题，特别是在生产资料的社会主义改造基本完成以后，发展生产力更成了社会主义建设的中心任务。正是在这种历史条件下，一些经济学家提出了要把生产力的研究作为政治经济学的主要任务与主要课题的主张。如在苏联，50年代雅罗申柯就提出了"社会主

---

① 1929年苏联贝索洛夫提出生产力应该是政治经济学的对象，他说物质生产过程的两个方面生产力和生产关系应平等地列入政治经济学的对象之中。

义政治经济学的主要问题不在于研究社会主义社会中人们的生产关系，而在于探讨和发展社会生产中生产力组织的科学理论、国民经济发展计划化的理论"[1]，主张将社会主义政治经济学变成"生产力合理组织学"。在我国，近年来关于政治经济学的研究对象的讨论中，一些同志也提出与此相类似的见解。按照上述意见，政治经济学的研究对象本来就应该是二重的，即包括生产关系与生产力，或者至少政治经济学的社会主义部分的研究对象应该是二重的。而上述意见，不言而喻地都是否认关于政治经济学是以生产关系为研究对象的提法的。

对马克思主义政治经济学的研究对象的争论，关系到对马克思创立的无产阶级政治经济学的性质与特色的正确认识，关系到对《资本论》这一部伟大政治经济学著作的内容的正确理解，也关系到政治经济学社会主义部分这门正在发展中的学科的内容、范畴、规律、体系，关系到这门学科的性质与在建设社会主义、共产主义中的作用。正由于此，弄清马克思主义三个组成部分之一的政治经济学的研究对象，弄清马克思和恩格斯关于他们所创立的无产阶级政治经济学的本来面貌，这不仅具有理论意义，而且是具有重大的现实意义。

二、社会生产两个方面——生产的物质技术形式与社会经济形式

要弄清一门科学的性质，首先要弄清一门科学区别于其他科学的特点，即弄清它的研究对象是什么。因为正是研究对象的特殊性质把这种学术研究划分为不同的学科。研究对象是自然现象及其规律的属

---

[1]　斯大林：《苏联社会主义经济问题》，人民出版社，1961年，第47页。

于自然科学，研究对象是社会现象及其规律的属于社会科学。在社会科学中，政治学、法律学等学科是研究政治上层建筑的，而哲学、美学、伦理学科是研究意识形态的。经济学是研究物质生产的，马克思说："面前的对象，首先是物质生产。"①这就把经济学与政治学、法律学、哲学、伦理学、美学等区别开来了。

马克思运用历史唯物主义理论来分析物质生产，指出了物质生产并不是如资产阶级政治经济学中经常引用的鲁滨逊故事中那样单个的、孤立的猎人与渔夫的生产，而一开始就是社会的生产。"在社会中进行生产的个人，——因而，这些个人的一定社会性质的生产，自然是出发点。"②作为社会生产，它一方面体现人与自然之间的关系，"是人以自身的活动来引起、调整和控制人和自然之间的物质变换的过程"③，另一方面，它又体现人与人之间的关系，"为了进行生产，人们便发生一定的联系和关系；只有在这些社会联系和社会关系的范围内，才会有他们对自然界的关系，才会有生产"④。生产中人与自然的关系属于生产力的范畴，它是生产的物质技术内容，而生产中的人与人的关系则属于生产关系的范畴，它是生产的社会形式。可见，社会生产包括两个方面：生产力与生产关系，它们二者共同组成社会生产方式，或生产方式。

生产方式中作为生产力的这一方面的关系，具体体现于作为生产

① 马克思：《〈政治经济学批判〉导言》，见《马克思恩格斯选集》第2卷，人民出版社，1972年，第86页。
② 马克思：《〈政治经济学批判〉导言》，见《马克思恩格斯选集》第2卷，人民出版社，1972年，第86页。
③ 《马克思恩格斯全集》第23卷，人民出版社，1972年，第201～202页。
④ 马克思：《雇佣劳动与资本》，见《马克思恩格斯选集》第1卷，人民出版社，1972年，第362页。

力的人的要素与物质要素的物质技术性的结合方式中。任何一种生产就其人与自然的关系来说，都是具有特定素质的人，运用特定的工具与工艺方法来从事生产，这里体现了一种生产要素的物质技术性的结合形式，马克思称之为劳动方式。在人类生产发展史上，原始人与原始工具相结合的物质技术性的形式，表现为游牧、采集、渔猎以及新石器时期的原始农业等原始的劳动方式。此后，在生产中对青铜器的使用产生了东方的灌溉农业，铁器的使用产生了更发达的锄耕农业。此后，在手工工具基础上产生的是个体生产者的小手工业，在机器的技术基础上产生的是现代机器大工业，在当代电子计算机基础上发展了自动化与自控化生产。这一系列的生产要素的物质技术性结合形式或劳动方式的变化，首先决定于生产力的物质技术因素的变化，具体地讲，它首先决定于生产资料特别是生产工具的性质。此外，也取决于劳动力的性质，如直接生产者劳动的熟练与技巧，智力劳动的发展状况及管理的水平。总之，生产力的构成因素，特别是劳动手段因素，它的状况、性质、能量决定生产的物质技术性的形式。

生产的物质技术形式在人类社会发展中呈现出一个由低级向高级发展的有规律的过程，而且往往表现为循序渐进的，不能任意超越的自然历史过程。固然，在生产关系适合生产力发展的时期，我们看见有生产的物质技术方式，由低级形式向高级形式发展和过渡的步伐的加速，但是，它的必要发展的阶梯是不能任意超越的。如农业中的家庭小生产的劳动方式，是与手工工具的物质技术基础相适应的，即使在社会主义制度下，如果农业生产还是以手工工具为基础，家庭生产这种劳动方式也将仍然存在和包孕于社会主义农业联合劳动方式之中，成为后者的补充。对属于社会生产力范畴的生产的物质技术性的结合形式的运动规律，显然，人们是应该加以研究的。

马克思主义政治经济学不以生产的物质技术形式的运动规律为研究对象。马克思说："政治经济学不是工艺学。"[①]生产的物质技术形式的变动规律，要由一系列自然科学、部门经济学、生产力经济学、技术经济学等来研究。比如农业生产的物质技术形式，就需要由农业经济学、农艺学、农业技术经济学等来加以研究。

生产方式中的另一方面是生产关系，即生产的社会经济形式，它是体现在生产中的人与人之间的相互关系，是人们共同活动与互相交换其活动的一定社会结合方式。马克思说："他们如果不以一定方式结合起来共同活动和互相交换其活动，便不能进行生产。"[②]生产关系的总和，构成社会的经济结构。在生产发展史中，生产的社会经济形式是不断发展和变化的，大体说来，存在着以劳动者平等协作和互助为特点的社会经济形式和以人对人的剥削和奴役为特点的社会经济形式，前者是原始公社的社会经济形式和社会主义、共产主义的社会经济形式，后者又分为奴隶制的社会经济形式、封建制的社会经济形式和资本主义的社会经济形式。

马克思把辩证唯物主义应用于社会生活领域，特别是应用于社会生产关系的领域，科学地论证了人类社会的生产的发展进程，也就是社会经济形式由低级形式向高级形式而有秩序地依次递进和向前演进的有规律的过程。马克思说："大体说来，亚细亚的、古代的、封建的和现代资产阶级的生产方式可以看做是社会经济形态演进的几个时

---

① 马克思：《〈政治经济学批判〉导言》，见《马克思恩格斯选集》第2卷，人民出版社，1972年，第88页。
② 马克思：《雇佣劳动与资本》，见《马克思恩格斯选集》第1卷，人民出版社，1972年，第362页。

代。"①

基于以上的分析，我们可以看见，社会形态（或形式）包括社会生产方式、政治生活方式、文化生活方式等方面的内容。而生产方式又是包括物质技术性的生产形式与社会经济形式两个方面。政治经济学则是一门以社会经济形式为它的研究对象的学科。这可以用图表示如下：

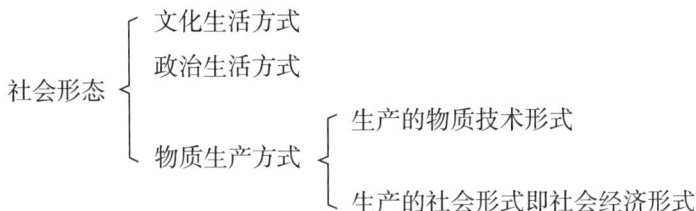

$$
\text{社会形态}
\begin{cases}
\text{文化生活方式} \\
\text{政治生活方式} \\
\text{物质生产方式}
\begin{cases}
\text{生产的物质技术形式} \\
\text{生产的社会形式即社会经济形式}
\end{cases}
\end{cases}
$$

三、马克思主义政治经济学的研究对象是生产关系

马克思主义政治经济学为什么要以生产关系为研究对象？对这一问题有必要进一步加以论述。

作为生产两个方面的物质技术性的生产形式与社会经济形式，是对立的统一关系。它们是紧密地联系在一起，是互为表里、互相依存、彼此制约的。物质技术性的生产形式或组织，是生产的物质内容，它决定和制约着生产的社会经济形式的发展变化。社会生产方式发展的内在联系和机制，可以表示为：生产力（首先是生产工具）的

---

① 马克思：《〈政治经济学批判〉序言》，见《马克思恩格斯选集》第2卷，人民出版社，1972年，第83页。

发展→物质技术性的生产形式的变化→生产的社会经济形式的变化。正如马克思说："随着新生产力的获得，人们改变自己的生产方式，随着生产方式即保证自己生活的方式的改变，人们也就会改变自己的一切社会关系。手推磨产生的是封建主为首的社会，蒸汽磨产生的是工业资本家为首的社会。"①但是另一方面，生产的社会经济形式又反作用于生产的物质技术基础，促进或延缓社会的劳动方式由低级向高级发展的进程。

生产所具有的上述二重性——生产的物质技术性质与生产的社会经济性质——并不能成为政治经济学必定要把生产力和生产关系两方面都作为研究对象的理由。恰恰相反，作为一门十分严谨的科学的马克思主义政治经济学，它在研究中不能把上述二重性质不同的关系并列，不能把两方面同等地作为研究对象，而必须集中地研究生产关系。这是由于下述的理由：

第一，作为一门科学，总是要研究事物的一个特定范围，才能全面地深入地揭示某一领域的客观事物的本质联系。众所周知，作为科学研究的对象的世界，包括不同的领域——自然界、社会与精神世界，它们各自具有其特殊的矛盾，从而具有不同的性质。作为自然界与人类社会来说，它们各自又有着极其复杂的结构，可以分解为不同的系统和不同的组成部分。这些部分、成分又各有其特殊的矛盾与性质。基于世界的这一多样的和多层次的性质，人们要正确地认识世界，必须采取辩证唯物主义的分析与综合相结合的方法。首先要区分出世界的某一特定的领域，作为自己的特有的研究对象。这样，就形

---

① 马克思：《政治经济学的形而上学》，见《马克思恩格斯选集》第1卷，人民出版社，1972年，第108页。

成了各种各样的门类不同的学科。一门学科如果不区分和规定它特有的对象范围，而是无所不包、面面俱到地研究事物的一切方面和一切领域，这样，就不可能揭示出世界某一特定领域的精确结构与运动规律，这种学科就成为一个大杂烩，就不能成为科学。人类认识史表明，科学的发展经过了一个门类分化的过程，社会科学的发展就经历了一个由最初的无所不包的哲学和历史学，一步步分化出历史、哲学、经济、政治、法律、宗教、艺术等学科的过程。自然科学中，自近代牛顿力学出现以后，就经历了一个不断分化为化学、物理学、天文学、地理学、生物学等众多的分支的过程。当然，当代又出现了以边缘科学为标志的科学的综合化发展，但是，每门学科的综合化仍然是以先行的学科不断分化为基础。

第二，以生产关系为研究对象就使政治经济学区别于经济学其他学科。生产的物质技术性结合形式，由于涉及劳动力、生产工具、生产方法、科学技术、生产组织等生产力要素，这种对象的特点，决定了它有其独特的研究方法（在许多范围内要使用自然科学的方法），也决定了这一研究要由一系列技术学或技术经济学的学科来承担。生产的社会经济形式则纯属生产关系的性质，与研究对象的这种性质相适应，需要采用特殊的研究方法——科学抽象法。在研究对象上与研究方法上的特点表明，对生产的社会形式的研究本身应该是一门独特的学科。特别是社会经济结构具有非直观性的特点，它的内部构造与本质联系并不是直接地和清晰地表露出来的。加之社会生产关系不同于自然物质关系，它体现有人的能动作用，从而具有分外的复杂性与多变性。要发现与阐明社会经济形式的运动规律甚至比发现自然物质对象的规律还困难得多。特别是就资本主义商品经济结构来说，一方面，它带有物化的与异化的特征，具有虚假的与颠倒的表现形式，另一方面，它是发达的、从而十分复杂的经济机体，而与前资本主义的社会经济形态不同。就前资本主义社会来说，一方面，它的经济结构还是不发达的从而是较为简单的，另一方面，它的经济在性质上是自然经济，直接生产过程中的人与人的关系带有某种自明的性质。例如在原始公社，氏族成员之间的共同劳动与平等分配关系是表现得一清二楚的，奴隶制社会或是农奴制社会，奴隶主或庄园主对直接生产者实行超经济的强制和进行残酷的剥削与压迫，也是公开表露出来的。因而发现与揭示社会直接生产过程中人与人之间的相互关系，可以说并不是十分困难的。但是对于资本主义商品经济形态来说，要全面剖析生产中人们的社会结合形式，揭示它的内部联系和运动机制，却是一个十分艰难的课题，要得到任何重大的科学成果都需要长期的艰苦的探索。因而，这就需要有一门独立的学科来进行这一方面的研究。

政治经济学以生产关系为研究对象，这样也就与经济学的其他许多门类区别开了。众所周知，经济学有部门经济学、生产力经济学、技术经济学等数十个门类，这些学科或者以生产力为对象，或者对象范围既包括生产力又包括生产关系。这些经济学科的共同特征是：它们都要涉及生产的技术规律的研究。如以研究评价技术的经济效果为任务的技术经济学，除了要进行成本、利润等方面的研究而外，它的研究对象还包括生产的地理位置、自然经济条件，如原料来源、运输条件、水文、气象条件，还要研究有关环境保护、生态平衡等技术问题，它的对象范围在很大程度上属于生产力。而政治经济学则是以生产关系为研究对象，以揭示支配社会经济结构的运动规律为任务，以形成有关社会经济形态的基本理论为基本特征。学科内容的这种划分，就使政治经济学成为一门与其他具体的部门经济学科有严格区别的理论经济学，成为所有的一切经济学科的理论基础。

第三，马克思主义政治经济学是一门有阶级性和党性的科学，是无产阶级争取解放的强大思想武器。马克思主义政治经济学是一门"批判的和革命的"学说，它不仅要科学地解释世界，更主要的还在于改变世界[1]，无产阶级政治经济学的使命是要通过对资本主义必然灭亡、社会主义必然胜利的历史规律的阐明来武装无产阶级，来促进人类社会由资本主义向社会主义的转变。因此，要求政治经济学集中地和系统地研究社会生产关系，研究社会的经济结构与阶级结构，特别是要揭露资本主义生产关系的剥削雇佣劳动的本质，揭露资本主义社会不可调和的阶级对抗，以发挥这门学科对旧世界的"批判的与革命的"作用。

生产关系在阶级社会中体现为阶级关系，对阶级社会生产关系的研究与剖析必然要公开暴露生产中一小撮生产资料垄断者剥削与压迫广大劳动者的真相。正是因此，对生产关系的科学研究从来就要受到剥削阶级的压制。马克思说："政治经济学所研究的材料的特殊性，把人们心中最激烈、最卑鄙、最恶劣的感情，把代表私人利益的复仇女神召唤到战场上来反对自由的科学研究。"[2]

处于资本主义上升时期的资产阶级古典经济学，由于当时资产阶级与无产阶级的斗争还处于潜伏形态，因而他们还能在一定程度内研究资本主义生产关系的内在联系。古典经济学家的资产阶级立场，决定了他们有时又停留在经济关系的表层与现象形态上，不能把以生产关系作为对象的科学方法贯彻到底。如亚当·斯密就提出政治经济学是研究财富的科学的含糊的论点，他不能达到政治经济学研究资产阶级社会生产关

---

[1]　马克思说："哲学家们只是用不同的方式解释世界，而问题在于改变世界。"（《马克思恩格斯选集》第1卷，人民出版社，1972年，第19页）

[2]　《马克思恩格斯全集》第23卷，人民出版社，1972年，第12页。

系的明确认识与科学规定。马克思指出，亚当·斯密不能得出"政治经济学所研究的是财富的特殊社会形式"①的科学命题。19世纪30年代，随着西欧资本主义国家无产阶级与资产阶级的斗争的激化和带有威胁性的形式，科学的资产阶级政治经济学的丧钟就敲响了。19世纪以来，迄至当代的资产阶级庸俗经济学则往往是用对物的表现现象的描述来代替对生产关系的研究，甚至是用心理过程与心理现象的研究代替经济过程的分析。关于资本—利息、劳动—工资、土地—地租三位一体公式，回避了资本对雇佣劳动的剥削这一基本生产关系，而将资本主义的各种收入的来源归结为生产力的要素的自然性质。边际效用学派的各种越来越"新颖"的价值理论，把商品固有的现实的价值性归结为人的对产品的主观评价，实际上用心理的研究代替物的研究。当代资产阶级经济学中的时髦理论凯恩斯主义，更是立足于关于人的消费偏好、投资收入的预期等心理规律之上。当代资产阶级经济学中的宏观理论，在有关积累和消费、投资与储蓄、投资与经济增长等方面的研究中，在一定程度上分析了资本主义的经济关系，但是应该说这些具有一定实用意义的理论，顶多也是接触到某些表层性生产关系，在生产关系的表层上打转转，根本谈不上进一步研究和揭示资本主义经济关系的内在联系与本质。如当代西方资产阶级经济学的重要特色是越来越趋于数学化，汗牛充栋的各种经济学教科书中，越来越塞满了各种各样数学模型，如宏观国民经济增长的模型，微观的收入分配模型与各种价格决定模型，等等。某些有关经济关系与经济过程的数学模型，未尝不具有一定的实用价值，作为一种分析的工具与方法，是具有一定的积极意义的。但是，这种经济理论分析的数学化，乃是用表层生产关系的数学方面的研究来代替和取消

---

① 《马克思恩格斯全集》第46卷下，人民出版社，1980年，第383页。

对生产关系的深层的本质的理论分析，而且，如果透过他们的高深玄妙的数学设计与推导的外观，我们就会看见他们的各种庸俗经济理论的大杂烩的内容。总之，越来越趋向于用有关经济关系的表面现象、数量关系、物质技术关系、心理现象等的研究来代替对社会生产关系的内在本质的研究，特别是回避对资产阶级所有制和资本雇佣劳动的剥削这个资本主义生产关系的核心的研究，乃是当代资产阶级经济学进一步庸俗化的表现。资产阶级政治经济学千方百计地回避对生产关系的研究，其目的在于掩盖当代资本主义的日益深化的基本矛盾与阶级矛盾，掩盖资本主义制度的剥削本质，否认资本主义转变为社会主义的历史必然性。这里，也就清楚地表现出资产阶级经济学的辩护性质。

马克思主义政治经济学继承了资产阶级古典经济学以生产关系为研究对象的科学方法，批判了古典经济学中存在的用物的性质与关系的研究来代替生产关系的性质的庸俗的研究方法，建立了最彻底、最全面的研究生产关系的内在联系与规律的方法。马克思创立的无产阶级政治经济学阐明了人类社会整个发展史中，社会生产关系按其性质来说，可以归结为两类：一类是生产中平等的劳动者之间的互助合作关系；另一类是一小撮寄生者与广大的劳动者之间的剥削与被剥削的关系。前者是公有制社会中人们互相之间的关系，后者是私有制社会中的生产关系。以生产关系为对象的马克思主义政治经济学，通过十分完备的科学方法与严密的理论分析，阐明了人类社会生产关系发展的规律是：由原始公社的劳动者之间原始的互助协作性质的生产关系，经过阶级社会中的三种不同形式的剥削性的生产关系的梯级，最终过渡到摆脱了阶级剥削与压迫的自由人之间的社会主义、共产主义的生产关系。这样就科学地阐明了人类社会生产的发展，要经历一系列使人身受到束缚、压抑和摧残的社会结合形式，最后过渡到使人的本质得以充分实现的社会结合形式。恩格斯说："人们自己的社会结合一直是作为自然界和历史强加于他们的东西而同他们相对立的，现在则变成他们自己的自由行动了。一直统治着历史的客观的异己的力量，现在处于人们自己的控制之下了。只是从这时起，人们才完全自觉地自己创造自己的历史；只是从这时起，由人们使之起作用的社会原因才在主要的方面和日益增长的程度上达到他们所预期的结果。这是人类从必然王国进入自由王国的飞跃。"①因而政治经济学通过对人类社会生产关系发展变化和由低级向高级形式转化的规律的科学阐明，不可辩驳地论证了全人类最终获得解放的历史必然性，从而使全世界无产阶级认清了他们自身肩负的历史使命。这里也就表明了政治经济学是无产阶级争取自身解放与全人类解放的革命的学说。

《资本论》是以生产关系为研究对象的理论经济学的光辉典范。《资本论》中，把研究的焦距对准生产关系，它深入透辟地剖析了资产阶级社会的经济结构，分析了资本主义经济的基本矛盾，最清楚地揭示了资产阶级与无产阶级之间的对抗，科学地论证了社会主义取代资本主义的历史规律，《资本论》以关于支配资本主义生产关系的运动规律体系的系统和完备的科学理论，为正在从事埋葬资本主义，争取社会主义胜利而战斗的无产阶级提供了强大的思想武器。可见，正是以生产关系为研究对象决定了马克思主义政治经济学具有的革命性与批判性，并使它从根本上区别于资产阶级的经济学。

归根到底，以生产关系作为它的研究对象，是使马克思主义政治经济学这门学科真正成为科学所需要的，而且也是使这门学科成为革命的理论所需要的，作为研究支配人类社会生产关系的运动规律的科

---

① 恩格斯：《反杜林论》，见《马克思恩格斯选集》第3卷，人民出版社，1972年，第323页。

学，正是马克思主义政治经济学的鲜明特色。

四、生产关系的组成因素

为了进一步弄清楚政治经济学研究对象的性质，在此有必要对马克思主义的生产关系范畴的内涵及生产关系的历史性质加以论述。

（一）广义生产关系的四个环节

生产关系范畴，有着丰富的内涵。马克思把生产关系（广义的）分解为生产、分配、交换、消费四因素，即把生产关系作为一个四重结构，这是政治经济学的一个重要方法。进一步认清马克思把生产关系划分为四个方面或四个基本表现形式，对于加深对马克思主义政治经济学的理解和正确地开展政治经济学的理论研究，都是有重要意义的。

马克思制定了从总体来看待与把握的宏观的生产关系的范畴，也就是马克思经常使用的"经济结构""经济基础"或"社会经济形态"，等等。它是生产关系的总和。这种生产关系的总体概念，是根据科学抽象法和社会生产方式的特点而制定的。由于人类社会经济生活的特殊的复杂性，从而社会经济关系也具有多种多样的形式，因而，从理论上来表现这样的社会经济形式，人们就不仅要有生产关系这一简单的抽象范畴，而且还要有把生产关系作为一个构成体（formation），作为一个由不同的因素、成分组成的整体这一更具体的范畴。基于从具体到抽象的方法，马克思首先要舍象生产关系的具体形式（包括总体形式）而抽出关于生产关系的抽象概念，后者的内涵是在生产过程中发生的人与人之间的相互关系。但是，上述生产关系的定义，只是一个内容稀薄的抽象的规定，它并不能表现生产关系的有血有肉的具体特征。而为了从理论上再现关于社会生产关系的具体，还必须使抽象上升为具体。这种向具体上升的步骤是：（1）人们创造产品，即物质资料的直接生产，总是社会生产总过程的起始点，而生产出产品后，总是要使生产资料在生产者之间进行分配，以实现再生产，使消费资料在社会成员之间进行分配，以实现个人的生活消费，因而分配也是生产总过程的必要环节，分配关系就是生产关系的具体形式。（2）由于任何生产本身总是包括生产当事人的各种活动和各种能力的交换，而生产的成果也要以产品或商品形式进行交换，因而交换也就是社会生产总过程的一个独特环节与必要组成部分，交换关系就是生产关系的具体形式。（3）由于生产的成果（消费品）总是要最终地进入个人生活消费，而任何生产本身也是一种生产资料的消费，因而消费“本身就是生产活动的一个内在要素”①，是社会生产总过程的另一个必要组成部分。因而消费关系就成为生产关系的具体形式。可见，在社会生产总过程中客观存在着生产、分配、交换、消费诸环节，它们具有各自的独特职能从而互相区别，而生产关系也就要表现为直接生产关系、分配关系、交换关系、消费关系，从范畴上把生产关系区分为这样四个方面，恰恰反映了社会生产的实际过程，反映了社会生产过程内在的联系和秩序。（4）上述生产关系四重形式存在着有机联系，它们互相依存、互相转化。社会生产的有机整体的运动正是在它们的相互作用中实现的，有如机器的运动是在组成机器的轮轴和杠杆等的运动中实现的一样。既然社会生产总过程乃是生产、分配、交换、消费的四个环节的统一，因而确立由生产关系的四种具

---

① 马克思：《〈政治经济学批判〉导言》，见《马克思恩格斯选集》第2卷，人民出版社，1972年，第97页。

体形式共同组成的经济结构这一总体范畴，就反映了社会生产过程的实际。可见，把生产关系划分为四个方面，和在此基础上确立经济结构——生产关系总体的概念，体现了理论和实际的一致，以及逻辑的和历史的一致。①

把生产关系划分为四个方面或环节，是揭示支配生产关系的运动规律所必需的。就像任何事物的运动都是由事物内部的矛盾所推动一样，作为总体的社会经济机体的运动，也是由社会经济结构内部的矛盾所引起的。更具体地说，某一社会形态的经济结构中，生产关系（狭义的）、分配关系、交换关系与消费关系，它们既是统一的经济机体的有机组成部分，但它们又不"是同一的东西，而是说，它们构成一个总体的各个环节、一个统一体内部的差别"②。这四个方面是彼此联系、不可分割，既相矛盾、又相统一的。这四个方面的矛盾的展开及其互相推动、互相转化，就形成社会经济的运动。这四个方面居于首要地位与起点的是生产关系，即直接生产过程中人与人的关系（狭义的生产关系），它对分配关系、交换关系和消费关系起决定的作用；但另一方面，分配关系、交换关系、消费关系对直接生产关系也不是消极的，它对直接生产关系有反作用。除此而外，还存在着分配关系、交换关系、消费关系相互之间的复杂的辩证联系。因而，基

① 不能把马克思主义的生产关系四分法与资产阶级经济学中的四分法混为一谈。资产阶级庸俗经济学家穆勒也把经济关系区分为生产、分配、交换、消费四个方面。但是他在论述资本主义生产关系时，抽空了上述范畴的社会的历史的内容，而停留在一般的生产、一般的分配、一般的交换、一般的消费等抽象概念上，并且用关于上述的生产、分配、交换、消费的"自然规律"来代替资本主义的生产关系的特殊的社会本性及其特殊的运动规律的研究。此外，穆勒也不能正确地阐明生产、分配、交换、消费诸关系之间的内在联系。

② 马克思：《〈政治经济学批判〉导言》，见《马克思恩格斯选集》第2卷，人民出版社，1972年，第102页。

于上述生产关系的四维划分，政治经济学就可以如实地分析与揭示特定的社会形态的经济结构的有机组成部分之间的内在联系与矛盾，从而揭示支配社会经济运动的客观规律，包括支配作为总体的社会经济结构运动的规律和支配生产关系个别方面运动的规律。

我们在这里还必须指出，马克思不仅从方法论的角度，论述了政治经济学研究生产关系时，要把社会生产关系区分为生产、分配、交换、消费四个要素，而且在他的《资本论》中，就体现了这种把资本主义经济作为四维结构来进行分析的方法。众所周知，《资本论》第一卷研究的对象是"资本的生产过程"，也就是集中地分析了生产剩余价值的资本主义直接生产过程的关系，即"劳动在直接劳动过程中的社会联系"①。《资本论》第二卷的研究对象是资本的流通过程，是资本主义的特殊的交换形式——资本流通。对分配关系及其机制的研究是《资本论》的一个重要方面。《资本论》第三卷的研究对象是资本主义生产的总过程，在这一卷中包含着对剩余价值在各个资本家集团与土地所有者之间的分配关系的系统的阐明。此外，在《资本论》第一卷剩余价值的生产过程的理论阐明中，还包含着作为剩余价值生产的经济前提与经济内容的生产条件与产品在资本家与工人之间的分配关系的分析。《资本论》也研究了资本主义的消费关系，阐明了表现为生产中的资本（不变资本和可变资本）耗费和价值运动的资本主义生产消费的性质与特点，阐明了体现奢靡与贫困两极对立的资本主义个人消费的性质，特别阐明了工人阶级个人消费的被压制和被禁锢的性质（它是无产阶级贫困化规律的重要内容）与社会消费落后于生产增长的规律。不过，《资本论》对消费关系的研究并不是作为一个与生产、交

---

① 《马克思恩格斯全集》第25卷，人民出版社，1974年，第935页。

换和分配并列的部分和作为一个独立的篇章的内容，而是在全书的有关部分分散地加以考察的。总之，只要我们认真阅读《资本论》和仔细地探索这一著作的理论结构，我们就不难看出把资本主义庞大的经济机体解析为生产、交换、分配与消费等四重关系的研究方法。

在这里，我们要对学术界关于研究生产关系应该实行"四分法"还是"三分法"的争论，作一些评述。

（二）对"四分法""三分法"争论的评述

众所周知，斯大林在《苏联社会主义经济问题》一书中，对政治经济学的对象下了这样的定义："政治经济学的对象是人们的生产关系，即经济关系。这里包括：（1）生产资料的所有制形式；（2）由此产生的各种不同社会集团在生产中的地位以及他们的相互关系，或如马克思所说的，'互相交换其活动'；（3）完全以它们为转移的产品分配形式。这一切共同构成政治经济学的对象。"[①]理论界对斯大林的这一定义的认识存在着分歧意见，有的同志把斯大林这一论述与马克思关于生产关系的四分法对立起来，完全否认斯大林的政治经济学对象定义的意义。我们知道，全面性是科学认识的品质，它要求对事物进行多方面的与周详的考察，以发现事物内在的有机联系，从中揭示事物的本质。全面性的认识，要求人们对事物，按照它本身的特点，从各个不同的角度进行分析研究。在对生产关系的研究中，由于社会再生产过程包括生产、分配、交换、消费这四个环节，因而生产关系的四分法体现了社会再生产过程的内在联系，它从理论上再现出社会经济组织的基本结构，因而，可以说，它是分析生产关系的基本的方法。

---

① 斯大林：《苏联社会主义经济问题》，人民出版社，1961年，第58页。

但是，对生产关系可以从多种角度进行考察，上述"四分法"可以说是对生产关系的横切面的剖析方法，而"三分法"是把生产资料所有制作为基础，然后引申出人们在直接生产过程中的相互关系，最后引申出分配关系，这可以说是一种对生产关系的纵的剖析方法。

物质生产要表现为作为生产主体的人对生产条件的支配，并使后者从属于自己，从而存在着一定的生产条件的占有制或形式。"一切生产都是个人在一定社会形式中并借这种社会形式而进行的对自然的占有。"①在这种意义上，可以说，对生产资料的占有，乃是生产的前提条件。生产资料所有制，在表面上是人与生产条件的关系，而实质上是人与人的关系。有什么样的生产资料所有制，就有什么样的生产的社会结合形式，从而有什么样的生产中的人们相互关系。例如生产资料的公共占有，意味着劳动者在直接生产过程中的共同协作的相互关系，意味着劳动者处于平等的地位，他们在共同的生产中互相交换活动。而生产资料私有制——这里指生产资料归少数人垄断而广大劳动者被剥夺了生产条件的私人占有形式——则是意味着在直接生产过程中的人对人的剥削关系，意味着劳动者处在被压迫与被奴役的地位。可见，决定某一社会形态下直接生产过程中的人们相互关系或他们的地位（谁是主人和谁是奴隶，谁是统治的一方，谁是从属的一方），在于对生产条件的占有关系。《资本论》在分析资本主义直接生产过程中人们的相互关系时，就把剩余价值生产中的资产阶级对无产阶级的剥削关系，归之于资本主义的所有制关系。正如马克思说："资本主义生产方式的基础就在于：物质的生产条件以资本和地产的

---

① 马克思：《〈政治经济学批判〉导言》，见《马克思恩格斯选集》第2卷，人民出版社，1972年，第90页。

形式掌握在非劳动者的手中，而人民大众则只有人身的生产条件，即劳动力。"①马克思在分析前资本主义的各个社会形态物质生产中人们的相互关系的特征，以及人们在生产中的地位时，均归结为该社会形态的生产条件（物质生产条件以及人身条件）的所有制形式。这一切表明，斯大林把生产资料所有制作为生产关系内涵的一个重要内容，指出生产资料所有制决定各种不同社会集团在生产中的地位和他们的相互关系，是与马克思分析生产关系的方法相一致的。斯大林关于政治经济学对象定义中的所有制→直接生产关系→分配关系的三段式，把分配关系从直接生产关系中引申出来，并把分配关系归结于生产条件的占有形式，也是对生产关系诸环节的内在联系的揭示。正如马克思指出："分配关系本质上和生产关系是同一的，是生产关系的反面。"②他又说："消费资料的任何一种分配，都不过是生产条件本身分配的结果。"③可见，斯大林关于政治经济学对象的这一简扼论述，把分配关系看作是决定于直接生产关系，和在最终归结于生产资料占有形式，这正是马克思分析生产关系的基本方法。

斯大林在关于政治经济学对象的表述中，把交换归入直接生产过程内的人们的活动交换之中，他没有把具有其特殊的规定性的交换关系与生产关系（狭义的）明确地区别开来，这不能不说是一个缺陷，这也正是斯大林的关于政治经济学的对象的论述较马克思的定义逊色之点。尽管有这种不足，"三分法"中突出了生产资料所有制，把它作为分析生产关系的性质的基础，这是有积极意义的理论创造。因而，我们不能把斯大林的关于政治经济学对象的"三分法"与马克

---

① 马克思：《哥达纲领批判》，见《马克思恩格斯选集》第3卷，人民出版社，1972年，第13页。

② 《马克思恩格斯全集》第25卷，人民出版社，1974年，第993页。

③ 马克思：《哥达纲领批判》，见《马克思恩格斯选集》第3卷，人民出版社，1972年，第13页。

思有关"四分法"的论述对立起来，而应该在采用"四分法"这一基本的分析方法时，吸取"三分法"的合理要素。这就是说，我们在把某一社会形态的经济结构剖析为生产、分配、交换、消费等四重关系和论述它们之间的内在的、有机联系时，我们要把生产资料所有制作为分析的基础，要基于所有制的结构与性质来深入阐明生产关系的各个具体环节的性质与特点和阐明作为整体的社会经济结构的性质与特点。这可以用图简要表示如下：

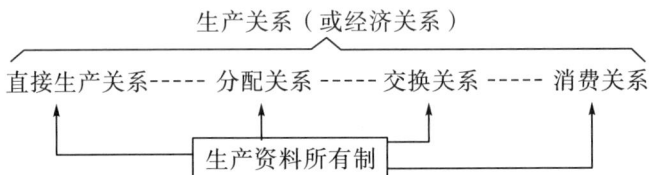

五、生产关系的历史变易性与经济规律的性质

生产关系不是永恒不变的，而是具有历史变易性的事物，这是马克思主义经典作家在论述政治经济学研究对象的特点时一再地加以阐明了的。

马克思主义经典作家根据唯物史观，阐明了人们所从事的物质生产不仅是社会的生产，而且是历史的生产。马克思说："说到生产，总是指在一定社会发展阶段上的生产。"[①]在人类历史上，物质生产总是处在历史的发展变化之中，它有秩序地、依次递进地由低级的形式过渡到高级形式。"从野蛮人的弓和箭、石刀和仅仅是例外地出现的

---

① 马克思：《〈政治经济学批判〉导言》，见《马克思恩格斯选集》第2卷，人民出版社，1972年，第87页。

交换往来，到千匹马力的蒸汽机，到纺织机、铁路和英格兰银行，有一段很大的距离。火地岛的居民没有达到进行大规模生产和世界贸易的程度，也没有达到出现票据投机或交易所破产的程度。"①既然生产方式随着历史的前进而要发生性质的变化，与此相适应，生产的社会形式或生产关系也就要相应地发生变化。也就是说，生产关系具有历史的变易性，是一种"历史性的即经常变化的材料"②。

对政治经济学的研究对象——生产关系的性质的理解，与政治经济学采取的研究方法是密切相联系的。资产阶级经济学家由于其唯心史观的理论基础，根本不懂得生产关系的历史变易性，因而他们在考察生产关系时，采取了某种超历史的方法，这是一种形而上学的静态方法。从19世纪迄至当代的资产阶级庸俗经济学，惯于使用的做法是抽空生产关系的特殊历史形式而寻找出某些适合一切社会形态的一般规律。马克思指出约翰·斯图亚特·穆勒等人醉心于从头脑中去抽出某些生产一般或某些分配一般，并把这些规律"描写成局限在脱离历史而独立的永恒自然规律"③。马克思指出了这些一般规律"实际上归纳起来不过是几个十分简单的规定，却扩展成浅薄的同义反复"④。庸俗经济学家的生产关系三分法或四分法都只不过是一些内容空洞的简单规定。用这些关于一般规律的抽象规定不仅不可能阐明任何一个现实的历史阶段的生产关系的运动，而且，轻而易举地，"资产阶级关

---

① 恩格斯：《反杜林论》，见《马克思恩格斯选集》第3卷，人民出版社，1972年，第186页。

② 恩格斯：《反杜林论》，见《马克思恩格斯选集》第3卷，人民出版社，1972年，第186页。

③ 马克思：《〈政治经济学批判〉导言》，见《马克思恩格斯选集》第2卷，人民出版社，1972年，第90页。

④ 马克思：《〈政治经济学批判〉导言》，见《马克思恩格斯选集》第2卷，人民出版社，1972年，第89页。

系就被乘机当做社会一般的颠扑不破的自然规律偷偷地塞了进来"①。
马克思指出："这是整套手法的多少有意识的目的。"②

　　马克思根据历史唯物主义的基本原理，阐明了生产关系具有历史
变易性的特点，论述了政治经济学在分析与研究支配生产关系的规律
时，必须采取历史的动态的研究方法，首先要对人类社会各个不同发
展阶段的生产关系进行定性分析，即要通过对某一历史发展阶段生产
中人们的社会结合形式的分析，去揭示人们相互关系的性质和特点，
特别是对于阶级社会，则是要揭示生产中人们相互关系的阶级内容与
本质。

　　马克思论述了政治经济学的正确研究方法不应该去醉心于寻找
某些干巴巴的适合一切社会形态的生产一般或经济的最一般的自然规
律，而应该着眼于剖析人类社会某一发展阶段的生产关系的特殊形式
及其性质，揭示支配这一特殊的社会生产关系的运动的规律。正如马
克思所说："因而，好象只要一说到生产，我们或者就要把历史发展
过程在它的各个阶段上一一加以研究，或者一开始就要声明，我们指
的是某个一定的历史时代，例如，是现代资产阶级生产——这种生产
事实上是我们研究的本题。"③此外，要对生产关系进行历史的考察，
不仅要研究某一社会形态生产关系的性质，而且要对各个社会形态生
产关系的性质进行研究，进行分析，加以比较，揭示它们之间的质的
区别性。同时，还要研究与揭示由一种生产关系发展和最终过渡到更

---

① 马克思：《〈政治经济学批判〉导言》，见《马克思恩格斯选集》第2卷，人民出版社，1972
年，第90页。

② 马克思：《〈政治经济学批判〉导言》，见《马克思恩格斯选集》第2卷，人民出版社，1972
年，第90页。

③ 马克思：《〈政治经济学批判〉导言》，见《马克思恩格斯选集》第2卷，人民出版社，1972
年，第88页。

高级的生产关系的规律。上述情况，也就决定了"政治经济学本质上是一门历史的科学"[1]。"谁要想把火地岛的政治经济学和现代英国的政治经济学置于同一规律之下，那末，除了最陈腐的老生常谈以外，他显然不能揭示出任何东西。"[2]

按照生产关系所具有的历史变易性质，政治经济学的任务就是要研究整个人类社会发展史中的生产关系的发展变化，揭示生产关系由原始公社制、奴隶制、封建制、资本主义，最终转化为社会主义、共产主义的规律。这就是广义的政治经济学的任务。而特别重要的，则是要科学地阐明人类社会最后一个以私有制为基础的资本主义经济形态的产生、发展和向社会主义、共产主义经济形态过渡的规律。这就是狭义的政治经济学资本主义部分的任务。对于走上社会主义道路的国家来说，就是要阐明社会主义生产关系发生、确立、成熟和逐步过渡到共产主义生产关系的规律，这就是政治经济学社会主义部分的任务。

六、关于生产关系一般

以研究生产的特殊的社会形式为主题的马克思主义政治经济学，并不排斥对生产关系的一般规律的研究，恰恰相反，借助于支配生产关系运动的某些一般规定与规律的理解，人们也就能更清楚地发现与认识某一社会形态生产关系运动的特殊形式与规律。正如马克思说："生产一般是一个抽象，但是只要它真正把共同点提出来，定下来，

---

① 恩格斯：《反杜林论》，见《马克思恩格斯选集》第3卷，人民出版社，1972年，第186页。
② 恩格斯：《反杜林论》，见《马克思恩格斯选集》第3卷，人民出版社，1972年，第186页。

免得我们重复，它就是一个合理的抽象。"① "对生产一般适用的种种规定所以要抽出来，也正是为了不致因为见到统一……就忘记本质的差别。"②特别是对于无产阶级夺得了政权的社会主义国家，在社会主义经济建设中，人们不仅要按照特殊的社会主义经济规律的要求办事，而且要按照一般的经济规律的要求办事，因而研究某些一般经济规律就是十分必要的。总之，有如物理学中的力学，要研究自然物质的引力、斥力、摩擦力、电力、磁力、浮力等各种力的特殊性，也要研究力的一般规律，政治经济学既要研究各个社会形态的特殊经济规律，也要研究经济的一般规律。

关于社会经济的一般规律，首先要举出的就是生产关系一定要适合生产力性质的规律。这是支配历史上一切社会的生产关系的变动的规律，也是支配生产、分配、交换、消费诸关系的变动的规律。除此而外，社会经济的一般规律还可以举例如下：

（一）直接生产过程中的一般规律

第一，生产主体对生产资料的占有是物质生产的前提的规律。

第二，生产社会化表现为劳动的社会结合的发展与深化（或是简单协作的社会结合劳动或是以分工为基础的社会结合劳动）的规律。

第三，剩余产品是积累的源泉和积累是扩大再生产的源泉的规律。

第四，作为简单再生产和扩大再生产的条件的社会生产两大部类

---

① 马克思：《〈政治经济学批判〉导言》，见《马克思恩格斯选集》第2卷，人民出版社，1972年，第88页。

② 马克思：《〈政治经济学批判〉导言》，见《马克思恩格斯选集》第2卷，人民出版社，1972年，第88页。

的比例关系的规律。在以分工为基础的社会生产中，存在着两个部类的产品相交换的规律。在简单再生产的条件下，两部类之间的产品交换遵循Ⅰ（v＋m）＝ⅡC的数量关系，即生产消费品的Ⅱ部类消耗了的生产资料量（ⅡC），和生产生产资料的Ⅰ部类的产品量，扣除补偿本部类消耗了的生产资料量以后的余额相等。在扩大再生产的条件下，两部类之间的产品交换遵循着Ⅰ（c＋v＋m）＞ⅠC＋ⅡC，即Ⅰ部类的产品扣除补偿本身的消耗外的余额，大于Ⅱ部类中的生产资料的消耗量。上述两种情况是社会再生产的一般规定与规律，它是无论哪一个社会形态下的再生产都要遵循的。

（二）交换的一般规律

作为任何社会都存在的交换，首先表现为"生产本身中发生的各种活动和各种能力的交换"[①]。它属于生产，是社会生产内在的契机与必要的条件，这种活动表现为生产者（单位）之间的交换，生产部门之间的交换或是生产部类之间的交换；这种活动交换按其内容有产品的交换、劳动的交换、生产技术的交换、生产和知识的交换，等等。此外，活动交换也体现于某一生产单位内部的生产与消费生活中，如原始公社的男子从事狩猎或放牧和妇女从事烹饪，中世纪农民家庭中的男耕女织，也是一种活动交换形式。活动交换作为交换一般，它把分工不同的生产单位连接起来，把生产活动和生活消费连接起来，把物质资料的再生产和劳动力的再生产连接起来，因而，它成为实现与带动社会再生产与社会物质生活的纽带。

---

① 马克思：《〈政治经济学批判〉导言》，见《马克思恩格斯选集》第2卷，人民出版社，1972年，第101页。

既然存在适合一切社会形态的交换一般，也就存在某些适合一切社会形态的生产者之间的活动交换的一般规律。例如，以分工为基础的社会生产中，互相联系的生产者之间进行活动交换的规律和人们的活动交换与社会生产分工的发展成正比的规律，等等。

（三）分配的一般规律

分配的一般规律：（1）任何社会总有生产资料或者生产条件的分配，也有产品的分配。（2）生产条件的分配既包括物质条件即生产资料的分配，又包括人身条件即劳动力的分配。生产条件的分配是社会生产的前提，也是社会再生产的前提。（3）消费品分配是产品分配不可缺少的内容，它是劳动力再生产的前提条件。（4）生产条件的分配总是决定着产品的分配，特别是生产资料的分配总是决定产品的分配。上述几方面均可以视为是分配的一般规定性。

（四）消费的一般规律

适合一切社会形态的消费的一般规定性，可以列出以下几个方面：

第一，消费按其形式有生产消费和个人消费。生产消费是生产过程中生产资料的使用，而物质的磨损是生产消费的一般内容，生活消费是消费的重要内容，是一切社会生产总过程的终结环节。

第二，在一切社会形态中，生产出的消费品总是要通过这种或那种社会形式最后进入个人消费，包括进入剥削者的个人消费和进入劳动者的个人消费，等等。

政治经济学在研究和揭示有关社会经济的一般规律时，遵循由具体到抽象的方法。它首先要研究与阐明各个社会形态的特殊规律，然后再从中抽取出某些适合各个社会经济形态的一般规律。正如恩格斯说："它首先研究生产和交换的每一发展阶段的特殊规律，而且只有在完成这种研究以后，它才能确立为数不多的、适合于一切生产和交换的、最普遍的规律。"①

七、关于《资本论》中的生产方式概念的含义

《资本论》德文版第一卷第一版序说："我要在本书研究的，是资本主义生产方式以及和它相适应的生产关系和交换关系。"②在政治经济学对象的讨论中，主张将生产力纳入政治经济学的研究对象的同志，往往以此为根据，认为政治经济学的对象包括生产力，是马克思在《资本论》中加以规定了的。由于这一问题涉及对经典著作有关论述，特别是对生产方式这一范畴的含义的论述的精神实质的理解，因此我们在这里有必要对这一问题进一步加以探讨。

在马克思的著作中，生产方式是一个多义词，对这个词的使用往往是因场合的不同而有不同的含义。大体说来，它有三种含义：第一种含义是生产的社会性质和社会形式，即生产关系。第二种含义是劳动方式，即属于生产力范畴的物质技术性的生产组织形式。第三种含义是作为生产力与生产关系的统一的生产方式。人类的物质生产包含着：（1）人与自然的关系，即作为由生产工具性质决定的物质技术性质的劳动者与生产资料的结合形式；（2）人与人的关系，即由生产资料所有制决定的物质生产中人与人的社会结合形式。

① 恩格斯：《反杜林论》，见《马克思恩格斯选集》第3卷，人民出版社，1972年，第186～187页。

② 《马克思恩格斯全集》第23卷，人民出版社，1972年，第8页。

物质生产 { 人与自然的关系（生产的物质技术性的形式）

人与人的关系（生产的社会形式）

因此，如果人们着眼于物质生产的人与自然关系这一方面，那么，作为从理论上来表现物质生产的生产方式概念，就是以劳动方式为其内涵。如果人们着眼于物质生产的社会关系这一方面，那么作为从理论上来表现物质生产的生产方式的概念，就是以生产关系为其内涵。如果人们着眼于物质生产的整体性质，那么，从理论上来表现物质生产（整体）的生产方式概念就是以劳动方式和与其相适应的生产关系的统一为其内涵。可见，在马克思的著作中，生产方式之所以有三种含义，在于三种含义分别从理论上表现的物质生产的不同方面（两种含义是各自表现生产的一个侧面，一种含义是表现生产的整体）。

以下我们对生产方式的三种不同的使用方法进一步加以考察：

把生产方式作为生产的社会形式。在马克思的著作中，许多地方将生产方式作为生产的社会形式，即生产关系来使用。众所周知，马克思创立了人类社会的发展要经历五种典型的生产方式的理论模式。马克思在《〈政治经济学批判〉序言》中说："大体说来，亚细亚的、古代的、封建的和现代资产阶级的生产方式可以看作是社会经济形态演进的几个时代。资产阶级的生产关系是社会生产过程的最后一个对抗形式。"①这里提到的生产方式就是指生产关系。马克思在《资本论》中经常把资本主义生产方式（德文为Kapital-

---

① 马克思：《〈政治经济学批判〉序言》，见《马克思恩格斯选集》第2卷，人民出版社，1972年，第83页。

istische Produktionsweise，英译为capitalist mode of production），
资产阶级生产方式（德文为Bürgerliche Produkitonsweise，英译为
bourgeois production mode）作为资本主义生产关系来使用，这里就是
指的资本主义的经济制度，它是与"生产的资本主义形式"[①]"资本主
义生产形式"[②]等词同义的。我们不妨举出下述一段论述："劳动产品
的价值形式是资产阶级生产方式的最抽象的、但也是最一般的形式，
这就使资产阶级生产方式成为一种特殊的社会生产类型，因而同时具
有历史的特征。因此，如果把资产阶级生产方式误认为是社会生产的
永恒的自然形式，那么必然会忽略价值形式的特殊性，……"[③]这一段
话中的资产阶级生产方式就是指资本主义的"商品生产这种特殊生产
形式"或资本主义商品生产关系，这可以从《资本论》第一卷第91页
的论述看出来：

"彼此独立的私人劳动的特殊的社会性质表现为它们作为人类劳
动而彼此相等，并且采取劳动产品的价值性质的形式——商品生产这
种特殊生产形式所独具的这种特点，在受商品生产关系束缚的人们看
来，无论在上述发现以前或以后，都是永远不变的，……"[④]可见，马
克思在许多场合把资本主义生产方式一词作为生产关系、作为生产的

---

① 《马克思恩格斯全集》第23卷，人民出版社，1972年，第535页。
② 《马克思恩格斯全集》第23卷，人民出版社，1972年，第578页。
③ 《马克思恩格斯全集》第23卷，人民出版社，1972年，第98页注（32）。
④ 《马克思恩格斯全集》第23卷，人民出版社，1972年，第91页。

社会形式来使用是无可怀疑的[①]。

生产方式作为生产关系来使用，是为了指出生产的社会形式与性·质·，是强调这种生产形式的社会经济本质，资本主义生产方式的概念，正是指以榨取雇佣劳动为特征的社会生产组织、制度或"社会经济形式"[②]（Ökonomische Formen der Gesellschaft）[③]用以区别于榨取奴隶劳动的奴隶制社会经济形式和榨取农奴劳动的封建制社会经济形式。另一方面，在这样地使用资本主义生产方式一词的场合，可以把简单协作、工场手工业、机器大工业等具体的、多样的劳动方式都包括进来，并由此指明它们所具有的共同的社会经济的本质——都是体现以榨取剩余价值为本质特征的资本主义生产关系。这可以用图表示如下：

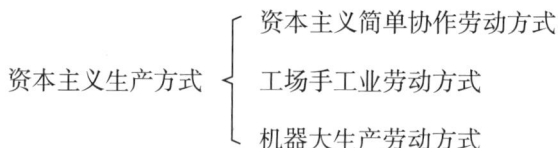

$$
\text{资本主义生产方式} \begin{cases} \text{资本主义简单协作劳动方式} \\ \text{工场手工业劳动方式} \\ \text{机器大生产劳动方式} \end{cases}
$$

把生产方式作为劳动方式。在马克思的著作中，特别是在《资本论》中，较多的地方是把生产方式作为劳动方式来使用的。所谓劳动方式，是物质技术性的劳动者与生产资料相结合的形式，它包括物质

---

① 《资本论》的下述论述也明显地表现生产方式的作为生产关系的含义。"资本主义生产方式表现为劳动过程转化为社会过程的历史必然性，另一方面，劳动过程的这种社会形式表现为资本通过提高劳动过程的生产力来更有利地剥削劳动过程的一种方法。"（《马克思恩格斯全集》第23卷，1972年，372页）"工厂法的这个部分清楚地表明，资本主义生产方式按其本质来说，只要超过一定的限度就拒绝任何合理的改良。"（《马克思恩格斯全集》第23卷，1972年，528页）

② 《马克思恩格斯全集》第23卷，人民出版社，1972年，第99页注。

③ 这里的"社会经济形式"与《〈政治经济学批判〉导言》中的"社会的经济结构"okonoische stuktuer是同一含义。

生产条件的组合方式、劳动组织形式、劳动方法与生产的工艺方法，等等。马克思在论述劳动对资本的实际从属时指出，这种资本的统治的产生在于："一种在工艺方面和其它方面都是特殊的生产方式，一种在劳动过程的现实性质和现实条件上都发生了变化的生产方式——资本主义生产方式建立起来了。资本主义生产方式一经产生，劳动对资本的实际上的从属就发生了。"①他又说，做皮鞋的鞋匠，如果"不改变他的劳动资料或他的劳动方法，或不同时改变这二者，就不能把劳动生产力提高一倍。因此，他的劳动生产条件，也就是他的生产方式，从而劳动过程本身，必须发生革命……"②这里的生产方式，显然就是指的劳动方式，是指人们用某种特殊的生产工具、工艺方法和劳动组织来进行物质生产的方式。

劳动方式的不同，总是会表现在它的成果——使用价值的不同上，马克思指出："劳动的新方式的不断形成，这种经常的变化（与此相应的是使用价值的多样化）……"③马克思论述在社会分工的条件下，各个不同产业部门生产出的多样的使用价值，"这种规定性表明各种社会劳动方式彼此之间的物质依赖性以及它们的相互补充，从而成为社会劳动方式的一个整体"④。

劳动方式作为以劳动手段为基础的生产的物质技术形式、劳动组织和方法，它属于生产力的范畴。劳动方式既然是属于生产力的范畴，而生产力是生产中最活跃的因素，因而劳动方式就具有变易性和多样性，而与具有稳定性的生产方式概念不同。如果说，马克思把人

① 《马克思恩格斯全集》第49卷，人民出版社，1982年，第95页。

② 《马克思恩格斯全集》第23卷，人民出版社，1972年，第350页。

③ 《马克思恩格斯全集》第49卷，人民出版社，1982年，第94~95页。

④ 《马克思恩格斯全集》第47卷，人民出版社，1979年，第61页。

类社会所要经历的生产方式归结为五种——原始公社制的，奴隶制的，封建制的，资本主义的，社会主义、共产主义的，那么，马克思所考察过的劳动方式就是众多的。如马克思考察了人类物质生产由低级向高级形式发展进程中多样的劳动方式及其变化。马克思指出原始共同体的畜牧生产和农业生产就是最早的不同的劳动方式，并且说，随着生产力的提高，"这就意味着会有新的劳动方式，新的劳动结合……"①马克思说："表现为一定的劳动方式（这种劳动方式总是表现为家庭劳动，常常是表现为公社劳动）。共同体本身作为第一个伟大的生产力而出现"；"特殊的生产条件（例如畜牧业、农业）发展起特殊的生产方式和特殊的生产力"②。

在《资本论》中，论述了由中世纪的手工劳动为基础的劳动方式到以机器大生产为物质技术基础的现代的劳动方式的发展，他用了"手工业生产方式""行会手工业生产方式""工场手工业生产方式"③"大工业的生产方式""工农业生产方式"④"现代生产方式"⑤"新生产方式"⑥"陈旧生产方式"⑦等词，并且有时称之为"物质生产方式"⑧，以区别于社会生产方式，显然，这些"生产方式"概

---

① 《马克思恩格斯全集》第46卷上，人民出版社，1980年，第494页。

② 《马克思恩格斯全集》第46卷上，人民出版社，1980年，第495页。

③ 《马克思恩格斯全集》第46卷上，人民出版社，1980年，第495页。

④ 参见《资本论》第1卷第13章（e）的标题把工场手工业与大工业作为"两种生产方式"。

⑤ 《马克思恩格斯全集》第23卷，人民出版社，1972年，第421页。

⑥ 《马克思恩格斯全集》第23卷，人民出版社，1972年，第330页。

⑦ 马克思说："但是，当这种监督刚刚征服了新生产方式的已有领域时，即发现，不仅许多别的生产部门采用了真正的工厂制度，而且那些采用或多或少陈旧的生产方式的手工工场（如陶器作坊、玻璃作坊等）以及老式的手工业（如面包房），甚至那些分散的所谓家庭劳动（如制钉业等），也都象工厂一样早已处于资本主义剥削之下。"（《马克思恩格斯全集》第23卷，人民出版社，1972年，第331页）

⑧ 《马克思恩格斯全集》第23卷，人民出版社，1972年，第330~331页。

念指的是劳动方式。

马克思在《资本论》及《资本论》的手稿——例如《论直接生产过程的结果》——中，曾经分析了业已从属于资本的劳动方式的发展变化如何相应地引起资本榨取剩余劳动的关系的强化。马克思论证了刚刚产生的资本主义经济，"就生产方式本身来说，例如初期的工场手工业，除了同一资本同时雇佣的工人较多而外，和行会手工业几乎没有什么区别"[1]，"它并没有直接改变生产方式"[2]。马克思指出：这一阶段是属于以延长劳动日为特征的绝对剩余价值的生产，但是"还没有建立起资本主义生产方式"[3]，它体现的是劳动对资本形式上的从属关系。马克思指出，资本的支配物质生产，终将改造原有的生产方式，建立起与资本关系相适应的特殊的资本主义生产方式——机器大工业，这样就过渡到相对剩余价值生产的阶段，它体现的是劳动对资本的实际上的隶属关系[4]。马克思曾经详细地考察了在资本关系发展与成熟中，物质生产方式的变革[5]。在这些场合，马克思许多次地使用的生产方式概念，就是指劳动方式。

作为劳动方式与生产关系的统一的生产方式。在马克思的著作中，不少地方的生产方式一词还是作为劳动方式与生产关系的统一来

[1] 《马克思恩格斯全集》第23卷，人民出版社，1972年，第358页。

[2] 《马克思恩格斯全集》第23卷，人民出版社，1972年，第344页。

[3] 《马克思恩格斯全集》第47卷，人民出版社，1979年，第534页。

[4] 马克思说："相对剩余价值的生产以特殊的资本主义的生产方式为前提；这种生产方式连同它的方法、手段和条件本身，最初是在劳动在形式上隶属于资本的基础上自发地产生和发展的。劳动对资本的这种形式上的隶属，又让位于劳动对资本的实际上的隶属。"（《马克思恩格斯全集》第23卷，人民出版社，1972年，第557页）

[5] "一方面，资本改造了生产方式，另一方面，生产方式的这种改变了的形态和物质生产力的特殊发展阶段，又是资本本身形成的基础和条件，即前提。"（《马克思恩格斯全集》第49卷，人民出版社，1982年，第127页）

使用的。因为，既然社会生产具有人与物的关系和人与人的关系这两个方面，而任何特定的社会生产，总是这二者的统一，是特殊的劳动方式和特殊的生产关系，即所有制关系的统一。马克思说："这种生产方式既表现为个人之间的相互关系，又表现为他们对无机自然界的一定的实际关系，表现为一定的劳动方式……"①马克思论述了生产中的一定的所有制形式总是与某种劳动方式有机地联系起来的，他指出：生产条件的所有者同直接生产者的关系的"任何形式总是自然地同劳动方式和劳动社会生产力的一定的发展阶段相适应"②。以上引述表明，作为劳动方式与生产关系的统一，乃是生产方式的概念的第三种含义。这种意义的生产方式，就是区别于单纯的物质生产方式的、引进了生产关系的规定性的、更加具体的、也就是作为总体概念的社会生产方式。马克思著作中，生产方式的这种使用方法，通常是要冠以资本主义、前资本主义等限定词。

把生产方式概念作为劳动方式与生产关系的统一，这样就能把某一特定社会生产方式的幼年时期与发达时期加以区分。例如幼年期的资本主义生产方式，就是意味着工场手工业的劳动方式与工场主所有制关系的统一，而发达的资本主义生产方式，就是作为以机器大生产为技术基础的劳动方式与发达的资本家私人占有形式的统一。

以上我们较为详细地考察了《资本论》中生产方式概念的三种含义。那么，《资本论》序言中的生产方式概念一词是指什么呢？

我们认为，《资本论》德文第一版序言中的生产方式并不是第一种含义的生产方式，即生产关系。因为，如果作为生产关系来使用，

---

① 《马克思恩格斯全集》第46卷上，人民出版社，1980年，第495页。

② 《马克思恩格斯全集》第25卷，人民出版社，1974年，第891页。

那么，这就是：本书研究的是资本主义生产关系及相应的生产关系与交换关系①。显然，这是不合逻辑的②。序言中的生产方式，也并不是作为第二种含义的生产方式，即作为单纯的生产方式。因为这里是讲的研究"**资本主义**生产方式"，这里生产方式是加上资本主义这一限定词的，而与"工场手工业的生产方式""大机器生产的生产方式"等使用方法不同。

序言中的生产方式，乃是第三种含义的生产方式，即作为劳动方式与生产关系的统一来使用的。具体地说，序言中实际上说的是：本书研究的是资本主义这一社会生产方式及其生产关系。不同意把这里的生产方式理解为社会生产方式的同志会提出下述诘问：既然这个作为总体的生产方式概念的内涵，本来就是劳动方式与生产关系的统一，本身就包括有生产关系，那么，紧接着还要加上"及其相应的生产关系与交换关系"一句话，这岂不是不合逻辑的，而且是多余的？！其实不然，这里恰恰是在论述一个事物时，使用逻辑上先总体后引申出其组成因素的表述方法。如我们说，地球物理学是研究地球及其物理现象的本质与规律的科学一样，政治经济学资本主义部分研究作为资本主义生产方式的一个方面的生产关系，按照逻辑严谨的表述，自然应该是：研究资本主义生产方式及其生产关系。此外，上述提法的另一层意思就是：政治经济学不是要研究19世纪中叶的西欧如法、德诸国大量存在的作为前资本主义生产方式的社会关系，即封建生产关系，而是研究资本主义生产方式占统治地位的英国的资本主义生产关系。

---

① 按马克思德文原意，这一句话应是"本书研究的是资本主义生产方式及其相应的生产关系与交往关系"。

② 通过把生产方式解释为生产关系，并由此来论证《资本论》的对象是生产关系的同志，都难以解决这里的不合逻辑。

上述关于生产方式及其相应的生产关系的提法，在马克思的著作中是不止一次地出现的。《〈政治经济学批判〉序言》中说："……人们在自己生活的社会生产中发生一定的、必然的、不以他们的意志为转移的关系，即同他们的物质生产力的一定发展阶段相适合的生产关系。"①马克思在《资本论》中把这一段解释为："一定的生产方式以及与它相适应的生产关系，……"②马克思在提到资本主义生产关系时，总是要将它确切地表述为资本主义"这种独特的、历史规定的生产方式相适应的生产关系"③，即采用先指明总体再引出其部分的逻辑表述方法。

把资本主义生产方式作为劳动方式与资本主义生产关系的统一来使用，这就意味着下列两点：第一，《资本论》研究的对象是资本主义生产关系；第二，《资本论》研究建立在一定的劳动方式之上的资本主义生产关系。后一点具有特别重要的意义，它体现了马克思研究生产关系的方法，这种方法不是抽象地与静止地来分析某一社会的生产关系的性质，而是要从该社会劳动方式的演变中来考察某一特殊的社会生产关系的发生、发展、成熟和向更高的社会生产关系的过渡。如对资本主义生产关系的研究，就应该结合资本主义的简单协作、工场手工业、机器大工业到当代的自动化大生产这些具体的劳动方式的变化，来说明资本主义生产关系的产生、发展、形成，来更细致地阐明资本主义生产关系如何要经历一个萌芽期的初生形态、幼年形态和成熟形态，最终走向灭亡和为社会主义、共产主义的生产关系所取代。

---

① 马克思：《〈政治经济学批判〉序言》，见《马克思恩格斯选集》第2卷，人民出版社，1972年，第82页。

② 《马克思恩格斯全集》第23卷，人民出版社，1972年，第99页注（33）。

③ 《马克思恩格斯全集》第25卷，人民出版社，1974年，第993页。

马克思在《哲学的贫困》一书中对他的这种政治经济学的研究方法作了论述，他说："随着新生产力的获得，人们改变自己的生产方式，随着生产方式即保证自己生活的方式的改变，人们也就会改变自己的一切社会关系。手推磨产生的是封建主为首的社会，蒸汽磨产生的是工业资本家为首的社会。"①这里马克思十分精要地论述了社会生产方式发展变化中的三步式的内在机制：第一步是作为生产力的生产工具的变化，第二步是生产方式即劳动方式的变化，第三步是生产关系的变化。而劳动方式乃是一个重要的环节与联结点，生产力的变化所引起的生产关系的变化，正是要通过具体的劳动方式的变化来实现的。

把《资本论》序言中提到的生产方式概念内涵理解为劳动方式与生产关系的统一，是否必然会得出政治经济学的对象是生产方式，即既是以生产力为对象又是以生产关系为对象呢？

我们认为并非这样的。因为，马克思《资本论》关于研究资本主义生产方式及其相应的生产关系与交换关系的论述，实质是说政治经济学研究的是体现于物质生产中的生产关系。这里作为对象——即人们通过科学研究以揭示其规律的客体，乃是生产关系，但这一生产关系却附翼于物质生产之中，而只有通过对物质劳动方式的分析与研究，才能把它清晰地揭示出来。故研究物质技术性质的劳动方式，并非要把生产力引入政治经济学的对象之内，而是说必须采用紧密联系生产力去研究生产关系的方法。

---

① 《马克思恩格斯选集》第1卷，人民出版社，1972年，第108页。这里"生产方式"一词是作为劳动方式来使用的。上述生产力→劳动方式→生产关系的程式还可见于《机器、自然力与科学的应用》中。马克思在那里指出："机械发明"，它引起"生产方式上的改变"并且由此引起生产关系上的改变，因而引起社会关系上的改变，"并且归根到底"引起"工人生活方式上"的改变。（《马克思恩格斯全集》第47卷，人民出版社，1979年，第501页）

八、紧密联系生产力研究生产关系

政治经济学以生产关系为对象，并不意味着政治经济学在研究中不涉及生产力，也不意味着政治经济学不必要对生产力进行任何考察，更不意味着可以脱离生产力从事纯生产关系的研究。恰恰相反，马克思主义政治经济学的研究方法的鲜明特色是：紧密地联系生产力来研究生产关系。

马克思把唯物辩证法用于分析社会生产，论证了生产力与生产关系二者本来就是社会生产方式的不可分割的两个方面，指出这两方面是处在有机的联系之中，它们互相推动、互相制约，是一种对立的统一关系。在生产力与生产关系的辩证关系中，生产力乃是决定性的因素，它决定生产关系的性质并成为生产关系变化的根本动因，这就是说，有什么样的生产工具（它是生产力水平的标志）就有什么样的劳动方式，也就有什么样的生产关系。因此，对社会经济结构的运动机制的研究，不能脱离对生产的物质基础的研究，而应该把生产关系归结为劳动方式，最终归结为物质生产力的发展水平，乃是马克思主义政治经济学的一项基本原理与基本研究方法。[①]

基于上述原理，对任何社会的生产关系的产生，都要从物质生产力的性质与状况去加以说明。恩格斯在致卡尔·考茨基的信中说："你不应该把**农业**和**技术**同政治经济学分开，……正如蒙昧人和野蛮人的工具同**他们的**生产分不开一样，轮作制、人造肥料、蒸汽机、动力织机同资本主义的生产也是分不开的。正如现代工具制约着资本主义社会一样，

[①] 马克思在《〈政治经济学批判〉导言》中概括："4，生产。生产资料和生产关系……生产力（生产资料）的概念和生产关系的概念的辩证法。"（《马克思恩格斯选集》第2卷，人民出版社，1972年，第111~112页）

蒙昧人的工具也制约着他们的社会。……一说到生产资料，就等于说到社会，而且就是说到由这些生产资料**所决定**的社会。"①

基于上述原理，人类历史上社会生产关系由低级形式向更高级形式的发展变化，即生产关系的发展采取原始公社制、奴隶制、封建制、资本主义、社会主义与共产主义五种形式有规律地向前演进，以及同一个社会经济形态发展过程中生产关系的具体形式的变化，这些均要联系生产力来加以说明。

马克思在阐明人类社会的五种社会经济状态的区别时就是与生产力的发展水平，特别是与生产工具的状况联系起来考察的。马克思说："尽管直到现在，历史著作很少提到物质生产的发展，即整个社会生活以及整个现实历史的基础，但是至少史前时期是在自然科学研究的基础上，而不是在所谓历史研究的基础上，按照制造工具和武器的材料，划分为石器时代、青铜时代和铁器时代的。"②

马克思主义政治经济学（广义的）基于上述原理，联系生产力的状况，论证了人类社会生产关系的发展变化的规律。这就是：大体说来，在人类社会的发展中，与石器的使用相适应的是原始公社制的生产关系，与铁器（在东方是青铜器）的使用相适应的是奴隶制的生产关系，与手工磨相适应的是封建的生产关系，与机器生产相适应的是资本主义生产关系，与现代机器大生产这一物质基础相适应的是社会主义生产关系。

政治经济学不仅要紧密联系生产力的状况来阐明整个人类历史的生产关系的发展变化的规律，而且还要由此阐明某一社会形态的生产

---

① 《马克思恩格斯〈资本论〉书信集》，人民出版社，1976年，第438页。
② 《马克思恩格斯全集》第23卷，人民出版社，1972年，第204页注（52）。

关系的发展变化的规律。

众所周知，就某一社会形态来说，生产关系也不是停滞不变的，而是有一个发生、发展与向更高级的新社会的生产关系过渡的过程。因而，某一社会形态的特殊类型生产关系也有一个由初生期不成熟的生产关系具体形式，逐步发展为成熟的形式，最终转化为衰亡的形式（就私有制社会来说）的发展过程。因而，对某一社会形态来说，根据生产关系成熟程度的不同，大体上可以将它区分为不发达的阶段和发达的阶段。如原始公社制有母系制与父系制的区分；奴隶制经济有东方的不发达的奴隶制与希腊、罗马的发达的奴隶制的区分；封建制经济有以劳役地租为主要形式的庄园制经济与以实物地租和货币地租为主要形式的地主经济的区分；资本主义经济有一个以工场手工业为形式的不发达的资本主义和以机器大工业为形式的发达的资本主义的区分。而发达的资本主义又经历了自由资本主义与垄断资本主义的两个发展阶段。垄断资本主义又要区分为企业家的垄断资本主义到国家垄断资本主义，等等。也就是说，资本主义生产关系的发生、发展变化，要经历一个由带有过渡性的萌芽形式、幼年期形式、成熟形式到过度成熟与腐朽形式的一系列阶梯。对于上述某一特定社会形态的生产关系的发展与演变的内在联系与规律的阐明，是政治经济学的重要任务。

当然，政治经济学要研究的是支配生产关系的发展变化的规律即其总的趋势，而不是研究生产关系的具体形式与细节。列宁在论爱德华·大卫《社会主义和农业》一书时指出："他十分详细地探讨了几百个技术性的细节，把问题的政治经济本质反而淹没了。"[1]并指出：

---

① 《列宁全集》第13卷，人民出版社，1959年，第155页。

"大卫对问题的社会经济意义连懂也不懂。"①但是必须看到，生产关系的规律总是要通过它的具体形式的发展变化来体现，因而，只有从生产关系的具体形式的发展变化中，找出它的一系列的阶梯与关节，由此阐明生产关系经历量变、局部质变到根本质变的全部运动，这样才能说对生产关系的发展变化的规律作出了深入的与科学的阐明。如果人们只是停留在诸如生产关系要发生、发展和灭亡这一类的极其一般的、极其概括的表述上，那么，就还远远没有完成政治经济学这门学科的任务。

对上述各个社会形态的生产关系发展变化所必须经历的一系列阶段的阐明，必须联系社会物质生产力的性质及其发展的状况。如原始公社制生产关系发展成熟程度的不同阶段与生产工具由旧石器演变为新石器是密切相联系的；奴隶制生产关系成熟程度的不同发展阶段是与青铜器的演进至铁器密切相联系的；封建制生产关系发展成熟的不同阶段，则是与粗放的三圃农业演进至精耕细作的家户农业密切相联系的；而资本主义生产关系成熟程度不同的发展阶段，则是与生产工具和现代劳动方式的状况，与劳动社会化的程度密切相连的。可见，要科学地阐明某一社会形态的生产关系的运动规律，深入揭示某一社会形态的生产关系由低级形式向高级形式的发展演变所必须经历的阶梯与步骤，是不能求诸生产关系本身，而是必须紧密地联系生产力的状况，必须立足于生产关系与生产力的矛盾的分析。

联系生产力来研究生产关系的方法，正是《资本论》的基本方法。马克思并不想构造一个单一地研究生产关系的纯之又纯的理论经济学，在《资本论》这一巨著中，就包含着有关生产力的规律的精要

---

① 《列宁全集》第13卷，人民出版社，1959年，第156页。

的阐述。大体说来，《资本论》中的有关生产力的规律表现为以下这些方面：（1）有关劳动过程的要素的分析。《资本论》论述了任何物质生产都是人的因素与物的因素的统一与结合；论述了生产的物的因素的组成方式及其内在矛盾，以及由这一内在矛盾所推动的劳动手段发展变化的规律。（2）有关生产力的人的要素的分析。论证劳动者这一要素的发挥作用的形式——劳动，如何由个体的、孤立的劳动转化为社会化的、社会结合的劳动，以及如何由结合劳动的初级的、不发达的形式发展为成熟的、高级的形式。例如，由简单协作这一结合劳动的低级形式转化为以分工为基础的协作，由以手工技术为基础的工场手工业的结合劳动形式，转化为以机器大生产为基础的现代结合劳动形式。（3）有关现代化大生产的生产力中的决定要素——科学技术的分析，论述了科学技术由原本的知识形态，转化为物质形态——机器、技术设备——由此转化为直接生产力的机制与规律。第四，有关劳动方式的分析，如手工业生产方式转化为工场生产方式，再进一步转化为机器大生产方式的规律。马克思上述的有关生产力的规律的概括与阐述，其目的不是为了研究生产力本身，而完全是着眼于揭示生产关系的发展与变动的规律。

《资本论》第一卷第四篇第11章至第13章就是结合资本主义劳动过程的具体形态，结合从属于资本的劳动生产方式的发展变化来研究资本主义所有制的发生和发展。在这几章中，体现了马克思通过对生产物质技术形式的考察来进一步分析生产关系所采取的如下三个步骤：

第一，对生产的物质条件与物质技术性质的研究。首先，通过对生产力的物质要素的内在矛盾的分析，揭示劳动手段由简单的手工工具到发达的手工工具再到机器的转化。《资本论》第13章，利用了自然科学的大量研究成果，阐明了什么是机器，论述了机器内部运动的机制，如动力机生产出动力，经过传送机，最终推动工具机的运动。马克思分析了机器的内在结构和矛盾，论述了产业革命后新产生的工具机与中世纪动力之间的矛盾。指出正是由于工具机的发展与有限制的水力的矛盾，推动了蒸汽机的发明和应用[①]。其次，论述了与上述生产工具的发展相适应的是手工业到工场手工业，再到机器大工业的转化。

第二，对劳动的技术性的社会结合形式——劳动组织——的研究。《资本论》论述了工场手工业的以简单协作为特征的企业劳动组织到以分工为特征的企业劳动组织，再到工厂制度下分工更加发达的企业劳动组织的变化。

第三，对生产的社会结合形式的研究。这就是在阐明各种劳动方式的内容的基础上，进一步引进资本主义生产关系，考察工场手工业和机器大工业这些劳动方式所体现的资本主义生产关系的发展变化，分析资本对劳动的统治与奴役关系在广度和深度上的发展及其带来的资本主义基本矛盾的尖锐化。

基于以上的论述，归结到一点，就是说政治经济学以生产关系为研究对象同以某种方式某种角度来进行一些对生产力的考察与研究是一致的。

可能有的同志会说，上面那种说法岂不是证明生产力与生产关系一起都是政治经济学的对象？我们的答复是：不是的。因为我们在这里说的是从某种角度和以某种方式研究生产力，通过联系生产力的运动规律，以达到阐明生产关系的运动规律的目的，它同把生产力作为政治经济学的研究对象，作为这门学科所要揭示其规律的客体是根本不同的。

我在1961年关于马克思主义政治经济学的对象的一篇文章中提

---

① 在《机器、自然力与科学的应用》（1861~1863手稿）中，马克思更为详细地考察了历史上各种生产力的发展。

出，要把研究范围和对象范围加以区分。对象范围是一门学科要通过研究以揭示出其客观规律的一个特定的领域。无论是自然科学或是社会科学的各门学科，都是以研究某一个特定领域中的特殊矛盾、特殊规律为其任务。毛泽东同志在《矛盾论》中说：某一现象的领域正是"因为具有特殊的矛盾和特殊的本质，才构成了不同的科学研究的对象"①。把客观事物的一个特定的领域作为研究对象，作为这门学科要发现其规律的客体，这就叫对象范围。但是由于客观事物处在普遍联系之中，某一特定领域的事物的运动与其他领域的事物的运动，是互相关联的，因此，对这一特定的对象范围的事物的规律的研究，不能不涉及其对象范围以外的更为广大的领域，这些为研究独特的对象范围而涉及的更广阔的客观事物领域就叫研究范围。

"作为研究对象，乃是这门科学要揭明其规律的特殊领域，而在研究范围中所要包括某些对象范围以外的现象和事物，它们只是用来完满地阐明对象范围的规律性所必要涉及的从属性领域，对于后一领域事物的规律性的阐明，不是这门科学的任务。如哲学史、美学史、文学史等科学，固然也要研究和考察经济基础与政治制度，但是却不是以经济基础和政治制度为对象，不是以揭明后者的规律性为任务。由此可见，只有弄清楚研究范围和对象范围的区别，我们才能在各门科学研究中所要涉及的颇为广泛的领域中明确主次，分清对象，弄清各门科学所要探索和揭明的是什么领域的事物的规律性，从而明确各门科学的特有的任务。"②如气象学以寒暑风雨等自然气候变化现象为对象，它的任务是揭示各种气候变化的规律，为此，它的研究范围

---

① 《毛泽东选集》第1卷，人民出版社，1952年，第297页。
② 《经济研究》1961年第10期。

不仅要包括太阳、地球、月球等宇宙现象，而且要涉及地理与地质现象，涉及山区、平原、沿海的地表与地质结构，涉及地质学的研究范围，但不能说气象学以地质为对象。又如地质学的研究对象是地球的地质结构及其形式，但它的研究范围还要涉及宇宙的、天体的方面的现象，但就不能说地质学是以天体现象为研究对象。同样，政治经济学以生产关系为对象，是以揭示社会生产关系的运动规律为其任务，但它的研究范围就不限于生产关系。由于生产力与生产关系密切相联系，生产力是生产关系变动的决定因素，因而为了阐明生产关系的运动规律也要联系生产力的状况，从而要在一定程度上涉及生产力的研究；与生产关系相联系和制约着生产关系的运动的还有政治、法律等上层建筑，所以，政治经济学在一定程度上还要研究上层建筑；与生产力相联系的还有人的精神作用（包括思想、道德观念、觉悟水平与文化水平的作用），所以，政治经济学还在一定程度上涉及伦理道德与文化教育生活的经济作用的研究。但是以上这些领域在性质上只是政治经济学的研究范围而不是对象范围。如果把研究涉及的一切关系和一切领域不加区别地统统作为它的对象，那就找不到哪一门科学有它的独特的对象，而任何一门科学都将成为多对象的综合科学或边缘科学，从而取消了科学的类别划分，而政治经济学也将变成既研究生产关系，又研究生产力，还研究上层建筑的混合物，从而取消了马克思主义政治经济学固有的特色。

总之，马克思所创立的无产阶级政治经济学，一方面十分明确把生产关系作为对象而反对把生产力纳入对象之中，从而将政治经济学混同于工艺学的错误方法；另一方面又紧密联系生产力来研究生产关系，反对脱离生产的物质技术基础，抛开劳动方式来孤立地研究生产关系的形而上学。这样的把政治经济学对象范围与研究范围加以区别又在研究中加以联系的方法，体现了马克思主义政治经济学的唯物辩证法的方法论。

九、政治经济学的社会主义部分也应该以生产关系为研究对象

政治经济学的社会主义部分，是马克思主义政治经济学的完整的理论体系的重要组成部分，是广义政治经济学的新的篇章，因而，它的对象是社会主义生产关系，这本来是十分明白、毋庸争议的。

马克思主义的经典作家以英国在19世纪下半期的发达的资本主义国家为背景，曾经设想一个建立在高度物质技术基础上的完全的社会主义，在那里商品生产与货币交换已经消灭，生产关系已不再具有物化的和虚假的形式，生产中人与人的相互关系将直接地和清楚地呈现于人们的眼前。但是当代社会主义的实践超越了他们的设想，社会主义经济仍然是商品经济，社会主义商品关系仍然具有极其复杂的、使人眼花缭乱的具体形式。即使是在未来的产品经济中，我们也不能认为社会的经济结构就是十分简单的和一目了然的，以致完全不必要有一门专门的科学来加以研究的必要。恰恰相反，作为建立在高度物质技术基础之上的社会化与专业化的大生产，它必然地还存在着发达的产业部门之间与各个产业部门内部的生产分工，存在着全面发展的社会主义劳动者之间的某种职业分工（包括物质生产劳动与非物质生产劳动之间的分工）。因而，社会主义生产过程中还会存在着复杂的活动交换关系［包括 I（v＋m）与 II c 的两部类的活动交换关系］，还存在社会劳动在各个部类之间分配的关系，以及社会产品在各个部门之间分配（包括消费品在劳动者之间的分配）的关系，同时，还存

在着基于生产力发展的状况而必须采取的对消费关系的有计划调节，可见，以高度发达的劳动方式为基础的社会主义生产，不仅仅表现为一个复杂的生产组织结构，而且也还存在着一个复杂的由生产、分配、交换、消费诸关系组成的四维经济结构。而在物质生产力迅速发展的过程中，社会主义生产关系与生产力的矛盾以及作为这一矛盾的表现形式的社会主义经济结构内部的矛盾是经常存在的，它需要社会主义国家及时地与自觉地加以处理与调节。此外，新社会生产向前发展中的对人与人之间的社会主义相互关系的完善和旧社会的痕迹与影响的彻底克服，也不可能自流地实现，而是有赖于人们自觉地采取有科学依据的改进与调整措施。可见，社会主义生产方式的发展，不仅需要高度科学的与精密细致的对物质生产过程的管理，而且还需要高度科学的按社会主义经济规律与原则来进行的对人与人的关系的调节。为此，人们就必须通晓有关组织现代化的社会主义劳动方式的规律和通晓有关社会主义生产关系发展变化和成长为共产主义生产关系的经济规律。如认识建立在高度发达的物质技术基础之上的社会主义劳动方式的规律是一个艰巨的科学研究课题一样，认识社会主义经济规律同样是艰巨的课题，需要有一门专门学科来从事，需要有政治经济学的社会主义部分这门学科。认为社会主义经济建设只需要用来进行生产力合理组织的部门经济学和应用经济学，看不见和低估用来指导对生产关系的自觉调节的政治经济学，这种观点是十分错误的。

马克思和恩格斯几乎把他们的全部精力用于解决创立无产阶级政治经济学的资本主义部分的艰巨任务上，但是他们从来不把政治经济学限制在研究资本主义生产关系的狭窄的界限内。恰恰相反，恩格斯就把作为资本主义经济关系的理论表现的政治经济学规定为"狭义"的政治经济学，他明确地提出广义的政治经济学的概念，指出它是一门"研究人类各种社会进行生产和交换并相应地进行产品分配的条件和形式的科学"①。可见，马克思主义经典作家，业已提出了创立政治经济学社会主义部分的任务。当然，由于马克思恩格斯所处的历史条件与所面临的迫切任务，他们不可能事先制定系统的社会主义经济理论，但是他们仍然以资本主义所创造的物质生产条件与经济条件为依据，对未来社会的经济结构作了科学的预言，提出了许多有关社会主义生产、分配、交换等方面的规律的带有原则性的极其深刻而精辟的论述，为政治经济学社会主义部分的科学体系的建立，提供了重要的指导思想。

在社会主义政治经济学思想发展史中，存在着社会主义政治经济学取消论的错误思潮。如 P.希法亭就宣扬如下的观点：社会主义制度下人与人的关系将是简单明了的，他们的物化的与拜物教的形式业已消失。因而，政治经济学已经丧失任何意义。布哈林在《过渡时期的经济》一书中说："政治经济学是研究商品经济的"，而社会主义经济是"有组织的经济"。他断言，"资本主义商品社会的末日也是政治经济学终结之时"。这种否认政治经济学的社会主义部分存在的必要性的错误观点，实质上是一种唯意志论的观点，它宣扬无产阶级在掌握了国家政权后就可以为所欲为，否认社会主义经济规律的客观存在和否认人们通过艰苦的科学研究去认识客观经济规律的必要性，这种为经济工作中的蛮干胡为制造根据的错误观点对于社会主义革命与社会主义经济建设会带来什么样的危害是可以想见的。

列宁在《对布哈林〈过渡时期的经济〉一书的评论》中及时地批判了上述观点，提出了把政治经济学说成仅仅是一门关于揭示资本主义生产关系运动规律的科学的错误，论证了在社会主义制度下仍然存

---

① 恩格斯：《反杜林论》，见《马克思恩格斯选集》第3卷，人民出版社，1972年，第189页。

在需要加以研究的客观经济规律，列宁指出甚至在纯粹的共产主义制度下还存在如 I（v＋m）和 IIc 的相互关系的规律。列宁指出，政治经济学不只是研究商品经济的，即使是非商品性的社会主义生产关系，也还需要有政治经济学这门学科，从而进一步发挥了恩格斯关于存在着以一切社会形态的生产关系为对象的广义的政治经济学的论断。

马克思主义经典作家，从他们所设想的发达的社会主义生产关系的角度，论证了政治经济学社会主义部分这门科学存在的必要性。但是无产阶级革命的胜利，事实上是在原先经济落后的国家首先取得的，而在这样的社会主义国家只能通过一个不发达的社会主义阶段，才能进入发达的、成熟的社会主义。而在不发达的社会主义阶段，社会经济结构更加带有复杂性与鲜明的多层次性，它还存在前社会主义的生产关系的残余。在社会所有制、分配、交换与消费等领域均存在多形式、多层次性，从而存在复杂的矛盾。特别是在这一发展阶段，商品生产与交换分外地复杂，社会主义生产关系还带有物化的性质，甚至还具有某些拜物教的特征。上述的种种情况表明，要发现与认识在不发达的社会主义阶段的客观经济规律的作用机制，更不是轻而易举的事，更加要求人们进行艰苦的理论研究，这就迫切地需要建立起政治经济学社会主义部分这一门专门的科学。

以上的论述，可以归结如下：以生产关系为对象的政治经济学社会主义部分乃是一门关于指导社会主义经济建设，建立、健全和发展社会主义生产关系的科学，是当家做主的劳动者顺利地实现同自然做斗争与不断地完善劳动者相互间的社会主义关系的科学。它是一门建设社会主义、共产主义的科学。

在政治经济学社会主义部分的研究对象的讨论中，某些同志提出下述的观点：对于任何走上社会主义道路的国家，在生产资料的社会主义改造基本完成以后，发展生产力便成了中心的任务，从而社会主义政治经济学就应该把有关生产力的合理组织作为这门学科理论体系的重要内容。因而，就有必要把生产力作为这门学科的主要研究对象。在苏联，Л. Д·雅罗申柯就提出下述观点：社会主义制度下生产关系再也不与生产力的发展相矛盾，因而生产关系不再是促使生产力发展的重大因素，社会主义政治经济学的主要问题就不在于研究社会主义社会中人们的相互关系，而在于制定和发挥社会生产中生产力组织的科学理论。[①]在我国也有些同志认为，建设社会主义的工作重点与中心任务既然是发展生产力，所以理所当然地应该把生产力的研究摆在政治经济学研究的首位。

主张政治经济学（社会主义部分）应该主要地研究生产力而不是生产关系的同志，或是否认社会主义制度下生产关系与生产力之间还有矛盾，或是对于社会主义制度下生产关系的作用认识不足。社会主义制度下生产关系与生产力无矛盾论是错误的。因为按照唯物辩证法，生产力与生产关系的矛盾是自始至终贯穿于社会生产发展之中，包括社会主义生产方式的发展之中。这一问题在毛泽东同志《关于正确处理人民内部矛盾的问题》的著作中所论述的关于社会基本矛盾的学说中已经加以科学地阐明。因此，认为社会主义制度一旦确立，生产关系与生产力就是"完全适合"，不再有矛盾的观点，在理论上是形而上学的，而且是与客观实际不相符合的。正确的概括是毛泽东同志所说的：在社会主义制度下，生产关系和生产力之间存在又相适应又相矛盾的情况。这就是说，业已建立起来的社会主义社会的生产关

---

① 参见《苏联社会主义经济问题》关于Л. Д·雅罗申柯同志的错误，人民出版社，1961年，第52页。

系的体系既是基本适合生产力的，但是它的某些具体环节又会存在与生产力相矛盾的情况；同时，在生产力的不断发展中，原来的生产关系的具体形式又会显得陈旧，与生产力相矛盾和阻碍生产力的发展。上述情况表明，社会经济建设的顺利发展，不仅仅有赖于生产力的合理组织，充分发掘生产的各种物质要素的潜力，而且有赖于对生产关系的局部环节的自觉调节，使生产关系完善化，充分发挥社会主义生产关系对生产力的积极促进作用。如果对业已与生产力的发展不相适合的生产关系的那些环节不及时地进行调整，那么社会主义生产关系对生产力的适合的程度就会降低，它对生产力的积极促进作用就会受到削弱，现有的生产力要素的效率与力量就不能充分地发挥出来。而且，如果让生产关系体系中不适合的因素积累起来，社会主义生产关系的某些环节和方面在更大程度上不适合生产力的状况也还是有可能出现的。其结果是现实的物质生产力不仅不能顺利地发展，甚至还会萎靡下去，这种情况在国内外社会主义建设中都曾经出现过，并由此使人们付出了许多沉重的代价。而世界社会主义体系内正在蓬勃兴起的经济体制改革，正是对于不适合的社会主义生产关系的具体形式的自觉调整，是社会主义制度的自我完善。可见，无论从理论上和实践上都表明：社会主义制度下始终存在生产关系与生产力之间既相适应又相矛盾的状况，从而要求人们对生产关系的不适合部分及时加以调整，这也要求人们通晓社会主义生产关系发展与完善的客观规律，归根到底，要求政治经济学社会主义部分不能削弱，更不能抛弃对生产关系的研究，因而那种把生产力作为政治经济学社会主义部分的主要对象的主张是不可取的。①

---

① 这里我们不是谈论那些研究对象涉及生产力的经济学科，例如生产力经济学和其他部门经济学。

当然，必须指出，我们不同意政治经济学（社会主义部分）以生产力为主要研究对象，并不是说要把生产力的研究排斥在政治经济学（社会主义部分）之外。如我们在上面业已指出，政治经济学从来不是孤立地研究生产关系，而是要联系生产力来研究生产关系，生产力的有关领域从来是政治经济学的研究范围。在以经济建设为中心的社会主义新时期，政治经济学要进一步拓宽研究范围，要进一步结合对社会物质技术基础、劳动方式的考察，来研究社会主义生产关系的发展、变化的规律。正是因此，政治经济学加强与加深对生产力的研究，是理所当然的。但是这种研究范围的拓宽，并不意味着研究对象的改变，因为，发现与阐明生产关系的运动规律，仍然是政治经济学社会主义部分研究的主题和首要任务。

归结起来，社会主义制度下，保持与充分发挥社会主义生产关系对生产力的适合性，是社会主义经济建设顺利发展的决定条件。社会主义生产关系，宏观地表现为一个极为庞大与十分复杂的机器，无论是直接生产过程中人们的相互关系，还是分配、交换、消费等过程中人们的相互关系，都是十分复杂的，而社会主义的四维经济结构中的生产、分配、交换、消费之间的内在联系与运动机制，更是一个极其复杂的、充满矛盾的过程。建立一门以生产关系为对象的政治经济学社会主义部分的学科，才能对社会主义社会的生产关系进行全面的周详的研究，才能够深刻地揭示支配社会主义生产关系的客观规律，和以严格的逻辑来科学地表述社会主义的经济规律体系的作用机制，这不仅是无产阶级进行社会主义革命与社会主义经济建设所必要的，而且是发展这一门学科所必要的。同时，政治经济学社会主义部分以生产关系为对象，体现了与广义政治经济学对象的统一性。广义政治经济学包括政治经济学前资本主义部分，政治经济学资本主义部分和政治经济学社会主义部分，不能说政治经济学资本主义部分以生产关系为对象，政治经济学社会主义部分则以生产力为对象。把生产力作为政治经济学社会主义部分的主要研究对象，是不符合这门学科发展的需要的，这将使这门科学变形为技术经济学，变成一个二元体系，从而会使统一的广义政治经济学（包括社会主义部分）理论体系失去科学的一贯性与严谨性。

十、正确认识生产力的内在矛盾

为了进一步从理论上搞清政治经济学的对象是否应该包括生产力，在这里，还有必要就近年来学术界讨论的生产力发展由其内在矛盾推动的理由进行一些评述。

我国学术界在讨论生产力发展的动因时，有的同志认为生产力不仅受到生产关系的制约和推动，而且还有内在的动力，即是由它的内在矛盾所推动，从而可以不依靠生产关系而自行增殖与自行膨胀。我们认为，在分析与研究生产力发展的动因时，除了把它归结为生产力与生产关系的矛盾而外，还要看到生产力内在矛盾的作用，这是有积极意义的理论探索。因为社会生产是一个复杂的事物，它本身包括着多种、多层次的关系，从而包括有多层次的矛盾。首先，社会生产作为生产力与生产关系的统一，因而，生产力与生产关系的矛盾乃是社会生产第一层次的矛盾，它表明生产力的发展总是受着生产关系的制约，为生产关系所促进或束缚，从而生产关系与生产力的矛盾表现为社会生产发展的根本动因。但是，生产，乃是通过一定的劳动方式来实现的，劳动方式，作为生产力要素的组合方式，它的性质、状况，直接地体现了生产力的状况，如劳动者与劳动手段结合的方式、劳动者组合的方式、劳动资料与劳动对象的结合方式等，均是与生产力的状况直接相联系的。上述组合方式，均是生产力的内在结构与矛盾。可见，社会生产的发展，也还要受生产力内在矛盾的状况的制约，正是生产力的内部矛盾推动了生产工具、劳动对象与工艺方式等的变革，推动了产业革命与历次的技术革命。可见，制约着社会生产发展的有两对矛盾：一对是生产的人的因素与物质技术因素的组合方式与矛盾，这一矛盾推动着生产力诸要素的日常的发展，促进着技术进步，从而表现为生产发展的物质技术性的动因；另一对是生产力和生产关系这一对矛盾，这是最根本的矛盾，它决定着生产的人的要素和物质技术因素的能力、效率与潜力能否发挥及其发挥的程度，从而表现为生产发展的决定性的社会经济动因。

上述情况可表示如下：

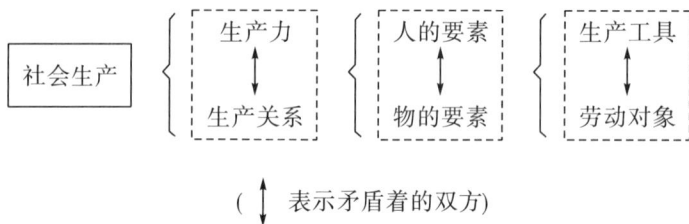

(↕ 表示矛盾着的双方)

可见，既要看到生产力内部矛盾乃是社会生产发展的物质动因，但是又必须看到生产关系的适合是生产发展的决定性的社会经济动因。看不见前者，否定社会生产发展有其物质技术性的动因是不对的，但看不见后者对生产发展起决定性作用，过高地估计生产力内部矛盾对生产发展的作用也是不对的。例如，那种认为生产力可以脱离生产关系的发展而自行发展，甚至认为生产力可以在生产关系不适合的情况下也自行增殖、自我膨胀，这样的观点，就不能说是正确的。

马克思在政治经济学方法论上的一项重要贡献，是他把唯物辩证法用于分析社会生产的运动机制与内在规律，制定了有关社会生产是生产力与生产关系的辩证统一论和决定生产发展的社会动因论。

根据生产力与生产关系的辩证的统一论，就必须把生产力与生产关系二者看作是互相联系、相互依存、不可分割的。这一理论不承认有脱离生产关系的生产力，也不承认有脱离生产力的生产关系。这一理论强调：生产力无时无刻不受到生产关系的影响和制约，或是为生产关系所推动，或是为生产关系所束缚，超出于生产关系作用之外的生产力独立和自行发展是根本不存在的。根据决定生产发展的社会动因论，就必须把生产力发展的决定性的动因归结为生产的社会制度，更具体地说，归结为生产关系的适合。这一理论强调：生产力的各个要素的结合，某种劳动方式的形成，固然是要决定于生产资料本身的性质及其内在组成因素的矛盾，但它也要受社会生产关系的制约。生产力的组合方式归根到底要受到生产关系和生产力的矛盾的制约，更具体地说，生产力诸要素能否顺利地互相推动，劳动方式能否迅速地实现由低级形式向更高级、更先进形式的演变，技术革命能否顺利地开展和扩大到广泛的生产领域与社会生活领域，归根到底决定于生产关系的是否适合及其适合的程度。蒸汽机的发明是在1670年，而它的改进与大规模使用，却是在18世纪末叶，即在资本主义生产关系巩固地确立以后。我国宋代就发明了活字印刷，但书刊的使用手刻技术一直延续到清代；现代运输工具与手工装卸的矛盾要求使用装卸机，但在半殖民地的旧中国许多码头还是采取肩挑背磨的落后的人工装卸。这一切都表明生产力的内在矛盾运动，也不可能是独立的，它也要受生产关系的制约。

主张生产力自行膨胀的同志往往提出以下的论据：帝国主义时

期，资本主义生产关系已经腐朽，可是发达的资本主义国家生产力还在发展，战后科学技术还有迅速的进步，发生了第三次科技革命，这表明了生产力可以脱离生产关系而独立发展。我们认为，这种论辩是似是而实非的。对于当代垄断资本主义国家生产力的继续发展现象，应该作如下阐明：首先，对于列宁提出的帝国主义发展阶段资本主义生产关系的腐朽性不能绝对地来理解，正如列宁指出，腐朽趋势并不排除个别时期、个别部门、个别国家资本主义的迅速发展，"整个说来，现在资本主义发展的迅速是从前远不能相比的"[①]。其次，垄断资本主义条件下生产力的继续发展，是与各国资产阶级所采取的国家垄断资本主义的调节措施不可分的。这种调节措施包括对直接生产、分配、交换、消费等关系的干预与调节，它的实质是在不改变资产阶级所有制的前提下，对一定范围内的表层性的生产关系的局部调整。这样，帝国主义国家生产力的继续发展，与其说是生产力的自行发展，毋宁说是由于表层性生产关系某些方面、环节的调整所带来的。由于这种表层性的生产关系局部范围的调整与变革，并不涉及生产资料的资产阶级所有制关系，也不改变资本主义经济的根本制度，因而，它并不像西方资产阶级经济学家所鼓吹的那样，使资本主义生产关系的重新适合生产力和取得了新的"生机"，但毕竟为一定的、短暂时期内生产力的发展，寻找到某些缝隙和有限的余地，资本主义国家科学技术的发展正是在这种经济缝隙中取得的。可见，资本主义国家生产力的继续增长，仍然是处在资本主义生产关系的制约之下，并不意味着生产力获得了任何独立的发展。因而，关于生产力可以脱离生产关系自行增长的观点是不能成立的。

---

① 《列宁全集》第22卷，人民出版社，1958年，第294页。

《资本论》的科学抽象法

一、《资本论》的科学抽象法

《资本论》的方法最根本的是唯物辩证法，这是毫无疑义的，这一点，马克思在该书第二版跋中已经作了说明。唯物辩证法关于客观与主观，存在与意识，对立的统一，量变到质变，否定之否定，现象与本质等范畴、原则与规律，可以说是贯穿在《资本论》理论体系与章节之中。唯物辩证法是《资本论》的基本方法。但是，以研究资本主义商品生产关系为对象的《资本论》，它还有特殊的研究方法，这就是科学抽象法。此外，还有历史的方法、归纳法、演绎法，甚至采用一定程度的数学方法、图表方法，不过这些方法均是受唯物辩证法的统率。可以说《资本论》中存在着以唯物辩证法为"纲"，以科学的抽象为主干，以其他的方法为"目"的多层次的方法论体系。这个完备的方法论体系是与《资本论》包罗无遗的、庞大的理论体系相适应的。本文不拟论述《资本论》中的辩证方法，而只是对它的科学抽象法进行一些探讨。

（一）科学的抽象的内涵

科学的抽象，是马克思在对资本主义的生产关系进行政治经济学的分析与研究时所创立与使用的方法，这是政治经济学的科学方法。科学的抽象在《资本论》这一巨著中有着完备的体现。

科学的抽象，它的内涵包括下述两个步骤：

第一步，从实在和具体开始，从实践经验和实际材料出发，进行逻辑思维与理论分析。舍象与排除事物的非本质的、次要的、外在的因素与联系，然后，对这一特定的生产关系与过程进一步进行抽象概括，找出它的最简单的规定，这样就从不纯的复杂的经济现象，"混沌的表象"提炼出简单的、高度抽象的概念。正如马克思说："一个混沌的关于整体的表象，经过更切近的规定之后，我就会在分析中达到越来越简单的概念；从表象中的具体达到越来越稀薄的抽象，直到我达到一些最简单的规定。"①科学抽象的第一步，就是从事物的现象形态，剥离出它的内容稀薄的但却是共通的、普遍的本质。

第二步，则是抽象上升法。即由上述的简单的规定出发，加上与之相互联系的新一层关系的规定性，得出更具体的，即次一级的抽象范畴。如此进一步上升，加上更加具体的规定性，得出更具体的、再次一级的抽象范畴。这个上升的终点，便是一个拥有许多规定性的、丰富的有血有肉的具体。

科学抽象的第二步是作为逻辑思维的抽象上升法，它是由始发性的、内容单调的最抽象的逻辑概念逐级上升，一步步地在观念中再生产与洗印出体现现实经济关系的本质——而不是表象——的具体。

---

① 马克思：《〈政治经济学批判〉导言》，见《马克思恩格斯选集》第2卷，人民出版社，1972年，第103页。

以上两步，就是马克思《资本论》中的科学抽象法的内容。

科学抽象的第一步，即由事物复杂的、多样的表象提炼出简单的规定，具有十分重要的意义。因为，能否正确地从千头万绪的、错综复杂的经济现象与过程中找出逻辑分析起点的抽象范畴，对于顺利地、层层深入地——如庖丁解牛那样——剖析资本主义经济机体，有着头等重要的意义。从具体到抽象这第一步，包含着抽象思维的两层次，第一层次是思维提纯，即从复杂的、多样的经济关系中，舍去非本质的联系，排除考察对象的干扰因素，从而抽取出一个较纯粹的经济关系，作为研究的具体对象。

思维提纯法对于政治经济学的研究，具有特别重要的意义。因为作为政治经济学的对象的社会经济机体，较之于复杂的自然物质——比如人类的机体——还更为复杂得多与不纯得多。如现实的资本的生产过程就是与资本的流通过程分不开的，而流通过程与分配过程也往往是交织在一起的。如对人类生理学的研究，首先要借助物质的分析工具——解剖刀，将整体的人体分解为各组成部分，了解各个生理器官的性质与机制，然后进一步作综合的研究，才能揭示体现人体整体的性质与活动机制。政治经济学在研究更为复杂的、更为不纯的社会经济机体时，首先第一步，要从思维中进行分解，舍去它的非本质的关系，以便找出与确定一个更为纯粹的经济关系的领域，作为研究的对象，由此才能揭示生产关系的本质联系与运动规律。如从社会活动中舍象上层建筑领域的过程而抽取出经济过程，从经济过程中舍象生产力而抽取出生产关系，从现实的不纯的经济关系中舍象非资本主义生产关系而抽取出资本主义生产关系，这就是《资本论》中使用的思维提纯法。此外，《资本论》第一卷舍象资本的流通过程与关系，而抽取出纯粹资本的生产过程作为主要的对象领域，而在第二卷则舍象资本的生产过程而抽取出纯粹的资本的流通过程作为主要的对象领域，也是这种思维提纯法。

从具体到抽象这第一步中的抽象思维的第二层次，是对这一抽取出的特定的领域进行再次的思维分解，通过分析、比较，经过思维的加工，去粗取精，去伪存真，由此及彼，由表及里，排除其多样的现象形态而抽象出一般的及最简单的规定性。如《资本论》第一卷舍象前资本主义生产方式，抽取出资本主义生产方式的纯粹形态来作为研究对象，然后在对资本生产过程的研究中，选取资本主义经济中最一般的关系——商品作为研究的起点，从中抽取出商品一般的简单规定性，作为逻辑分析的始发性的范畴。抽象思维的这一层次，是思维提纯的继续，它是从具体到抽象的逻辑的终点，它是"在第一条道路上，完整的表象蒸发为抽象的规定"①的完成。

从具体到抽象，只是科学的抽象的初始阶段，抽取出经济关系的抽象规定后，还必须进一步进入到由抽象到具体——后者乃是科学抽象的完成阶段。

必须指出：《资本论》的抽象法的特色，在于从抽象上升到具体。上面讲到的，从具体到抽象，那只是抽取与把握现实生产关系的抽象规定，而这个抽象规定毕竟因其简单的方式和抽象的内容，从而只是揭示了所考察的对象的一个框架，还不能反映对象现实的丰富的规定。如像商品一般的简单规定，就并不包括资本关系的社会内容，即使是对商品一般的透彻的阐明，也并不能包括资本——如作为资本的商品——的本质特征的说明。因而，在抽象思维过程中，从具体蒸

---

① 马克思：《〈政治经济学批判〉导言》，见《马克思恩格斯选集》第2卷，人民出版社，1972年，第103页。

发出的抽象规定，只不过是进一步研究的起点，还要一步步加入具体的关系，从而得出更具体的规定性和一步步接近现实，这就是"在第二条道路上，抽象的规定在思维行程中导致具体的再现"①，"从抽象上升到具体的方法，只是思维用来掌握具体并把它当作一个精神上的具体再现出来的方式"②。

　　从抽象上升为具体，就是把对象进一步放在多方面的联系中来进行考察，不是孤立的，而是将原先舍象的某些关系、联系又重新加进来，从而是思维的**综合**。由于加进来某些关系、联系，已经是清除了事物表象上的、外在的、偶然的联系，而成为所考察的对象的内在的契机。显然，经过这样思维综合的对象，就不是现实的关系与过程在人们头脑中的简单的显影，而是思维过滤、提炼与模写出来的一个具有诸本质规定性的整体。这样的精神上再现出来的具体，又回到了一个有血有肉的具体事物，但它不是事物原生的自然形态，而是思维解剖分析出来的线条清晰、轮廓分明的构成体，它是科学思维的结晶，是人类智力创造的塑雕。如果说黑格尔的唯心的逻辑思维方法，得出的是一个本末倒置的，甚至是带有主观虚构性质的具体，那么，马克思的科学抽象法，在思维中再现的却是一个排除了各种主观幻觉、错觉与表象的具体。因而，尽管它是观念中再现的具体，但由于它是科学思维对现实的摹写，马克思说：这"已不是一个混沌的关于整体的表象，而是一个具有许多规定和关系的丰富的总体了"③。它比最初的

---

① 马克思：《〈政治经济学批判〉导言》，见《马克思恩格斯选集》第2卷，人民出版社，1972年，第103页。

② 马克思：《〈政治经济学批判〉导言》，见《马克思恩格斯选集》第2卷，人民出版社，1972年，第103页。

③ 马克思：《〈政治经济学批判〉导言》，见《马克思恩格斯选集》第2卷，人民出版社，1972年，第103页。

以表象形式出现的具体，更加清楚、更加深刻地反映了现实。

（二）科学抽象是逻辑的方法

《资本论》的科学抽象法，乃是逻辑的方法，即是凭借人的大脑的逻辑思维能力，通过以思维形式再现出客体来认识客观对象的方法。上述从表象中的具体到抽象的简单规定，又由简单的规定到观念中的具体，都是借助人的思维器官的认识能力，即"抽象力"来实现的。这两步均是逻辑思维的表现形式与必要程序，是逻辑思维方法的主要内容。

作为认识客观事物的研究方法总是要适应对象的性质，因而方法总是决定于对象。马克思把这种借助逻辑思维的抽象法，作为政治经济学的研究方法，是由政治经济学研究的对象——生产关系的性质所决定的，它体现了认识论与本体论的一致。

马克思主义的政治经济学的研究对象是社会的生产关系，是生产过程中的人与人的关系。显然地，这种关系的性质，如生产中人与人之间的剥削性质或相互合作的性质，交换中的等价性或非等价性质，等等，是不能凭借直观所能确切地辨认与把握的。特别是商品经济关系，更是不能凭借直观所能辨认与把握的，众所周知，作为商品价值体的抽象劳动，便是看不见、摸不着的。

显然地，生产关系，特别是商品生产关系的非直观的性质，决定了人们不能采用适用于自然物质对象的实验室的方法。马克思说："分析经济形式，既不能用显微镜，也不能用化学试剂。二者都必须用抽象力来代替。"[1]马克思深刻地论述了要揭示与认识资本主义社会的经济关

---

[1] 《马克思恩格斯全集》第23卷，人民出版社，1972年，第8页。

系的本质，只能通过运用人的抽象思维能力，即"抽象力"。

作为科学抽象法内涵的两个步骤，从具体到抽象和从抽象向具体上升，均是抽象力的运用。前者是运用在分解上的抽象力，后者是运用在综合上（也包括归纳与演绎）的抽象力，这样的运用思维能力来把握、认识客观事物的方法，就是一种逻辑的方法。它是适合于对非直观性社会生产关系的研究的政治经济学的方法。

必须指出，上述逻辑思维或理论分析的方法，乃是马克思批判地继承旧的思辨哲学，特别是黑格尔哲学的逻辑思维的方法，并把它运用于政治经济学的研究之中。近代西欧经验主义哲学提倡通过人类的思维把呈现在经验中杂多的客观对象分解为个别的方面，找出各个方面的规定来认识事物性质的方法。黑格尔根据辩证法，强调了人类认识的分析与综合相结合的辩证逻辑的作用，论述了人类的认识过程是在思维中先将对象剖析为简单的要素，以把握客体的个别或局部，然后又将诸局部综合在一起，认识局部与局部的关系，从而把握所考察对象的整体。可以说，前者是通过分析从微观上认识事物，后者是通过综合从整体上认识事物。特别可贵的是，黑格尔强调了思维的综合的意义和提出了由抽象到具体的方法。他说：逻辑开端的范畴，"又是最贫乏的"[1]，它要进展到具体，"逻辑理念的开展是由抽象进展到具体"[2]。当然，在黑格尔那里，无论是认识的主体或是作为认识的客体均是绝对精神，是"从'纯粹思维'的观点出发"[3]。他的分解或是综合均是纯粹的思维活动，他的抽象到具体也是观念的自我发展与自

---

[1] 黑格尔：《小逻辑》，商务印书馆，1980年，第188~190页。

[2] 黑格尔：《小逻辑》，商务印书馆，1980年，第188~190页。

[3] 恩格斯：《卡尔·马克思〈政治经济学批判〉》，见《马克思恩格斯选集》第2卷，人民出版社，1972年，第121页。

我运动。马克思说："黑格尔陷入幻觉，把实在理解为自我综合、自我深化和自我运动的思维的结果。"①尽管黑格尔创立与发展了辩证的逻辑的思维方法，但它毕竟是主观的唯心的辩证逻辑。

马克思批判地继承与进一步地发展了这个自18世纪以来旧哲学遗留下来的、后来黑格尔用辩证法加以提高与完善的逻辑思维方法。马克思吸取了黑格尔的这一方法的合理内核，扬弃了它的唯心主义性质，创立了崭新的辩证唯物主义的逻辑方法。这一崭新的政治经济学的方法，它完全不同于唯心主义的逻辑方法。如：（1）在黑格尔那里，"思维过程，即他称为观念而甚至把它变成独立主体的思维过程，是现实事物的创造主，而现实事物只是思维过程的外部表现"②。但在《资本论》中"观念的东西不外是移入人的头脑并在人的头脑中改造过的物质的东西而已"③。（2）在黑格尔那里，逻辑思维被视为人类具有的洞察与把握真理的天赋的主观能力，而马克思则论述了逻辑思维所以能认识真理，在于它在社会实践的基础上正确地反映了客观实际。（3）在黑格尔那里，逻辑思维是绝对观念的自行运动，在《资本论》中逻辑思维是现实生产关系的历史发展的反映。（4）在黑格尔那里，思维运动的起点是绝对精神，逻辑的起点——绝对精神，是不受客观现实的制约的先验的存在；而在《资本论》中，作为逻辑分析的起点则是客观实在，是现实的生产关系，客观经济关系从哪里开始，逻辑思维就从哪里开始，因而逻辑的进程反映了客观经济关系的结构的秩序。总之，马克思把黑格尔的头脚颠倒的唯心辩证逻辑颠

---

① 恩格斯：《卡尔·马克思〈政治经济学批判〉》，见《马克思恩格斯选集》第2卷，人民出版社，1972年，第103页。

② 《马克思恩格斯全集》第23卷，人民出版社，1972年，第24页。

③ 《马克思恩格斯全集》第23卷，人民出版社，1972年，第24页。

倒过来，创立了崭新的辩证逻辑，并且依靠这一辩证逻辑方法，解剖了人类历史上最复杂、最使人迷乱的资本主义的经济结构，揭示了它的生理机制与运动规律。

《资本论》的逻辑思维方法，对于习惯用罗列现象来代替科学研究和在事物表象上兜圈子的庸俗经济学家来说，是不可能理解的。他们纷纷责难与攻击马克思"形而上学地研究政治经济学"，"大叫什么黑格尔的诡辩"[①]。马克思在论述《资本论》第一章对价值形式的详尽周密、全面而深刻的理论分析的意义时说："在浅薄的人看来，分析这种形式好象是斤斤于一些琐事。这的确是琐事。但这是显微镜下的解剖所要做的那种琐事。"[②]

逻辑思维或理论分析的方法，是《资本论》独特的研究方法。正是这一方法，使《资本论》有对各种经济关系深入而全面的理论分析，有秩序井然、有条不紊的范畴次序，有最严整的结构（卷与卷之间与每卷各篇章之间，以及每章内部）与天衣无缝的理论体系。《资本论》之所以具有统一的理论经济学的特色，正是立足于这一逻辑方法之上，这里也体现了《资本论》理论体系性质与方法论的一致。

（三）《资本论》的科学抽象与一般的思维抽象的区别

为了进一步弄清《资本论》中科学抽象的含义与特点，有必要区分一般的抽象方法与《资本论》的科学抽象法这两个范畴。一般的抽象方法，是作为一般的科学研究方法的必要内容。它是指运用人类大脑的逻辑思维活动来对客观现象与材料进行理论的分析，从事物的

---

① 《马克思恩格斯全集》第23卷，人民出版社，1972年，第20页。
② 《马克思恩格斯全集》第23卷，人民出版社，1972年，第8页。

现象抽取本质关系与特征，形成客观对象的概念、范畴，提出假设、定理、规律。这是一种理论分析的方法，是一切科学研究方法都不可缺少的方法。就以自然科学来说，由于它的研究对象是自然界的物质对象，这就决定了它使用的方法是物理或化学实验的方法、生物解剖的方法、数学的方法。特别是借助物质技术手段——如显微镜、解剖刀、化学试剂等——来现实地分解与综合客观物质对象的实验方法，乃是自然科学的主要的研究方法。但是自然科学的研究方法体系中也包括理论的抽象。自然科学的整个研究进程大体包括以下几个步骤：第一步是进行科学实验、测量、计算，得出事物的各种实验数据；第二步在实验结果与数据的基础上，经过大脑的思维活动，上升到理论，形成科学范畴，得出有关事物性质与特点的理论、假设，推演出某种关于事物运动的规律；第三步对这些论断、假设、规律又由实验加以验证。可见，自然科学的研究，特别是在它的基础理论部分的研究，也要借助抽象思维这一理论分析方法。如自然科学中早期的燃素论，牛顿的力学理论，爱因斯坦的相对论，量子力学理论，这都是由逻辑思维而形成的某种抽象的、一般的、十分概括的理论结论或原理。现代物理学中的原子结构的理论，宇宙守恒或不守恒的种种新理论，关于层子、介子的新范畴、规律、理论的确立，也是基于对实验材料与结果进行理论分析与科学概括的结果。如果没有概括能力，就不能形成新概念，就不能建立新理论。可见，不能说自然科学只使用实验方法而不使用逻辑思维的抽象方法，恰恰相反，抽象思维也仍然是自然科学的重要方法。一个实验员不使用科学思维可以做出绝佳的实验，发现事物的某一方面的性能，但是一个推动科学前进的自然科学家就不能没有抽象思维的能力。

自然科学的抽象法，有着它的特点。这在于：

第一，抽象思维只是自然科学研究中的方法之一，它是形成假设与理论的阶段的方法，特别是形成基础理论的重要方法，但一般地说，它并不是自然科学的主要方法——后者，属于实验方法。而就政治经济学的研究来说，由于它研究的对象是生产关系，而生产关系的非物质的、非实体的，从而非直观的性质，人们就不能借助物质的实验手段，来揭示生产关系的性质及其运动规律，因而使用逻辑思维的科学抽象乃是唯一的或最主要的方法。

第二，自然科学的抽象法必须建立在直观性的实验方法的基础之上。它的公式是：实验—思维抽象—实验。实验的方法乃是基础性的方法，而抽象思维则是实验方法的继续和中介。而政治经济学的研究过程尽管也表现为社会实践—科学抽象—社会实践，似乎与实验的方法相类似，但实际上这两个公式是不同的。在政治经济学的研究过程中，科学抽象是认识与研究方法，社会实践或者是研究的前提，或者是检验研究作出的理论结论的标准，但它本身都不属于认识与研究方法的范畴。

第三，自然科学的抽象法在概括出关于事物最一般的规定和性质后，一般不采取由抽象规定上升到具体的方法。自然物体或生物体的性质具有确切实在性，由具体到抽象的理论概括的每一步都是把握了对象的一个方面、一个层次的性质。如物理科学创立的表现物质表层性质的色泽、重量、硬度等的概念；化学创立的关于物质的内在结构，如分子式、原子等概念；现代原子物理学创立的关于物质的更深层的结构的概念，如基本粒子、层子、p介子，等等。自然科学这一系列概念，体现了对物质的认识，由外部的性质与联系，向内部的更隐蔽的性质与联系，逐层深入，一步步地把握对象的多方面、多层次的性质，从而不同于政治经济学的研究。而政治经济学在完成从具体到抽象后，还必须再继之以从抽象向具体上升，如果逻辑思维停留在作为起点的抽象的简单规定上，就只是把握了事物的一个框架或轮廓，而尚未能展示出事物的具体特征与有血有肉的面貌，如商品二因素的简单规定，并不能体现作为资本的商品的本质特征。只有通过抽象向具体上升，从始发性的最简单的范畴，不断增加新的规定，通过一系列多级抽象范畴的中介，才能一步步地展示出具有多方面规定性的具体。由抽象上升到具体，不断地用新的规定来补充原初的最简单的规定，是政治经济学的科学抽象不可缺少的重要内容。

可见，《资本论》的科学抽象法与一般的抽象法具有共同点，即由具体舍去非本质关系以达到简单规定的思维抽象。但是它也有不同于一般抽象法的新内容，即由简单规定上升为具有多样规定的具体的逻辑方法。这一由抽象向具体上升法，乃是《资本论》的科学抽象法的又一层次和具有特色的内容，是马克思在批判地继承黑格尔哲学与古典政治经济学方法论的基础上做出的杰出的创新。

总之，《资本论》的科学抽象，作为从具体到抽象和从抽象到具体的两个步骤的统一和抽象思维两个层次的综合，它就比一般抽象法更为复杂，它是适合对社会生产关系，特别是对商品生产关系进行研究的方法。

《资本论》研究中存在下述一种见解：从具体中抽象出简单的规定乃是科学抽象的内涵。而抽象上升到具体，纯粹是一种叙述的方法，不属于科学抽象方法。这种见解是值得商榷的。基于以上论述，我们可以看出：那种把《资本论》的科学抽象方法，仅仅归结为具体到抽象，而把由抽象上升到具体排除于科学的抽象的内涵之外的观点，恰恰是抛开了《资本论》的完整的科学抽象法的特点。

这里还要谈到下述观点：自然科学进行科学实验，要排除干扰因素，提取最纯粹（如999.9‰）的自然物质，找出事物运动的纯粹形式，认为这也是抽象法。这种观点是把实验的方法与运用抽象思维能力的科学抽象混为一谈。如上面我们已经论述了科学抽象是凭借人们思维器官的逻辑思维能力，即"抽象力"来分析、研究客观事物的方法。实验方法是凭借物质实验手段来分析研究、考察客观对象的方法，它基本上是一种直观的方法，它对所要研究的客观对象用肉眼或借助实验工具进行化学分析、物理测定，如考察它的形状、色泽，测定它的重量、硬度等物质性能，探测它的分子、原子的内在结构，等等。在这里，客观对象的各种物理的、化学的特性，是人们的认识器官所能看见或感知的，或借助实验手段——如显微镜和化学试剂——可以为人们看见或感知的。如原子结构——包括它最内在的层次，如中子、介子、ρ介子等，均可以通过几百万倍的电子显微镜而显示于人们的眼帘，太阳系中遥远浩渺的海王星、冥王星——它最初只是被计算与推算出来的假设——可以借助现代天文望远镜而为人们所看见。总之，实验的方法，是人们用天然的器官——眼耳口鼻舌，或作为这种天然器官的延长的实验工具，来直接或间接地把握住客观对象的种种物理性能的方法，是能通过实验来确切地验证客观对象的性质的方法。实验室中的提炼与展示某种物质或过程的纯粹形式，这本身就是运用显微镜与化学试剂的实验方法，它与用人脑的逻辑思维能力来进行研究、分析、综合的科学抽象法在性质上是根本不同的。这二者，纯属两个不同的范畴，不能随意地加以混同。

（四）以阐明对研究对象有决定意义的一般关系为起点

由抽象向具体上升，涉及一个逻辑的起点的确定问题。黑格尔唯心主义哲学在阐述世界与人类历史的发展时，也采用了由抽象向具体上升。不过黑格尔从唯心主义立场出发，把绝对精神作为逻辑的起点，由它引出自然世界，再引出人类社会。而在《资本论》中，抽象上升的逻辑起点，不是主观任意规定的。人们不能随便地确定某一经济领域，找出其简单规定，由之向具体上升。《资本论》的抽象上升法，作为科学的方法，在于它遵循了主观辩证法与客观辩证法的一致，认识论与本体论的一致。因此，它是从与资产阶级生产方式的本质特征有关的某一特定领域作为研究的始点，把从这个领域抽象出的最一般关系作为向具体上升的逻辑起点。

资本主义经济的本质特征，就是资本对雇佣劳动的剥削，"资本和劳动的关系，是我们现代全部社会体系所依以旋转的轴心"[①]。《资本论》的任务在于揭示资本关系的发生、发展与灭亡的规律，而第一卷的研究对象乃是资本的生产过程，即阐明统治与渗透于资本主义经济生活各个方面的自行增殖的价值这一基本生产关系的本质。

政治经济学应该从何着手来研究资本呢？

资本乍一看来，是一个不断增殖的价值，它以 $G-G'$ 为其最一般的形态。但是政治经济学不能直接地和一步地把 $G-G'$ 作为分析研究的起点。因为要阐明 G 如何能变成 G'，即如何能带来 ΔG，就必须回答什么是货币及其职能，这样就回到什么是商品、什么是价值的问题，因为离开了商品及其价值范畴的阐明，就不能阐明 $G-G'$。

从本质上说，资本乃是垄断了生产资料的资本家对只有劳动力所有权的劳动者的剩余劳动的占有。政治经济学要揭示资本的本质，就要揭示与阐明雇佣劳动的性质，那么，似乎研究应该从劳动开始。这样，似乎就应该从劳动的最简单规定，即从劳动一般上升到历史上的

---

① 《马克思恩格斯全集》第16卷，人民出版社，1964年，第263页。

各种被奴役的劳动形式，如奴隶劳动、农奴劳动，再进而阐明资本主义的雇佣劳动。但是，雇佣劳动的前提，是劳动力作为商品，对雇佣劳动剥削的经济实质，不是占有一般的剩余劳动，而是占有价值形式的剩余劳动，即剩余价值。资本对雇佣劳动的剥削表现于资本借剩余价值而增殖。因而对资本的理论阐明，又必须回答什么是商品及什么是价值。归根到底，必须以对商品的理论分析与阐明为基础。

正是由于上述原因，对于资本主义生产方式的政治经济学的研究，马克思没有采取从劳动一般开始，"从作为全部社会生产行为的基础和主体的人口开始"[1]，没有采取古典经济学如斯密所采取的从分工开始的方法，也没有采取从货币这一表象出发。

在《资本论》中，研究的起点正是开始作为"资本主义社会的经济细胞"的商品。列宁说："在资本主义社会里，商品生产占统治地位，所以马克思的分析就从商品的分析着手。"[2]必须注意，《资本论》之所以要以商品关系作为研究起点，不仅仅因为商品关系在资本主义经济中具有普遍性与一般性，更重要的是，商品关系对阐明资本关系乃是"有决定意义的抽象的一般的关系"[3]，因为资本主义乃是商品生产的最高形式，无论是产品的生产、流通、分配与消费都表现为价值关系，商品价值关系贯穿于资本主义商品经济结构中，有如钢筋贯穿于建筑结构之中。马克思说："劳动产品的价值形式是资产阶级生产方式的最抽象的、但也是最一般的形式，这就使资产阶级生产方

---

[1] 马克思：《〈政治经济学批判〉导言》，见《马克思恩格斯选集》第2卷，人民出版社，1972年，第102页。

[2] 《列宁全集》第21卷，人民出版社，1959年，第41页。

[3] 马克思：《〈政治经济学批判〉导言》，见《马克思恩格斯选集》第2卷，人民出版社，1972年，第103页。

式成为一种特殊的社会生产类型……"①"而对资产阶级社会来说，劳动产品的商品形式，或者商品的价值形式，就是经济的细胞形式。"②只有首先科学地阐明了商品的价值的实质，它的决定因素，才能弄清与阐明劳动力商品的使用价值所具有的生产出超过本身价值的价值增量的特性。可见，对商品的分析，才能为以后从理论上科学地阐明剩余价值的生产和资本价值的增殖打下牢固的基础，并进一步地阐明资本在流通中的运动，以及剩余价值的分配打下基础。

正是由于资本主义生产方式的上述性质，决定了商品价值理论成为有关资本生产理论、流通理论、分配理论和再生产理论的基石。

《资本论》第一卷中，正是从商品的最简单的规定出发，特别是从体现于商品形式的价值出发，进一步引出与阐明货币形式的价值，从而最后引出阐明取得资本性质的价值（自行增殖的价值）。商品关系的简单规定这一逻辑起点就合乎逻辑地引出与顺理成章地达到了它的终点——资本关系的阐明。

可见，在《资本论》的抽象上升中，它的逻辑起点不是可以随心所欲，任意选取的。不能像资产阶级经济学那样，采用从生产一般或需要一般，或者消费一般作为起点，再进一步引申出其他范畴。首先，选取与确定对阐明研究的对象有决定意义的最关键的环节，即起点的生产关系，然后运用抽象法，找出它的最简单的规定，即确立最简单的范畴，作为由抽象向具体上升的逻辑的起点，这就是《资本论》的科学抽象法的重要特点，是马克思对政治经济学方法论的极为重要的贡献。

明确了《资本论》抽象上升法的上述特征，对于《资本论》研究

---

① 《马克思恩格斯全集》第23卷，人民出版社，1972年，第98页注（92）。
② 《资本论》第1版序，见《马克思恩格斯全集》第23卷，人民出版社，1972年，第8页。

中存在的作为研究起点的商品，到底是简单商品，还是资本主义商品的争论就不难作做出回答。

我们说，《资本论》是选取资本主义经济结构中，对于阐明资本的本质最为关键与有决定意义的领域，作为研究的起点，是把这一领域的最简单的抽象规定性作为向具体上升的逻辑起点的。众所周知，《资本论》第一卷研究的对象是资本的生产过程，是旨在阐明资本主义生产中价值借剩余价值而自行增殖。这就决定了作为现实出发点的乃是资本家手头的货币，或是生产资料与他支配的劳动力，以及生产出来的包含剩余价值的各种商品，而这些可以归结为以货币形式或商品形式表现的资本价值。它的元素形态乃是作为资本的货币和作为资本的商品。为了把握住它们共同的规定性，这就要舍象作为资本的货币而考察货币一般，对货币一般的考察又必须归结为商品一般。另一方面要舍象作为资本的商品，其中又要舍象商品生活资料、商品生活资料与商品劳动力等具体形式而考察商品一般。可见，《资本论》分析出发点的商品一般，乃是作为资本的货币、生产资料、生活资料和劳动力及包含剩余价值的各种各样的商品的升华形态或蒸发出的抽象的规定，是从资本主义经济中呈现于人们面前的资本的具体现象形态的多样的商品形态的蒸馏物，即其抽象。这就是说，作为《资本论》逻辑起点的商品一般，乃是资本主义商品的抽象。马克思明确指出《资本论》开篇所考察的商品"是资产阶级社会的经济细胞形式"。不过，这一商品范畴，由于它被抽去了资本性质而只是以其最简单的形式与规定性出现。作为商品一般，它就失去了资本主义商品的具体内涵，而只是一个一般商品的框架，这样一个框架也就自然地包含与体现前资本主义的农民与手工业者的小（简单）商品经济提供的商品，以及奴隶主、封建主的商品经营所提供的商品，以及原始公社之间分泌出来的商品的共同性质。因而，作为《资本论》逻辑起点的商品一般，它是资本主义经济中才真正成为现实性的一个经济范畴。但就这个范畴本身的规定性来说，它也是适合历史上一切前资本主义商品形态的商品一般。这正如马克思在论述劳动一般时所论述的："劳动似乎是一个十分简单的范畴。它在这种一般性——作为劳动一般——上的表象也是古老的。但是，在经济学上从这种简单性上来把握的'劳动'，和产生这个简单抽象的那些关系一样，是现代的范畴。"①

国内外学术界存在着把《资本论》研究的出发点的商品视为历史上的简单商品，从而把《资本论》第一卷由商品到资本关系的研究程序，视为是按照历史先后程序的历史方法②。这种观点是值得商榷的。在我看来，《资本论》的逻辑起点的商品范畴，乃是从资本的多样的具体形态"蒸发"出的商品一般。在这里，并不是采用的历史的方法，并不是由前资本主义的简单商品关系进至资本关系，而是由与资本关系相照应的商品一般向具体逐级上升，遵循思维规律，循序渐进地揭示出资本关系的规定性。因而这里主要不是动用历史的方法，而是《资本论》的逻辑方法的体现。

（五）剖析资本主义经济机体的内在结构的犀利武器

《资本论》的抽象法，是分析资本主义经济关系与过程的**内在**的本质的联系，剖析与展示资本主义经济机体的内在结构的方法。

---

① 马克思：《〈政治经济学批判〉导言》，见《马克思恩格斯选集》第2卷，人民出版社，1972年，第106页。
② 卢森贝认为《资本论》第一篇的商品，是"简单商品生产者社会"的商品，从商品开始"这种理论体系是符合历史进程的；商品、货币在历史上都是先于资本。"见《资本论》注释第17页。

马克思把他所创立的历史唯物主义运用到社会历史领域，深刻地阐明了由人的活动组成的社会生活的运动并不是有如资产阶级历史学家笔下那样地杂乱无章与为偶然性所统治，而是"……一个十分复杂并充满矛盾但毕竟是有规律的统一过程"[①]。马克思对历史唯物主义的伟大贡献，在于他科学地阐明与剖析了由经济基础与上层建筑所组成的社会结构，而社会的经济基础乃是一个有其内在秩序与从属于客观规律的经济构造或经济构成体（或译为社会经济形态）。马克思在《〈政治经济学批判〉序言》中关于对历史唯物主义的经典表述，就把社会经济表述为"经济结构"，在其他著作中又使用"经济构造""经济机体"等词。在马克思看来，人类社会的经济关系的总和，并不是各种关系的偶然凑合，而是一个有严格的内在秩序的社会结构。按照马克思的论述，这一社会经济结构一般地表现为四维的，即是由生产、分配、交换、消费诸关系组成。马克思根据历史唯物主义，论述了在社会发展的不同阶段，即在不同社会形态下，社会经济结构又有其不同的性质与特点，揭示这种人类历史上各个社会形态的经济结构的性质及其发展变动的规律，就是政治经济学的任务。

马克思一方面将社会生产关系的总和称为"经济结构"，以表明它与自然物质结构或人类生理结构具有共同点，但是另一方面，他又阐明了经济结构有其不同于自然物质结构或生理结构的特点。这就是：

第一，经济构造的内部组成的复杂性。它不仅表现于占统治地位的社会生产关系与社会生产关系的残片并存，并且表现于现实的生产关系、分配关系、交换关系、消费关系的相互交织和难以划分。特

[①] 列宁：《卡尔·马克思》，见《列宁选集》第2卷，人民出版社，1960年，第586页。

别是发达的商品生产社会的经济结构，更是远远比人类的生理机体还要更为复杂。在那里：经济关系与过程的基本方面与非基本方面、侧面、反面互相交织、未曾区分开的，如资本主义经济中，资本的生产、资本的流通和分配诸过程是相互交织在一起的。表层的生产关系与里层的生产关系是互相交织、混淆不清的。在资本主义的实际经济过程中，剩余价值的生产、剩余价值的实现与剩余价值的分配均是互相交织未予分清的。如劳动者收入的工资范畴与资产者收入的利润范畴，食利者收入的利息范畴，土地所有者收入的地租范畴，均是以收入形式平列在一起。收入分配中劳动者占有自身必要劳动创造的价值，与资本家占有剩余价值与食利者从资本家那里分享一部分工人创造的剩余价值，显然是不同类型、不同层次的分配关系，但它们却是交织在一起的。

第二，经济结构的非直观性。社会的生产关系是不依人们意志为转移的客观存在，但是它不具有物质性[①]，是无形的，因而在很大程度上具有非直观的性质。生产关系中，除了那些表层的生产关系——如生产中公开的强制与奴役——而外，深层的生产关系，如资本主义经济中商品的价值性，工人创造的剩余价值被占有性质，等等，均是人们的直观所不能辨认，是看不见和摸不着的。这种情况与自然物质或生理机体的物质性、有形性与直观可辨认性质有根本的不同。

第三，经济关系具有现象与本质的更大的不一致。经济关系在现象上往往具有歪曲的形态，特别是资本主义商品生产关系的物化性质与异化性质，它使生产关系的表象更加具有歪曲的形态，更加与本质

---

① 这里指狭义的"物质性"，就广义来说，不以人们意志为转移的、客观实在的社会生产关系也可以称之为物质的生产关系。

不相一致。

以上几点表明，经济结构与那种可以通过实验方法去其杂质而提纯成清晰的、棱角鲜明的晶体的自然物质结构或人类生理结构根本不同。经济结构，作为社会生产关系的总体，它在最初是一个混沌之物，以芜杂不清的、条理不明的一堆表象出现于人们视野之中。如果我们称自然物质结构是一种原生的、外在的结构，只要经过实验手段的提纯，和凭借显微镜或解剖刀，这种结构就能以确实的形态（具有精确的数值）呈现在人们的眼前，那么，经济结构就是一种内在的结构，它是看不见、摸不着的，而只有凭借人们的思维的舍象，经过分解综合，最终以观念的形态展示出来。正如马克思说："整体，当它在头脑中作为被思维的整体而出现时，是思维着的头脑的产物，这个头脑用它所专用的方式掌握世界，而这种方式是不同于对世界的艺术的、宗教的、实践——精神的掌握的。"① 必须指出，观念中展示出的经济结构并不是主观思维的创造，乃是客观经济结构的真实反映与摹写。马克思的科学抽象，从根本上说，不仅和黑格尔思维抽象不同，而且和它截然相反。在黑格尔看来，是思维创造现实事物，赋予现实事物以性质，确立现实事物的结构。在马克思看来，"观念的东西不外是移入人的头脑，并在人的头脑中改造过的物质的东西而已"② 。而观念中呈现的经济结构，乃是社会现实的、内在的结构在人的头脑中的反映。可见，不能把内在的经济结构要借助抽象思维，通过抽象范畴的一定组合而以观念形态展示出来，就认为是观念与思维可以随心所欲地、任意地杜撰、构思出任何一种经济结构。这种主观制造经济

① 马克思：《〈政治经济学批判〉导言》，见《马克思恩格斯选集》第2卷，人民出版社，1972年，第104页。

② 《马克思恩格斯全集》第23卷，人民出版社，1972年，第24页。

结构的理论只能是黑格尔唯心主义。

社会经济结构的上述性质，增添了以经济结构为对象的政治经济学的研究的特殊的难度。如果说，普通人都能很容易地认识与把握某些自然物和人体的外部结构，那么人们，即使是经济学家也难以了解与科学地阐明社会的经济结构，如资产阶级经济学家中最有抽象思维能力的优秀代表斯密和李嘉图，也不能深入地揭示资本主义社会经济结构的内在联系。至于那些不懂得抽象法的资产阶级庸俗经济学家则更是在经济关系与过程的表象上兜圈子。研究方法必须适应对象的性质，而只有马克思创造的科学的抽象法，由于它在研究方法上充分适应研究对象——经济结构的上述特点与性质，因而这种方法就成为剖析社会经济内在结构的构造与脉络的犀利武器。

第一，科学抽象作为借助思维能力的理论分析法，它是唯一适用于剖析作为内在结构的经济结构的方法。无形的内在的经济结构，它不能用解剖刀和显微镜，而只能凭借人们的抽象思维能力，采用科学抽象法，在观念形态上把它再现出来，即摹写出一个经济结构的复本。

第二，科学抽象法，它的第一步从具体到抽象，在思维中产生一个起点的生产关系的最简单的规定或抽象概念，这样就首先在生产关系体系的混沌的网络中，产生了一个始发性的网结。它的第二步是从抽象向具体上升，即从始发性的最简单的范畴，一步步地引出形成一系列范畴。（1）由最高抽象的范畴引出一系列抽象性程度不等的范畴。（2）它从作为生产关系基本方面的理论表现的基本范畴，一步步引出作为生产关系的非基本方面和侧面的理论表现的各种范畴。（3）它从作为生产关系的内部的本质联系的理论范畴，一步步引出作为生产关系的外部联系的理论表现的表层的范畴或派生的范畴。（4）它从作为生产关系的个别方面、个别环节的理论表现的范畴，一步步引出综合性层次不等的各种反映生产关系总体关系的范畴。

可见，从抽象上升到具体的逻辑思维进程，也就是生产关系的不同方面、环节、层次的理论表现的政治经济学范畴体系的形成过程。由于由抽象向具体上升的逻辑思维程序的严格性，因而就决定了各个经济范畴的排列次序的严整性与条理性，决定了经济范畴体系的层次井然的结构。在《资本论》中，以其资本的生产过程、流通过程及资本的总过程的卷与卷的理论结构划分，以及相应于上述过程的经济范畴，如：表现直接生产过程的商品、货币、资本、剩余价值、资本积累；表现流通过程的资本循环、资本周转、流动资本、固定资本、物质补偿、价值补偿等；表现资本总过程的平均利润、利息、企业主收入、地租、等等。这样就为我们提供了一个秩序严整、层次井然的经济范畴体系的光辉范本。而这个经济范畴的次序，它把最初反映在思维中的杂乱无章的客观的经济关系整理出一个有条有理、有横的秩序与纵的层次，从而在人们的眼目中展示出一幅有关节、网络，有深浅层次的资本主义经济的总体图画。这样，在科学抽象法的思维加工下，资本主义经济不再是一个混沌的表象，而是一个以观念形态再出现的庞大的、复杂的，但却纲目分明、轮廓清楚的塑雕式的资本主义经济结构。这个最终确立起的观念形态的结构，正是资本主义经济内在结构的确切而全面的理论反映。

归根到底，科学抽象通过具体—抽象—具体来形成经济范畴体系的方法，这也是揭示资本主义经济内在结构的科学方法。这一方法，是马克思《资本论》这一伟大著作中遗留给我们的极其珍贵的思想财富。

在这里，我们还要指出《资本论》的科学抽象法所以是解剖经济结构的犀利武器，在于它具有下列的特点：它是基于阐明特定的客观经济关系的需要而进行的必要而充分的抽象（其结果蒸发出与客观经

济关系相照应的抽象规定）；它也是基于客观经济关系现实的状况而
确定的由抽象向具体上升的完备阶梯（其结果是确立起一个一环扣一
环的范畴层次）。简言之，它在进行思维抽象时是充分的，在抽象上
升时是完备的。一方面，只有充分而又适度的抽象，才能找出起点的
生产关系的简单规定，才能为向具体上升确立一个坚实的逻辑起点。
另一方面，只有由抽象向具体上升遵循一系列完备的阶梯，由一个范
畴合乎逻辑地依次进入另一个范畴，这样才能把复杂的经济关系与过
程的内在的有机的联系展示出来。

古典经济学曾经使用抽象法，但是古典经济学的抽象法表现在：
第一，他们从具体到抽象或是无限度的或是不充分的；第二，他们缺
乏完备的由抽象向具体上升的方法，如李嘉图在研究资产者的收入时
运用了抽象法，他一方面把企业主利润、利息、地租等形式还原为他
们的共同基础，即"利润"。马克思说："古典政治经济学力求通过
分析，把各种固定和彼此异化的财富形式还原为它们的内在的统一
性，并从它们身上剥去那种使它们漠不相关地相互并存的形式；它想
了解与表现形式的多样性不同的内在联系。"①但古典经济学的抽象是
不充分的，它不能抽象出剩余价值这一规定，它也缺乏剩余价值向它
的具体形态上升的方法。马克思说："它感兴趣的不是从起源来说明
各种不同的形式，而是通过分析来把它们还原为它们的统一性，因为
它是从把它们作为已知的前提出发的。"②正是由此，李嘉图又混同
了"利润"与企业主利润、利息和地租，混淆了剩余价值及其具体形
态。因而，李嘉图并不能揭示出资产者的各种收入——利润、利息、

① 《马克思恩格斯全集》第26卷Ⅲ，人民出版社，1974年，第555页。
② 《马克思恩格斯全集》第26卷Ⅲ，人民出版社，1974年，第556页。

地租——之间的内在联系，不能阐明资本主义经济中的收入结构。从古典经济学的抽象法在剖析资本主义经济关系的内在联系的局限性中，可以使我们更加清楚地认识到马克思的科学的抽象法的价值与重要意义。

（六）抽象上升到具体，既是叙述方法，也是研究方法

在这里，我们还要讨论科学抽象是研究方法还是叙述方法的问题。

在国内外对《资本论》的研究中，存在着从具体到抽象意味着从现象深入与揭示出事物的本质，从而它是研究的方法，而从抽象上升到具体则仅仅是叙述方法的见解。这种观点是值得商榷的。

首先要弄清的是研究方法与叙述方法的含义。马克思说："研究必须充分地占有材料，分析它的各种发展形式，探寻这些形式的内在联系。只有这项工作完成以后，现实的运动才能适当地叙述出来。这点一旦做到，材料的生命一旦观念地反映出来，呈现在我们面前的就好象是一个先验的结构了。"①我理解，研究方法是指揭示客观生产关系的本质和发现其规律的思维方式，叙述方法是说明与表达规律的思维方式。

科学抽象中的从具体到抽象，这是对经济关系的认识从现象进到本质，从特殊进到一般，从表层进到里层，也就是从感性认识提高到理性认识。因而，它是属于研究的方法，这是没有争论的。问题在于，抽象上升到具体是否也具有研究方法的性质？

从抽象上升到具体，固然是一种叙述的方法，但它绝不是简单叙述，而是同样地具有研究方法的性质。

---

① 《马克思恩格斯全集》第23卷，人民出版社，1972年，第23～24页。

如上面所指出的，作为《资本论》的主要的与独特的研究方法的科学抽象，它的内涵包含着由具体的表象到事物的最抽象的规定和由最抽象的规定向具体上升这两个步骤。由具体到抽象固然体现了对客观经济关系与过程进行的思维分析，但此后的由抽象到具体同样是这一理论分析的继续和发展，它们都是研究生产关系的科学方法的不可缺少的步骤。因为，只是把具体蒸发出简单的抽象的规定，只不过是展示了现实的经济关系与过程的一个提纯了的框架，它并不能体现现实经济关系的最本质的特征。比如说，商品一般就只不过是一个内容"稀薄的抽象"，它的规定性本身并不体现资本关系。因此，从具体到抽象，它所得出的内容稀薄的抽象框架，只是用来供进一步去填充以具体的规定再现出所要考察的现实经济关系。从这一见地来说，它只不过是理论分析方法的初阶而不是它的终结与完成。正是因此，不能把具体到抽象说成是《资本论》的研究方法的全部。因为，在这一逻辑思维阶段，对客体的研究远未结束，研究的成果尚未出现。

由抽象向具体上升，固然是人们遵循一定的经济范畴的顺序，把已经研究过的经济关系的内在联系，加以阐明。如《资本论》关于资本关系的科学理论，是遵循由商品一般→货币一般→资本一般→产业资本这一由抽象向具体上升的路线。但是这个由抽象到具体的上升，绝不是单纯的叙述过程，实质上是对所考察的对象放在各种联系中来进一步加以研究、分析、比较的过程。

第一，它在原先考察了的抽象范畴的基础上，引入另一重经济关系，这就是思维的综合。

第二，它将这添加了新的联系的更复杂的生产关系（生产关系的综合）与原先考察的较为简单的生产关系进行比较、分析、运用归纳与演绎，由此得出经济事物的新的更切近的规定。

第三，由抽象到具体，只能是逐步地上升，从而在一步步地追加新的联系中引出许多中介环节，产生多级的或多层次的抽象范畴。如《资本论》中存在下列的多层次的经济范畴：（1）生产劳动一般——（2）资本主义生产劳动——（3）产业领域的生产劳动，商业领域的广义生产性劳动，金融业领域的广义生产性劳动……用图来表示，即：

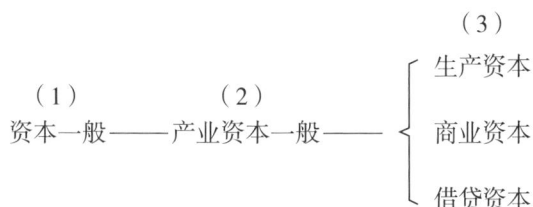

$$
\underset{\text{资本一般}}{（1）}——\underset{\text{产业资本一般}}{（2）}——\left\{\begin{array}{l}\overset{（3）}{\text{生产资本}}\\\text{商业资本}\\\text{借贷资本}\end{array}\right.
$$

上述（1）是适合任何社会形态的一种范畴，（2）是资本主义的基本范畴，（3）是资本主义的更具体的范围。这个多层次的抽象范畴的产生，就是由抽象向具体逐级上升的产物。这种由抽象向具体的每一级的上升，意味着事物在增加一重新的联系的基础上，进行一次新的思维综合与比较、归纳与演绎，这就是对事物内在联系的新的研究与分析，具有多样的、丰富的规定性的具体由此得到最充分的说明，也就体现了这种新的研究与分析的成果。

可见，抽象向具体上升法，并不是把业已研究出来的现成的结论加到作为始点的最简单的规定上去，而是在综合中进行比较、归纳与演绎，并由此赋予事物以新的规定，因而这一叙述的过程包含着以思维综合方式对事物的再研究，是认识的深化。在这里，事物与原先不同的新的规定不是简单搬过来贴上去，而是在思维的综合中创新，这也就是寓研究于叙述之中。总之，思维的再现也就包括思维的创新。特别是在抽象上升到具体中，在对多层次的抽象范畴的联系的分析与阐述中，人们才清晰而全面地认识到经济关系的内在联系，才看清经济结构的内在构造，它真正地使思维"掌握具体"，因而，它既是叙述的方法，也是研究的方法。认为抽象上升为具体只是叙述的方法，仅仅是把自己得出的结论加以编排说明的方法，是对抽象上升为具体的方法的丰富内容的简单化了解。

（七）科学地阐明社会主义经济的运动规律的重要工具

《资本论》中所体现的科学抽象方法，不仅仅适用于对资本主义经济形态的研究和适用于对当前资本主义经济形态的研究，而且也适用于对社会主义、共产主义经济形态的研究。它是当前我们剖析社会主义社会经济结构、深入认识与科学地阐明社会主义经济规律的重要的认识工具，是形成社会主义经济范畴逻辑顺序、建立起政治经济学社会主义部分科学体系的方法论的依据。

应该说，国内外理论界在政治经济学社会主义部分的研究中，对于运用《资本论》的科学抽象法的意义存在着认识不足的状况。这不仅表现在对政治经济学社会主义部分的理论体系中如何运用《资本论》的科学抽象法研究讨论得不够，而且更主要地表现在当前通行的政治经济学社会主义部分教科书的理论分析方法、经济范畴体系及其逻辑顺序的安排和理论结构的不能令人满意上。例如，现行教科书往往是先下定义，从概念出发进行演绎推论，而不是从具体实际的分析入手，而后得出关于所考察的对象的简单的规定；它将若干经济规律机械地平列，脱离其他规律来阐述某一规律的作用，未曾重视阐明规律之间的互相作用；特别是它未能充分地使用抽象向具体上升的方法，即找出表现社会主义生产关系的各个简单范畴，而后放在各种联系中来进一步考察与揭示它的具体形式的规定性，和创造相适应的后续性的抽象范畴。因此，尽管近年来我国出版的政治经济学社会主义部分教科书，经过经济学家集体努力在科学性上有很大提高，但仍然是有缺陷的，还未能形成一个十分严整的科学体系，读起来还不是具有充分的说服力。当然教科书的缺陷也有客观的原因，这就是社会主义经济还是一种年青的事物，还不成熟和在发展中，但主观的原因却可以归之于用《资本论》的方法对社会主义经济的政治经济学的分析的意义的估计不足与运用得不够。

毛泽东同志在谈论苏联《政治经济学教科书》时，尖锐地批评了教科书在理论分析、规律的阐明、科学体系的建立上的许多缺点。毛泽东同志指出，在政治经济学的社会主义部分研究中要运用科学抽象法。《资本论》的方法，对于社会主义经济理论的研究的适用性，在于以公有制为基础的社会主义社会，较之经济关系极其复杂、现象与本质大相径庭和使人迷乱的资本主义商品经济来说，它的生产、交换、分配、消费等过程及其机制无疑是简单化了的，但是，社会主义作为人类社会的高级形态，高度物质技术基础上的社会化大生产，使社会有着发达的社会劳动分工，有着多样的生产部门，多样的劳动形式与复杂的活动交换，因而，在生产、交换、分配、消费中的人们相互关系仍然是很复杂的，而不是自明的。特别是现阶段社会主义还存在商品生产与交换，生产关系还在很大程度上带有物化的形式，还具有隐蔽性，甚至还有一定的现象与本质相颠倒的拜物教的性质。再加以在经济落后的国家建立起来的不成熟的社会主义社会，它在经济生活中还不可避免地带有许多旧"社会形式的残片和因素"[1]，由此更

---

[1]　马克思：《〈政治经济学批判〉导言》，见《马克思恩格斯选集》第2卷，人民出版社，1972年，第108页。

加增添了社会经济机体的复杂性。要看到社会主义生产关系不仅有多样的具体形式，——如全民所有制国营经济的各种经营形式，——而且经济机体中有各种社会主义公有化成熟程度不同的生产关系，——如全民所有制、集体所有制，——甚至有社会经济性质不同的关系，——如公有制、个体所有制、私有制的所有制的残余。可见，经济关系的多样性与经济机体运动机制的复杂性，仍是现阶段社会主义的特征。因此，人们不能把社会主义生产关系当作是一目了然的和自明的，不能认为经济规律是一清二楚可以轻易地为人们所认识，不能认为可以不再要政治经济学。恰恰相反，人们要深刻而全面地认识社会主义经济结构，科学地阐明社会主义客观经济规律的作用，必须在深入实际，占有大量材料的基础上，充分发挥与运用抽象力，创立表现新经济关系的新经济范畴，发现新规律，创立新的范畴体系与理论体系。一句话，还须要运用科学的抽象法。

在研究社会主义生产关系时，科学抽象首先要求从社会主义经济的，特别是我国社会主义经济的实在和具体开始，进行理论分析，而不能从定义出发，或书本中的条文、语录开始。社会主义经济诞生时间还不长，还未发展得很完善和很成熟，但是社会主义生产方式却已经成为不容否认的现实，特别是党的十一届三中全会以来，我国社会主义的经济形态，在亿万人民群众卓有成效的创造性的实践中，正不断地完善和日益丰满。因而，在今天，对任何一个有关政治经济学社会主义部分问题的分析都必须立足于实际，要从经济生活的实际，特别是从我国近年来的各个经济领域中出现的新关系、新情况、新问题开始，进行理论分析，而不能停留与固守在为实践检验证明其已经陈旧过时的论断与概念上，并把它作为理论分析的起点，从而陷入由概念到概念的误区。

　　在研究社会主义生产关系时，科学抽象法的重要要求，不仅在于要从实在与具体开始，而且在于进行理论分析。要将从实际中获得的、呈现在人们眼前的事物的多样的表象经过逻辑思维与理论的概括，舍象非本质要素，找出它的最简单的规定，形成体现这些生产关系的共同的、普遍的、本质的、最一般的抽象范畴。如社会主义公有制一般，社会主义联合劳动一般，社会主义产品一般，社会主义消费品按劳分配一般，社会主义交换一般，等等。为了要能够从社会主义生产关系的丰富现象形态中，剥离出体现这些生产关系的本质的最一般的抽象范畴，就要善于运用抽象力，善于舍象事物的非本质要素和善于抽取与抓住它的稀薄而精要的本质要素。在抽取出体现社会主义生产关系本质特征的最简单的范畴后，还必须进入由抽象上升到具体，即一步一步地加上某些具体的关系，从而得出一系列拥有某些更加具体的规定性的抽象范畴，可示例如下：

| 社会主义联合劳动一般 | —— | 全民所有制企业联合劳动 | —— | 集体所有制企业联合劳动 |

社会主义产品一般 —— 全民所有制产品 ｛ 全民所有制经济内部的产品 ／ 全民所有制与外部相交换范围内的产品 ｝ —— 集体所有制产品 ｛ 集体所有制经济内部的产品 ／ 集体所有制与外部相交换范围内的产品 ｝

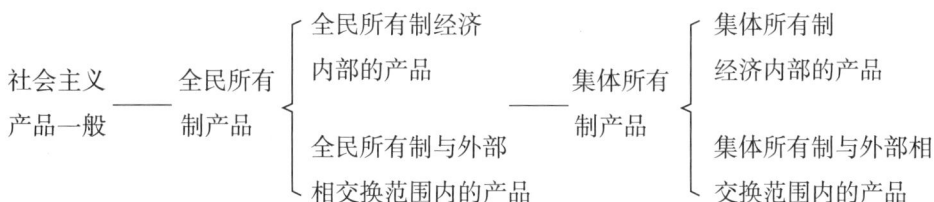

社会主义个人消费品按劳分配 —— 全民所有制按劳分配 —— 集体所有制按劳分配等

　　为了进一步说明科学抽象在研究社会主义生产关系中的重要意义，在这里，可以对按劳分配一般及其向具体上升略加论述。我们认为按劳分配一般，也就是马克思在《哥达纲领批判》中所作的论述。它的基本特征是：公有制＋社会对产品的共同占有＋劳动者的消费基金按付出劳动量归劳动者个人占有。社会共同占有的消费品的按生产者付出劳动量进行分配，是社会主义按劳分配普遍的本质。上述简单的按劳分配乃是社会主义消费品分配关系的逻辑的起点，按照抽象向具体上升的方法，还要引入全民所有制生产关系，那么就会产生全民所有制的按劳分配，这是第二级的抽象范畴。它的内涵是：全民所有制＋社会在现阶段（即国家）对产品的共同占有＋全民所有制体系范围内消费基金按劳动量归个人占有。下一步的分析，是引入集体所有制生产关系，产生集体所有制的按劳分配，这是第三级的抽象范畴。它的内涵是：集体所有制＋集体对产品的共同占有＋集体范围内的消费基金的按劳动量归劳动者个人占有。如果我们再引进农村集体经济家庭承包关系，就产生家庭包干分配的范畴，它具有上述集体所有制的按劳分配的内容，只是采取了承包农民个人占有独立与分散劳动的生产成果和向国家与集体上交公粮与提留的形式，它是社会主义集体所有制按劳分配的转化与具体的形式，是在观念上呈现出来社会主义按劳分配的有血有肉的具体形式。当然，它也包含着某些个体占有的因素，从而是一种不纯粹的按劳分配。

基于以上论述可以看见，如果在社会主义经济的各种始发性的简单范畴的基础上，再依次地阐明它们在逻辑思维向具体上升过程中的一系列后续的范畴，这样就将形成一系列有关社会主义所有制、劳动、分配、交换等有严谨秩序的经济范畴的体系。这些经济范畴体系不仅在观念上呈现出社会主义生产关系某一方面、某一环节的拥有许多规定性的丰富的、有血有肉的具体，而且由此也更清楚地展示了社会主义某一经济过程的机制与规律。有了这样一系列的范畴体系，就将为政治经济学社会主义部分的合乎逻辑的理论结构的制定与科学体系的建立奠定基础。

归根到底，《资本论》的科学抽象法，是马克思留给我们的一份宝贵的财富。这一方法对政治经济学社会主义部分的研究，仍然是适用的。更充分地运用这一方法，就能有效地克服政治经济学社会主义部分存在的某些分析不深透、逻辑性不强、结构不严谨的缺陷，就能进一步加强社会主义经济的理论分析的深度和广度，发展社会主义经济机体内在的、更深的层次及其运动机制，在更高的科学水平上阐明政治经济学的科学规律。

总之，只要我们在唯物辩证法这一根本方法的指导下，更充分地运用科学抽象法，综合其他方法，例如归纳与演绎方法，必要的数量分析法等，我们就一定能进一步改善、发展与加强政治经济学社会主义部分的研究工作，写出具有《资本论》那样的方法和特色的政治经济学社会主义部分教科书。

二、再论科学抽象法

马克思对政治经济学这门学科的伟大贡献，不仅表现在他在政治经济学（特别是它的资本主义部分）的理论内容上所完成的革命性变革，而且表现在他在政治经济学的方法论上所完成的革命性的变革上。马克思创立了以唯物辩证法为根本方法的科学的政治经济学的方法，而科学的抽象法乃是这一方法的重要组成部分。《资本论》的法文版，致莫里斯·拉沙特尔公民中说："我所使用的分析方法至今还没有人在经济问题上运用过，这就使前几章读起来相当困难。"①这里提到的分析方法，就是科学抽象法。

（一）科学抽象法是研究社会生产关系的有效方法

什么是科学抽象法？为什么在政治经济学的研究中要使用科学抽象法？进一步讨论这一问题，对加深《资本论》的方法的理解是有着重要意义的。

科学抽象法，即是运用人类的逻辑思维的"抽象力"来认识研究社会关系，特别是研究社会生产关系的方法，这是马克思通过批判地继承德国哲学与英国古典政治经济学的方法而发展与建立起来的政治经济学的崭新的科学方法。如像任何一种方法都取决于该科学研究对象的性质一样，科学抽象的方法乃是由政治经济学的研究对象——生产关系的性质所决定的。

政治经济学之所以要使用科学抽象的方法，存在着如下一种解释："因为现象的本质和外貌是不一致的，科学的任务恰巧就在于从现象、外貌着手来揭示它们的本质，科学的抽象使解决这个任务成为可能。"②这种解释不能说是全面而充分的。这是由于自然现象与过程同样存在现象与本质的不相一致，例如直筷在水中呈现为曲形，这无需用逻辑思维的抽象法，而可以用实验的方法，即将筷子取出水面，而呈现出它的原本形态加以验证。

应该说：如果一门学科要加以研究的对象是具有直观性的自然物质与自然过程，那么，适用的是实验的方法；如果要加以研究的对

---

① 马克思：《资本论》（法文版），中国社会科学出版社，1993年，第1页。

② 巴加图利亚：《马克思的经济学遗产》，贵州人民出版社，1981年，第207页。

象是非直观性的社会生产关系，则有必要使用逻辑思维的抽象法。就自然科学来说，由于它的研究对象——自然物质与自然过程是具有可以用精确的数字来加以表现的客观实在性。如物质的体积、重量、硬度、溶解度等物质性质，以及它的内在的结构如化学分子式、原子结构等，均是属于这一类的具有确切形式的客观实在性，从而可以凭借实验手段来测定和为人们的直观所认识。

自然物相互间的关系如吸引、排斥、摩擦等物理现象，分解与化合等化学现象，以及更复杂的有生命的生物现象如呼吸、血液循环、细胞新陈代谢、生殖等，均是具有物质性质，是直接看得见、摸得着的，或是间接地通过科学实验手段能为人们所认识与确切测定的。

总之，自然物质与自然过程所固有的确切的实在性，使实验手段与方法成为自然科学的有效的与基本的研究方法。

而作为政治经济学的研究对象的生产关系具有下述特点：

第一，生产关系在很大程度上具有非直观性。社会经济结构不像微观的原子结构或生物细胞结构可以在显微镜下表现为一个有形的、具有确实规定性的形态，或者像宏观的宇宙星体结构可以在天体望远镜下表现为有形的、具有确切规定性的形态。作为社会存在的经济结构的特性，在于它不是自明的，不是能为直观所能把握的，可以说它是看不见摸不着的社会关系组成的一种特殊的"内在结构"。这种作为社会关系的经济的内在结构，显然只有凭借人的逻辑思维能力，通过科学抽象的方法才能加以认识。

第二，生产关系具有特殊的复杂性。社会关系十分复杂，它既包括物质生产中人与自然的关系，又包括人与人的关系；既包括基础性质的社会经济关系，又包括上层建筑性质的社会关系。在上层建筑性质的社会关系中既包括政治、法律等关系，又包括思想关系。而且在实际生活中，上述关系又是相互交织，难以划分的。在生产关系中，不仅存在从横的方面看的生产、分配、交换、消费等不同的方面与环节，而且还存在从纵的方面看的现有社会的生产关系，与旧社会生产关系的残余、新社会生产关系的萌芽的交织。要从这种十分复杂的、似乎是混沌不清的、无定形的社会关系中剖析出生产关系和发现它固有的内在的结构，需要借助抽象思维，需要充分地运用抽象力。

第三，社会生产关系存在着现象与本质的矛盾，特别是在商品生产关系下，人与人的关系带有物化的特征。从资本家私有制为基础的商品生产关系中，人与人的关系更带有异化与拜物教的性质，它们以各种各样歪曲的甚至是颠倒的形态表现出来。因而要认识社会关系的实质与本来面貌便需要借助抽象思维，要充分地运用抽象力。

可见，社会生产关系，特别是资本主义商品性生产关系所固有的非直观的性质、复杂与虚假的外观，决定了政治经济学不能不运用逻辑思维的方法。为要剖析这个高度复杂的经济结构，理出它的头绪，全面地揭示它的内部联系，需要有高度的抽象思维能力和科学的逻辑思维方法。恩格斯说："逻辑的研究方式是唯一适用的方式。"[1]是作为"现代资产阶级社会的理论分析"[2]的政治经济学的特殊的方法。

马克思以前的资产阶级经济学，即使是业已初步地运用了抽象法的资产阶级古典政治经济学，它也尚未能达到与确立完备的科学抽象法，因此，它不能科学地剖析资本主义经济内在的联系。而德国的资产阶级经济学家，如官房学，尽管也写出了大部头的著作，但是由于

---

[1] 恩格斯：《卡尔·马克思〈政治经济学批判〉》，见《马克思恩格斯选集》第2卷，人民出版社，1972年，第122页。

[2] 恩格斯：《卡尔·马克思〈政治经济学批判〉》，见《马克思恩格斯选集》第2卷，人民出版社，1972年，第115页。

他采用的是形而上学方法，不懂得科学的逻辑思维方法，因此只能是写出"浇上了一些折衷主义经济学调味汁的无所不包的大杂烩"①。马克思称资产阶级学者的这种方法为缺乏科学思维能力的形而上学的庸俗思维方式②，指出它根本不能辨认事物的本质，特别是不能辨认极其复杂的资本主义经济的现象与本质。"平庸的资产阶级理性这匹驾车的笨马，在划分本质和现象、原因和结果的鸿沟面前就一筹莫展了。"③"可是在抽象思维这个十分崎岖险阻的地域行猎的时候，恰好是不能骑驾车的马的。"④

可见，要揭示资本主义经济结构的内在构造，需要磨砺出犀利的抽象思维的工具，这个艰巨的任务是由马克思来完成的。这就是马克思在创作《资本论》过程中，创立的科学的抽象法。

（二）科学抽象的第一步是从具体到抽象，它是人类逻辑思维的一般规律

科学的抽象法，就是凭借人们的逻辑思维能力来分析与研究客观事物，以揭示其规律性的方法。这个特定的科学抽象，它的第一步，就是从具体到抽象。这就是客观经济关系与经济过程反映在人们视野中的混沌的表象，通过思维的抽象，剖析出一些最简单的规定和形成反映客观经济关系与过程本质的简单的概念。

---

① 恩格斯：《卡尔·马克思〈政治经济学批判〉》，见《马克思恩格斯选集》第2卷，人民出版社，1972年，第116页。

② 恩格斯：《卡尔·马克思〈政治经济学批判〉》，见《马克思恩格斯选集》第2卷，人民出版社，1972年，第120页。

③ 恩格斯：《卡尔·马克思〈政治经济学批判〉》，见《马克思恩格斯选集》第2卷，人民出版社，1972年，第120页。

④ 《马克思恩格斯选集》第2卷，人民出版社，1972年，第120页。

马克思指出，在政治经济学研究中，如果不从阐明某一生产关系有决定意义的抽象规定与抽象概念开始，而是"从实在和具体开始，从现实的前提开始，因而，例如在经济学上从作为全部社会生产行为的基础和主体的人口开始，似乎是正确的。但是，更仔细地考察起来，这是错误的"[①]。马克思说："十七世纪的经济学家总是从生动的整体，从人口、民族、国家、若干国家等等开始；但是他们最后总是从分析中找出一些有决定意义的抽象一般的关系，如分工、货币、价值等等。这些个别要素一旦多少确定下来和抽象出来，从劳动、分工，需要、交换价值等等这些简单的东西上升到国家、国际交换和世界市场的各种经济学体系就开始出现了。后一种显然是科学上正确的方法。"[②]

对政治经济学的研究来说，从具体到抽象，就是对所要考察的某一特定的具体的生产关系形式，进行分析、考察、比较，从中抽取出最一般的规定性，这一逻辑思维过程的特点就是实行思维中的分解（包括有综合），它从"混沌的表象"，经过思维的加工：舍象、提纯、抽取出有关所考察的事物的一般规定即形成简单概念。这一有关所考察对象的简单概念的形成，表明人们已经把握到事物的共性，它是为以后进一步认识事物的更迫近的规定，即把握事物的个体奠定了地基。如《资本论》的理论体系，就是从商品一般这一简单范畴开始的，而这一抽象的商品一般，乃是运用具体到抽象的方法的结果。更具体地说，马克思在对现实的资本主义商品生产关系进行研究时，撇

[①] 马克思：《〈政治经济学批判〉导言》，见《马克思恩格斯选集》第2卷，人民出版社，1972年，第102页。

[②] 马克思：《〈政治经济学批判〉导言》，见《马克思恩格斯选集》第2卷，人民出版社，1972年，第103页。

开了商品关系的资本主义形式，而从中抽取出商品一般的简单范畴，阐明了它的二重内涵（使用价值和价值）这个舍象了资本关系的商品一般，作为人类历史上的各种各样的商品关系的共同标志与共同规定，它不仅适合于面前所考察的资本主义的关系，也适合于人类历史上的一切商品关系，以这种舍象了体现资本关系的商品一般概念为逻辑的起点，进一步地引进更具体的生产关系，就可以揭示这一生产关系下的商品的本质特征。如在《资本论》中，进一步引进资本主义所有制，就合乎逻辑地引申出资本主义经济中的现实的、有血有肉的商品——各种物质形态的商品（生产资料与消费品），非物质形态的商品（服务、精神产品），劳动力商品以及资本商品——各种十分丰富的具体特征，从而由商品关系就引申出对资本的理论阐明。可见，商品一般这一内容十分单薄的简单范畴（包括价值概念），并不是如西方资产阶级经济学家大叫的什么脱离实际的"形而上学""黑格尔的诡辩"，而是一个认识客观生产关系的科学方法。

必须指出，通过从具体到抽象，形成抽象的概念，不仅是政治经济学科学抽象法的必要内容，而且也是认识客观事物的逻辑方法的必要的第一步。

要认识客观事物，必须揭示其共性，找出事物最一般的特征，即首先形成所考察的事物的简单的概念或范畴，作为进一步认识事物本质的基础。如人们面对着的是白马、黑马和灰马等，人们在思维中，首先去除各种马的特性，抽取其共性，形成马的简单概念，然后进一步引入有关马的色泽的规定，只有这样，才能进一步认识白马、黑马与灰马。可见，人类认识客观世界的逻辑思维过程总是首先要从具体到抽象，它体现了人类的思维机器对所考察的对象，舍去其个别性，抽取一般性，舍去其特殊性，抽取出普遍性，舍去其杂多性，抽取出统一性的方法。简言之，从具体到抽象乃是从事物表象的杂多性、偶然性、特殊性中找出事物的普遍性，抽取出所要考察对象的最简单的规定性形成简单的概念①。这一简单的概念，尽管内容较为空洞和贫乏，但它排除了事物的现象形态，抽象事物的共性本质，是粗中取精，伪中求真。黑格尔说，抽象把"感觉事物的个别性"转化为"抽象的普遍性"②，"普遍概念，就包含有事情的价值，亦即本质、**内在实质、真理**"③，例如，如果没有"力"的抽象概念，就不可能对物理现象有科学认识；如果没有"生命"的抽象概念，就不可能对生物现象有科学认识；如果没有关于"存在""物质""时间""空间"等抽象概念，就不可能有对事物的哲学的研究与认识；如果没有商品、价值等抽象概念，就不可能有对资本主义经济的政治经济学的分析与研究。可见，从具体到抽象，就是从表象到概念，它不仅是政治经济学的逻辑方法，而且是人类认识客观事物的逻辑方法的必要内容，是人类的逻辑思维的不可逾越的一个阶段。

（三）从具体到抽象，找出与确立一般的经济范畴，是从理论上科学地反映资本主义经济结构的方法

《资本论》的一个鲜明特色在于：这一庞大的政治经济学（资本主义部分）理论体系是以完备而周详的价值论为开端的。价值这一抽象的范畴，成为《资本论》的最一般、最基本的范畴。在《资本论》中，对商品及价值概念的分析，不仅是作为剖析资本主义经济结构的

---

① 按照黑格尔的逻辑学，反映事物的本质的抽象概念与具体的概念，德文为Begriff，英文是notion，二者是不同的，可以说是不同层次的抽象概念。

② 黑格尔：《小逻辑》，商务印书馆，1980年，第70页。

③ 黑格尔：《小逻辑》，商务印书馆，1980年，第74页。

起点，而且价值概念是贯穿于对资本主义生产过程、流通过程以及分配过程的分析之中，从而价值范畴成为资本主义经济范畴体系中的基础性的范畴。《资本论》从上述的商品价值的分析出发的方法，并不能一下子为人们正确地加以理解。姑且不说一些好心的读者因为一开始接触到较为艰深难懂的商品价值理论而会感到迷惑莫解。我们要指出的是《资本论》出版后，资产阶级经济学家与评论家说马克思使用的是形而上学的方法。某些资产阶级庸俗经济学家，致力于诽谤与攻击《资本论》的劳动价值论，他们借口日常市场交换活动中存在的价格与价值的偏离，而胡说什么"价值"概念是虚构的。如洛里亚说："价值既然不外是一个商品和另一个商品相交换的比例，所以单是总价值这个观念，就已经是荒谬的。"[①]奥地利学派的庞巴维克更是大肆宣扬马克思《资本论》第三卷中阐述的生产价格理论与第一卷的价值决定理论是自相"矛盾"的。这种对《资本论》的价值理论的非难与攻击，20世纪以来一直未停顿，他们越来越在经济过程的表象上兜圈子。在研究方法上越加庸俗化的当代西方资产阶级经济学家，更是大肆宣扬"价值无用论"，不断地发起向马克思劳动价值论的进攻，如罗宾逊夫人说，劳动价值论纯粹是"一个教条"，不少西方经济学家宣称，要建立没有价值概念的政治经济学理论体系。如萨缪尔森等说：《资本论》的抽象的价值概念完全是多余的。这些资产阶级经济学家根本不懂得在分析资本主义经济时，紧紧抓住商品价值关系作为红线，以价值概念作为基础，正是《资本论》中的科学抽象法的表现；不懂得价值理论的透彻阐述，乃是分析资本主义商品经济结构的唯一正确的方法。

---

① 《马克思恩格斯全集》第25卷，人民出版社，1974年，第1009页。

资本主义生产关系的轴心乃是资本，《资本论》顾名思义是以资本为主要的研究对象，是为了研究与揭示资本的生产、流通与增殖的规律。但是如何考察并在理论上阐明资本的本质呢？

乍一看来，资本在生产领域表现为产业资本家进行生产活动而带来的资本价值增殖，在商品流通领域表现为商业资本家凭借它从事的买卖活动而带来的资本价值增殖，在货币流通领域表现为借贷资本家凭借其借贷行为而带来的资本价值增殖，在服务领域表现为资本家凭借服务业经营而带来资本价值增殖。因而人们面对着的产业资本、商业资本、借贷资本、服务行业资本等资本的具体形式，它们在其所占有的生产资料与使用的劳动力上，各有其特点。这些资本的不同形式有着各自的运动机制与特殊的资本价值增殖方法与形式——如产业资本家获得的产业利润，商业资本家获得的商业利润，借贷资本家获得的利息，等等。对于资本的理论说明，显然地，不能从呈现于人们表象中的各种资本家的具体经营方式或剩余价值的具体形式着手。《资本论》在研究资本时，舍象资本主义经济中现实存在的资本的多样具体形式与价值增殖的多样特殊形式，而首先考察资本一般，即自行增殖的价值。为此，它抽出作为一切资本的共同要素的商品，作为研究的起点。《资本论》在研究与分析商品时，舍象商品的各种社会形式——原始公社末期产生的早期商品，奴隶制、封建制经济的商品，小生产者的简单商品，资本主义商品——而考察商品一般，揭示出商品价值这一个极其抽象的，从而内容极其稀薄的概念，作为进一步分析资本主义的经济结构，建立起一整套庞大的经济范畴体系的逻辑的始点。《资本论》中，马克思正是借助价值（社会必要劳动）这一概念，科学地分析与阐明了在劳动力的资本主义使用中会创造出一个超出劳动力价值的价值，从而合乎逻辑地引申出剩余价值的科学概念，并由此对资本一般作了科学的阐明。如果说，剩余价值理论乃是《资本论》的经济理论的核心，那么，劳动价值理论便是《资本论》这一部庞大的政治经济学（资本主义部分）理论体系的基石，是《资本论》中确立的经济范畴科学体系的基础。如有关资本主义商品的价值形态的范畴（货币、价格、成本、生产价格、市场价值等）或是有关资本及其具体形态的范畴（不变资本、可变资本、流动资本、固定资本等）以及有关剩余价值及其具体形态的范畴（绝对剩余价值、相对剩余价值、利润、利息、地租等）均是价值范畴的具体化，是价值的特殊的表现形式与转化形式。我们可以说，正是借助各种各样的价值范畴——生产领域的价值范畴，流通领域的价值范畴，分配领域的价值范畴——《资本论》才以内容一贯而严整的理论形态，如实地与最深刻地反映了资本主义经济的内在结构及其运动机制。《资本论》是政治经济学史上的前所未有的理论严整、逻辑一贯的伟大著作，它不仅是以抽象分析著名的李嘉图的《政治经济学及赋税原理》所不可比拟的，而且与那些轻视价值概念的西方庸俗经济学——例如萨缪尔森的《经济学》——中的逻辑的混乱，与理论的杂乱无章形成最鲜明的对比。

可见，作为《资本论》的逻辑起点的商品价值概念，更确切地说，劳动价值的抽象理论乃是通过运用具体—抽象的方法，由资本关系的具体蒸发出来的体现于一切资本形式中的共同的本质与"抽象的普遍性"。尽管在这里价值还只是作为商品的一般（内涵）还不是体现资本商品的关系，还未包含剩余的价值的关系，但是由于价值范畴的科学阐明，由于把商品归结为物化在一般商品中的抽象人类劳动，人们就能由此揭示与阐明剩余价值乃是物化在资本商品中的剩余劳动。而《资本论》第一章所阐明的价值理论正是引导出以后的货币理论和进一步地引导出资本理论的基石。可见，从具体到抽象得出的一般经济范畴，乃是科学地认识现实中的多样的经济关系的逻辑思维的起点，是用来进行进一步的逻辑思维和引申出与确立从理论上反映资本主义生产关系的经济范畴的基础和枢纽。

（四）具体到抽象是一系列的思维抽象，它包括思维的分析和思维的综合

由反映到人们头脑中，即呈现在表象中的经济关系开始的从具体到抽象的逻辑思维，不是一次完成的行为，而是包括一系列递次相继的抽象思维活动，它表现在：

第一，初始的或第一级的思维抽象，是以排除干扰因素即以"提纯"为内容的，如排除客观存在的前资本主义的生产关系，而抽取出纯粹的资本主义生产关系的结构作为研究对象。它包括撇开客观存在的前资本主义的产品生产关系，而抽取出一个纯粹的资本主义的商品生产关系。又如在考察资本的生产过程的关系时，舍象掉流通过程的关系及剩余价值的分配关系（剩余价值转化为利润、利息、地租的条件与机制），而提取出一个纯粹的资本生产过程的结构来进行分析。在考察资本流通过程的关系时，舍象掉生产过程及其在流通领域中的继续的形式与关系，提取出一个纯粹的资本流通过程的结构来进行分析。在考察资本的再生产时，舍象掉积累，而提取一个纯粹的资本的简单再生产来作为研究对象。以上的思维抽象，均可称之为宏观的抽象。

第二，进一步的思维抽象，即以抽取出对象简单规定性为内容的抽象，这可以称之为微观的抽象。例如，在抽取出纯粹的资本主义商品生产关系时，进一步去抽取出商品一般的共同的内容。它包括一系列的抽象行为，如第一步舍象商品生产的资本主义关系与形式，而抽取出商品一般。第二步再进一步地对商品本身进行分解。它包括交替抽象，如假定商品由A、B两个因素构成，则先舍象A，抽取B，对B进行理论分析，然后舍象B，抽取A，对A进行理论分析。这样，就分别地得出A和B的简单规定性。如果研究对象是最简单的事物或关系，这种交替抽象，包括两次抽象。如果研究的是一个复杂的事物或关系，交替抽象则要包括多次的抽象，如货币有五种职能，为了对这些职能分别考察，则要进行多次抽象。

如果说宏观抽象仅仅是确定所要考察的对象——生产关系的范围，那么，微观抽象则是要抽出所要考察的对象的共同本质。因而微观的递次与交替的思维抽象，在科学抽象法中就占有重要的地位，正确地进行这一思维抽象，乃是把握住事物共同本质的条件。这里我们可以就《资本论》中对商品的构成因素的微观的交替抽象方法略加论述。

对于商品的二因素使用价值与交换价值，资产阶级古典经济学家早就进行了分析，但是古典经济学家关于商品二因素的理论是极其粗糙与不完备的。它表现在：（1）古典经济学不能确切地区分使用价值与交换价值，往往把交换价值归结为使用价值；（2）古典经济学不能从本质上认识交换价值，即分清作为价值形式的交换价值与作为实质的价值。古典经济学家在商品理论上的许多糊涂观点，与他们不善于使用抽象法、不善于进行这种交替抽象有关。马克思把科学抽象用于对商品的微观分析，在《资本论》第一章中，可以看到研究首先是从具体的表象——商品的使用价值出发的。在这里，马克思首先舍象作为现实商品的不可缺少、不能分离的交换价值，而将商品作为纯粹使用价值来进行考察："商品首先是一个外界的对象，一个靠自己的属性来满足人的某种需要的物。"①明确地指出商品使用价值的一般规定性，即物的有用性使物成为使用价值，然后，再舍象使用价值而把商品作为单纯的交换价值来考察，通过进一步的思维抽象，即舍弃其交换价值形式而把握住它的共同的内在的本质，即抽象的人类劳动。马克思使用的这种依次的与交替的抽象法，通过在思维中暂时排除客观事物交织在一起的多种因素中的若干方面，而提取出某一纯粹的因子来加以考察，这就是运用的思维提纯法，有如自然科学研究方法中的实验提纯法一样。这样，马克思就清楚地揭示了商品的构成因素的使用价值与价值的质的差别。

上述的交替抽象法是着眼于分别地考察事物的构成要素，它是思维中的分解法。但是科学抽象，既包括思维的分解，也包括思维的综合。《资本论》在业已分别分析了商品的使用价值与价值这两个因素之后，便进一步地运用综合的方法，论述商品的使用价值与价值的内在联系，指出商品的使用价值乃是交换价值的物质基础，而交换价值也就是商品的使用价值所必然具有的社会形态，并且分析了它们之间既相矛盾又相统一的关系。马克思在分析商品二因素的矛盾中，进一步论述了具体劳动与抽象劳动的矛盾，并且把它归结为商品经济中生产的社会性与私人性的矛盾。《资本论》中的商品理论，体现了对思维的综合方法的运用，即把商品作为使用价值与价值的统一体来加以探讨。正是把使用价值与价值综合起来，才形成完整的商品概念，产生由二因素构成的商品一般这一抽象范畴。

可见，（1）作为科学抽象法的内容从具体到抽象，不是一次完成的行为，而是一个包括一系列的相继的思维抽象的过程。它包括大范

---

① 《马克思恩格斯全集》第23卷，人民出版社，1972年，第47页。

围内的宏观抽象和小范围内的微观抽象。（2）从具体到抽象，不是纯粹的分析，而是包括了综合，即微观的综合——区别于从抽象向具体上升的综合。这个微观的综合，把交替抽象的结果的各个要素的简单规定性在思维中组合起来，但是这个综合不是形成具体，而是形成作为起点的生产关系的完整的一般规定，即产生一个作为始点的抽象范畴。我们从《资本论》中就可以看见，正是由于马克思运用了上述的完备而严整的科学抽象方法，从而使"两千多年来人类智慧在这方面进行探讨的努力，并未得到什么结果"①的价值论研究领域大见光明，把许多年使资产阶级经济学家困惑不解的商品内在构成因子——使用价值与价值的关系，剖析得一清二楚。恩格斯在论述马克思研究考察商品的方法的重要意义时说："谁想要找一个鲜明的例子，来证明现今发展阶段上的德国的辩证方法比旧时庸俗唠叨的形而上学的方法优越，至少象铁路比中世纪的交通工具优越一样，那就请他读一读亚当·斯密或其他某位著名的官方经济学家的著作，看看交换价值和使用价值使这些先生受了多大折磨，看看把两者分清并理解它们每个特有的规定性对这些人来说是多么困难，然后再把马克思的简单明了的说明与之对比一下。"②

（五）抽象的"度"与"量"

以上我们论述了从具体到抽象是以抽出所考察的对象的共同的简单规定，形成某种抽象范畴为目的的。这种逻辑思维成果的"抽象的普遍性"，乃是事物的粗中之精与伪中之真，是隐藏在所考察的对

---

① 《马克思恩格斯全集》第23卷，人民出版社，1972年，第7页。

② 恩格斯：《卡尔·马克思〈政治经济学批判〉》，见《马克思恩格斯选集》第2卷，人民出版社，1972年，第123～124页。

象的多样的具体现象后面的共同本质，并且把这种抽象范畴作为政治经济学理论研究的起点。但是这并不意味着人们可以任意地进行"抽象"，虚构出与实际毫不相干的抽象范畴。在政治经济学的理论研究中运用抽象力并不是要提倡不着边际地冥思苦想，更不是在形成现实生产关系的理论范畴时，要追求无限度的抽象。

作为政治经济学研究方法的抽象法，是科学抽象。这里使用的从具体到抽象的方法，是唯物辩证法的认识论的思维抽象，在这里思维的逻辑是受现实的逻辑发展所制约的，客观现实的具体状况，决定着舍象什么和抽象的程度。因而，这里有一个抽象的"度"与"量"的界限的确定问题。

《资本论》的抽象法所以是科学的，表现在这种思维抽象是充分的，它舍象经济关系的非本质的关系，而透入它的最里层，把握它的最简单的规定性，如马克思的劳动价值论，就是极其充分的思维抽象的范例。这里，马克思舍去了资本主义国家现实经济关系中的前资本主义的自然经济的产品关系，而考察资本主义纯商品关系，舍象了商品关系的资本主义形式而考察商品关系一般；又舍象了商品的使用价值而考察交换价值；从交换价值中抽出价值，特别是马克思在考察价值形式时，舍象了具体劳动而考察抽象劳动；在考察抽象劳动时，进一步舍象个别的劳动而抽出平均的社会必要劳动。这里十分彻底的思维抽象方法，它深入到商品最里层，揭示商品价值的最简单的规定性，揭示出商品价值对象性的本质。《资本论》就是通过这样充分而彻底的思维抽象，揭示出商品价值的劳动实质，从而创立了科学的劳动价值理论，在经济学说史上完成了价值理论的革命性变革。可以说，正是科学抽象法的运用使价值论真正成为科学，从而解决了两千年来经济学家试图加以解决但未能正确解决的基本经济理论问题。

《资本论》第一卷前三章对价值的分析，体现了《资本论》作者的卓越的思维能力，他是运用科学抽象方法进行政治经济学分析的典范。

《资本论》中这种对商品关系充分而彻底的抽象，即使是善于运用抽象法的古典经济学家也是不可企及的。古典经济学家的卓越代表亚当·斯密与李嘉图的功绩，在于他们克服了威廉·配第认为生产金银的劳动才创造价值的有局限性的论点，他们舍象了劳动的具体形态，论述了创造价值的是一般社会劳动，不管它表现为哪一种使用价值。斯密和李嘉图关于价值决定于劳动时间的科学见解，正是他们运用抽象法结出的果实。但是斯密和李嘉图却未能真正弄清价值与交换价值的区别与联系，尽管斯密还是在交换价值的形式下研究价值的，但在他的心目中商品内在价值实体与外在的交换价值形式是混淆不清的。即使是最善于抽象思维的李嘉图，在他的著作中，交换价值有时指价值（他称之为"实在价值"），有时又是指真正的交换价值（他称之为"比较价值"）。古典经济学家在交换价值与价值概念上存在的混淆不清，表明他们还不能从交换价值中抽象出价值——这是由于他们不能从生产商品的具体劳动中抽出抽象劳动的概念——这里，也就表明了他们还存在着抽象不足的缺陷，即还不能运用科学抽象的方法，深入到商品生产关系的最里层，从中抽出关于商品一般的最简单的规定。

我们还可以指出《资本论》关于剩余价值的抽象范畴与剩余价值的具体形式相区别的方法的伟大科学意义。《资本论》从利润、利息、地租等有产阶级收入的具体形式中抽取出剩余价值范畴。这一抽象范畴表现了资本关系的最深刻的内容，它是理解资本主义生产关系一切方面和一切环节的枢纽，也是阐明利润、利息、地租等资产阶级的收入范畴的共同本质的枢纽。而古典经济学家不能透过上述具体收入范畴，去寻找与概括作为其本质与基础的剩余价值范畴。如李嘉图称剩余价值为利润，他不能概括出一般的剩余价值的概念，这也是李嘉图经济理论中存在的抽象不足的另一个重要方面。

必须指出，《资本论》中的科学的抽象，是有其合理的界限，不是为所欲为地无限度的抽象。资产阶级古典经济学家，由于不懂得以辩证唯物主义与历史唯物主义为基础的科学抽象法，因此在他们的经济理论中，既有抽象不足的缺陷，又有抽象过度的缺陷。例如他们往往是舍象掉生产的社会关系而提取出那些超历史的物质规定性，并把它作为基本的经济范畴。例如李嘉图在阐明资本范畴的内涵时，他抽象了生产的资本主义社会关系，而将它还原为生产工具和"积累的劳动"，这样，他就把资本解释成为一个在任何社会形态都存在的超历史的范畴。在李嘉图看来，原始人的渔网也和资本家用以剥削雇佣劳动的生产手段一样，都是资本。资产阶级古典经济学家把资本主义社会的经济范畴作为超历史的一般经济范畴的研究方法，表明了在他们的抽象法中存在着抽象过度的缺陷。而在庸俗经济学的理论体系中，就更是充塞着资本一般（即生产工具），生产一般（即生产的基本要素），消费一般（即人的自然生理消费）等抽象范畴。马克思指出：他们"实际上归纳起来不过是几个十分简单的规定，却扩展成浅薄的同义反复"[①]。19世纪末以来，迄至当代的一些资产阶级经济学流派，不仅抽象掉生产的社会关系，甚至舍象掉生产的物质内容，提取出某些"经济人"的心理因素来作为经济发展的决定动因，并把这些心理现象（如消费心理、储蓄心理、投资心理，等等）作为政治经济学的

---

① 马克思：《〈政治经济学批判〉导言》，见《马克思恩格斯选集》第2卷，人民出版社，1972年，第89页。

研究对象。资产阶级庸俗经济学家所使用的这种"抽象思维",不仅是任意的,而且是主观唯心的,完全是一种头脑中的虚构。这种主观杜撰的方法,不仅与古典经济学的抽象法不同,而且与马克思主义的科学抽象法更是毫不相干。

《资本论》的科学抽象法,是以唯物主义认识论为基础的,尽管这个从具体事物的表象"蒸发出"与抽出事物的简单规定的过程,是凭借人的抽象力的逻辑思维进程,但是这个主观的逻辑思维进程绝不是纯粹的思辨活动,更不是不受客观事物制约的自由意志。恰恰相反,马克思把主观的逻辑思维进程看作是客观世界的逻辑发展进程的反映。《资本论》把价值归结与还原为一般的人类劳动的逻辑思维抽象看作是资本主义经济中通行的把劳动实际差别还原为一般人类劳动的商品交换活动的反映。马克思说:"对任何种类劳动的同样看待,适合于这样一种社会形式,在这种社会形式中,个人很容易从一种劳动转到另一种劳动,一定种类的劳动对他们说来是偶然的,因而是无差别的。"①可见,从具体到抽象正如恩格斯所说,这里已经"不是只在我们头脑中发生的抽象的思想过程,而是在某个时候确实发生过或者还在发生的现实过程。"②

《资本论》的抽象法所以是科学的,正在于无论是舍象什么,抽象的程度与界限,均反映了与严格适应了现实的经济关系与过程的状况。马克思在论述把不同的劳动化为无差别的、同样的一般人类劳动这个抽象范畴时说:"这种简化看来是一个抽象,……把一切商品化

---

① 马克思:《〈政治经济学批判〉导言》,见《马克思恩格斯选集》第2卷,人民出版社,1972年,第107页。

② 马克思:《〈政治经济学批判〉导言》,见《马克思恩格斯选集》第2卷,人民出版社,1972年,第123页。

为劳动时间同把一切有机体化为气体相比，并不是更大的抽象，同时也不是更不现实的抽象。"①（重点是引者所加）《资本论》既然以资本主义生产方式为研究对象，因而它在运用抽象法进行分析时，固然也要考察生产一般、剩余劳动一般、再生产一般等高度抽象范畴，但是更主要的是要考察资本主义的生产，从理论上反映资本主义生产的规律，这就必须依靠与资本主义生产关系相适应的资本、剩余价值、资本积累、资本流通、剩余价值分配等范畴。《资本论》科学抽象法表现在它对上述范畴作了深入的考察，如它从利润、利息、地租等形式中抽出剩余价值这一范畴，并对之作了深入的分析。《资本论》摒弃资产阶级经济学在极其抽象的"生产一般""分配一般""一般规律"的概念基础上建立经济理论体系的方法，因为这种有关生产与分配的抽象一般是内容简单、空洞无物的。如《资本论》第一卷是舍象了资本的流通过程与分配过程来考察资本的直接生产过程的，但不能认为《资本论》第一卷只是抽出一个纯粹的直接生产关系来考察，而不包括任何流通与分配。事实上，《资本论》第一卷在论述货币转化为资本时，就考察了流通一般及其规律。此外，在阐明资本对工人剩余劳动的无偿占有与剥削时，就考察了雇佣劳动参与产品分配的经济形式——工资。同样的，《资本论》第二卷，舍象资本的生产过程而考察资本的流通过程，但是它在事实上，不是抽出一个纯粹的资本流通过程来考察，而是在主要考察流通过程时，也相应地考察了生产过程的某些方面，如研究资本循环与周转，就相应地考察了与资本流通过程互相衔接的资本的生产阶段的内在机制，同时又考察了作为生产过程在流通领域中的继续的商品运输、保管、储藏等的职能与作用。

---

① 《马克思恩格斯全集》第13卷，人民出版社，1962年，第19页。

这样地进行抽象的分析，正是与现实经济关系的状况相适应的。因为现实的资本生产过程就是与资本的流通过程密切交织的，而资本的流通过程也是与生产（及分配）相交织的。可见，《资本论》在研究经济关系与经济过程时并不是任意地进行舍象，并不是进行纯生产、纯流通、纯分配的分析，更不是要建立一个抽空了经济过程客观存在的复杂的经济联系的纯粹理论结构。恰恰相反，在《资本论》中，无论在形成抽象范畴上或是形成篇章内容与体系结构上，均是采用适应现实经济结构的恰当的抽象。这也表明，把科学抽象理解为脱离实际的意志自由或为所欲为地由头脑构造出内容空洞的虚假的范畴是完全错误的。

（六）从具体到抽象，还要继之以从抽象到具体

对于科学抽象法的内涵，必须正确地加以理解。我们认为，科学抽象的内容，包括从具体到抽象与从抽象到具体。从具体到抽象，是从表象中的具体到抽象的简单规定，从抽象到具体是从简单的规定到观念中更贴近现实的有血有肉的具体。这二者均是人们认识客观经济关系与过程的逻辑思维的必要程序，是认识与研究经济事物的科学抽象法的两个阶梯与层次。只不过前者，即从具体到抽象乃是找到对象的简单规定和形成抽象范畴，为进一步的研究事物创造逻辑的始点；后者，即从抽象到具体，乃是所考察对象的各种规定的进一步发展与补充，是形成观念中的有血有肉的具体，从而是对事物的研究的进一步发展与完成。可见，从具体到抽象之后，还必须继之以从抽象到具体，这是政治经济学的科学研究前进与深化的互相衔接的两步，只有完成了这两步，才可以说真正地认识了客观经济关系与过程的本质与规律。

有的同志说《资本论》从具体到抽象，就是从感性认识提高到理性认识，从现象上升到本质，就是发现与掌握客观事物的规律。基于对科学抽象法的上述理解，我们认为这种观点不能说是完全的。

须知，在这里我们谈论的并不是认识论的从具体到抽象，即毛泽东同志所说的"去粗取精、去伪存真、由此及彼、由表及里的改造制作工夫，造成概念和理论系统"。这里乃是指《资本论》的科学抽象法的内涵的从具体到抽象。这个从具体到抽象的逻辑思维，其结果只是造成作为对所考察对象进行进一步的研究的基础的始发性的简单逻辑概念。这一简单概念只是形成关于某一事物的抽象本质与逻辑框架，它是进一步揭示事物的特殊本质的工具，但它还不包含事物的特殊的本质。如考察资本而抽出的商品一般的范畴，乃是向资本概念前进与上升的始发性与基础性概念。这个作为商品一般的内容的简单规定性，例如价值一般，它尚未包含剩余价值的规定性与内容，因而，商品一般的简单概念，并不包含资本的本质特征。又如，《资本论》第一卷第五章在分析资本主义雇佣劳动时，先分析生产劳动一般，作为进一步分析以生产剩余价值为本质特征的资本主义生产劳动的始发性的简单范畴。《资本论》中也提出了资本是自行增殖的价值的简单概念，或 $G—G'$ 的简单公式，作为进一步分析资本是借剩余价值而增殖的价值这一体现资本主义本质特征的资本范畴。可见，先由舍象了资本主义关系的简单概念再上升与形成较复杂的，包含资本主义生产的本质特征的基本概念，并在这些新概念——例如剩余价值概念——的基础上，进一步分析、论证，揭示资本的本质，这就是《资本论》的逻辑思维方法，是马克思创立的研究政治经济学的特殊的方法。而上述经过具体到抽象形成的商品一般、劳动一般、资本一般，显然，还不是体现资本主义关系的本质。因而，由具体到抽象，只能说是处在由经济关系的表象上升到本质，是理论与规律的认识过程的中途站或主要的关节点。它把握到对象的一般性质，形成关于对象的框架，但是尚未把握对象的本质特征，后者必须要由抽象到具体来完成。如果说从具体到抽象，就已经把握到了事物的本质特征，就完成了从现象到规律的认识，那么，从抽象到具体就不再有什么科学价值了。

从具体到抽象，只是进行政治经济学的研究的初始步骤，这个科学研究还需要通过由抽象到具体来完成。基于这一理解，那么，对于从抽象到具体，即通常人们称为的抽象上升法，就不仅不应将它排斥于研究方法之外，而应该将它也视为政治经济学的研究方法——广义的研究方法，并且是重要的研究方法。而且，我们应该看到，从抽象上升到具体，正是《资本论》中所运用的崭新的科学研究方法的一个鲜明特色。

从抽象上升到具体的方法的重要性，是这一逻辑思维步骤与层次在科学抽象这一统一的认识与研究进程中所处的地位、任务和职能所决定的。

我们已经指出，从具体到抽象这一逻辑思维步骤与层次，通过它所形成的简单范畴，人们只能把握所考察对象的多种性质的某一个方面，但是这个抽象的普遍性，毕竟不能展示所考察对象的特殊的本质。借这个简单概念，人们只能认识事物的一个框架影子，它还未能展示对象的真实而完整的面貌。列宁说，真理是具体的。为了真正地揭示事物的特殊的本质，发现真理，还须进一步从抽象上升到具体，进行思维的综合，即首先在事物的最简单的规定性加上与之内部联系得最紧密的有关的规定性，然后逐步引向与加上属于表层性联系的规定性，即由始发性的简单范畴引导出一系列更加复杂的范畴。更具体地说，由抽象向具体上升的意义，在于以下三点：

第一，由抽象的一般性向作为特殊的具体上升。如由生产一般，引入不同的社会生产部门的规定性，从而就上升到作为生产的特殊的具体。如工业、农业、畜牧业，等等。

第二，由抽象的一般性向作为整体的具体上升。在把握了事物的简单规定性的基础上，进一步向多样的具体上升，就能确切地揭示复杂事物的整体的性质，如只有在认识生产一般的基础上，进一步认清社会生产的各种具体形式，才能进一步认清社会产业结构，从而把握生产的总体的性质。因此马克思说："生产一般，特殊生产部门。生产的总体。"①

由抽象的一般性向作为整体的具体上升，表现为下述形式：

由生产一般 ——→ 生产特殊（各个不同的生产部门）——→ 作为整体的产业结构

由分配一般 ——→ 分配特殊（各个领域的分配形式）——→ 作为整体的社会分配结构

由交换一般 ——→ 交换特殊（各个不同类型的交换形式）——→ 作为整体的社会交换结构

由生产、分配、交换、消费一般上升，最终形成由上述诸生产关系组成的社会经济结构的具体。

第三，由抽象的一般性，向作为特定的社会关系与形式的具体上

---

① 马克思：《〈政治经济学批判〉导言》，见《马克思恩格斯选集》第2卷，人民出版社，1972年，第89页。

升。在政治经济学的研究中，抽象向具体上升的意义最主要地在于它是认识与弄清人类社会的某一历史发展阶段的生产关系的具体特征的科学方法。

如首先抽出生产一般的简单的规定性，人们就由此把握到一切社会生产的共同点，再加上特定社会形态下的生产的新的规定性，这样就能确切地认清"一定社会发展阶段的生产"的特点，"对生产一般适用的种种规定所以要抽出来，也正是为了不致因见到统一……就忘记本质的差别"①。

显然，这种抽象出适合各个社会形态的抽象范畴的意义，在于把它作为始发性的范畴，作为进一步引导出我们所要考察的某一社会形态的特殊范畴的工具。

这种始发性的范畴，必须进一步在思维中发展、上升过渡到与所考察对象相适合的特殊范畴，如果不上升，它就会失去认识考察对象的意义，就是一个无内容的抽象。如生产一般的概念，不上升到特定的社会生产，如资本主义生产的概念，就是一个无内容的抽象。即使是弄清了生产一般的含义，但是人们对于所要考察与了解的资本主义生产，仍然是一无所知。

归根到底，由抽象向具体上升，通过思维的综合，它使人们在思维中进一步掌握具体——作为个别的具体，作为总体的具体，作为特殊社会形式的具体——因而，它是认识与研究的深化与发展，看不见与否认由抽象向具体上升在认识客观事物中的意义，否认它具有研究的性质，是不正确的。

---

① 马克思：《〈政治经济学批判〉导言》，见《马克思恩格斯选集》第2卷，人民出版社，1972年，第88页。

从抽象到具体的上升，在《资本论》中有多方面的表现。如：由商品——货币——资本；由生产劳动一般——资本主义生产劳动——生产、流通、服务等领域的生产性劳动；由价值——市场价值——市场价格，等等。

由抽象向具体的上升，体现了对事物认识的深化。如果说，简单范畴体现了对事物的表层性的认识，那么，复杂的范畴就是对有多方面规定性的事物的真相的复制与摹写。在这一研究过程的向前推进中，通过一系列的多层次的抽象性程度不等的范畴，人们对事物的由表层性的、不完全的认识，逐步进至内层的、多方面的性质的认识；由对事物的框架的了解，进至包括多方面的性质即整体结构的了解。

归根到底，科学抽象法是一个包括由具体到抽象，由抽象上升为具体的两阶段的完整的方法。由具体到抽象，是逻辑思维形成简单概念的初始阶段，它使人们认识事物的一般性质，从而是人们认识客观事物的初级阶段；由抽象到具体，是逻辑思维形成一系列复杂性不等的范畴的后续阶段，是认识的进一步深化，它表明人们业已把握住客观经济关系本质特征与整体的面貌，因而是认识的高级阶段。可以说，政治经济学的研究，只有完成了由抽象到具体，才真正认识到与科学地揭示出社会经济的内在结构及其运动规律，才完成了政治经济学研究的任务。

（七）科学抽象法体现了唯物辩证法

在本文中，我们指出了科学抽象法是马克思在进行政治经济学的研究中所使用的独特的方法，我们强调了科学抽象对于以生产关系为对象的政治经济学，特别是以商品关系为对象的政治经济学资本主义部分的研究中所具有的重大意义。但是必须指出，科学抽象所以是科学的，正在于它是以科学的世界观与方法论——辩证唯物主义为指导的。科学抽象，作为运用逻辑思维的认识与研究方法，并不是脱离唯物辩证法的一种方法，恰恰相反，马克思的科学抽象本身，就是贯穿着唯物辩证法。这里使用的逻辑思维的方法与唯物辩证法是完全一致与融为一体的。正如列宁所说："在'资本论'中，逻辑、辩证法和唯物主义的认识论不必要三个词：它们是同一个东西都应用于同一门科学。"①马克思所使用的科学抽象方法，以其犀利的"抽象力"，如庖丁解牛那样，彻底剖析与脉络分明地揭示出资本主义经济的内在结构，这绝不是如黑格尔所说的是在于人类思维具有某种固有的高超、微妙而神奇的力量，而在于这是以唯物辩证法为指导的逻辑思维的威力。这种思维不是脱离现实的思辨哲学的唯心主义的逻辑思维，而是以客观实际为基础、与实际相照应并受实践检验的思维。

总之，抽象思维的力量正是由于这种思维遵照了逻辑的规律，特别是遵循了辩证逻辑的规律。必须看到，诉诸人的逻辑思维的科学抽象方法，它是凭借人们的思维器官与主观思维能力来对事物进行分解、综合、加工，从而形成一个关于客观事物的观念结构。这种认识事物的特殊方法是有其固有的局限性的，它并不是不会走向脱离实际的纯思维，并不是不会主观任意地生造概念和陷入由概念而概念，甚至还可能颠倒是非，构筑出一个关于现实的虚假的甚至是荒诞的观念结构。这种情况，可以从马克思以前的唯心主义思辨哲学关于对世界本质的唯心主义的认识看出来，特别是可以从黑格尔的唯心主义的抽象思维方法看出来。众所周知，黑格尔的哲学体现了一整套十分精巧的唯心主义的抽象思维的认识方法与研究方法。黑格尔把人的逻辑思

---

① 《列宁全集》第38卷，人民出版社，1959年，第357页。

维作为不依赖客观实在与实践活动的独立的认识主体，认为纯粹地诉诸主体的思维活动与主观内省，就可以认识真理。尽管黑格尔在进行哲学的思辨活动中并未真正超越历史，而是有"很鲜明的历史感"，并且黑格尔的逻辑学正确论述了逻辑思维除了要运用从具体到抽象而外，还要进一步上升，但是黑格尔所运用的抽象思维方法毕竟是唯心主义的思辨哲学的方法，而且带有浓厚的神秘主义色彩。显然，这种黑格尔唯心主义思辨哲学的抽象思维方法，不可能成为研究政治经济学的科学方法。

抽象法，也可以见之于资产阶级古典经济学的方法论中，古典经济学对政治经济学的科学贡献的一个方面，在于它在对资本主义经济的分析中，曾经在一定程度上运用了抽象法。古典经济学之所以能在一定程度揭露资本主义生产关系的内在联系，提出与阐述一些科学的概念，如价值概念、利润概念，等等，在于它们在一定程度上正确地运用了抽象法，特别是李嘉图的劳动价值理论，就是对资本主义商品关系规定性的十分卓越的和富有成果的抽象分析。李嘉图舍象了市场上经常发生的价格波动，他从纯粹抽象形态来把握价值规律，把商品交换归结为等价交换，他从抽象的价值概念出发，来研究了商品价值在工资、利润与地租之间互为消长的分配关系。正是由于李嘉图对抽象法的卓越的运用，使他的政治经济学理论分析的某些方面具有一定的深度，揭示了资本主义生产关系的内部联系。但是，资产阶级古典经济学家是站在历史唯心主义的理论立场，同时又不懂得辩证法，而是形而上学地观察问题与分析问题，这就决定了他们采用的是历史唯心主义的抽象法。他们往往是主观任意地抽出那些脱离历史的、十分简单的、适合人类一切社会经济形态的抽象要素，并将它作为资本主义生产关系的本质特征。李嘉图由于不懂得历史唯物主义，他在研究资本时，抽出"生产工具"这一简单要素，并将它作为资本的本质特征，从而把资本归结为"一种一般的，永存的自然关系"，把资本主义生产关系看成是绝对的、永世长存的。这种"抽象法"，就是用那种抽象的"统一""同一"来掩盖它的历史的差别性。马克思说："忘记这种差别，正是那些证明现存社会关系永存与和谐的现代经济学家的全部智慧所在。"[1]显然，这种抽象要素，"不可能理解任何一个现实的历史的生产阶段"[2]。主观地制造与杜撰经济范畴，也是普鲁东与杜林等的方法。马克思说："普鲁东等人自然乐于用编造神话的办法，来对一种他不知道历史来源的经济关系的起源作历史哲学的说明。"[3]

基于以上所述，我们可以看见在历史、哲学、经济学方面很早就为人们所运用的抽象法，并不一定导向真理，它既曾经开出某些有价值的科学理论之花，但也常常结出谬误之果。如果逻辑思维离开了唯物主义的基础，脱离客观实际，抛弃辩证法，这种抽象法就只能走向主观任意地制造范畴，编造体系，杜撰出"黑格尔的诡辩"和杜林式的热昏的胡话，而根本谈不上揭示事物的本质和在思维中再出现事物的具体。

正是如此，作为逻辑思维方法的抽象法，本身并不注定是科学的抽象法。而只有以唯物辩证法为指导，它才成其为科学的抽象法。

马克思基于辩证唯物主义与历史唯物主义的世界观，彻底改造与

---

① 马克思：《〈政治经济学批判〉导言》，见《马克思恩格斯选集》第2卷，人民出版社，1972年，第88页。

② 马克思：《〈政治经济学批判〉导言》，见《马克思恩格斯选集》第2卷，人民出版社，1972年，第91页。

③ 马克思：《〈政治经济学批判〉导言》，见《马克思恩格斯选集》第2卷，人民出版社，1972年，第87页。

批判地继承了黑格尔与古典经济学家曾经使用的有种种局限性的抽象思维方法，使这种逻辑思维的方法既成为唯物的，又成为辩证的，成为真正科学的抽象法。

政治经济学的科学抽象法具有下述特征：

第一，科学的思维抽象以现实经济关系为基础，唯心主义的思维抽象是以主观思维为出发点。黑格尔的唯心主义哲学，就是把逻辑思维活动及其抽象法作为绝对观念的自行运动与自我发展，它强调纯粹的思维活动的认识作用，强调认识世界的过程是"纯粹从思维的本质去发挥思维进展的逻辑过程"①。而马克思的科学抽象则是基于辩证唯物论的认识论，把逻辑思维放在反映论基础上。科学抽象法的逻辑思维不是从主观出发，而是从客观实际材料出发。在《资本论》中，抽象思维是从现实的资本主义生产关系出发，马克思说："研究必须充分地占有材料，分析它的各种发展形式，探寻这些形式的内在联系。"②列宁说：《资本论》不是别的，"就是把堆积如山的实际材料总结为几点概括的、彼此紧相联系的思想"③。把思维抽象立足于经济过程与经济关系现实的基础之上，正是科学抽象与唯心主义的思维抽象的根本区别。

第二，科学的思维抽象是现实的经济关系的反映。唯心主义的思维抽象方法，乃是把逻辑思维作为绝对理念的自行运动与自我发展，因而在那里，主观思维活动不是作为客观世界的反映，而思维抽象方法也就不是作为一种正确反映即认识客观世界的工具，而是作为一种目的与自我活动，如在黑格尔那里，逻辑思维具有至高无上的性质，是历史的创

---

① 黑格尔：《小逻辑》，商务印书馆，1980年，第55页。
② 《马克思恩格斯全集》第23卷，人民出版社，1972年，第23页。
③ 《列宁全集》第1卷，人民出版社，1955年，第114页。

造者，是不受客观实际约束的纯粹精神活动。政治经济学的科学抽象法则是把逻辑思维过程作为客观经济关系的反映过程。在那里，根本不存在什么超越现实条件的纯粹的思维活动，而是对什么对象进行抽象以及抽象的限度，均受经济的现实所制约。把思维抽象作为客观实际的反映，从而根据客观实际的状况来规定进行抽象的具体方式、范围和限度，正是科学抽象与唯心主义的思维抽象的重大差别。

第三，科学的思维抽象进程是与经济关系的历史发展进程相一致的。资产阶级经济学的思维抽象方法，往往从现实经济关系中抽出适合一切社会形态的抽象范畴，并且把这种内容贫乏的一般经济范畴作为现实经济关系的本质特征。这种停留在生产一般、消费一般、资本一般等范畴上的抽象法，违反了历史发展规律，从而掩盖了经济关系的历史发展及其在历史发展进程中表现出来的不断变化的社会形式。马克思的科学抽象，则是根据主观思维必须正确反映客观世界的原则，它不仅要形成某些抽象概念，更重要的是要形成与社会经济的历史发展相适应的一系列次第相继的经济范畴。"历史从哪里开始，思想进程也应当从哪里开始，而思想进程的进一步发展不过是历史过程在抽象的、理论上前后一贯的形式上的反映。"[1]逻辑思维的发展与经济关系的历史发展的一致，正是马克思的科学抽象与资产阶级经济学的思维抽象的重大原则区别。

第四，科学的思维抽象，既是从实际出发，又要不断地回到实际。唯心主义的思维抽象，强调人类的认识与研究乃是纯粹的逻辑思维活动，是不受客观世界的约束和无需由实践来检验的主体的精神活

---

[1] 恩格斯：《卡尔·马克思〈政治经济学批判〉》，见《马克思恩格斯选集》第2卷，人民出版社，1972年，第122页。

动。黑格尔就声称逻辑思维是"一种自己承认是'从无，经过无，到无的办法'"①。马克思创立的科学抽象则是自始至终贯彻思维是存在的反映的原则。逻辑思维不仅要从实际开始，而且要不断返回到实际中去。因为，逻辑思维并不能单纯地从逻辑规律来表明它的真理性，而是要密切地与现实相契合一致，才能证实它的真理性。因此，逻辑思维的进程还要不断回到事实中去，要用事实来加以佐证。恩格斯说："它需要历史的例证，需要不断接触现实。"②马克思说："我在理论阐述上主要是用英国作为例证。"③特别是这种通过抽象思维而形成的理论结论，还要把它放在实际中去，通过实践来加以检验和不断地加以修正。列宁指出：《资本论》"在每一步分析中，都用事实即用实践来进行检验"④。不是搞纯之又纯的逻辑思维，而是把理论分析与客观实际密切地结合，由客观实际来验证，这正是马克思的科学抽象法与资产阶级学者在学术创作中运用的思维抽象的重大差别。

以上几个方面，归结到一点，马克思对黑格尔哲学与英国古典经济学使用的方法论进行批判地继承，从而创立的独特的政治经济学的研究方法——科学抽象法，乃是辩证唯物主义的抽象法，这种逻辑思维的认识方法与研究方法的特点是：辩证法在逻辑中，逻辑中贯穿着辩证法。《资本论》的科学抽象法表明：无论是从具体到抽象的逻辑分析中，或是在从抽象到具体的逻辑综合（也包括分析）中，唯物辩证法关于事物的普遍联系性、量变到质变、否定之否定、对立统一的

---

① 恩格斯：《卡尔·马克思〈政治经济学批判〉》，见《马克思恩格斯选集》第2卷，人民出版社，1972年，第120页。

② 恩格斯：《卡尔·马克思〈政治经济学批判〉》，见《马克思恩格斯选集》第2卷，人民出版社，1972年，第124页。

③ 《马克思恩格斯全集》第23卷，人民出版社，1972年，第8页。

④ 《列宁全集》第38卷，人民出版社，1959年，第357页。

规律及其他有关原理、范畴，均得到了最充分、最完满的体现。列宁说："虽说马克思没有遗留下'逻辑'，但他遗留下《资本论》的逻辑。"①它就是唯物辩证法的逻辑。这种逻辑思维的唯物辩证法性质，使它彻底克服与摆脱了唯心的抽象思辨方法和形而上学的抽象思维方法的一切局限性，这也是马克思主义抽象法的科学性与威力之所在。因此，那些把科学抽象法与唯物辩证法对立起来的观点，或是为了强调唯物辩证法的作用而贬低科学抽象法的作用的观点，都是不正确的。

三、科学抽象与经济规律

（一）政治经济学的任务在于发现与阐明客观经济规律

科学抽象法对于政治经济学的重要意义，可以从这一方法在揭示经济规律中不可取代的与特殊的作用中鲜明地表现出来。

众所周知，政治经济学的任务在于揭示支配社会经济形态运动的经济规律。任何一门学科之所以成为真正的科学，就在于它业已发现和阐明有关该学科的对象的规律体系。政治经济学要成为真正的科学，必须发现、阐明和组建起一个完备的经济规律的体系。这个规律体系，在横的方面，包括某一社会形态有关生产、交换、分配与消费的特殊规律；在纵的方面，包括人类历史上各个社会形态的经济规律，此外，还包括适合所有社会形态或几种社会形态的一般经济规律。

规律，乃是客观事物与过程的内在的、本质联系，是不以人们的

---

① 《列宁全集》第38卷，人民出版社，1959年，第357页。

意志为转移的客观过程的必然性。自从人类产生以来，他们在漫长的生产实践与社会实践中就已经开始认识、发现规律，但是由于客观条件与主观条件的限制，人们在很长的历史发展阶段中还谈不上发现科学规律体系，还谈不上形成真正的科学。人们对科学规律体系的认识与发现是近代的事，它首先开始于17、18世纪以来的自然科学领域。在那时，随着资本主义生产方式的兴起，西方近代的物理学、化学，凭借各种实验方法与手段，发现了一系列支配自然物质变化与运动的自然规律，从而使这些学科成为了科学。此后，在19世纪达尔文创立了进化论，揭示了有生命的生物演变也是一个从属于自然规律的过程，使生物学变成了科学。马克思的伟大功绩在于他第一次深刻地论证了体现人的主观能动因素的人类社会生活的发展与变化，并不是杂乱无章的，而是同样地受不以人们的意志为转移的客观规律的支配。马克思科学地阐明了支配社会经济生活也是从属于不以人们的意志为转移的经济规律的作用，并将经济规律提到社会经济运动的"自然规律"[①]的高度，指出它是从不听凭人的意志，是"不能跳过也不能用法令取消"[②]的。马克思着重指出：揭示与阐明客观的经济规律乃是政治经济学的任务。他在《资本论》第一版序言中说："本书的最终目的就是揭示现代社会的经济运动规律。"[③]而在《资本论》这部以资本主义生产关系为研究对象的政治经济学巨著中，就包含着对以生产和占有剩余价值为核心和主轴的资本主义生产关系、交换关系、分配关系、消费关系等方面的运动规律的最完备的与最深刻的阐述。同时，它还包含着对前资本主义社会的经济规律的阐述和社会主义、共产主

---

① 《马克思恩格斯全集》第23卷，人民出版社，1972年，第11页。
② 《马克思恩格斯全集》第23卷，人民出版社，1972年，第11页。
③ 《马克思恩格斯全集》第23卷，人民出版社，1972年，第11页。

义社会的某些经济规律的原则的表述。此外，还阐明了适用于一切社会经济形态的一般经济规律和适用于某几个社会经济形态的共同规律（主要是商品生产与交换的规律——价值规律）。

《资本论》对资本主义复杂的经济结构中的经济规律体系作了科学的阐述，揭示了生产、交换、分配、消费各个领域中起作用的经济规律的相互作用，特别是阐明了剩余价值规律的主导和决定性的作用。因此《资本论》的理论体系的重要特色是：它不是把资本主义经济中的各个客观经济规律一个个并列起来，孤立地加以说明，或是主观任意地加以串联，而是按照资本主义经济固有的本质联系与内在的结构，按照经济规律客观存在的相互作用，有主有从地、条理分明与脉络清楚地阐明了资本主义生产方式中的经济规律体系和作用机制。正是由于对上述经济规律体系的发现与科学地阐明，才使《资本论》成为一部真正科学的政治经济学教程。

《资本论》的作者要求人们不是客观主义地和自然主义地来对待经济规律，而是要以关于社会发展规律的科学理论来武装无产阶级，增强他们运用与驾驭经济规律的能力。马克思在《资本论》这部巨著中，以系统的理论，细致而周详地分析阐明了资本主义必然为社会主义所取代的客观规律，其目的正是为了使无产阶级认清世界社会主义革命胜利的必然性，坚定他们进行革命的决心和信心。《资本论》以不可辩驳的科学理论，揭示经济规律的客观性，旨在加强无产阶级遵循与运用客观规律的自觉能动性，这充分体现了马克思主义政治经济学的科学性与革命性相统一的特色。

可见，任何一门科学，如果没有规律的概念，离开了对规律的阐明，便不能成为科学；如果没有经济规律的概念，离开了客观经济规律的阐明，便没有科学的马克思主义政治经济学。而十分重视经济规律这一范畴，强调经济规律的客观性，强调要运用科学的研究方法去发现客观经济规律，便成为马克思主义政治经济学的重要特点。

（二）经济规律的特点——作为趋势的规律

马克思把辩证唯物主义关于事物的共性与个性的理论，运用于分析客观规律的作用形式，阐明了经济规律的特点。基于马克思的唯物主义哲学，任何规律，不论是自然规律或是社会经济规律，均是一种不以人们意志为转移的客观过程的必然性，并且以事物、事件之间的不断重复的联系，即"铁一样的必然性"而呈现出来，这就是规律作用形式的共性。这种规律作用形式的共性，是世界统一的物质性的表现。另一方面，根据马克思的辩证唯物主义，客观世界各个不同领域的规律的作用形式又有其特点。例如，自然物质领域与人类社会领域，由于它们各具有特殊性质的物质存在，因而这些不同领域的客观过程的必然性得到实现的具体形式是有差别的，这就是说，存在规律作用形式的特性。而这种规律作用形式的特点，正是统一的物质世界内部的差别性的表现。可见，按照辩证唯物主义，人们应该既看到科学规律的本质规定，把一切科学规律归结为不以人们的意志为转移的客观过程的本质联系，同时，人们又不能把自然的规律与社会规律（包括经济规律）视为是毫无差别的，特别是人们要看到经济规律不同于自然规律的特点。大体说来，在自然物质世界起作用的自然规律，乃是一种带有严格的与精确的确定性的自然进程，这个领域中的物质运动的客观必然性，是通过具有数学精确性的形式表现出来的。无论有关力、声、光、电等领域的规律，还是宏观的星体运动的规律、微观的原子结构内部运动的规律，这些规律的作用，均是可以用精确的数字来加以表现的。如：落体的规律表明了某一物体按 $9.8\text{m}/\text{s}^2$

的加速度向地面坠落的必然性，水的沸腾规律表明了水在100℃时由液体形态转化为气体的必然性，铀原子的规律表明了铀^{235}在裂变的情况下释放出核能的必然性，等等。总之，自然物质的变化与运动，体现了一种极其精确的严格的、几乎无误差的客观必然性。

但是，在社会经济领域中实现的客观必然性，却是具有作为趋势的规律的特点。由于社会是由具有意志、愿望与利益的个人、集团与阶级组成的，由于在社会生活中体现了人的主观能动的因素，由于体现了人的作用的社会经济活动往往互相矛盾、冲突，以及由于复杂的经济生活中存在作用互相抵消的因素，因而社会经济过程中，某种作用总是与反作用并存的。正如马克思在论述利润率趋向下降的规律时说，"必然有某些起反作用的影响在发生作用，来阻挠和抵消这个一般规律的作用，使它只有趋势的性质"[1]。社会经济生活的上述特点，决定了社会经济关系的发展变化固然也体现出不以人们意志为转移的必然性与规律性，但是这种必然性却不具有上述自然界中物质变化的精密严格的形式，而往往采取迂回曲折的形式，在许许多多的偶然性、误差与偏离中开辟道路。物理学中关于落体的规律可以在一个实验场地得到再现和求得验证，但是经济规律要求的"绝对的实现"[2]却是很难在现实经济生活的每一个场合都表现出来。如就支配商品生产和交换的规律来说，商品按照社会必要劳动量进行交换的必然性，正是在日常的价格偏离价值的偶然性中，以一种趋势——用数学的概念是一种平均数——而表现出来。资本主义经济中同量资本占有等量利润的规律（平均利润规律），是在市场价格围绕生产价格上下波动，

---

① 《马克思恩格斯全集》第25卷，人民出版社，1974年，第258页。
② 《马克思恩格斯全集》第25卷，人民出版社，1974年，第261页。

从而实际利润经常地发生大于或小于平均利润的偏差中表现出来。就价值规律来说，如果以日常的、个别的商品交换关系来看，那么，它往往并不是按照社会必要劳动时间来进行交换，甚至还可能出现相当大的对规律要求的偏离，从而显示出规律的"不实现"。但是在大量的、长期的交换中，商品按照价值进行交换都是以铁一样的必然性表现出来，从而使价值规律表现为一种趋势，即通过一定范围的偏离而实现的必然性。马克思主义的经典作家根据上述社会规律或经济规律分外鲜明地表现为寓于偶然性中的必然性的特点，将它称为"内部的隐蔽着的规律"[①]。

马克思在他的著作中，特别是在《资本论》中深刻论述了经济规律以趋势形式而表现的这一特征，提出了作为趋势的规律的概念。他说："在整个资本主义生产中，一般规律作为一种占统治地位的趋势，始终只是以一种极其错综复杂和近似的方式，作为从不断波动中得出的、但永远不能确定的平均情况来发生作用。"[②] "象一切经济规律一样，要当作一种趋势来看。"[③] "一切经济规律只是那些逐渐为本身开拓道路而且相互交错的趋势的表现。"[④]指出经济规律发生作用的形式是一种"永远不能确定的平均情况"或数学上的"近似值"即"趋势"，这样就阐明了社会规律区别于自然规律的特点。弄清了经济规律这一特点，人们才能发现较之自然物质世界更加充满了偶然性与显得杂乱无章的社会经济生活，也是由客观规律所支配的，从而确

---

① 恩格斯：《路德维希·费尔巴哈和德国古典哲学的终结》，见《马克思恩格斯选集》第4卷，人民出版社，1972年，第243页。

② 《马克思恩格斯全集》第25卷，人民出版社，1974年，第181页。

③ 《马克思恩格斯全集》第25卷，人民出版社，1974年，第195页。

④ 《马克思恩格斯〈资本论〉书信集》，人民出版社，1976年，第525页。

立起社会经济生活的客观经济规律决定论的科学观点。

必须指出，把经济规律作为趋势的规律并不意味着对客观的经济必然性的任何低估，更不是说经济的"趋势"可以听随人意地加以改变，甚至为人们的主观力量所取消。当代西方资产阶级经济学家，为了宣扬《资本论》的基本理论和基本规律过时论，他们大肆歪曲马克思对"趋势"的规律的科学论述，把趋势与规律对立起来。如英国工党理论家斯特拉彻在《现代资本主义》一书中，对经济规律作了形而上学的解释，他宣扬经济规律必须是它要求在经济生活中得到绝对的实现的必然性，如果规律的要求在经济生活中要通过某种偏差，以某种平均数方式而实现，就只能说是倾向而不能算是经济规律。他就是以此为理由，否认有劳动决定价值的规律，他说："商品归根结底倾向于并且大体上接近于，按照它们所含有的社会必要劳动的人——时数目进行交换的。它们远不是不变的和固定的规律，在短期内既非如此（因为供需的变化），甚至在长期间的倾向也不恰正如此（因为在生产中使用的资本量不同）。看来非常清楚，我们所涉及的是广泛的一般倾向，而不是不变的规律。"[1]斯特拉彻等所以要在"趋势"上大做文章，其目的在于用"趋势"和"倾向"来取消经济规律的客观性，把它说成是可以为人力所改变与存废的东西。约翰·斯特拉彻说，"马克思的'规律'已成为对确实存在于这个制度之中的一种趋势的说明，但这种趋势会表现自己，或会被废弃。经验表明，它会被参与其事的人们废弃"[2]。可见，西方经济学家所以要肆意歪曲马克思关于作为趋势的规律的论述，其目的正在于想由此否定马克思所阐明的价值规律、剩

---

[1]　约翰·斯特拉彻：《现代资本主义》，上海人民出版社，1960年，第93页。

[2]　约翰·斯特拉彻：《现代资本主义》，上海人民出版社，1960年，第92页。

余价值规律、资本主义积累的一般规律等经济规律，借口他们宣称的倾向可以人为地废弃，来否定资本主义为社会主义所取代的"自然规律"，以便为资本主义的永世长存作理论的辩护。

实际上，马克思关于经济规律要当作一种趋势来看的论述，乃是指规律发生作用的具体形式，是指经济必然性借以实现的特殊形式，即通过对规律要求的背离借不实现而实现。经济规律的要求与作用得到贯彻的这种特殊方式，正表明了社会经济生活的复杂性，——它比有生命的生物生理机制还要复杂得多——，表明了社会经济（运转）机制所具有的活跃性——这是社会经济机制不同于机械的运行机制的特点，同时也表明了经济必然性要通过更多的偶然性而实现，但它并不改变经济规律在经济生活中的铁的必然性的本质。正是如此，马克思一方面论证了价值规律要以趋势来实现其要求，另一方面又强调了价值规律是铁的必然性。他说："在私人劳动产品的偶然的不断变动的交换关系中，生产这些产品的社会必要劳动时间作为起调节作用的自然规律强制地为自己开辟道路，就象房屋倒在人的头上的重力定律强制地为自己开辟道路一样。"[①]马克思在论述资本主义积累的一般规律时，指出资本积累所固有的财富在资产者一方的积累与贫困在无产者一方的积累的规律，"在实现中也会由于各种各样的情况而有所变化"[②]，但是同时他又把这一经济必然性称之为绝对的、一般的规律。可见，马克思关于把经济规律作为一种趋势来看的论述，一点也不意味着经济领域与过程中不存在它固有的、不以人们的意志为转移的客观必然性。恰恰相反，马克思关于经济规律的理论，既强调了经济过程中存

---

① 《马克思恩格斯全集》第23卷，人民出版社，1972年，第92页。
② 《马克思恩格斯全集》第23卷，人民出版社，1972年，第707页。

在的如"自然规律"一样的客观必然性，又指出了社会经济生活中的必然性得以贯彻和表现的特殊形式，因而，这样的对经济规律的论述，真正体现了辩证唯物主义与历史唯物主义的世界观与方法论。

（三）研究经济规律必须使用科学的抽象法

客观世界各个不同领域的对象的性质以及规律发生作用的形式的特点，决定了科学研究方法的特点。如自然物质对象的性质及其规律作用的精确表现形式，决定了自然科学中除了那种最抽象的规律、原理、法则，如牛顿力学、爱因斯坦相对论、量子力学等的基本原理而外，其他涉及自然物质许许多多的个别领域、个别方面的规律，均可以借助直观而发现或用实验手段加以测定出来，因而在自然科学领域中，实验的方法乃是发现规律或者说起码是发现那些不属于高度抽象规律范围的许许多多规律的有效工具。但是要发现经济规律，自然科学的实验方法是无能为力的，社会生产关系领域中这种通过大量偶然性、迂回曲折性表现出来的内在必然性与规律性，则只能通过科学抽象法来发现。只有运用逻辑思维的抽象力，舍去经济关系中的种种外在的与偶然的因素，在纯粹的形态上进行分析与考察，才能抽取与揭示出经济关系变化与运动的规律。

不懂得科学抽象法和缺乏抽象力的资产阶级经济学家，在理解资本主义商品经济形态的经济规律面前，显示出了他们知识的浅薄，他们不能剔除呈现在人们眼目中的现实经济生活中的偶然性的外观，以显示出和把握住它的必然性的内容，他们就只能对复杂的、充满变易性的经济运动的进程作自然主义的描述，在事物的"表象中兜圈子"，从而把社会生产关系的发展变动当作是杂乱无章的，甚至根本否认有规律的存在。

例如，在对商品经济的基本规律——价值规律的认识上，自从古典政治经济学达到在资产阶级的视野所能允许的最高科学界限以后，一直是每况愈下的。古典经济学家的代表李嘉图利用抽象法已经区分了价格与价值，并且把价值归结为商品生产中耗费的人类劳动，论证了按照价值交换是商品经济的规律。对价值概念的抽象，并把价值概念作为基本范畴和作为基本线索来贯穿于政治经济学的研究中，是李嘉图对政治经济学的方法的重大贡献。它表现出李嘉图卓越的抽象思维能力。但是李嘉图的方法是以形而上学为基础的，它缺乏辩证逻辑和区分现象与本质的辩证法，不懂得经济规律要通过偶然性的现象形式来为自己开辟道路，因而，它不能把市场价格在对价值的不断背离中的趋向与接近价值，提高到价值规律的必然表现形式与实现机制上来认识，反而有意无意地把它当作是价值规律的违反。正是在认识与对待价值规律上的形而上学立场，使李嘉图把投于有机构成不同部门的资本要取得平均利润，从而商品要按照生产价格出售当作是价值规律的违反，这就使他不能在理论上坚定地坚持劳动价值理论。

资产阶级庸俗经济学在方法论上摒斥科学抽象，从而停留在市场的表象上，把可以看见或感知的价格现象认为是真实的存在，而把抽象的价值概念说成是人们主观思维的产物，是一个"假设"，并且根本否认有价值规律。不少庸俗经济学家一方面宣扬价值虚无论，一方面致力于攻击马克思的价值概念，说价值完全不能说明实际生活中的价格范畴，说《资本论》第一卷的劳动价值论与第三卷的生产价格理论存在矛盾，甚至说价值概念是马克思的德国的思维方式所强加于实际的，是莫须有之物。洛里亚就说："价值不外是一个商品和另一个商品相交换的比例，所以单是商品的总价值这个观念，就已经是荒谬的，是胡说……"①他实际上宣扬"每一个商品有多少种价格，就有多少种价值"②。桑巴特在攻击马克思《资本论》中的价值概念时认为："价值在按资本主义方式生产出来的商品的交换关系中不会表现出来，价值在资本主义生产当事人的意识中是不存在的；它不是经验上的事实，而是思想上、逻辑上的事实。"③施米特也说：价值规律是"为说明实际交换过程而提出的科学假说"④。甚至德国社会民主党的伯因斯坦也重复资产阶级经济学家的这些滥言，说价值纯然是"主观的虚构"。

20世纪以来，随着资本主义生产方式的基本矛盾的越发深化，在理论上越加庸俗化的当代西方资产阶级经济学家显示出他们的轻视抽象思维和力图取消价格概念的实用倾向。用物量的数学关系的分析取代生产关系的抽象的理论分析，用关于均衡价格决定的公式与模式的设计与推导，来代替以价值概念为基础的对资本主义经济规律的研究与分析，业已成为当代西方经济学中流行的方法。在20世纪70年代西方经济学中掀起的一次关于《资本论》中的"转形问题"的大讨论，以萨缪尔森为代表的经济学家们，就通过商品中劳动投入的烦琐的数学计算，以卖弄他们的博学和他们使用的数学分析工具与方法的"先进"。而这一场讨论的主题却在于攻击马克思的劳动价值论，如萨缪尔森就大肆宣扬"'价值'计算是完全不必要的而且是毫无结果的混乱"⑤。

---

① 《马克思恩格斯全集》第25卷，人民出版社，1974年，第1009页。

② 《马克思恩格斯全集》第25卷，人民出版社，1974年，第1010页。

③ 《马克思恩格斯全集》第25卷，人民出版社，1974年，第1011~1012页。

④ 《马克思恩格斯全集》第25卷，人民出版社，1974年，第1013页。

⑤ 《马克思恩格斯的理解问题》，美国《经济文献季刊》1971年第6期。

　　价值范畴乃是一个极其抽象的政治经济学范畴，李嘉图曾经说：在政治经济学"这门科学中，造成错误和分歧意见最多的，莫过于有关价值一词的含糊观念"①。自亚里士多德以来，人们对价值范畴作出了种种说明，但是并未达到科学的理解。马克思说："两千多年来人类智慧在这方面进行探讨的努力，并未得到什么结果。"②马克思将认识价值范畴的科学内涵的艰难，归之于运用抽象力的困难。他说："为什么会这样呢？因为已经发育的身体比身体的细胞容易研究些。并且，分析经济形式，既不能用显微镜，也不能用化学试剂。二者必须用抽象力来代替。"③西方庸俗经济学中所以流行着用价格概念来取代价值概念和用价格决定的范畴来代替价值规律的思潮，固然是出于特定的政治上的需要：掩盖资本榨取剩余价值的关系。但它还有其认识论上的根源，即西方经济学变本加厉地摒弃了抽象法和取消了对生产关系的理论分析；变本加厉地采用了庸俗的在表象上兜圈子的方法。

　　第一，在商品经济中，价格不是固定不变的，而是随着供求变动而变动的，对这种市场价格的决定，有两种不同的研究方法与两种不同的价格决定。但价格决定的唯一因素是价值。马克思说："在政治经济学上必须假定供求是一致的。为什么呢？这是为了对各种现象要在它们的合乎规律的、符合它们的概念的形态上来进行考察；也就是说，要撇开由供求变动引起的假象来进行考察。"④马克思就是通过抽象出一个纯粹的交换，从而揭示了商品价格决定于价值——社会必要劳动时间——的规律，一种不受外在因素的干扰的纯粹的交换价格的

---

① 大卫·李嘉图：《政治经济学及赋税原理》，商务印书馆，1962年，第9页。
② 《马克思恩格斯全集》第23卷，人民出版社，1972年，第7页。
③ 《马克思恩格斯全集》第23卷，人民出版社，1972年，第8页。
④ 《马克思恩格斯全集》第25卷，人民出版社，1974年，第212页。

决定的规律。马克思说："商品流通就它只引起商品价值的形式变换来说，在现象纯粹地进行的情况下，就只引起等价物的交换。"[①] "商品交换就其纯粹形态来说是等价物的交换。"[②]

第二，舍象了短期的价格决定而考察一个长期的价格决定。在商品经济中，就某一个短时期来说，市场商品总会表现为供大于求或是供不应求，因而短时期内的价格就会表现为价格高于价值或低于价值。显然，这是在干扰性因素起作用下的价格决定，而不是价格决定的本质与规律。因为，就一个较长时期来说，这些干扰因素就会互相抵消。"因为这些不平衡会彼此接连不断地发生，所以它们会由它们的相反的方向，由它们互相之间的矛盾而互相平衡。这样，虽然在任何一定的场合供求都是不一致的，但是它们的不平衡会这样接连发生，——而且偏离到一个方向的结果，会引起另一个方向相反的偏离，——以致就一个或长或短的时期的整体来看，供求总是一致的。"[③]因此，马克思就舍象了短期的价格背离价值的现象，而着眼于考察长期的价格决定，发现与揭示了长时期内的交换中价格决定于社会必要劳动——价值的规律性。马克思在论述政治经济学研究中把价格还原为价值的思维抽象方法的意义时说"这种还原决不单纯是一种科学的手续。市场价格的不断波动，即它的涨落，会互相补偿，彼此抵消，并且还原为平均价格，而平均价格是市场价格的内在规则。这个规则是从事一切需要较长时间经营的企业的商人或工业家的指南。所以他们知道，就整个一段较长的时期来看，商品实际上既不是低于

---

① 《马克思恩格斯全集》第23卷，人民出版社，1972年，第180页。

② 《马克思恩格斯全集》第23卷，人民出版社，1972年，第180~181页。

③ 《马克思恩格斯全集》第25卷，人民出版社，1974年，第212页。

也不是高于平均价格，而是按照平均价格出售的"①。

第三，舍象个别的价格决定而考察大量的价格决定。在商品经济中，由于竞争与生产无政府规律的作用，个别生产者拥有的生产条件与面对的市场条件总是不相同的，有的人商品供过于求，有的人商品供不应求，从而有的商品抬价出售，有的降价以售。因而，对个别的价格决定（这里指短时期的）来说，价格与价值的一致往往是一种偶然性，而价格的背离价值却是一种常规。显然，这种个别的短时期的价格决定，只不过是一种表象，而不是价格决定的本质。马克思阐明了在大量的商品交换中，个别生产者的商品价格的上涨与下跌总是互相抵消的，从而使客观的价格决定显示出与价值相一致的规律性。马克思在论述利润平均化使有机构成不同的部门有的生产价格高于价值而另一些则低于价值时，他从各个部门的总商品的价值的角度，论证了商品生产价格总和与价格总和的一致。他说："如果把社会当作一切生产部门的总体来看，社会本身所生产的商品的生产价格的总和等于它们的价值的总和。"②可见马克思采用宏观的分析方法，着眼于商品交换的大量现象，发现与揭示了价格决定于价值的规律。

列宁精辟地论述了政治经济学使用抽象法从日常的、大量的、偶然的交换关系中，概括出价值规律的理论认识的过程。"既然价格是交换关系，那就必然会了解在个别的交换关系同经常的交换关系之间，在偶然的交换关系同大量的交换关系之间，在暂时的交换关系同长时间的交换关系之间所存在的区别。既然如此（无疑是如此），我们就必然要从偶然的和个别的交换关系提升到稳固的和大量的交换关

---

① 《马克思恩格斯全集》第23卷，人民出版社，1972年，第189页注（37）。
② 《马克思恩格斯全集》第25卷，人民出版社，1974年，第179页。

系，从价格提升到价值。"[1]

总之，马克思对商品交换及其价格决定所采取的纯粹形态的分析、从长时期着眼的分析以及宏观的分析等研究方法，正是运用价值理论中科学抽象法的体现。由于运用了这一科学的方法，才使人们有可能排除商品交换中的许多干扰因素与偶然性，透过各种使人迷惑的现象与假象而发现与揭示调节商品交换的比例和价格决定的隐蔽的"内在规律"——价值规律。

列宁指出："价格是价值规律的表现。价值是价格的规律，即价格现象的概括表现。"[2]从价格中"提升"（如列宁所论述）与抽象出价值概念与价值规律正是运用抽象思维来分析商品交换的科学成果。古典学派解体后，资产阶级政治经济学的庸俗化的重要表现是取消价值概念和否认价值规律。在庸俗经济学的视野中，只有变易不定的价格而没有稳定的价值，他们以实际交换关系中价格背离价值为理由来取消价值概念和否认价值规律。洛里亚就是借交换价值与价值的不一致而否认价值概念，他说："任何一个稍有点理智的经济学家都不会，而且将来也不会去研究这样一种价值，商品既不按照它来出售，也不能按照它来出售。"[3]萨缪尔森也说："竞争价格比率与物化劳动量是不一致的"，他宣称马克思的价格概念只不过是他使用的"黑格尔的方法"的产物，认为它对于理论分析是"不必要的，只能令人困惑，最好放弃它"[4]。当代西方庸俗经济学所以越来越陷入价值虚无论的泥潭，从方法论说，由于它是采取形而上学的方法，停留于市场

---

[1] 《列宁全集》第20卷，人民出版社，1958年，第195~196页。

[2] 《列宁全集》第20卷，人民出版社，1958年，第194页。

[3] 《马克思恩格斯全集》第25卷，人民出版社，1974年，第1006页。

[4] 《马克思恩格斯的理解问题》，美国《经济文献季刊》1971年第6期。

的表象上，缺乏抽象思维能力。正如马克思所说："在这里将指出庸人和庸俗经济学家的这种看问题的方法是怎样产生的：由于反映在他们头脑里的始终只是各种关系的直接表现形式，而不是它们的内在联系。情况如果真象后面说的这样，那么还要科学做什么呢？"①

西方庸俗经济学家以日常市场交换中价格的变动不居，特别是用当代资本主义经济中的更加复杂的价格形式——包括垄断价格的各种形式及一般竞争价格形式——为借口来否认价值概念，用价格对价值的偏离来否认价值规律的客观存在，他们想建立一个没有价值论的现代经济学理论体系，这种情况表现了资产阶级政治经济学的危机的深化。像萨缪尔森这样的西方经济学家，他们出于为资本主义制度进行辩护的目的，变本加厉地采用了在表象上兜圈子的方法。例如在价值决定问题上，他们一方面不厌其烦地设计各种各样的精巧的价格决定方程式和数学模式，另一方面，他们千方百计地攻击劳动价值论，甚至主张取消价值概念，他们把马克思主义的科学抽象法说成是黑格尔式的"主观虚构"。实际上，他们一点也不懂得，从变动不居的价格现象概括出的价值概念乃是政治经济学科学理论的重要开端，抽象的价值概念的形成，标志着人们的认识深入到交换价值的里层，把握到了价格决定的内在的本质与规律。正如列宁所说："物质的抽象，自然规律的抽象，价值的抽象及其他等等，一句话，那一切科学的（正确的、郑重的，不是荒唐的）抽象，都更深刻、更正确、**更完全地**反映着自然。"②恩格斯在评论把价值规律看作是简单的虚构的错误观点时也指出：这"涉及从现实观点来看的一切概念。……这两者，即一

---

① 《马克思恩格斯〈资本论〉书信集》，人民出版社，1976年，第219页。
② 《列宁全集》第38卷，人民出版社，1959年，第181页。

个事物的概念和它的现实，就象两条渐近线一样，一齐向前延伸，彼此不断接近，但是永远不会相交"①。尽管就每一件具体的现实的交换关系与价格确定来说，它与按照价值交换的要求还不是完全一致或许永远不会一致，但是借助价值概念与价值规律，人们都能在市场价格不断变动的迷宫中，发现一切商品价格与价值不断接近、不断契合的必然性，因而作为马克思使用的科学抽象法所确立的价值概念，并不是离现实更远，而是从理论上把握住了商品生产关系的本质联系，从而成为政治经济学的科学原理。而某些西方经济学家宣扬的所谓不需要价值概念的价格决定理论和没有价值论的现代政治经济学，只不过是把对事物表面联系的支离破碎的描述，说成最新科学罢了。

---

① 《马克思恩格斯全集》第39卷，人民出版社，1974年，第408页。

对资本主义经济的本质联系
的全面分析

一、对资本主义经济的本质联系与运动规律的分析

《资本论》这部著作的最重要的特点，是它的彻底的科学性，它自始至终着眼于分析资本主义经济的内在的本质联系与运动规律。因此，在学习与研究《资本论》的方法时，就自然地要十分重视《资本论》中体现的全面分析与揭示经济关系、经济过程本质联系的方法。

马克思和恩格斯创立的辩证唯物主义，深刻地阐明了无论是自然界、人类社会还是人们思维的运动，都不是偶然的、杂乱无章的，而是有其内在秩序的、合乎规律的。规律，乃是事物的内在的、本质的联系。它区别于事物由外部的、偶然性的因素所引起的变动，它总是要通过事物发展变化过程中持续的重复性即不以人们意志为转移的客观必然性而表现出来。马克思说："规律——我指的是两个表面上互相矛盾的事物之间的这种内在的和必然的联系。"[1]揭示各门学科的

---

① 《马克思恩格斯全集》第25卷，人民出版社，1974年，第250页。

对象——客观世界或主观世界的一定领域——的运动规律，乃是科学研究的任务。如果不能深入到事物内部，揭示事物内部的、本质的联系与事物发展变化规律，而只是停留在事物外部现象的描述上，或历史事件的叙述与罗列上，就说不上是科学。正是如此，规律成为近代自然科学中的重要概念。随着17世纪以来自然科学的发展，以自然物质进程的精确无误的严格因果联系形式表现的必然性的一系列自然规律，就被揭示出来并得到了阐明。特别是牛顿对于力学定律的阐明，标志着近代自然科学发展的新时期的到来。而19世纪达尔文的进化论对于物种演变规律的阐述，更使生物学成为一门科学。

自然物质世界以及生物发展运动的规律性，易于为人们所了解。但是，社会现象的变动是不是也是有规律的？特别是社会经济现象的变动与经济发展进程是否也是从属于客观规律的？对于这个问题，由于社会历史学与经济学研究中长期占统治地位的是历史唯心主义，因而迄至马克思主义产生前，都是未曾得到解决的。如资产阶级历史学，以人类行为的有意识的性质为借口，宣扬社会生活从属于变动不居和充满偶然性的人的意识、思想、欲望，宣扬社会生活受偶然性的统治，否认社会活动与历史发展的规律性。这种情况使历史学科长时期内在黑暗中徘徊，未能进入科学的门槛。

18世纪末19世纪初，资产阶级古典经济学家对政治经济学做作出的科学贡献，在于他们在一定程度内使用抽象法"深入研究资产阶级制度的内在联系，可以说是深入研究资产阶级制度的生理学"[1]。作为上升期的资产阶级的理论代表的古典经济学家，他们看到了资本主义经济关系的某些个别方面、侧面的规律性，探寻与阐述了支配商品交

---

[1] 《马克思恩格斯全集》第26卷 II，人民出版社，1973年，第182页。

换与生产领域的价值规律，和通过不确切、不科学的范畴在一定程度上论述了剩余价值的生产与分配的规律。但是由于他们的资产阶级立场和他们的历史唯心主义、形而上学的方法论，以及由于他们不能使抽象法进一步完善，形成科学抽象这一分析研究经济结构的工具，因而他们不可能深入资本主义经济机体的里层，科学地分析它的内在结构和揭示它的运动规律。例如古典经济学家尽管承认资本主义经济某些方面的规律性，却从根本上否认资本主义生产关系产生、发展和必然灭亡的规律，他们宣称资本主义制度是人类历史上的自然秩序，是万古长存的。

马克思创立的历史唯物论，深刻地论述了社会历史发展是一个有规律的进程。更具体地说，是一个生产关系要适应生产力性质的变化而变化的过程，同时又是一个上层建筑要适应经济基础的变化而变化的过程。对于社会历史发展的一般规律，马克思在1859年的《〈政治经济学批判〉序言》中已经作了最简括、精要和经典性的阐述。而在《资本论》中，马克思根据辩证唯物主义关于世界发展的合乎规律性的基本原理，深刻而透彻地阐明了资本主义社会经济形态——它是人类历史上最复杂、乍一看来最混乱最不容易理出头绪与认识的社会经济形态——的经济关系与经济过程的发展，并不是杂乱无章的、为偶然性所支配的王国，而是一个有着严整秩序的、合乎规律的进程。

把充满偶然性因素、充满各种矛盾与冲突以及千变万化的与自然和盲目发展的商品资本主义经济形态，当作是受经济规律支配的过程，这是《资本论》的全部的理论分析的一个基本出发点。经济发展的合乎规律性的科学原理，贯穿于整个马克思主义政治经济学的理论体系之中。

马克思把辩证唯物主义关于规律的范畴运用于社会经济领域，科学地阐明了经济规律是经济关系与过程内部的、本质的联系，它体现了经济关系与过程的发展变化的客观必然性。马克思把由于存在自发性的市场机制而显得空前杂乱无章的资本主义经济的发展，当作是一个由客观经济规律所支配的"自然的发展阶段"[1]，并指出它是"不能用法令取消的"[2]。他指出了《资本论》的"最终目的就是揭示现代社会的经济运动规律"[3]，正如考夫曼对《资本论》的评述中所指出："马克思把社会运动看作受一定规律支配的自然历史过程，这些规律不仅不以人的意志、意识和意图为转移，反而决定人的意志、意识和意图……"[4]

马克思在写作《资本论》时，他对资产阶级经济学不能深入到生产关系的里层，去把握经济规律的方法论的缺陷进行了彻底的批判，指出古典经济学不能坚持分析资本主义生产关系的内在联系的方法，而是经常地把经济关系的现象当作事物的本质。特别是他对资产阶级庸俗经济学用经济的外部的联系与现象形态的描述来代替经济规律的研究的庸俗方法进行了深入的批判，指出它只是把资产阶级当事人头脑中的浅薄的观念编造与打扮成"科学"规律。

"对资本主义生产过程的现实的内部联系的分析，是一件极其复杂的事情，是一项极其细致的工作；既然把可以看见的、仅仅是表面的运动归结为内部的现实的运动是一种科学工作，那末，不言而喻，在资本主义生产当事人和流通当事人的头脑中，关于生产规律形成

---

[1] 《资本论》第1版序言在许多地方马克思称社会经济的有规律的发展是"自然过程"。见《马克思恩格斯全集》第23卷，人民出版社，1972年，第11页。

[2] 《马克思恩格斯全集》第23卷，人民出版社，1972年，第11页。

[3] 《马克思恩格斯全集》第23卷，人民出版社，1972年，第11页。

[4] 《马克思恩格斯全集》第23卷，人民出版社，1972年，第20页。

的观念，必然会完全偏离这些规律，必然只是表面运动在意识中的表现。商人、证券投机家、银行家的观念，必然是完全颠倒的。"①

马克思所创立的无产阶级政治经济学的重大的特色在于，它通过无比犀利的科学抽象法，舍象掉各种各样的干扰因素，通过对事物的现象形态的分析，深入到经济过程的内部和里层，揭示出关于社会经济结构，特别是关于资本主义经济结构的本质联系与"内在规律"。可以说，对资本主义经济中起支配作用的经济规律体系的极其深刻的和全面而周详的分析与阐述，是《资本论》这部巨著的理论内容。正是由于对客观存在的经济规律体系的发现，终于使资本主义经济的内在结构和生理机制昭然若揭，使资本主义经济发生、发展和灭亡的必然性第一次得到科学说明。

在马克思主义产生前，资产阶级历史学在方法论上否认社会发展的客观规律，它们立足于帝王将相、英雄人物的意志决定社会历史发展的唯心史观之上，而资产阶级政治经济学又否认资本主义经济形态的历史的、过渡性质，因而，在那时还未能有真正的历史科学与经济科学。

我们业已指出，一门学科由初创到最终的成为科学，在于有关它的对象的规律的发现与完备的科学规律体系的确立。政治经济学这门学科的发展也是这样的。正是由于《资本论》全面地揭示了资本主义经济机体的内在联系，发现了资本主义生产方式运动的机制和规律，从而使这部著作的创作完成了政治经济学发展史中的一次伟大的、历史性的革命变革，使政治经济学真正地成为一门极其严整的科学。

必须指出：在对资本主义经济的研究中，确立起经济规律的科学概念以及社会经济的发展从属于经济规律的观念，是要经历许多年艰

---

① 《马克思恩格斯全集》第25卷，人民出版社，1974年，第349～350页。

苦的研究才能作出的理论概括。众所周知，作为政治经济学研究对象的社会生产关系较之自然物质对象或生物机体来说，它表现为一种非物质性和非直观性的客观存在，是一种生产的"内部组织"①。人们在考察与认识社会生产的"内部组织"、探寻它的运动机制时，不能用解剖刀与化学试剂，而只能凭借逻辑思维的"抽象力"，这种情况决定了发现经济规律是一种极为艰难的理论创造。就社会生产关系来说，研究商品性生产关系比研究自然经济的生产关系要困难得多。因为，自然经济中劳动产品不采取商品形式，"劳动和产品也就用不着采取与它们的实际存在不同的虚幻形式"②。这样"人们在劳动中的社会关系始终表现为他们本身之间的个人的关系，而没有披上物之间即劳动产品之间的社会关系的外衣"③。因而，"在那里，人们同他们的劳动和劳动产品的社会关系，无论在生产上还是在分配上，都是简单明了的"④。以自然经济为基础的社会生产与分配的内在联系，往往是比较清楚而易于辨认的，甚至具有自明的性质。在商品经济中，人们之间的生产关系就采取了物与物的关系的形式，如商品生产者的劳动的社会性，却是表现为生产物——商品——所具有的价值对象性，在这种情况下，人们就会"把人们本身劳动的社会性质反映成劳动产品本身的物的性质，反映成这些物的天然的社会属性，从而把生产者同总劳动的社会关系反映成存在于生产者之外的物与物之间的社会关系"⑤。这种形式具有本末颠倒的、虚幻的形式，即马克思所说的"拜

---

① 《马克思恩格斯全集》第25卷，人民出版社，1974年，第939页。

② 《马克思恩格斯全集》第23卷，人民出版社，1972年，第94页。

③ 《马克思恩格斯全集》第23卷，人民出版社，1972年，第94页。

④ 《马克思恩格斯全集》第23卷，人民出版社，1972年，第96页。

⑤ 《马克思恩格斯全集》第23卷，人民出版社，1972年，第88~89页。

物教性质"。而在资本主义商品经济中，生产关系的拜物教性质变本加厉地发展，现象与本质的本末颠倒更发展到最高峰。"在资本主义生产方式下和资本这个资本主义生产方式的占统治的范畴，起决定作用的生产关系下，这种着了魔的颠倒的世界就会更厉害得多地发展起来。"①如：在资本主义经济中，体现在生产过程中的资本对剩余价值的剥削却是为流通领域的商品贱买贵卖所掩盖；资本家对无产者剩余劳动的无偿占有却是为商品劳动力按照价值的虚假外观掩盖；在那里，资本靠吮吸无产者的剩余劳动而存在却表现为工人靠资本家的工资过活；资本对无产者的专横与奴役表现为劳动的自由；而生产过剩却表现为消费不足；因利润率下降而紧缩投资却表现为劳动者人口的过度增殖与绝对过剩。总之，在资本主义经济中，生产关系的内在本质与原来面貌是深深地被掩盖在歪曲的与颠倒的表现形式之中。资本主义商品经济这种特殊社会生产形式所独具的特点，不仅束缚着人们的思维，使人们不容易看清它的实质，而且在这种拜物教性质的生产关系下，自然而然地产生了那些从资产阶级当事人的立场出发的种种诸如利润是监督工资等皮相的经济观点，再加以庸俗经济学为向资本家献媚而曲意炮制的诸如资本—利润、劳动—工资、土地—地租等三位一体的理论，这样，以榨取剩余价值为核心的资本主义生产关系的内在结构就更被蒙上了资产阶级庸俗观念的层层迷雾。可见，要发现支配资本主义商品生产关系的运动规律，首先必须要有科学的研究方法，"工欲善其事，必先利其器"。在这里，首先要求创立与磨砺出用以排乱去纷、分析与把握经济关系的内在联系的思维工具与方法。

马克思基于资本主义商品生产关系的上述性质，特别强调了在政

---

① 《马克思恩格斯全集》第25卷，人民出版社，1974年，第935页。

治经济学研究中必须充分利用抽象力，善于区分现象与本质，穿透事物表面的外部的联系去发现和把握生产关系内在的本质的联系，要善于由经济关系的表层到里层，由现象到本质，由外在的联系到内部联系，由偶然的变动到内在的规律。马克思说："研究必须充分地占有材料，分析它的各种发展形式，探寻这些形式的内在联系。"①马克思指出："当庸俗经济学家不去揭示事物的内部联系却傲慢地断言事物从现象上看不是这样的时候，他们自以为这是做出了伟大的发现。实际上，他们夸耀的是他们紧紧抓住了现象，并且把它当作最终的东西。这样，科学究竟有什么用处呢？"②这种揭示生产关系的内在的本质联系即发现经济规律的方法，就是政治经济学的科学研究方法。《资本论》的作者在剖析资本主义经济的内在结构，发现与阐明它的运动机制中，自始至终就是把握着这一研究的方法，这也是当前我们在政治经济学研究（包括政治经济学社会主义部分的研究）中必须遵循的方法。而在《资本论》中，马克思以锐不可当的辩证唯物主义的科学抽象法，透过资本主义流通领域中劳动力等价交换的外观，揭穿了深藏在生产过程中的资本家白白占有工人剩余劳动的本质；透过收入分配领域中借贷资本家以利息形式分享一部分产业利润和土地所有者以地租形式分享一部分租地农场主的利润的外观，揭穿了资本主义社会各个有产者集团共同占有工人阶级创造的剩余价值的本质；透过商业资本、借贷资本的独立运动的外观，揭穿了它们的作为产业资本的派生形式的本质；透过资本积累、生产规模扩大、社会财富增长的外观，揭穿了无产者的就业机会的相对减少与他们的地位的恶化与贫

---

① 《马克思恩格斯全集》第23卷，人民出版社，1972年，第23页。

② 《马克思恩格斯〈资本论〉书信集》，人民出版社，1976年，第282～283页。

困化的本质，等等。总之，《资本论》正是在深入地分析资本主义经济机体的内在结构、内在矛盾与本质联系的基础之上，全面地阐明了剩余价值的生产、实现与分配的规律，以及与此密切相关的其他资本主义经济规律。

对经济规律作用形式不同于自然规律作用形式的特点的阐明，是马克思对政治经济学的科学方法论的一个重要贡献。

辩证法的精髓，乃是分析与把握各种各样事物的固有的特殊矛盾，也就是对具体事物进行具体的分析。《资本论》遵循辩证法的这一要求，一方面，论述了经济规律与自然规律的共性，它们都是客观事物与客观进程的内在的本质联系，是不以人们意志为转移的客观必然性；另一方面，《资本论》又根据作为社会现象的社会经济关系的特点，深入而细致地分析了经济规律作用的形式的特点，即它是通过许多偶然性与偏离而实现的一种趋势，因而是一种作为趋势的规律。

马克思曾经这样地批评资产阶级经济学对社会规律的形而上学的错误表述："穆勒——完全和李嘉图学派一样——犯了这样的错误：在表述抽象规律的时候忽视了这种规律的变化或不断扬弃，而抽象规律正是通过变化和不断扬弃才得以实现的。"①

在《资本论》第一版序言中，马克思指出了《资本论》的任务在于揭示"现代社会的经济运动规律"②，并将它称为"资本主义生产的自然规律"③。他指出这种经济规律乃是："以铁的必然性发生作用并且正在实现的趋势。"④在另一个地方，马克思说："象一切经济规律

① 《马克思恩格斯全集》第42卷，人民出版社，1979年，第18页。
② 《马克思恩格斯全集》第23卷，人民出版社，1972年，第11页。
③ 《马克思恩格斯全集》第23卷，人民出版社，1972年，第8页。
④ 《马克思恩格斯全集》第23卷，人民出版社，1972年，第8页。

一样，要当作一种趋势来看。"①在论述商品交换中价值规律"就象房屋倒在人的头上时重力定律强制地为自己开辟道路一样"②的不以人们的意志为转移的必然性时，马克思指出它是"在私人劳动产品的偶然的不断变动的交换关系中"③，即在交换比例不断偏离价值水准中实现的。

在论述部门内的竞争与商品按照市场价值售卖的规律时，马克思说："各种同市物价值相偏离的市场价格，按平均数来看，就会平均化为市场价值，因为这种和市场价值的偏离会作为正负数互相抵消。"④

在论述平均利润时，马克思指出："它仅仅作为……趋势存在。"⑤总之，马克思基于生产关系发展变动的特点把经济规律作为"通过这些偶然性来为自己开辟道路并调节着这些偶然性的内部规律"⑥。

为什么马克思提出作为趋势的规律的概念呢？这就有必要从自然规律（这里指自然科学的规律）与经济规律谈起。自然规律乃是自然物质过程固有的客观必然性，这是一种严格的、采取精确的数值来表现的必然性。如在一个大气压下，水在100℃沸腾汽化，在0℃时结冰，等等。只要排除了种种干扰因素——例如在实验室人工创设的条件中——上述具有的以确切的数值精确表现出来的自然必然性就会显现出来。自然科学的规律，就是这种极其严格、极其精确、几乎是无误差的客观必然性的理论反映，这一特点使自然科学成为一种精密的科学。而作为社会规律的经济规律来说，它是社会经济进程固有的客

① 《马克思恩格斯全集》第25卷，人民出版社，1974年，第195页。

② 《马克思恩格斯全集》第23卷，人民出版社，1972年，第92页。

③ 《马克思恩格斯全集》第23卷，人民出版社，1972年，第92页。

④ 《马克思恩格斯全集》第25卷，人民出版社，1974年，第212页。

⑤ 《马克思恩格斯全集》第26卷Ⅲ，人民出版社，1974年，第513页。

⑥ 《马克思恩格斯全集》第25卷，人民出版社，1974年，第936页。

观必然性，但是社会经济现象与过程变动的客观必然性却不能采取自然规律所固有的精确的实现形式，而往往要通过一定范围的"偏离"，通过各种各样的偶然性来开辟道路和实现它的要求，即借不实现来实现。这种情况使经济规律区别于自然规律。如价值规律在流通中表现为商品按照价值——社会必要劳动时间——进行交换，这是一种不可抗拒的经济的必然性。但是在资本主义商品经济中，日常的市场交换活动却并不是以等价交换这种纯粹的形式来实现。"因为这种规律只有在供求不再发生作用时，也就是互相一致时，才纯粹地实现。"①而在实际的经济生活中，供求是经常地不相一致，价格高于价值或低于价值的现象倒是经常发生的，但是从大量的和长期的交换来看，价值却表现为价格变动的不可更易的轴心。这里，等价值交换的要求是在许许多多的偶然性的价格偏离与误差中开辟道路，是作为一种趋势来实现的。

又如无产阶级贫困化的规律，表现为随着资本积累、生产规模的扩大伴随着资本有机构成的提高，从而形成相对人口过剩，使产业常备军转变为产业后备军，并且由此恶化工人的就业条件，使劳动力以低于价值的价格出售，恶化工人的劳动条件，使他们遭受更沉重的劳动折磨，从而造成工人生活状况的恶化。马克思把这种资本积累所带来的无产阶级的贫困化或工人状况恶化，称为资本主义的"绝对的、一般的规律"②。他又指出："象其他一切规律一样，这个规律在实现中也会由于各种各样的情况而有所变化。"③因为，在资本主义经济中随着资本积累，也会出现种种削弱与抑阻上述贫困化进程的因素，如

---

① 《马克思恩格斯全集》第25卷，人民出版社，1974年，第212页。

② 《马克思恩格斯全集》第23卷，人民出版社，1972年，第707页。

③ 《马克思恩格斯全集》第23卷，人民出版社，1972年，第707页。

消费品国内外市场暂时的扩大，技术进步跳跃式的发展，引起对生产资料的新的需要，等等。这些因素有可能引起总投资的增长程度超过有机构成的提高，从而暂时地缓和失业，甚至可能出现短时间的就业增长和实际工资的提高。因此，这些因素使无产阶级贫困化成为一个在长期中实现的趋势。把贫困化作绝对化的理解，把工人生活看作每日每时都在恶化，或者走向另一方面，完全否认工人生活的恶化趋势都是不正确的。

对于经济规律发生作用的特殊形式即经济关系运动的必然性之所以要以趋势的形式表现出来，马克思主义经典作家曾经作了深刻的论述。规律，乃是处于内在的联系之中的客观对象的相互作用的表现，是这些对象作为力而互相作用，从而形成合力的表现。自然规律乃是处在内在的、有机联系之中的相互作用的表现。对于那些无生命的自然对象来说，由于这种自然物质所体现的作用或力，表现为一种"不自觉的、盲目的动力"[①]，并且带有持久的不变性，是一种稳定的力，而作为它们的相互作用或合力，也就会采取某种确定的质态和形式。如只要给予H_2、O和其他必要条件，总是会确切无误地和毫无偏差地化合和形成水。只要在一个大气压之下，水加热到100℃就会汽化。而在社会经济领域中，由于制约着生产关系发展变化的各项经济因素总是涉及和体现为人的活动，尽管经济的人总是生产关系的人格化，人的生产、交换、分配与消费活动总是受客观经济条件制约的，但是它毕竟是"具有意识的、经过思虑或凭激情行动的、追求某种目的的

---

① 　恩格斯：《路德维希·费尔巴哈和德国古典哲学的终结》，见《马克思恩格斯选集》第4卷，人民出版社，1972年，第243页。

人"①的活动，是有意识的社会集团、阶级的活动，这就决定了社会经济活动具有某种自觉的能动性的因素。例如社会需求是决定于人们有支付能力的购买力，但是人们的消费习惯、心理、时尚等心理因素也是影响某种商品需求的现实因素，从而就使需求这一经济因素具有某种易变性。经济因素的这种能动性与易变性，使经济规律发生作用所必要的经济条件经常处在变动中，甚至由此产生一些干扰，从而使经济规律不可能取得纯粹的表现。如价值规律只有在供求相一致时才能取得纯粹的表现，而现实的经济生活中供求状况却总是变动不居，干扰着按照社会必要劳动时间进行交换的经济必然性，其结果就不能不使价值规律以近似的、平均数的形式来实现它的要求，这正是经济规律以作为趋势的规律来表现的原因。

总之，马克思对经济规律作为趋势来实现这一特点的分析，具有重要的科学意义。马克思一方面深刻阐明了经济规律的客观性，揭示了极其复杂的、多变的、充斥着偶然性的社会经济关系的运动是从属于不以人们的意志为转移的经济规律的支配。这样就阐明了社会经济关系的发展变动，是与自然物质世界的变动一样，乃是一个有规律性的自然进程。另一方面，马克思深刻地阐明了具有自觉能动因素与更多的偶然性因素的经济过程的特征，指出它是"受内部的隐蔽着的规律"即表现为"趋势"的规律的支配。马克思对经济规律的性质、特点的阐述，闪耀着唯物辩证法的光芒。马克思主义的经济规律理论，一方面是对西方资产阶级经济学借口经济生活与规律（作为纯粹的形式）的背离现象而否认有经济规律的历史唯心主义的致命打击，揭穿

---

① 恩格斯：《路德维希·费尔巴哈和德国古典哲学的终结》，见《马克思恩格斯选集》第4卷，人民出版社，1972年，第243页。

了资产阶级经济学否认经济规律存在的"理论"的要害，在于否认社会主义取代资本主义的历史必然性，在于把资本主义制度说成是永世长存的自然秩序；另一方面又是对把社会经济规律等同于自然规律的简单化理解的澄清。显然，那种把经济规律作用形式等同于自然规律的作用形式的浅薄理解，无助于人们去深入认识经济必然性实现的内在的复杂机制与特点，甚至还会陷入要么就是以纯粹形式起作用的经济规律，要么就不存在任何经济规律的错误观念，并最终导向怀疑经济规律存在的糊涂思想。

总之，马克思基于社会生产关系的特点而制定的关于经济规律的理论，进一步丰富了辩证唯物主义关于规律的原理，这一理论指明了认识、发现与阐明不以人们意志为转移的客观经济规律是经济学的任务，从而开拓了经济学的科学研究道路。

二、从阐明价值规律入手来阐明支配资本主义生产、交换与分配的规律

马克思称资本主义国家是"一个在价值上建立起自己的生产方式，进而按照资本主义方式组织起来的国家"[①]。在资本主义这一商品经济的最高形态下，价值规律这一"商品生产的基本规律"[②]起着普遍的制约作用，它支配着一切生产活动与一切交换活动，成为社会经济生活的最高调节器。作为资本主义生产本质的剩余价值生产，就是通过以价值规律为调节器的生产与流通的机制而实现的。正是如此，为了揭示剩余

---

① 《马克思恩格斯全集》第25卷，人民出版社，1974年，第963页。

② 恩格斯：《反杜林论》，见《马克思恩格斯选集》第3卷，人民出版社，1972年，第351页。

价值的规律，必须从支配商品生产运动机制的价值规律着手。在《资本论》中，对资本主义经济结构内在的本质联系的剖析，就是从对商品，特别是对商品的价值性以及对价值规律的分析开始的。

（一）对价值规律及其作用机制的科学说明

马克思在对资本主义经济的细胞——商品，进行深入的分析中，阐述了关于支配商品的生产与交换的价值规律的科学理论。但是马克思并不是一开始就给价值规律下定义，而是首先分析价值这一抽象概念，然后从抽象向具体上升，论述价值在生产中及在流通中的表现与作用，从而科学地阐明了价值规律的全部作用机制。但是这并不是说不存在和不需要研究价值规律的含义。《资本论》的有关论述表明，马克思主义经济学中的价值规律的含义是商品价值由生产中耗费的社会必要劳动决定，以及商品交换的比例由社会必要劳动时间决定。价值规律，体现了商品生产与交换的内在的本质的联系，它表明的价值决定及作为其表现形式的交换价值——商品交换比例——不是决定于各种偶然因素，即不是决定于个别生产者劳动的状况和个别劳动时间，也不是决定于市场上供求的状况，而是由商品生产中的社会平均必要劳动时间决定的。

价值决定乃是价值规律的首要内容，是商品的交换价值决定的基础。马克思主义基于辩证唯物主义分析事物内在的本质联系的方法论，不是从商品在交换领域中的条件与因素，而是从商品生产领域中的条件与因素去阐明商品的价值决定的根源。马克思阐明了正是生产商品中的抽象的人类劳动物化、凝结和形成了商品的内在的价值实体或"价值对象性"，而商品中耗费的和物化的社会必要劳动量就决定商品内在的价值量的大小。可见，探索商品价值的内在的本质，就必须透过交换领域深入到生产领域，就必须透过交换价值的决定机制，深入到更里层去揭示和阐明生产中的价值决定机制。

价值决定必须通过商品交换比例的决定而表现出来。尽管人们通过理论的分析，发现商品存在着它固有的内在的价值实体，发现后者是生产中的抽象人类劳动的耗费，但是这种内在的价值实体总是要表现为商品交换中的比例关系或交换价值。价值所以是一个客观的经济范畴，价值规律所以是一个客观的经济规律，正表现在市场上商品交换比例的不断变动（波动）总是围绕着某一固有的准线和轴心来进行的。如果说，价值决定只有通过科学抽象才能为人们所发现隐藏在商品生产关系里层的价值规律的作用，那么，商品交换比例关系的决定，就可以说是呈现在商品生产关系表层的价值规律的作用。这一作用通过市场价格所固有的波动中心而能为人们觉察出来。

马克思在阐明价值规律时，着眼于它的内在的生产价值决定这一作用机制。《资本论》在论述政治经济学喜欢引述的鲁滨逊的故事时指出，需要迫使鲁滨逊精确地分配自己执行各种职能的时间，他的账本"记载着他制造这种种一定量的产品平均耗费的劳动时间"[1]。马克思说："价值的一切本质上的规定都包含在这里了。"[2]正如恩格斯在论述《资本论》的价值规律理论时所指出的："马克思在这里所谈的，首先仅仅是关于商品价值的决定。"[3]另一方面，马克思又着眼于它的外在的交换价值决定的作用机制，指出，这是商品按照它们的价值进行交换的规律。他说：等价交换就是"商品交换的内在规律"[4]，

[1] 《马克思恩格斯全集》第23卷，人民出版社，1972年，第94页。

[2] 《马克思恩格斯全集》第23卷，人民出版社，1972年，第94页。

[3] 恩格斯：《反杜林论》，见《马克思恩格斯选集》第3卷，人民出版社，1972年，第237页。

[4] 《马克思恩格斯全集》第23卷，人民出版社，1972年，第188页。

"价值规律支配着价格的运动，生产上所需要的劳动时间的减少或增加，会使生产价格降低或提高"①。恩格斯也说："经济学家们说到价值的时候，指的是那种实际上在交换中确定的价值。"②这样就从商品经济的生产与交换的内在联系中，全面地阐明了价值规律的实质与发生作用的机制。

古典经济学家亚当·斯密不能将劳动价值论贯彻到底，他既提出了商品价值决定于生产中所耗费的劳动的正确论点，但他又提出商品价值决定于商品所购得的劳动的论点，后一论点把商品价值作为取决于交换而不是决定于生产中所投下的劳动，这就使他的价值论转入了歧途。

资产阶级庸俗经济学家将价值规律说成是市场规律，把价值说成是由供求决定的。这种脱离价值决定来谈论商品交换比例的确定，是脱离生产谈论交换，它是价值理论中的历史唯心主义的表现。

国内外学术界对马克思价值规律的含义，存在着不同的意见。一种观点认为，价值规律只是关于商品价值决定的规律。持这种观点的同志把商品按照等价交换排斥于价值规律含义之外。另一种观点认为，价值规律是商品按照价值交换的规律，价值决定则不属于价值规律的内涵。上述对价值规律含义的两种观点，可谓各执一偏，都是不完全的。价值范畴绝不只是一个生产价值或价值实体的范畴，也不只是交换价值的范畴，而价值规律也绝不是孤立的商品生产的规律或孤立的商品交换的规律。价值范畴是作为生产与交换关系统一的商品生产关系的理论表现，而价值规律则是作为商品生产与商品交换统一的

---

① 《马克思恩格斯全集》第25卷，人民出版社，1974年，第200页。
② 《马克思恩格斯全集》第25卷，人民出版社，1974年，第1006页。

商品生产关系的一种内在的本质联系，把价值规律的内涵首先规定于价值决定，就是从商品生产关系的内部找到了商品价值的决定因素，但仅仅从价值决定这一点来说还未阐明支配商品运动——市场交换是商品运动的不可缺少的决定性领域——的价值规律的全部作用机制。在这里，理论的分析与概括还需要从抽象向具体上升，还需要从生产领域到交换领域，还需要指出价值规律的内涵包括价值决定在交换中的表现，还需要阐明表现于流通中的商品交换的比例乃是决定于生产中的必要劳动的耗费——价值。这样，才能全面地阐明社会必要劳动时间支配商品生产与交换的完整的经济机制。

总之，把价值规律首先作为生产领域的价值决定机制，把交换中的交换价值决定，作为价值决定的实现，这就是马克思论述的价值规律的内涵。这种从生产与交换的统一来论证价值规律的作用机制，体现了辩证唯物主义的科学抽象，它是对商品经济关系内在本质的概括。这一理论概括正确地表现了商品运动（生产与交换）中的生产机制的决定作用，指出了商品交换价值的决定或某种稳定的交换比例的形成，其根源与基础正在于生产中形成的价值实体的支配作用。与此同时，它又指明了价值决定要通过交换来实现，如果没有日常的市场交换中的价格的不断波动，而且长期地趋向和回归于价值轴心，也就不存在现实的价值决定。

对于价值规律作用机制的阐明，是马克思运用科学抽象法的成果。

以上我们论述了规律是事物内在的本质的必然联系，因而它不是自明的，而且往往要为事物的各种表象，甚至虚假的外观所掩盖。这就决定了发现规律必须进行艰苦的科学研究，必须借助去粗取精、去伪存真、由表及里、由此及彼的科学实验与理论概括。由于经济规律具有非直观性的特点，经济关系的内在的本质是更加深藏与隐蔽，发现与科学地阐明经济规律就更加需要利用抽象逻辑思维能力，需要善于进行科学概括。特别是就价值规律来说，它的作用是在市场上商品交换的长期趋势中实现的。在前资本主义的简单商品生产时期，由于当时经济主要是自给性的，上市的商品在数量上是有限的，而商品生产者的竞争也是较为温和，因此，我们就会看到价值——生产商品的社会必要劳动量——在市场价值的较小波动中得到实现。这是价值规律以本原的形式和十分明显的趋势发生作用的时期。[①]而在资本主义生产方式下，商品生产成为社会生产的唯一形式，在竞争与生产无政府状态的规律下，市场供求的尖锐矛盾与价格的急剧和大幅度的波动成为经济生活的常规。在这种情况下，社会必要劳动时间决定商品的交换比例这一必然性越来越为市场上日常的、大量的违反规律要求的价格偶然变动所掩盖。如果人们不能采取把握事物内在的本质联系的方法，而是停留在事物的表象与偶然性的联系上，例如人们的视野如果停留在市场一时的和个别的交换关系上，那将会看到价格的千变万化，看到一个价格由偶然性决定的王国，人们（正像庸俗经济学家那样）就会怀疑是否真正有价值规律的客观存在，而只有通过科学抽象法舍象供求不一致的因素，着眼于大量的、长期的交换中的比例变动的趋势，人们才能发现价值规律。马克思在论述资本主义流通领域时，曾经这样说："这个领域是一个竞争的领域，就每一个别情况来看，这个领域是偶然性占统治地位的。因此，在这个领域中，通过这些偶然性来为自己开辟道路并调节着这些偶然性的内部规律，只有在对这些偶然性进行大量概括的基础上才能看到。因此，对单个的生产

---

① 马克思说："商品按照它们的价值或接近于它们的价值进行的交换，比那种按照它们的生产价格进行的交换，所要求的发展阶段要低得多。"（《马克思恩格斯全集》第25卷，人民出版社，1974年，第197~198页）

当事人本身来说，这种内部规律仍然是看不出来，不能理解的。"①

在资本主义经济中，价值规律以趋势形式发生作用表现得更加突出，商品按照社会必要劳动量来交换更加表现为要通过经常发生的偏离而实现，经济的必然性更加要通过各种偶然性来开辟道路。这种情况决定了只有善于概括，善于舍去其供求不一致所引起的价格波动的外观，抽取出供求一致下的带有稳定性的价格中准，并且对具有高低不一的各种商品的价格中准进行分析比较，才能发现价值规律是以趋势形式贯彻的，才能了解规律。如果人们用形而上学的观点对待规律，认为只有像实验室中的自然规律那样以精确方式来实现才算是规律，就会走向否认价值规律客观存在的歧路。

从理论上阐明价值规律的困难还在于，发达的资本主义生产方式会引起价值规律作用形式的新变化，即按照价值生产与交换转化为按照生产价格来生产与交换，从而使价值规律采取了更加迂回的表现形式。

按照价值或者接近价值进行交换，乃是适用于前资本主义的简单商品经济时期或是资本主义初始阶段。而在发达的资本主义阶段，由于各个产业部门技术进步的不平衡和资本有机构成的高低不等，在不同部门间的竞争与资本向利润高的部门转移的条件下，价值规律的作用将通过更为复杂的过程和取得更加特殊的表现形式来实现。"在这里，一个复杂的社会过程插进来了。这就是资本的平均化过程。这个过程使商品的相对平均价格同它们的价值相分离，使不同生产部门（完全撇开每个特殊生产部门内的单个投资不说）的平均利润同特殊资本对劳动的实际剥削相分离。在这里，不仅看起来是这样，而且事实上商品的平均价格不同于商品的价值，因而不同于实现在商品中的

---

① 《马克思恩格斯全集》第25卷，人民出版社，1974年，第936页。

劳动;特殊资本的平均利润不同于这个资本从它所雇用的工人身上榨取出来的剩余价值。"①

在这种情况下,按照价值进行生产与交换的必然性转化为按照生产价格进行生产和交换,而价值规律就由本原的形式转化为生产价格规律的形式。生产价格对于资本有机构成高的部门来说,是大于价值的,对于资本有机构成低的部门来说,则是低于价值的,这样,商品按生产价格出卖,就必定要出现价格对价值的更大的与更经常的偏离。

对于上述发达的资本主义生产方式下的价值决定,不同的研究方法就导致不同的理论结论。

资产阶级经济学家特别是庸俗经济学家采取形而上学的研究方法,不懂得价值与价格之间的辩证关系,更不懂得价值规律的原本形式与转化形式的关系,他们的思维方法是:要么是社会必要劳动决定交换价值的现象在任何时间、任何场合无条件的实现;要么是不存在社会必要劳动决定生产与交换的规律性,而价值范畴也就是非现实的、虚构的主观范畴。在认识与对待价值规律上,甚至连最有抽象思维能力的古典经济学家李嘉图也采用了这种形而上学的方法。李嘉图以其卓越的概括能力把不同产业部门的劳动还原为共同的人类劳动,把熟练劳动还原为简单劳动,从而从复杂的商品交换现象中概括出劳动时间决定价值量大小和商品交换比例的规律,并将它作为考察整个资本主义经济运动机制的出发点,为政治经济学理论体系的确立做出了重要贡献。但是李嘉图不懂得辩证唯物主义的抽象思维方法,他不能正确解释市场价格的波动与价值规律的关系,他把价格围绕价值的上下摆动看作是对价值规律的不实现与违反,他不能看出价值规律的

---

① 《马克思恩格斯全集》第25卷,人民出版社,1974年,第936~937页。

要求正是借这种日常的交换关系的不实现而实现的。马克思对李嘉图学派不懂得价值规律实现形式的理论缺陷，进行了如下的评述："在谈到货币与金属价值的这种平衡并把生产费用作为决定价值的唯一因素来描述时，穆勒——完全和李嘉图学派一样——犯了这样的错误：在表述抽象规律的时候忽视了这种规律的变化或不断扬弃，而抽象规律正是通过变化和不断扬弃，才得以实现的。……需求和供给只是暂时地相适应，而紧接着暂时的相适应又开始波动和不相适应。这种现实运动——上面说到的规律只是它的抽象的、偶然的和片面的因素——被现代的国民经济学家歪曲成偶然性、非本质的东西。为什么？因为在他们把国民经济学归结为一些严格而准确的公式的情况下，他们要抽象地表达上述运动，基本的公式就必定是：在国民经济学中，规律由它的对立面，由无规律性来决定。"①

李嘉图不懂得价值规律及其实现的形式（作为趋势的实现形式）的关系，导致了他不能科学地解释发达资本主义经济中商品按照生产价格来交换的现象。他不懂得生产价格是价值的特殊形式，不懂得在利润平均化的机制下价值规律要通过生产价格这一转化形式来起作用，因此，他对生产价格迷惑不解，并把它当作是对价值规律的背离与违反。

马克思以辩证唯物主义的科学抽象法，基于经济规律作为趋势而实现的原理，深刻地分析了价值实体与价值形式的辩证法，阐明了价值规律正是通过价格围绕价值的波动或背离，即不实现而实现的。马克思基于事物的原本形式与转化形式，深刻分析与阐明了在部门间的竞争与利润平均化的机制下，价值规律通过生产价格的转化形式而

---

① 《马克思恩格斯全集》第42卷，人民出版社，1979年，第18页。

起作用。马克思极其有说服力地论证了生产价格就个别部门来看是高
于或低于价值的，但是就全社会所有生产部门的总产品来说，生产价
格的总和却是等于价值的总和。价值规律就是通过这种"偏离"价值
的生产价格的形式在市场价格围绕生产价格的波动中迂回曲折地实现
的。马克思论述了在这种部门间竞争条件下，规律实现形式的特点：
"现实的生产过程，作为直接生产过程和流通过程的统一，又产生出
种种新的形式，在这些形式中，内部联系的线索越来越消失，各种生
产关系越来越互相独立，各种价值组成部分越来越硬化为互相独立的
形式。"[1]可见，资本主义经济越是发展成熟，经济结构就越加复杂，
生产关系的层次越加发展，而生产关系的内在的本质联系就越来越隐
蔽化，越来越带有拜物教的颠倒的性质，而要认识与揭示经济规律的
作用机制，就更加需要应用辩证唯物主义的科学抽象法。李嘉图在价
值规律的科学阐明上的半途而废和马克思关于价值规律的完整的、深
刻的理论阐述，使我们更进一步地认识辩证唯物主义的科学抽象法是
发现与阐明一切经济规律的最犀利的武器。

（二）对剩余价值规律的科学阐明

资本主义生产的绝对动机是剩余价值的生产、资本价值的自行增
殖，是资本主义生产关系的内在的实质，揭示与阐明资本主义生产方
式的内在联系与核心构造，就是要阐明什么是资本，以及资本的产生
和形成的内在机制与规律。正如恩格斯指出，对资本的研究与分析，
乃是《资本论》一书的"中心点"[2]；又说："资本和劳动的关系，是

---

① 《马克思恩格斯全集》第25卷，人民出版社，1974年，第936页。
② 《马克思恩格斯全集》第16卷，人民出版社，1964年，第237页。

我们现代全部社会体系所依以旋转的轴心，这种关系在这里第一次作了科学的说明。"[①]

资本是自行增殖的价值，要揭示资本形成的内在机制，关键在于揭示与阐明剩余价值的本质及其来源，用通俗的话来表达，就是要揭开资本家发财致富的秘密。

资本，首先表现为一定的货币价值额 G，作为资本的价值增殖，是通过资本家将这笔货币在流通中用于购买生产资料和雇用劳动力，然后生产出商品，再将商品投入流通，售卖后取得一个增殖额 g，使 G 变成 $G' = G + g$。这样，价值增殖即资本的生产，就表现为 $G—W—G'$。从重商主义以来至近代西欧的资产阶级政治经济学，都曾经对上述资本的运动，特别是对作为资本运动本质特征的剩余价值的生产，进行了种种理论的说明。

资本主义经济是一个以剥削雇佣工人的剩余价值为内容的经济机体。这是一个高度发达的、极其复杂的、具有物化形式的商品经济结构。作为这一经济结构的本质特征的剩余价值的生产与占有的运动机制与内在规律，是为商品生产关系所固有的各种各样歪曲的，甚至是颠倒的外观所掩盖，因而要发现与科学地阐明资本主义生产关系的本质——剩余价值的实质及其来源，这本来就是一个极其艰难的任务。要圆满地解决这一课题，需要经历艰苦的科学研究和长时期的理论探索。在剩余价值的实质及其来源的理论说明上，自重商主义以来的资产阶级经济学，经历了一个由现象到本质，由外部联系到内部联系逐步深入的认识发展过程。

由于资本家手头的货币价值增殖，总是开始于资本家把货币转化

[①] 《马克思恩格斯全集》第16卷，人民出版社，1964年，第263页。

为商品，——在产业资本的场合是将货币通过购买转化为生产资料和劳动力——然后将商品售卖再转化为更多的货币。因此，G—W—G′就成为资本的运动形式和总公式。这里，资本表现为"价值成了处于过程中的价值，成了处于过程中的货币，从而也就成了资本"①。这个价值，"它离开流通，又进入流通，在流通中保存自己，扩大自己，扩大以后又从流通中返回来，并且不断重新开始同样的循环"②。

正是由于观念形态上价值的自行增殖离不开流通，它有赖于一定的价值的两度投入流通。这样，乍一看来，价值增殖额Δ G即剩余价值，仿佛直接地产生于流通。因而，对资本主义生产方式进行了最早的理论探讨的重商主义，认为Δ G来自流通领域，而且特别地来自对外贸易的领域，他们认为，货币投入流通会生产货币。马克思指出："……重商主义——必然从流通过程独立化为商业资本运动时呈现出的表面现象出发，因此只是抓住了假象。"③重商主义试图揭示剩余价值的来源，但他们把利润看作是让渡利润——流通中商品的加价即贱买贵卖，他们停留在事物外部的联系上，根本未触及资本主义生产关系的内部的实质。英国资产阶级古典经济学创始人威廉·配第，摒弃了贸易会产生剩余价值的观点，开始从生产领域来探索剩余价值的来源，开始透过剩余价值增殖产生于商品流通的外观，深入到资本主义生产关系更里层，把剩余价值归结为工人劳动的产物。马克思指出：配第把"**地租**，作为全部**农业剩余价值**的表现，不是从土地，而是从劳动中引出来的，并且被说成是劳动所创造的、超过劳动者维持生活

---

① 《马克思恩格斯全集》第23卷，人民出版社，1972年，第177页。

② 《马克思恩格斯全集》第23卷，人民出版社，1972年，第177页。

③ 《马克思恩格斯全集》第25卷，人民出版社，1974年，第376页。

所必需的东西的余额"①。

近代资产阶级政治经济学的真正鼻祖的重农主义把政治经济学的研究转向生产，他们更加深入地从生产领域来寻找剩余价值的来源，进一步揭露了资本主义生产的内部联系。魁奈指出："货币并不生产货币……"他认识到，价值的增殖在于生产，具体地说，在于农业生产。重农主义建立了农业劳动——ΔG 的公式，论证了农业劳动是剩余价值的泉源。马克思说："重农学派把关于剩余价值起源的研究从流通领域转到直接生产领域，这样就为分析资本主义生产奠定了基础。"②在魁奈有名的《经济表》中，对剩余价值的生产、流通与分配的内在联系，通过简括的图表形式来加以表现。

由于重农主义是从使用价值上来理解剩余价值，他们认为，只有带来"纯产品"的农业劳动才创造剩余价值。而这个"纯产品"之所以能生产出来又是以使用具有一定生产率的土地为条件，这样，他们实际上就进一步把剩余价值的源泉归结为自然条件，剩余价值的生产就不是由于劳动而是由于自然的恩赐。因而，重农主义者由于不能在抽象的一般性上把握生产剩余价值的劳动，他们就不能揭示工人的剩余劳动与资本家占有的剩余价值的本质联系。

在对资本的理论说明上，即对价值的增殖的本质或剩余价值的来源的理论阐明上，如果说，重商主义只是着眼于流通领域的机制的研究，从而停留在资本主义生产关系外部的联系上，那么，配第和重农主义则已经将研究转向生产领域，从而开始接触到资本主义生产关系的内部联系。而古典经济学的杰出代表斯密和李嘉图则是进一步深入到资本主义

---

① 《马克思恩格斯全集》第26卷Ⅰ，人民出版社，1972年，第383页。
② 《马克思恩格斯全集》第26卷Ⅰ，人民出版社，1972年，第19页。

经济的里层，对剩余价值的来源作了一定程度的科学分析。

古典经济学在劳动价值论的基础上，揭示了资本主义剩余价值的本质及其来源。亚当·斯密撇开了劳动的特殊形式，论述了创造价值的不是某种具体的劳动，不是生产小麦或生产金银的劳动，而是一般的社会劳动。马克思指出："在亚当·斯密的著作中，创造价值的，是一般社会劳动（不管它表现为哪一种使用价值），仅仅是必要劳动的量。"①

他论证了正是雇佣劳动者的未支付代价的无偿劳动创造了利润。大卫·李嘉图发展了斯密利润学说中的科学因素，他在坚持劳动价值论的基础上分析了利润，并始终把利润看成是劳动耗费的结果，是工人在劳动过程中所创造的被资本家无偿占有的一部分。为此，马克思认为："李嘉图在论述利润和工资时，也就把不是花费在工资上的资本的不变部分撇开不谈。他是这样考察问题的：似乎全部资本都直接花费在工资上了。因此，**就这一点说**，他考察的是**剩余价值**，而**不是利润**，因而才可以说他有剩余价值理论。"②

资产阶级古典经济学论述的关于利润（以及地租、利息）来自工人的无偿劳动的理论，表明他们卓越的抽象力。这一抽象力使他们能穿透资本主义经济的表层现象深入到里层的内在结构，使他们已经在相当程度上达到了对资本的本质的科学理解。但是古典学派理论体系中的劳动价值论是不彻底的。马克思说："亚当·斯密在两种不同的交换价值规定之间摇摆不定：一方面认为商品的价值决定于生产商品所必要的劳动量，另一方面又认为商品的价值决定于可以买到商品的

---

① 《马克思恩格斯全集》第26卷Ⅰ，人民出版社，1972年，第64页。

② 《马克思恩格斯全集》第26卷Ⅱ，人民出版社，1973年，第424页。

活劳动量。"①基于斯密对价值论的庸俗的理解，他又把价值的增殖或利润的取得说成是"资本的自然报酬"，这就开了后来的庸俗经济学三位一体理论的先河。

古典经济学对资本价值的自行增殖所作出的具有科学因素的和庸俗的两种理论表明：在古典政治经济学的研究方法中，存在着时而看到资本主义生产关系的内在联系，时而又在资本主义生产关系的外在的、表层的联系中兜圈子的矛盾。马克思指出："这两种理解方法在斯密的著作中不仅安然并存，而且相互交错，不断自相矛盾。"②

马克思制定了以其理论分析的深刻、透彻和不可辩驳为特征的崭新的剩余价值理论。在马克思的剩余价值理论中，运用科学抽象来分析与把握资本主义生产关系的内在联系的方法有着充分的体现。

第一，借助价值范畴来引导出剩余价值范畴。众所周知，《资本论》第一卷所研究的是"资本的生产过程"，是旨在揭示资本的本质。资本这一社会关系是通过商品关系表现出来的，因此，马克思把对商品的研究作为揭示资本本质的起点，采取了商品——货币——资本的由抽象向具体上升的方法。

资本主义经济是人类历史上最发达的商品经济结构，社会生产过程中一切人与人的关系均表现为商品关系，更具体地说，表现为一种商品价值关系。如资本主义生产表现为价值物的生产，交换是商品价值的实现，分配是创造出的商品价值的占有，消费是价值物的消耗，因而，资本主义生产关系的任何一个方面、环节，均要带有商品价值形式，并且在理论上表现为各种价值范畴。恩格斯说："价值概念是

---

① 《马克思恩格斯全集》第26卷Ⅰ，人民出版社，1972年，第47页。
② 《马克思恩格斯全集》第26卷Ⅱ，人民出版社，1973年，第182页。

商品生产的经济条件的最一般的、因而也是最广泛的表现。"①

可以说，资本主义生产方式中的各种经济联系，均是通过价值关系来实现的，而价值范畴也就成为资本主义商品经济的基本范畴。只有有了科学的价值范畴才能成为揭示资本主义经济结构内部联系的认识工具。如：要科学地阐明资本主义直接生产关系，就必须借助商品价值、货币、劳动力价值（工资）、剩余价值、资本、资本积累等等价值范畴；要科学地阐明流通过程的关系，就得借助固定资本、流动资本、生产资本、商品资本、总产值（c＋v＋m）等价值范畴；要科学地阐明分配过程的关系，就得借助于成本、利润、平均利润、生产价格、利息、地租等价值范畴。

要把资本主义经济作为一个有机的整体来把握，要揭示极其复杂的资本主义商品经济机体的内在联系和运动机制，搞清楚它的"生理学"，特别是要对整个资本主义经济运动机制的轴心——价值的并入剩余价值而不断地增殖——作出科学的说明，首先就必须要制定科学的价值理论。正由于此，《资本论》为了阐明剩余价值的本质，马克思首先分析商品价值，采取从价值——剩余价值的由抽象到具体上升的方法。因而对商品价值的阐明和科学的劳动价值论的创立，就成为对剩余价值的理论阐明的逻辑的出发点。

《资本论》是以商品价值论开篇的。在《资本论》的创作过程中，马克思一再补充和扩大有关分析商品价值部分的草稿，在《资本论》第一卷的第一、二、三章中，对商品价值的本质、价值形态的历史的发展、商品价值形态的物化形式与拜物教性质等的分析，就其深刻、细致、全面来说，是政治经济学史上前所未有的。《资本论》的

---

① 恩格斯：《反杜林论》，见《马克思恩格斯选集》第3卷，人民出版社，1972年，第349页。

理论体系以价值论为始基，这样也就使这一巨著的开端部分表现得十分艰深难读。但是，正是在这里被深入、全面阐述了的能真正称之为"科学"的劳动价值理论，奠定了在此后篇章中一气呵成和透彻的剩余价值理论的坚实基础。

总之，马克思运用科学抽象法，首先阐明了劳动创造价值的一般原理，然后进一步上升和引申出剩余劳动创造剩余价值的理论，把劳动价值论贯穿到底。在彻底的劳动价值论的基础上来阐明资本主义的生产——价值的形成，特别是剩余价值的形成；阐明资本主义的流通——商品流通、货币流通与资本流通；阐明资本主义的分配——劳动者创造的价值的分解为工资、利润、利息、地租；阐明资本主义经济机体的内在机制与运动规律。这正是《资本论》严谨的政治经济学理论体系的特色。

第二，从流通领域的经济联系深入到生产领域的经济联系。《资本论》对剩价值产生的机制的科学分析，还表现在它采取了从剩余价值生产的外部联系的分析开始，层层深入，直到揭示出它的内在联系与运动规律。

马克思对资本的分析，开始于价值借流通而增殖这一现象形态。资本是一个在运动中自行增殖的价值，这个价值所以能增殖，"它会产仔，或者说，它至少会生金蛋"[①]。在于资本家将这笔货币投入流通，用于购买商品（在产业资本的场合，是购买生产资料和劳动力），然后又将商品（在产业资本家的场合，是新创造的商品）投入流通，以高于原先的购买价格出售，从而实现一个增殖额。这样，呈现在人们面前的，就是价值借助流通而增殖。资本的公式也就表现为

---

① 《马克思恩格斯全集》第23卷，人民出版社，1972年，第176页。

G—W—G′，这"事实上是直接在流通领域内表现出来的资本的总公式"①。马克思对资本的分析，就是从这个公式开始的。

研究的起点开始于资本在流通领域的表现形式，体现了马克思从具体的表象到抽象的规定的科学方法。这一方法不是要停留在资本处在流通中的那些外部联系，而是要通过对外部联系的考察进一步深入资本的内在构造。

在商品经济中，流通领域的关系使价值的生产与增殖得到歪曲的表现。由于"商品中包含的价值和剩余价值都必须在流通过程中才能得到实现。于是，生产上预付的价值的收回，特别是商品中包含的剩余价值，似乎不是单纯在流通中实现，而是从流通中产生出来的；这个假象特别由于以下两个情况而更加令人迷惑：首先是让渡时的利润，这种利润取决于欺诈、狡猾、熟知内情、随机应变和千万种市场状况；其次是这样一个情况，即除了劳动时间以外，在这里又出现了第二个决定的要素，即流通时间。流通时间虽然只是对价值和剩余价值的形成起消极限制的作用，但是它具有一种假象，好象它和劳动本身一样是一个积极的原因，好象它会带来一个从资本的本性中产生的、不以劳动为转移的规定"②。资产阶级经济学家（包括重商主义者和其他庸俗经济学家），由于他们采用庸俗的，即停留在事物的表象上和偶然性上的方法，他们就把商品的不等价交换作为价值增殖额的来源，从而把剩余价值归之于让渡利润。因而他们就把价值的自行增殖说成是流通中的现象，说成是与资本主义的生产过程无关。马克思考察资本的方法则与此完全不同，他把流通过程只是作为资本运动的

---

① 《马克思恩格斯全集》第23卷，人民出版社，1972年，第177页。

② 《马克思恩格斯全集》第25卷，人民出版社，1974年，第935～936页。

一个必经阶段，作为进行剩余价值生产和实现价值增殖的必要条件，进而科学地论证了剩余价值现实的生产和价值的增殖是在生产领域中进行的。因而考察价值在流通领域的运动形式与机制，只能是属于对资本的外部联系的揭示，而绝不能把它当作资本的内在联系与本质。

马克思提出如下精辟的论述："资本不能从流通中产生，又不能不从流通中产生。它必须既在流通中又不在流通中产生。"①在《资本论》中，马克思创造了通过流通中的经济关系，进一步深入到生产过程中的经济关系，以揭示资本的全部关系与内在本质的崭新的科学方法。这一研究方法，首先要考察资本在流通中的机制，即资本家用手头的货币来购买商品和此后又将商品出售的经济过程。但是马克思分析与研究作为资本的商品流通的方法，与资产阶级庸俗经济学家的方法是完全不相同的。

《资本论》中，马克思深入地批判了资产阶级经济学家从日常生活中确实会存在的那些不等价交换现象来论证剩余价值产生于流通的研究方法。马克思在考察资本在流通中的运动时，立足于商品等价交换的规律之上，论述了基于这一规律，"任何人从流通中取出的价值，都不会大于他投入流通的价值。在这种情形下，就不会有剩余价值形成"②。马克思细致而深入地论证了即使卖者享有高于价值出卖的特权，但是卖者又会成为买者，他从前在交换行为中的所得，在后一交换行为中就会失去。马克思还论证了即使是某些商品所有者更狡猾，使他的同行在交换中受骗，但是这也不过是流通中价值的分配的改变，"流通中的价值没有增大一个原子"③。

① 《马克思恩格斯全集》第23卷，人民出版社，1972年，第188页。
② 《马克思恩格斯全集》第23卷，人民出版社，1972年，第182页。
③ 《马克思恩格斯全集》第23卷，人民出版社，1972年，第185页。

在论述资本在流通中的运动时，马克思撇开市场上的个别现象，而着眼于一般的状况，"（在这里，我们谈的始终只是平均的情况，而不是个别的情况）"①。他不是抓住个别偶然现象，而是着眼于商品流通的规律，他撇开了流通领域中实际存在的各种干扰因素引起的价格偏离价值的现象，而考察商品等价交换的纯粹形式。他基于价值规律这一商品交换的内在规律的作用，论证了"剩余价值不能从流通中产生"②，同时又论述了剩余价值的产生完全能基于价值规律的作用而得到说明。他说："根据以上说明，读者可以知道，这里的意思不过是：即使是商品价格与商品价值相等，资本也一定可以形成。资本的形成不能用商品价格与商品价值的偏离来说明。假如价格确实与价值相偏离，那就必须首先把前者还原为后者，就是说，把这种情况当作偶然情况撇开，这样才能得到以商品交换为基础的资本形成的纯粹现象，才能在考察这个现象时，不致被那些起干扰作用的、与真正的过程不相干的从属情况所迷惑。"③

要从理论上阐明纯粹的资本形成，即价值增殖在以商品交换规律为基础上发生，这是十分艰难的任务。如果缺乏辩证唯物主义的研究方法，提出这一课题本身就似乎是悖理的。因为既然商品流通要按照价值规律，那么，无论是第一个流通行为G—W，还是第二个流通行为W—G′都只是价值形式的变换，而不是价值的增殖，因而以价值规律为基础的商品交换是无论如何也不能解释G—W—G′这个资本总公式的。这个商品交换的内在规律与资本总公式的矛盾，对于缺乏抽象思维能力的资产阶级经济学家来说，是不可克服的。正因为如此，为

① 《马克思恩格斯全集》第25卷，人民出版社，1974年，第316页。

② 《马克思恩格斯全集》第23卷，人民出版社，1972年，第187页。

③ 《马克思恩格斯全集》第23卷，人民出版社，1972年，第189页注（37）。

了说明价值的自行增殖运动，他们或是否认价值规律，诉诸不等价交换，如像重商主义者那样，或者是承认价值规律的存在，承认价值增殖额来源于工人的劳动，但是却不能对"资本与劳动的交换"如何是以价值规律为基础作出科学的说明，如资产阶级古典经济学家那样。在解决这一课题上，《资本论》的作者充分地显示了他磨砺与创立的辩证唯物主义的科学抽象方法的锐利的力量。马克思根据这一方法，把考察的重心转向了劳动力。

马克思阐明了劳动力具有与一切其他商品所具有的共性，又具有唯它自身所具有的特性，因而，他放弃与修正了资产阶级经济学中关于劳动是商品的不科学的概念，概括出劳动力是商品的科学范畴，从而创立了劳动力商品理论。这一理论把资本主义经济中每日每时发生的资本家雇用劳动者的现象概括为劳动力的买和卖，把工人在获得工资条件下将自己的劳动能力交给资本家支配的现象概括为作为一种特殊商品的劳动力商品的出售。这一理论科学地论述了劳动力商品与其他一切商品一样具有使用价值与价值，阐明了劳动力的价值决定于维持劳动者及其家庭成员必要的生活资料的价值，特别是阐明了劳动力这一商品具有特殊的使用价值：能生产出超过自身价值以上的价值，"具有决定意义的，是这个商品独特的使用价值，即它是价值的源泉，并且是大于它自身的价值的源泉"[1]。由于劳动力的"实际使用本身就是劳动的物化，从而是价值的创造"[2]，这样，在资本家购买劳动力商品中，尽管 G—W 与 W—G′ 均是按照价值规律的要求来进行的，是价值形态的变化，但是在 G—W 之后的生产过程中，W 却因劳动力

---

[1] 《马克思恩格斯全集》第23卷，人民出版社，1972年，第219页。

[2] 《马克思恩格斯全集》第23卷，人民出版社，1972年，第190页。

的使用而发生价值增殖，生产出一个剩余价值，从而使W变成W′。这样，在资本的运动中现实的价值增殖过程在流通背后的生产过程中发生了，但是商品交换的规律却并未遭到违反和破坏。这样，商品劳动力的理论终于使立足于劳动价值论之上的纯粹的资本形成得到了科学的说明。

马克思的劳动力商品理论，科学地阐明了资本在生产过程中的机制：劳动力使用中创造的剩余价值归资本家占有。这样，就以充分的科学根据阐明了资本在流通中的机制：按照价值规律购买劳动力只不过是一个虚假的与颠倒的外观，揭露了劳动力买卖中商品所有者之间的平等交易只是"一种虚伪的假象"①。马克思指出："还有些人错误地把这种表面关系，把这种质的形式化，把资本关系的假象看作是资本关系的本质本身，因而试图把工人与资本家之间的关系说成是商品所有者之间的一般关系，以此为这种关系辩护并抹杀这种关系的特征。"②可见，《资本论》中使用的这种把资本在流通领域中的机制和在生产领域中的机制联系起来，把现象形态与内在本质联系起来，进行综合考察、全面分析的方法，科学地阐明了"剩余价值在调节商品交换的规律的支配下怎样才能产生"③。最清楚地展示了资本——自行增殖的价值，它是为等价交换的形式所掩盖的，作为生产资料垄断者的资本家对工人创造的剩余价值的无偿占有。这样，马克思就以最彻底的理论和无可辩驳的说服力，揭穿了资本这种社会关系的人剥削人的本质，阐明了资本——资本家手中的每一个货币都是无偿榨取来的工人的血汗。

---

① 《马克思恩格斯全集》第49卷，人民出版社，1982年，第125页。

② 《马克思恩格斯全集》第49卷，人民出版社，1982年，第126页。

③ 恩格斯：《反杜林论》，见《马克思恩格斯选集》第3卷，人民出版社，1972年，第245页。

三、对资本主义分配规律的深入的理论分析

为了全面阐明资本主义经济的运动规律，不仅要在价值规律起作用的基础上阐明剩余价值规律，而且还要阐明资本主义分配的规律。

深入分析与揭示生产关系（这里指直接生产过程中的关系）与分配关系之间的内在的、本质的联系，也即是把分配关系提到"生产关系的反面"的高度来认识，是马克思剖析资本主义分配的内在机制与规律的基本方法。

在资本主义商品经济中，生产成果的分配是通过产品价值的转化为各种收入而实现的。更具体地说，资本主义的分配关系表现为资本家获取利润，借贷资本家取得借贷利息，商业资本家取得商业利润，地主通过土地所有权获取地租，工人则以劳动赚取工资，等等。因而存在着利润、利息、地租、工资等体现资本主义分配关系的范畴。在认识与从理论上说明这些多样的收入形式上，在说明这些归不同的阶级、阶层，不同职业的人们占有的财富的来源，特别是资产者集团占有的收入的来源及其与劳动者收入的关系问题上，也就是说，在揭示与阐明调节资本主义经济中的各类收入变动的规律——资本主义分配的规律上，资产阶级政治经济学与马克思主义政治经济学存在着根本的区别。

在资本主义商品经济中，一切生产与流通的当事人（包括靠出卖劳动力为生的工人）都以独立的商品所有者的身份出现于市场，并以让渡他持有的、表现形式不同的商品来换取收入。就现象形态而言，资本、土地、劳动等多种资源均表现为独立的收入来源，而且这些多种收入来源似乎又是互不相关的或是并行不悖的。正如马克思所说，是生产关系的"硬化"形式，似乎资本家可以凭借生产资料的有效使用

获得最大利润，而同时工人又可以凭借有效的劳动来获取充分的工资收入，地主又可以凭借土地肥力的充分发掘以获取最多的地租。

正是基于资本主义生产方式上述的收入分配形式，庸俗经济学提出了一个三位一体公式，即资本—利润、土地—地租、劳动—工资，或更精巧的资本—利息、土地—地租、劳动—工资的公式。按照这个公式：利润来自资本，是由生产资料的物质要素在生产中发挥效用而产生的；地租来自土地，是由作为自然条件的土地肥力在生产中发挥效用而产生的；工资来自劳动，是劳动在生产过程中发挥效用而产生的。

庸俗经济学的三位一体公式，是以停留在事物的外表而否认事物的内在本质联系为特征的。具体地说，是以割裂生产与分配之间的内在联系和割裂各种收入之间的内在联系为特征的。

首先，在三位一体的公式中，把三种收入的来源作了最肤浅的，甚至是荒唐的理论概括。如在"资本—利息"的公式中，像苹果树结出苹果、金鸡生出金蛋一样，资本天然地生出"子息"，而生产出利息的剩余价值生产过程完全被掩盖了。马克思说："正是在资本—利息这个形式上，一切媒介都已经消失，资本归结为它的最一般的，但因此也就无法从它本身得到说明的、荒谬的公式。"[1]因此这是一个不表现任何现实生产关系的公式，"这个公式是资本的最无概念的公式"[2]。

在土地—地租的公式中，对地租的来源作了最缺乏科学意义的概括。因为，作为自然生产要素的土地，它的效用，即自然肥力，本来只是与表现为农产品的使用价值的数量有关，而与农产品的价值完全

---

[1] 《马克思恩格斯全集》第25卷，人民出版社，1974年，第924页。

[2] 《马克思恩格斯全集》第25卷，人民出版社，1974年，第922页。

无关，但在这里却是表现为价值和剩余价值的源泉。马克思说，这就是"让两个不能通约的量互相保持一定比例"①。马克思又说："一方面摆上一个使用价值，即土地，另一方面摆上一个价值，而且是一个特殊的价值部分，由此形成一种对立，那就是愚蠢的做法。"②在劳动—工资的公式中，这里用一般劳动的概念来取代了具有特殊社会规定性的雇佣劳动。它也就意味着任何劳动，甚至企业主的监督劳动同工人的劳动一样，也是一种生产出收入的生产劳动。而且一般说来，价格是价值的表现，劳动形成价值，劳动本身就不能又有价值又有劳动价格的说法，"显然是和价值的概念相矛盾的，也是和价格的概念相矛盾的"③。

其次，在三位一体公式中三种收入分别由各自不同的因素创造出来，从而存在着三个独立的、互不相干的收入源泉，这样就掩盖了收入的真正的与共同的来源——工人劳动创造的价值。在这个公式中，利息表现为作为生产出的生产资料（工具、原料等）的产物，地租表现为土地即自然所产生，而工资则是劳动的全部成果。由于来自三个独立的、互不相干的源泉，因而利润（利息）、地租就和工资相独立，"它们必须由它们自己的、和劳动根本不同并且不以劳动为转移的源泉产生"④。"它们好像是一棵长生树上或者不如说三棵长生树上的每年供人消费的果实。"⑤"这个公式中，资本、土地和劳动，分别表现为利息（代替利润）、地租和工资的源泉，而利息、地租

---

① 《马克思恩格斯全集》第25卷，人民出版社，1974年，第923页。

② 《马克思恩格斯全集》第25卷，人民出版社，1974年，第923页。

③ 《马克思恩格斯全集》第25卷，人民出版社，1974年，第924页。

④ 《马克思恩格斯全集》第25卷，人民出版社，1974年，第934页。

⑤ 《马克思恩格斯全集》第25卷，人民出版社，1974年，第928页。

和工资则是它们各自的产物，它们的果实。前者是根据，后者是归结；前者是原因，后者是结果；而且每一个源泉都把它的产物当作是从它分离出来的、生产出来的东西。"[1]特别是这个公式把三种收入的来源分别地归之于自然物质属性不同的生产资料、土地和劳动的特殊效用，这样就掩盖了收入的共同源泉是劳动，是劳动创造的价值[2]。

再次，三位一体公式的要害，在于它掩盖了利润、利息、地租等剥削者收入的统一来源是剩余劳动，是由工人的无偿的剩余劳动创造的剩余价值。按照这个公式，三种收入是分别地为各自的前提所带来和创造，即它们有其各自独立的来源，拥有资本、土地、劳动三个生产要素的三个阶级各自享有他们的生产资源的成果。正如马克思所说："每年可供支配的财富的各种所谓源泉，属于完全不同的领域，彼此之间毫无共同之处。它们互相之间的关系，就象公证人的手续费、甜菜和音乐之间的关系一样。"[3]

正是由于看不透这种颠倒的收入形式，斯密有时又将价值由三种收入所决定，"工资、利润和地租，是一切收入和一切可交换价值的三个根本源泉"[4]。这样，三种收入彼此之间是互不相干，不存在此长

---

① 《马克思恩格斯全集》第25卷，人民出版社，1974年，第922页。

② 在资本—利息、劳动—工资、土地—地租的公式中，工资、利润、地租三个价值部分不仅不是由商品价值所分解，而倒成为商品价值的决定要素，三者"转化成了真正的源泉，这个源泉本身产生出这几个价值部分和这几个价值部分借以存在或可以转化成的那些有关产品部分，因而是产生出产品价值本身的最后源泉"（《马克思恩格斯全集》第25卷，人民出版社，1974年，第934页）。"现在人们可以设想，这些价值组成部分不是由商品的价值分解而成，相反，由于这些组成部分结合在一起才形成了商品的价值。"（《马克思恩格斯全集》第25卷，人民出版社，1974年，第956~957页）

③ 《马克思恩格斯全集》第25卷，人民出版社，1974年，第920页。

④ 亚当·斯密：《国民财富的性质和原因的研究》上卷，商务印书馆，1972年，第47页。

彼消的关系，因而，作为生产要素所有者的三个阶级，理所当然地应该是各自收入的享有者，他们之间谁也不占有他人的成果，谁也不侵犯他人的利益。因而，三位一体的公式也就体现了一种"合情合理"与"尽善尽美"的分配关系，而资本主义分配关系中资产者对工人血汗的榨取和资本与劳动的对抗就消失得无影无踪了。

最后，三位一体的公式，把由资本主义生产关系决定的特定社会分配形式，当成是永恒的、自然的分配形式。这里，由于劳动均是领取工资的劳动，因而雇佣劳动不是劳动的特定的社会形式，而是劳动的永恒的一般形式了。这里，由于资本，即生产出的生产资料均表现为要取得利息的，从而，"生产资料就其本身来说，天然是资本"①。这里，由于土地均是要收取地租的，从而"土地就其本身来说也天然是若干土地所有者所垄断的土地"②。这样，劳动条件"它们在资本主义生产过程中获得的、为一定的历史时代所决定的社会性质，也就成了它们自然的、可以说是永恒的、作为生产过程的要素天生就有的物质性质了"③。

可见，三位一体公式把为资本主义生产关系所决定的特殊的社会分配形式（上述三个阶级的三种基本收入形式），在理论上歪曲地表现为一切社会形态共有的分配规律。马克思说："按照通常的看法，这些分配关系被认为是自然的关系，是从一切社会生产的性质，从人类生产本身的各种规律产生出来的关系。"④

总之，庸俗经济学的三位一体的理论公式，完全歪曲了资本主义

① 《马克思恩格斯全集》第25卷，人民出版社，1974年，第932页。

② 《马克思恩格斯全集》第25卷，人民出版社，1974年，第932页。

③ 《马克思恩格斯全集》第25卷，人民出版社，1974年，第933页。

④ 《马克思恩格斯全集》第25卷，人民出版社，1974年，第992页。

收入范畴的社会本质，把资本家和地主及一切资产者从社会总产品仓储中占取收入的行为说成是一个自然的秩序，掩盖了资本主义收入分配机制的占有工人阶级创造的剩余价值的剥削性质。正如马克思所说"经济三位一体中，资本主义生产方式的神秘化，社会关系的物化，物质生产关系和它的历史社会规定性直接融合在一起的现象已经完成：这是一个着了魔的、颠倒的、倒立着的世界。在这个世界里，资本先生和土地太太，作为社会的人物，同时又直接作为单纯的物，在兴妖作怪"[①]。

庸俗经济学所以要精心炮制出三位一体的公式，就其阶级根源而言，在于它为资本主义制度辩护的坏心恶意，但是就它的方法论而言，在于它停留在事物的外表，否认经济关系的内在联系，从而把外表的联系描绘成是真理，它把资本主义经济生活中呈现在人们眼目中的收入分配关系的假象，装饰成更具有迷惑性的理论。马克思说："庸俗经济学所做的事情，实际上不过是对于局限在资产阶级生产关系中的生产当事人的观念，教条式地加以解释、系统化和辩护。"[②]他又说："庸俗经济学无非是对实际的生产当事人的日常观念进行训导式的、或多或少教条式的翻译，把这些观念安排在某种合理的秩序中。"[③]"这个公式也是符合统治阶级的利益的，因为它宣布统治阶级的收入源泉具有自然的必然性和永恒的合理性。"[④]

马克思在创作《资本论》中，对资产阶级政治经济学进行了系统与深刻的批判。为了制定崭新的科学研究方法，马克思特别着重地

---

① 《马克思恩格斯全集》第25卷，人民出版社，1974年，第938页。

② 《马克思恩格斯全集》第25卷，人民出版社，1974年，第923页。

③ 《马克思恩格斯全集》第25卷，人民出版社，1974年，第939页。

④ 《马克思恩格斯全集》第25卷，人民出版社，1974年，第939页。

批判了资产阶级经济学中的非科学的庸俗的方法，并多次地批判了庸俗经济学在事物表象中兜圈子的浅薄的方法，强调政治经济学的科学方法必须是清楚地区分现象与本质并透过现象去把握本质。他指出："如果事物的表现形式和事物的本质会直接合而为一，一切科学就都成为多余的了。"①马克思在深刻揭露庸俗经济学关于各种收入来源"消灭了一切内部联系的三位一体"②公式时，深入论证了为了要发现与阐明资本主义分配规律，必须善于运用抽象力，深入地揭示资本主义生产关系与分配关系之间的本质联系。

马克思深刻地阐明：在资本主义分配上，存在现象形态与本质的不一致甚至是头足颠倒。这是由于：第一，在商品经济中，生产关系具有物化和对生产当事人的独立化的形式，在资本主义商品经济中，生产关系的物化形式与异化性质进一步发展，使处在生产关系表层的收入分配形式带有虚假颠倒的和神秘化的形式。第二，随着资本主义生产方式的发展成熟，社会部门分工与各种经济职能分工的发展，一方面，资本关系渗透与支配了社会生产与生活的广泛领域；另一方面，产业资本中商业资本、货币资本的分化出来（在当代资本主义还有十分发达的服务领域的资本的分化）。与此相适应，不同阶级、阶层和不同部门生产当事人的收入分配形式也更加多样与复杂化。它表现在：

第一，原先的资本—利润的形式分化为所有权资本—利息，职能资本—企业主收入，商业资本—商业利润等。

第二，各种收入的形成，不仅要经历更复杂的生产过程，而且要

---

① 《马克思恩格斯全集》第25卷，人民出版社，1974年，第923页。

② 《马克思恩格斯全集》第25卷，人民出版社，1974年，第939页。

通过更加复杂的流通过程（包括商品流通、货币流通、资本流通），要经历更复杂的竞争与利润平均化机制。

第三，由于生产、流通等部门的发展，出现了更加复杂与庞大的从事不同经济职能的生产当事人以及不劳动的寄生阶层的队伍，他们分别以其不同的经济职能（生产的、服务的）和社会职能（必要的职能如公共事务、环境保护等，以及寄生性的社会职能）而领取收入。

在上述情况下，收入形式上更加多样化，各种收入源泉更加独立化，表现为由各种各样的独特的职能所产生。如企业主的收入表现为经营与监督的"工资"收入，寄生者的不劳而获的剥削收入表现为他们的"劳动"或"服务"所创造，非物质生产部门从物质生产部门分配来的收入（剩余价值与必要产品价值）表现为自己非生产的职能所创造。在这种情况下，资本主义"各种生产关系越来越互相独立"①。如流通关系更加与直接生产关系相独立，商业资本与产业资本相独立，职能资本与所有权资本相独立，土地所有权与产业资本相独立，以及当代表现得日益显著的服务领域的资本与生产领域、流通领域的资本相独立。

可见，资本主义生产的发展与社会经济结构的复杂化，必然在人们的观念中造成生产与分配之间的内在的本质联系的颠倒。马克思指出，资本主义商品生产关系具有拜物教的"神秘性质，它把在生产中以财富的各种物质要素作为承担者的社会关系，变成这些物本身的属性（商品），并且更直截了当地把生产关系本身变成物（货币）。一切已经有商品生产和货币流通的社会形态，都有这种颠倒。但是，在资本主义生产方式下和在资本这个资本主义生产方式占统治的范畴、起决定作用的生产关系下，这种着了魔的颠倒的世界就会更厉害得多

---

① 《马克思恩格斯全集》第25卷，人民出版社，1974年，第936页。

地发展起来"①。"剩余价值的不同部分互相异化和硬化的形式就完成了，内部联系就最终割断了，剩余价值的源泉就完全被掩盖起来了。"②这样，资本主义生产与分配的内在联系在人们眼目中，就更不容易辨识。马克思说："现实的生产过程，作为直接生产过程和流通过程的统一，又产生出种种新的形式，在这些形式中，内部联系的线索越来越消失……"③

为了要能揭示与阐明这种生产关系的异化与硬化形式的本质，越加要求政治经济学有科学的分析方法——分析经济的本质联系的方法。

资产阶级古典经济学曾经采用了分析资本主义生产方式的内在结构的方法。古典政治经济学在劳动价值论的基础上，在一定程度上阐明了资本主义生产与收入分配之间的内在联系。对此，马克思作了以下扼要的论述："古典经济学把利息归结为利润的一部分，把地租归结为超过平均利润的余额，使这二者在剩余价值中合在一起；此外，把流通过程当作单纯的形态变化来说明；最后，在直接生产过程中把商品的价值和剩余价值归结为劳动；这样，它就把上面那些虚伪的假象和错觉，把财富的不同社会要素互相间的这种独立化和硬化，把这种物的人格化和生产关系的物化，把日常生活中的这个宗教揭穿了。这是古典经济学的伟大功绩。"④

但是，在亚当·斯密那里，寻找生产关系的内在联系的内在的方法与描述外表现象的外在的方法是同时被使用的。即使是最善于进行抽象分析的古典经济学最卓越的代表李嘉图，也不能将他的劳动时间决定

---

① 《马克思恩格斯全集》第25卷，人民出版社，1974年，第934～935页。

② 《马克思恩格斯全集》第25卷，人民出版社，1974年，第938页。

③ 《马克思恩格斯全集》第25卷，人民出版社，1974年，第936页。

④ 《马克思恩格斯全集》第25卷，人民出版社，1974年，第938～939页。

价值的理论贯彻到底，用以解释资本主义生产方式的一切现实的经济范畴。例如，他不能在劳动价值论的基础上合乎逻辑地解释商品按生产价格出卖的现象，因而使他陷于不能自圆其说的矛盾之中。为了说明一切资本取得平均利润（即按生产价格售卖），他又提出价值由工资决定的庸俗的论点。这样，他就不能科学地阐明资本主义分配中不同的资本家集团的共同占有剩余价值的机制。马克思说："甚至古典经济学的最优秀的代表，——从资产阶级的观点出发，必然是这样，——也还或多或少地被束缚在他们曾批判地予以揭穿的假象世界里，因而，都或多或少地陷入不彻底性、半途而废和没有解决的矛盾中。"[①]

只有马克思才基于辩证唯物主义的科学抽象法这一犀利的武器，深刻而全面地揭示了资本主义生产与分配之间的内在联系，阐明了资本主义分配的规律。

马克思主义对分配上的方法的考察，不是采取的就分配谈论分配，而是把分配形式与一定的生产关系、一定的所有制形式联系起来，从直接生产过程的规定性去论证分配的规定性。马克思提出这样一个有名的命题："分配关系本质上和生产关系是同一的，是生产关系的反面。"[②]"一定的分配形式是以生产条件的一定的社会性质和生产当事人之间的一定的社会关系为前提的。因此，一定的分配关系只是历史规定的生产关系的表现。"[③]这里提到的"生产条件的一定社会性质和生产当事人之间的社会关系"也就是生产资料所有制性质以及由此决定的直接生产关系。

马克思指出，研究与发现分配的规律，当然要从首先呈现于人们

---

① 《马克思恩格斯全集》第25卷，人民出版社，1974年，第939页。

② 《马克思恩格斯全集》第25卷，人民出版社，1974年，第993页。

③ 《马克思恩格斯全集》第25卷，人民出版社，1974年，第997页。

眼目中的现实的分配形式出发，但是却不能停留在这一形式上就事论事，用对分配的现象的描绘来代替经济规律的探索。"在考察分配关系时，人们首先是从年产品分为工资、利润和地租这种所谓的事实出发。但是，把事实说成这样是错误的。"①马克思论述了正确的方法应该是从分配关系深入到生产关系，深入到直接生产过程的里层，从生产资料的所有制及由此决定的生产的社会实质，在阐明社会的基本经济规律作用的基础上，去发现与阐明分配的性质及其变动的规律。这就要求人们运用科学抽象法，通过各种具体的分配形式去发现和把握生产关系的共同内容。

对分配规律的科学阐明，包括两个方面：收入来源与获取收入的性质的阐明；收入变动的数量界限及各种收入的相互关系的阐明。以上二者均要首先借助对直接生产关系的分析，要从产品占有形式追踪到生产资料占有形式。

从《资本论》中，马克思首先从资本主义的生产关系来阐明资本主义分配的性质。马克思论述了资本主义基本分配形式——年价值生产物转化为工资、利润、地租三个范畴，它们分别成为三个阶级的收入和归他们消费的分配额，乃是取决于资本主义所有制。正是由于资产者对生产资料的垄断，而工人是他个人劳动力的所有者与出售者，这一基本经济条件——资本关系——决定了社会生产的实质是剩余价值的生产，而由此才产生的基本分配形式：由资本家获取的利润与归工人领取的工资，它的实质是产品价值中的剩余价值部分归资本家（物质生产条件所有者）占有和一部分归土地所有者占有，而必要劳动创造的劳动力价值部分则归工人（人身的生产条件所有者）占有。同时，还产生

①　《马克思恩格斯全集》第25卷，人民出版社，1974年，第993页。

了另一重要分配形式——各个有产者集团通过利息、企业主收入、地租等占取的收入，均是剩余价值的转化形式。如果说三位一体公式意味着各个阶级从总产品中领取收入乃是各得其所，那么，《资本论》基于生产与分配的本质联系的分析就揭示了资本家和土地所有者取得的收入乃是对工人剩余劳动的无偿占有，马克思就是在资本主义所有制决定的剩余价值的生产的基础上揭示了这些在外表上表现得合情合理的收入分配形式，原来是白白地占有工人劳动的剥削本质。

马克思还基于资本主义的生产关系以及由此决定的直接生产过程的性质及其机制，去阐明资本主义的各种收入的数量界限及其变动规律。

《资本论》在考察资本主义的分配时，并不着眼于描述在资本主义经济中每时每刻存在着的各种收入量的偶然性的变动，而是要考察调节分配的规律，"我们把分配上的偶然变动撇开不说，只考察分配的调节规律，分配的正常界限"[1]。马克思论证了这种分配的正常的数量界限是：一方面，工资不能超过劳动力价值的界限；另一方面，利息、企业主收入、地租等不能超过年价值生产物中超过工资以上的余额，即剩余价值总量。"剩余价值的大小，是剩余价值可以分割成的各个部分的总和的界限。"[2]马克思在剩余价值生产的基础上透辟地阐明了资本主义各种收入的数量界限，各种收入之间的互为消长的关系（以工资为一方和利息、企业主收入、地租为另一方之间互为消长的关系），这样，就揭示了各种收入形式之间的内在的有机联系，阐明

---

① 《马克思恩格斯全集》第25卷，人民出版社，1974年，第927页。
② 《马克思恩格斯全集》第25卷，人民出版社，1974年，第941页。

了资本主义收入变动的机制与规律①。

把以上所述归结如下：《资本论》基于劳动价值理论和剩余价值理论，在商品价值的创造与剩余价值的形成的基础上，全面地考察了资本主义生产方式下的各种收入形式，揭示了各种收入形式有着统一的来源——劳动创造的价值。揭示了资产阶级和土地所有者所合法享有的各种收入都是生产过程中形成的剩余价值的转化形式。这样，《资本论》就把生产与收入联系起来了，并清楚地揭示了资本主义生产与分配之间的内在联系。它可以用图表示如下：

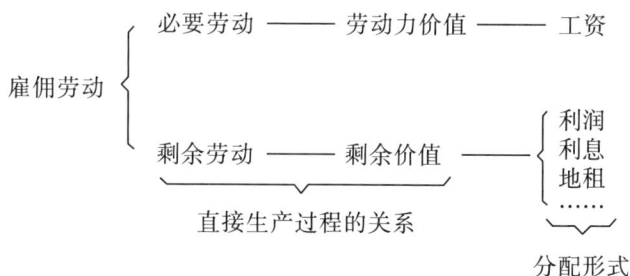

可以说，《资本论》的作者提出了一个雇佣劳动——创造与形成资本主义收入的劳动一元论公式来与庸俗经济学的三位一体的公式相对立。这个劳动一元论的收入公式就是："年产品的总价值中由工人在一年内创造的那部分价值，表现为三种收入的年价值总额，也就是

---

① 按照三位一体的公式，三种收入量是决定于三种生产要素的物质技术性质。资本—利息的公式表明利息量决定于生产资料的技术性能与生产率，土地—地租的公式表明地租决定于土地的肥力，劳动—工资的公式表明工资决定于工人付出的劳动量的大小，而且由于三种收入分别取决于不同的源泉，而它们之间是各不相关，不存在此长彼消的关系的。显然地，三位一体的公式，不能对三种收入的数量的规定作出科学说明。

表现为工资价值、利润和地租。"①这个公式从各种收入形式的具体蒸发出创造价值的工人劳动抽象规定，它在理论上再现了资本主义分配的一般规定与实质。

基于这一公式，人们将清楚地看见，利息、地租、工资等收入不是三棵长生树上结出的果实，而是不同的社会成员、不同的阶级共同占有工人劳动创造的价值，分享工人的血汗浇灌出的果实。这样，《资本论》就以不可辩驳的铁的逻辑，揭穿了庸俗经济学粉饰与美化资本主义经济的三位一体论的神话，把后者所颠倒了的社会实际关系再颠倒过来，而在人们面前展示出作为资本主义经济内在结构的主要组成部分的分配结构的本来面貌，并且通过收入分配关系进一步揭示了这一生产结构与分配结构所固有的阶级根本利益的对抗和资本家集团之间的利益矛盾。

《资本论》在阐明资本主义分配的内在规律上所做出的科学贡献，再次表明了《资本论》剖析事物内在本质联系的科学方法的无比犀利。认真学习《资本论》研究与剖析资本主义分配关系所使用的方法，将进一步加深我们对《资本论》的方法论本身的意义的认识，同时，学习和运用这一方法，对于我们科学地阐明当代资本主义国家更加复杂的收入分配关系，和在新的条件下把政治经济学的研究推向前进，都是有重要意义的。

---

① 《马克思恩格斯全集》第25卷，人民出版社，1974年，第943页。

对具有二重性的社会经济过程的科学分析方法

一、把社会经济现象与过程作为二重物来把握

马克思主义的辩证唯物主义阐明了无论是自然界、人类社会或是人的精神，都存在它固有的内在矛盾，或者说是一个二重物。辩证唯物主义的世界观，要求各门学科采用矛盾分析的方法，深刻和如实地揭示事物的二重存在，阐明事物在它的内在矛盾展开中发展变化的规律。上述的唯物辩证法的方法论，贯穿于《资本论》的全部的理论阐述之中。《资本论》在研究社会经济现象与过程时，特别是在研究资本主义社会经济现象与过程时，就是贯穿着把经济领域的各种对象作为一个二重物来把握和科学地揭示它们各自具有的二重规定性的基本方法。

任何事物都是一个二重存在，但是不同事物的二重存在的性质又是各不相同的，就自然物质对象和社会经济对象来说，它们作为一个二重物的具体规定性，显然是不同的。科学研究的任务就是要分析与

阐明各种事物所固有的特殊的二重规定性，并由此确立与之相适应的科学范畴。马克思科学地阐明了经济生活的现象、过程的作为物质生产与社会生产的二重存在的性质，并在此基础上确立了分别体现经济事物的二重性质的一系列相对应的范畴。

众所周知，政治经济学的研究范围是社会生活，是作为社会生活基础的经济生活。而社会经济活动不外乎是物质资料（生产资料与消费资料）的生产、分配、交换和消费，这些活动都涉及物质产品的形成、替换、运动，因而经济活动总是要表现为物质产品的运动，而根本不存在脱离物质内容的经济。马克思说："资本主义的性质，与生产要素的物质性质是如此不可分地长在一起。"①马克思根据历史唯物主义，阐明了人类经济生活的社会性质，阐明了生产从来不是由个人孤立地进行的，而一开始就是组成为社会的人来从事并由社会来规定的物质生产活动。马克思说："在社会中进行生产的个人，——因而，这些个人的一定社会性质的生产，自然是出发点。"②社会生产性质表现在：一方面它是人们运用生产手段作用于与改造自然对象的物质生产过程，体现了人与自然的关系；一方面它又是社会的人以某种形式互相结合的社会过程，它体现了人与人之间的关系。可见，经济生活、经济事物、经济过程的特征，在于它既具有物质内容又具有社会的形式，从而是物质生产与社会生产的二重物，不存在没有物质内容的经济事物，也不存在没有社会形式的经济事物。正是如此，《资本论》的作者在分析经济生活与经济事物时，自始至终着眼于它是物质生产过程与社会生产过程的二重存在，并且通过各种相应的科学范

---

① 《马克思恩格斯全集》第49卷，人民出版社，1982年，第67页注（139）。

② 马克思：《〈政治经济学批判〉导言》，见《马克思恩格斯选集》第2卷，人民出版社，1972年，第86页。

畴从理论上反映各种经济事物与过程的特殊的二重规定性。

《资本论》把生产方式作为一个二重物，一方面它是物质生产方式，是人与自然的关系，是人用某种劳动手段、劳动方法来作用于自然物质对象，创造出某种物质使用价值；另一方面是社会生产形式，是人与人的关系，是人与人以一定的社会形式结合起来进行生产。前者是生产的物质技术内容，马克思使用的生产方式有时就是指生产的物质技术方式，马克思有时使用"劳动方式"这一更确切的范畴来表现生产的物质技术形式；后者是生产的社会形式，马克思在使用"生产方式"一词时，在许多场合均是指这种生产的社会形式，同时，马克思也使用"社会经济形态""社会经济结构"（Ökonomische Struktur）、"社会经济形式"（Ökonomische Formen der Gesellschaft）、"社会生产机体"（Gessellshaftlicher Produktions organismus）等概念来表现生产的社会形式。生产的物质技术结合形式与状况体现的是人类控制与支配自然的程度，即生产力。生产的社会结合形式与状况则是体现生产中人们相互关系即生产关系，因而，生产方式这个二重物就表现为生产力与生产关系的统一。基于生产方式这一二重物的特征，把生产方式范畴的内涵规定为既包括生产的物质内容与生产的社会形式的二重规定，并且又自始至终地通过对生产力与生产关系的矛盾来分析历史上一切生产方式的运动特别是资本主义生产方式的运动和向更高的社会主义、共产主义生产方式的过渡，这正是《资本论》中的辩证唯物主义方法论的鲜明特色。

把经济事物、活动与过程作为具有物质内容与社会形式二重物来加以分析的方法，鲜明地体现在《资本论》对商品范畴的分析之中。马克思制定了关于商品二因素的科学理论，这一理论把商品作为使用价值与价值相统一的二重物。使用价值是商品的物质的内容，价值则是商品的社会形式。按照马克思的这一分析方法，商品范畴的内涵，既包括作为它的本质规定性的、社会生产关系的内容（价值），也包括体现商品的物质内容的规定性（使用价值）。把商品的本质规定性确定为价值对象性，实际上就把商品作为为市场交换而生产的劳动产品，这样就抓住了商品是一种社会生产关系的实质。这一点正是马克思主义商品学说的精髓，体现了商品分析中的历史唯物论特色，它与那种抽空生产者的社会生产关系，单纯地从物的有用性来谈论物的商品性质的资产阶级经济学的商品观是根本不相同的。另一方面，这一商品概念内涵，还包括商品的有用性——使用价值，论述了使用价值是作为物质存在的商品体的能够满足人们的某种需要的属性，如食品能营养人，衣能暖人，车能载人，房屋能居住。这些使用价值，或满足需要的有用性质，来源于它的物质属性是十分明白的。把商品的使用价值归结为劳动产品的物质属性，体现了马克思主义对商品分析的唯物主义。他的这种阐述，与资产阶级经济学中唯心主义的使用价值观完全不同。如资产阶级经济学价值理论中的主观效用学说，就是把商品的使用价值作为人的主观的估价，说成是由人所面临的特定条件与千变万化的主观生理与心理的需要而决定的、不可捉摸的东西。

马克思商品理论所贯穿的辩证唯物主义，不仅表现在他分析了商品的物质内容与社会形式，而且揭示了这二重规定性的内在联系。众所周知，马克思通过价值是物化的人类劳动的命题，深刻地论述了作为商品的物质规定性的使用价值，乃是价值的物质承担者，是抽象的人类劳动得以凝结为价值的必要条件。这样，就阐明了价值与使用价值之间的内在联系，即作为商品经济的生产关系的价值，不是自行表现出来，而是要依附于物，采取"物化"的表现形式。这样对价值和使用价值关系的阐明，体现了价值理论中的唯物主义，这也是科学的劳动价值论与唯心主义的劳务价值论的重大区别。资产阶级庸俗政治经济学中的劳务价值论，把使用价值这一物质实在性范畴非物质化，把一切非物质形态的"劳务"或无形的"有用效果"均说成是使用价值，并且宣扬提供这些非物化形态的"有用效果"的"劳务"和精神"生产"均和物质产品生产一样创造价值。这些西方经济学中的时髦理论，不仅是对使用价值概念作了唯心主义的曲解，而且也抽去和抛弃了价值形成过程的物质基础。这是对价值形成的歪曲。

《资本论》中对资本主义生产过程的物质内容和社会形式的二重规定的分析，是十分卓越的，马克思论证了资本主义生产是物质生产过程与价值增殖过程的统一。《资本论》首先分析了一般商品生产过程的二重性——劳动过程与价值形成过程。劳动过程是商品生产过程的自然物质规定性——它是人类的劳动、劳动对象和劳动资料的结合方式，也就是"人的活动借助劳动资料使劳动对象发生预定的变化"[①]，"是制造使用价值的有目的的活动"[②]。简括地说，劳动过程就是使用价值的形成，这是一切商品生产过程共同的物质内容。价值形成过程是商品生产过程的社会形式或社会经济内容，或社会规定性，它表现为商品生产者所耗费的社会必要劳动，物化于商品体中和形成商品价值。由于商品生产不是生产一般的使用对象，而是要生产一个市场交换对象，生产一个价值物，因而，价值的形成这一社会规定性便为商品生产的不可缺少的和最本质的特征。可见，商品生产过程也是一个二重物，"正如商品本身是使用价值和价值的统一一样，商品生产过程必定是劳动过程和价值形成过程的统一"[③]。

① 《马克思恩格斯全集》第23卷，人民出版社，1972年，第205页。

② 《马克思恩格斯全集》第23卷，人民出版社，1972年，第208页。

③ 《马克思恩格斯全集》第23卷，人民出版社，1972年，第211页。

按照《资本论》的抽象向具体上升的方法，对商品生产过程的简单的二重规定，只是作为分析资本主义生产过程的二重性质的逻辑的起点。《资本论》确立了资本主义的生产过程是"劳动过程和价值增殖过程的统一"这一命题，把资本主义生产过程作为资本主义劳动过程与价值增殖过程来把握，前者——资本主义劳动过程——是这一特殊的社会生产的物质规定性，后者——价值增殖过程——是这一特殊的社会生产的社会规定性。《资本论》首先论述了资本主义生产的物质规定性，指出它既具有一般劳动过程的共同特征，又包含了以社会化的结合劳动为特征的资本主义劳动过程。在《资本论》卷一的有关篇章中，论述了近代工业生产经过简单协作——资本主义工场手工业——机器大工业的发展而形成特殊的资本主义劳动方式的过程；《资本论》通过对机器大工业生产方式中劳动手段、劳动的社会结合形式、劳动方法、科学的大规模的生产合并等方面的详尽分析，阐明了特殊的资本主义劳动方式和过程的特点。马克思论述了资本主义生产的社会规定性是价值增殖过程，它"不外是超过一定点而延长了的价值形成过程"①。即超过了补偿资本价值并带来一个剩余价值的价值形成过程。因为，作为资本家，"他不仅要生产使用价值，而且要生产商品，不仅要生产使用价值，而且要生产价值，不仅要生产价值，而且要生产剩余价值"②。可见，包含有剩余价值的价值形成过程，就成为资本主义生产过程固有的本质特征，是资本主义生产过程区别于其他社会生产过程之所在。

《资本论》对经济事物、经济活动和经济过程的物质和社会规定

---

① 《马克思恩格斯全集》第23卷，人民出版社，1972年，第221页。
② 《马克思恩格斯全集》第23卷，人民出版社，1972年，第211页。

性的二重分析，还表现在资本理论中。马克思在剖析剩余价值生产的实质时，把资本区分为不变资本和可变资本，在分析资本的流通时又把资本区分为固定资本和流动资本。前者是表现资本的社会规定性的范畴，后者则是与资本的物质技术性质——它的自然物质的结构，例如是生产手段还是原材料；它的耐用性质：是较快地磨损还是有很长的自然寿命，等等——有关。此外，把资本构成区分为价值构成与技术构成，前一范畴体现的是资本的社会形式规定性，后一范畴体现的则是资本的物质技术结构。在资本积累理论中，马克思一方面论证资本积累是剩余价值的资本化，另一方面又把资本积累作为再生产中追加物质生产条件（追加生产资料和消费品）来考察。前者是资本积累的社会规定性，后者则是资本积累的物质内容。在再生产理论中，马克思把社会资本再生产过程归结为第Ⅰ部类与第Ⅱ部类两部类之间和各部类内部的物质补偿（替换）和价值补偿，前者体现社会再生产的一般物质条件，后者体现的是商品经济中社会再生产的特殊的社会经济条件。此外，马克思把农业再生产区分为自然再生产和经济再生产两种形式，前者是农业再生产在物质内容上的特点，后者是农业再生产的一般社会经济形式，等等。

总之，把经济事物、活动和过程分为物质方面和社会生产关系两个方面，并分析和找出这两方面的规定性，确立表现社会经济事物过程的物质范畴与表现生产关系即社会形式的经济范畴，进而分析它们之间的统一与矛盾，这是《资本论》的范畴论的一个特色，这也是在《资本论》的理论分析中的辩证唯物主义的体现。

二、科学地阐明了商品生产关系所具有的歪曲的物化形式

任何一门科学都是以事物特定的方面作为它的研究对象的，政治经济学是以社会经济生活的一定方面作为它的研究对象。马克思所创立的科学的无产阶级的政治经济学，是以生产的社会方面作为它的研究对象。《资本论》的作者把社会经济事物、活动和过程作为一个具有物质规定性和社会规定性的二重物，作为政治经济学的研究对象，特别是把资本主义生产作为具有特殊的物质内容与社会形式的二重物。但这并不意味着要把生产的物质技术方面和社会经济方面平列起来。恰恰相反，这种把经济过程作为二重物的分析方法，其目的是要把生产的物质内容与社会经济形式严格地区分开来，以便政治经济学的研究能够撇开生产的物质技术方面，抽取出它的经济关系，来进行定性分析；同时，也为了要联系物质生产力的状况来研究生产关系。总之，把资本主义生产的二重规定性严格地区分开来，其目的正在于把社会生产关系作为自己的研究对象。

政治经济学要真正能够把生产关系作为它的研究对象，要能够科学地分析与找出生产关系的本质联系，由此揭示生产关系的运动规律，就必须从具有二重规定性的社会经济事物中，抽取出生产关系，首先确立表现生产关系的经济范畴。这是一个十分艰巨的任务，如果不能完成这一任务，就不能建立起科学的政治经济学。

要从资本主义社会的经济事物发展中抽取出生产关系存在着特殊的困难，这在于商品生产关系中所具有的物化的性质。在商品经济中，生产者之间的社会生产关系"不是表现为人们在自己劳动中的直接的社会关系，而是表现为人们之间的物的关系和物之间的社会关

系"①。马克思论述了前资本主义的自然经济（原始公社的生产、奴隶作坊的生产和封建庄园的生产）是一种直接的社会生产，在那里，人们的生产与分配由氏族共同体或生产的权力主体（奴隶主、庄园主）直接地加以组织、安排与调节。在那里，人们被安排于社会分工体系中的一定具体岗位，或是从事狩猎、畜牧、种植，或是从事手工业，或是从事家务劳动，人们在社会生产中付出多少劳动，在分配中领取与分享了多少份额是很清楚的。换言之，人们在劳动中的关系与地位是一种经济上的平等互助关系还是人对人的剥削与压迫关系，都是一目了然的。可见，在前资本主义的自然经济中，社会生产关系不采取物化的外观，正如马克思在论述中世纪的生产关系时指出：在那里，劳动的自然形式表现为"劳动的直接社会形式"②。"人们在劳动中的社会关系始终表现为他们本身之间的个人的关系，而没有披上物之间即劳动产品之间的社会关系的外衣。"③而在商品经济中，人们之间的联系是通过商品形式，即一切物质资料的生产、交换和分配均表现为商品的生产、交换与分配；一切经济关系都表现为商品关系，并带有交换价值的形式，而价值则成为实现人们经济活动的互相联结的纽带。马克思指出，资本主义社会是唯一地由交换价值来表现人们生产活动的社会性的社会，在那里，"一切产品和活动转化为交换价值"④。人们之间的"社会联系表现在交换价值上，因为只有在交换价值上，每个个人的活动或产品对他来说才成为活动或产品"⑤。价值是

---

① 《马克思恩格斯全集》第23卷，人民出版社，1972年，第90页。

② 《马克思恩格斯全集》第23卷，人民出版社，1972年，第94页。

③ 《马克思恩格斯全集》第23卷，人民出版社，1972年，第94页。

④ 《马克思恩格斯全集》第46卷上，人民出版社，1980年，第102页。

⑤ 《马克思恩格斯全集》第46卷上，人民出版社，1980年，第103页。

商品生产中耗费的人类劳动但却表现为物的形式，因而在通过商品价值形式来实现人们的相互联系的社会里，一切生产关系均带有物的外观，"在交换价值上，人的社会关系转化为物的社会关系"[①]。生产关系的物化是与商品关系的发展相并进行的，在资本主义这一商品经济的最高形式中，商品货币关系获得最普遍化的发展，渗透和囊括了社会生活的一切领域，这种情况造成了生产关系的全面物化。无论是工业、农业的生产活动与商业、服务活动，或是文化教育、艺术领域的精神生产，均要转化为交换价值，甚至宗教信徒的虔诚的礼赞、母子之情、夫妻之爱这些从来被视为是最崇高的神圣的关系也都表现为交换价值。生产关系自身的性质不再直接地表现出来，而是迂回曲折地通过物的性质，通过交换价值来表现，经济事物、过程的社会规定性就被掩盖于它的物质规定性之中而难以为人们所认清。这种情况，马克思称之为生产关系具有商品拜物教性质。在生产关系具有商品拜物教性质的社会，经济事物、活动和过程的本质，要呈现为各种各样的假象和本末颠倒的形式，它不仅欺骗生产的当事人，而且也使那些有思维能力的经济学家（包括资产阶级古典经济学家）困惑莫解。

生产关系采取本末颠倒的物化形式成为人们把经济事物和过程的物质规定性与社会规定性相混同的现实基础。这种混同在资产阶级经济学中有广泛的表现，如在价值理论中将价值的本质归之于物的自然的属性，说珍珠或金刚石的价值是天然具有的，"是它们作为物所具有的"[②]。否认价值的社会生产关系的本质在货币理论中表现为将货币价值归之于金银的自然属性，仿佛金银天生的是货币，仿佛"这些

---

① 《马克思恩格斯全集》第46卷上，人民出版社，1980年，第103页。

② 《马克思恩格斯全集》第23卷，人民出版社，1972年，第100页。

物，即金和银，一从地底下出来，就是一切人类劳动的直接化身"①。否认货币是商品价值形式历史发展的产物，体现的是发展了的商品交换关系。在资本理论中，混淆资本的社会生产关系本质和它的物质内容，"当货币主义对于'什么是货币？'这个问题回答说：'金银就是货币'的时候，现代经济学家们嘲笑这种货币主义的幼稚；可是这些现代经济学家却敢于对'什么是资本？'这个问题回答说：'资本就是棉花'"②。"当弗·威兰德先生对我们说原料是资本，由于对它加工它才变成产品的时候，就更清楚地表现出来了。这样一来，皮革就似乎是制革者的产品和皮鞋匠的**资本**了。原料和产品两者都是属于同劳动过程有关的物的规定；两者同作为资本的物的规定本身没有任何关系，尽管当劳动过程被资本家占有的时候，原料和产品这两者都代表资本。"③资产阶级经济学家，是"把资本和资本的物质表现形式混淆起来"④了。他们用经济事物、活动与过程的物质表现形式来鱼目混珠，偷换了这些事物、活动与过程的生产关系的内容，在他们那里，经济范畴被偷换为表现自然物质规定性的范畴。"把表现在物中的一定的社会生产关系当作这些物本身的物质自然属性，这是我们在打开随便一本优秀的经济学指南时一眼就可以看到的一种颠倒……"⑤马克思指出，资产阶级经济学的这种理论的混乱，其目的正是在于"……证明：资本的存在是人类生产的永恒自然规律"⑥，"这种幻想是证明资本主义生产方式的永恒性或证明资本是人类生产本身不朽的

---

① 《马克思恩格斯全集》第23卷，人民出版社，1972年，第111页。

② 《马克思恩格斯全集》第49卷，人民出版社，1982年，第55页。

③ 《马克思恩格斯全集》第49卷，人民出版社，1982年，第58页。

④ 《马克思恩格斯全集》第49卷，人民出版社，1982年，第55~56页注（127）。

⑤ 《马克思恩格斯全集》第49卷，人民出版社，1982年，第56页。

⑥ 《马克思恩格斯全集》第49卷，人民出版社，1982年，第57页。

自然要素的非常方便的方法"①。

总之，资产阶级政治经济学是停留在具有物化形态的生产的表象上，把各种有关的物的自然物质属性说成是表现商品资本主义关系的经济范畴的内涵，用对物的描述来取代对阶级对抗性的资本主义生产关系进行剖析。显然，这是企图掩盖事物真相的资产阶级的手法。在这种方法下形成的经济范畴和理论，马克思称之为"政治经济学的资产阶级意识"②，指出它是"资本主义生产方式所特有的和从资本主义生产方式的本质中产生出来的拜物教观念：这种观念把经济的形式规定性，如商品、生产劳动等，看成是这些形式规定性或范畴的物质承担者本身所固有的属性"③。显然，在这样的拜物教观念的基础之上，只能形成庸俗的资产阶级经济理论，而不可能建立起科学的政治经济学。

三、联系物来揭示隐藏在物背后的生产关系

马克思把辩证唯物主义的方法应用于政治经济学的研究，他在《资本论》中，一方面自始至终贯彻了把资本主义经济一切活动和过程严格地区分为物质技术和社会形式即生产关系两个方面；另一方面又自始至终把生产关系作为对象，并且采用了联系物质生产的性质和状况来研究生产关系的方法。

辩证法的认识论要求观察的全面性，因而，既要如实地看到经济过程的物质技术方面和社会生产关系方面，又要求认识世界科学体系的各种特殊的门类。因而，政治经济学就不能把生产的物质技术方

---

① 《马克思恩格斯全集》第49卷，人民出版社，1982年，第57页。

② 《马克思恩格斯全集》第23卷，人民出版社，1972年，第98页。

③ 《马克思恩格斯全集》第49卷，人民出版社，1982年，第108页。

面与生产的社会形式并列起来，不分轻重地作为自己的研究对象；同时，"政治经济学不是工艺学"①，不能把物质技术方面作为研究对象，作为无产阶级的革命的政治经济学必须以生产的社会形式，即生产关系作为研究对象。

但是，基于辩证法关于对立面既相矛盾、又相统一的理论，政治经济学又不能抛开生产的物质技术方面孤立地研究生产关系，而要密切地联系生产的物质技术方面的性质来研究生产的社会形式，要根据生产力的性质与状况来阐明生产关系的性质及其发展变化的规律。特别是基于商品资本主义经济形态所固有的生产关系物化的特征，政治经济学就更要透过各种经济活动的物的外观，去揭示出它的社会经济本质——生产关系的性质。我们可以清楚地看见，在《资本论》的全部理论分析中，在对资本主义各种基本经济范畴和经济规律的阐述中，贯穿着上述的方法。

在价值理论上，《资本论》联系使用价值形成来研究价值的形成。价值范畴是商品资本主义经济的最一般的范畴，价值理论是政治经济学的一般基础理论，《资本论》作者所建立起来的宏伟的政治经济学的理论大厦，就是立足于科学的价值论的基础之上的。马克思制定了完备的劳动价值理论，这一崭新的科学价值论是辩证唯物主义方法论结出的硕果，其中包括结合商品的物质内容去分析它的社会形式，特别是透过商品的物的外观去揭示隐藏在物背后的生产关系的方法。马克思把商品归结为使用价值与价值的二因素的统一，使用价值是商品所具有的满足人们需要的性质，它是由商品的物质内容所决定

---

① 马克思：《〈政治经济学批判〉导言》，见《马克思恩格斯选集》第2卷，人民出版社，1972年，第88页。

的，价值则是商品所固有的社会本质，是商品生产者在社会劳动中的相互关系。资产阶级古典经济学只是把价值归结为生产中耗费的劳动量，它不懂得价值是一种特定的生产关系。而马克思则深刻地阐明了并不是任何生产中的人类劳动耗费都表现为价值，而只有在商品生产条件下，人类劳动才作为抽象劳动，才表现为商品的价值对象性，把价值作为一种生产者之间的社会关系来把握，这是对价值本质的科学阐明，体现了马克思对劳动价值论的重要发展。

马克思提出了"使用价值是价值的物质承担者"和 "劳动的物化"的命题。这一命题表明，商品经济中，生产者之间的社会关系总是要依附、体现于物的关系之中，而作为价值的社会实体与本质的抽象的人类劳动，也就是凝结在商品物质体——使用价值——之中，或者说是取得"物质形式"的劳动。如果离开了物质产品这一载体或"物质承担者"，价值就无所附翼，就不能形成结晶和对象化，即使是耗费了社会劳动，也不能形成价值实体。马克思说："价值只是存在于某种使用价值中，存在于某种物中。"[1]在劳动过程中，随着物质使用价值的形成，劳动也就物化，由此才有价值形成。在生产过程中发生了机器设备等生产资料的物质耗损的场合，随着"使用价值丧失，价值也就丧失"[2]。随着旧使用价值的全部丧失与全部转化为新的使用价值（如原材料与辅助材料的转化为产品），丧失了的生产资料的旧价值也就转移到新产品价值中。随着旧使用价值的局部丧失与局部地转化为新的使用价值（如在劳动过程中的工具、机器、厂房等的磨损），局部丧失的旧价值也就转移到新产品价值中。可见，政治经

---

① 《马克思恩格斯全集》第23卷，人民出版社，1972年，第228页。

② 《马克思恩格斯全集》第23卷，人民出版社，1972年，第229页。

济学并不是要把对使用价值和物的研究排斥在研究范围之外。为了要分析价值的运动，分析价值的形成、增殖、转移、流通、分配与再分配，还要考察使用价值的运动，考察再生产过程中物的运动。

《资本论》在分析货币这一商品经济的基本范畴时，论述了货币所固有的一般等价物的性质，这种作为一般等价物的职能与金、银这一自然物结合在一起。但马克思指出，这种一般性质不是来自金、银的自然属性，而是来自货币的社会的规定性，即它是一般人类劳动物化的、独立存在的形式，是作为"自为存在的交换价值"①。从而揭示了"物的货币形式是物本身以外的东西，它只是隐藏在物后面的人的关系的表现形式"②。

《资本论》的历史功勋在于它最深刻、透彻地研究与阐明了资本这一资本主义商品经济的范畴，论述了资本在物质形态上表现为劳动的客观条件如土地、劳动工具、原料、生活资料等。这些是资本在劳动过程中借以表现的"特殊物质形态"，是"资本存在的实在形态或客观使用价值形态，资本的物质基础"③。从"资本的物质方面来看，或从资本借以存在的使用价值方面来看，资本只由劳动本身的物的条件构成"④，"正象价值表现为物的属性，物作为商品的经济规定表现为物的物质性质完全一样……"⑤但是马克思进一步阐明资本不是一般的劳动的客观条件，而是采取货币形态的劳动的客观条件，它不是任何的货币，而是能够带来增殖额的货币。一定数量的货币之所以

① 《马克思恩格斯全集》第46卷上，人民出版社，1980年，第255页。

② 《马克思恩格斯全集》第23卷，人民出版社，1972年，第109页。

③ 《马克思恩格斯全集》第49卷，人民出版社，1982年，第39页。

④ 《马克思恩格斯全集》第49卷，人民出版社，1982年，第65页。

⑤ 《马克思恩格斯全集》第49卷，人民出版社，1982年，第47~48页。

能带来增殖额，所以能转化成为资本，正是在于劳动的客观条件与劳动者的分离，从而劳动者成为雇佣劳动者，他们的剩余劳动转化为归资本家占有的剩余价值。因而资本所固有的预付货币价值的增殖能力与性质，正在于资本占有他人的劳动成果的生产关系。马克思在《资本论》中极其深刻地指出："资本不是物，而是一定的、社会的、属于一定历史社会形态的生产关系，它体现在一个物上，并赋予这个物以特有的社会性质。资本不是物质的和生产出来的生产资料的总和，资本是已经转化为资本的生产资料，这种生产资料本身不是资本，就象金和银本身不是货币一样。"①马克思深刻地阐明了资本不是物，正像货币不是物一样。"同样的东西，商品、货币等等，或者可以代表资本，或者可以代表收入等等。""同样的物，有时可以包括在资本的规定中，有时可以包括在另外的、对立的规定中，因此，它或者**是**资本，或者**不是**资本。可见，资本显然是**关系**，而且**只能是生产关系**。"②马克思提出了黑人是黑人的卓越命题，他说："黑人就是黑人。只有在一定的关系下，他才成为奴隶。纺纱机是纺棉花的机器。只有在一定的关系下，它才成为资本。脱离了这种关系，它也就不是资本了，就象黄金本身并不是货币，沙糖并不是沙糖的价格一样。"③马克思深刻地论述了一切机器、工具、原料，天然地都不是资本，而只有在特定的生产关系下它才转化为资本，他极其生动地说："装有四条腿和天鹅绒罩布的一把椅子在一定情况下可以代表宝座，但不能因此就说：这把椅子即这个用来坐的物，由于其使用价值的性质就是

---

① 《马克思恩格斯全集》第25卷，人民出版社，1974年，第920页。

② 《马克思恩格斯全集》第46卷上，人民出版社，1980年，第518页。

③ 马克思：《雇佣劳动与资本》，见《马克思恩格斯选集》第1卷，人民出版社，1972年，第362页。

宝座。"① "不能由此得出结论说：劳动者天生就是奴隶（虽然亚里士多德也不能完全摆脱这个观点）……"不能说"纱锭与棉花天生是资本一样"②。如果说，即使是在古典经济学大师李嘉图那里，"资本被理解为物，而没有被理解为关系"③，那么在《资本论》中，马克思以不可辩驳的逻辑深刻地阐明了"资本显然是关系，而且只能是生产关系"④，从而对资本的本质和资本概念的内涵作出了科学的阐明。

马克思关于商品资本主义生产关系具有物化性质的理论，为政治经济学的研究确立了科学的方法论。这一理论告诉我们，资本主义生产关系既要通过物与物的关系来迂回曲折地表现，又要为物的表面的甚至颠倒的形式与关系所遮掩。正如马克思所说："正是商品世界的这个完成的形式——货币形式，用物的形式掩盖了私人劳动的社会性质以及私人劳动者的社会关系，而不是把它们揭示出来。"⑤基于此，政治经济学在研究资本主义生产关系时既不能脱离物，又不能囿于物，而应该联系各种经济事物、现象与过程的物质内容，去进一步揭示附翼与隐藏在物背后的生产关系。在《资本论》全部的严整的理论分析中，体现了这种科学方法。

---

① 《马克思恩格斯全集》第49卷，人民出版社，1982年，第55～56页。

② 《马克思恩格斯全集》第49卷，人民出版社，1982年，第56页。

③ 《马克思恩格斯全集》第46卷上，人民出版社，1980年，第212页。

④ 《马克思恩格斯全集》第46卷上，人民出版社，1980年，第518页。

⑤ 《马克思恩格斯全集》第23卷，人民出版社，1972年，第92页。

对必要劳动与剩余劳动
的对立统一关系的分析

　　关于必要劳动与剩余劳动的理论，在《资本论》的理论体系中占有重要的地位。《资本论》的研究对象是资本和劳动的关系。在这部巨著中，马克思把唯物辩证法的对立统一规律，应用于分析雇佣劳动的性质、形式及其内在矛盾。《资本论》的作者，按照资本主义雇佣工人劳动的社会职能与作用，把它在概念上区分为必要劳动与剩余劳动，从而把工人的物质生产劳动作为必要劳动与剩余劳动的统一。与工人的劳动表现为必要劳动与剩余劳动相适应，工人的工作日也区分为必要劳动时间和剩余劳动时间，其劳动产品就区分为必要劳动产品和剩余劳动产品，而劳动的价值产品（价值生产物）也就区分为必要劳动产品价值（劳动力价值）和剩余价值。以上一系列相对应的范畴，都是雇佣劳动者的劳动一分为二——必要劳动与剩余劳动——的不同的表现。《资本论》正是借助上述范畴，深刻地分析了为资本所奴役的雇佣劳动所固有的必要劳动与剩余劳动的对抗，并由此揭示了剩余价值生产的规律。

本文将阐述《资本论》关于必要劳动与剩余劳动的理论，特别着重于探讨《资本论》分析必要劳动与剩余劳动的辩证关系的方法。

一、必要劳动一般和剩余劳动一般

必要劳动和剩余劳动，如果就狭义或原本的意义来说，乃是存在着剥削关系的阶级社会的劳动所固有的规定性，特别是受到资本剥削与奴役的雇佣工人的劳动所具有的特征。

《资本论》的研究对象是资本主义的生产关系。它的任务是分析资本主义剥削的实质，揭示资本主义的经济规律，因而，《资本论》主要是在上述狭义的或原本意义上来使用必要劳动与剩余劳动范畴的。但是有必要指出，在《资本论》的理论分析中，还存在广义的必要劳动与剩余劳动范畴，或必要劳动一般和剩余劳动一般的范畴。

众所周知，《资本论》采用了分析社会经济关系的科学抽象法。这一方法是：在研究资本主义的某一经济关系时，先撇去它的资本主义的形式，而抽取出其中适合一切社会经济形态的一般规定性，即形成关于所考察对象的简单范畴，然后，采取由抽象向具体上升的方法，即以这一简单范畴作为分析起点，引入各种更具体的社会生产关系，从而形成从理论上表现所考察对象的各种更加切近的、具体的规定性的复杂范畴。按照这一科学抽象方法的要求，马克思在《资本论》以及《1857—1858年政治经济学手稿》中，在研究雇佣劳动的内在矛盾时，采用了三层分析方法。首先，分析必要劳动一般与剩余劳动一般的对立统一关系；然后，分析阶级对抗社会的必要劳动与剩余劳动的对立统一关系；最后，分析资本主义生产关系下的必要劳动与剩余劳动的对立统一关系。

（一）必要劳动一般与剩余劳动一般

以研究资本主义生产关系及其运动规律为对象的《资本论》，毫无疑义，是以研究现代资本主义生产方式中的必要劳动与剩余劳动为主题。可是正如马克思说："生产的一切时代有某些共同标志，共同规定。生产一般是一个抽象，但是只要它真正把共同点提出来，定下来，免得我们重复，它就是一个合理的抽象。"①为了更加清楚地把握资本主义生产方式中体现资本关系的必要劳动与剩余劳动的特征，《资本论》首先撇开其社会关系形式，抽取出必要劳动的一般规定与剩余劳动的一般规定。

一般的必要劳动，就是生产必要产品，用以维持劳动者自身及其家庭所必需的劳动。这种劳动是劳动者"维持自身生存所必要的劳动"②。显然，对任何一个社会形态的劳动者，无论是原始公社成员、奴隶、农奴、雇用工人还是社会主义的联合劳动者，他们的劳动都要表现为这种为劳动者自身生产必要产品的维生劳动。马克思在论述雇佣工人的这种维持生存所必需的劳动时说："这种劳动对于工人来说所以必要，是因为它不以他的劳动的社会形式为转移。"③超出维持劳动者及其家庭的生活需要以上的劳动就是剩余劳动，或维持生存的劳动的余额。因而，我们可以这样说：直接生产者的一般社会劳动＝一般必要劳动＋一般剩余劳动。

在《资本论》中，多次对上述必要劳动一般和剩余劳动一般范畴，明确地加以论述。"一般剩余劳动，作为超过一定的需要量的劳

① 马克思：《〈政治经济学批判〉导言》，见《马克思恩格斯选集》第2卷，人民出版社，1972年，第88页。
② 《马克思恩格斯全集》第23卷，人民出版社，1972年，第559页。
③ 《马克思恩格斯全集》第23卷，人民出版社，1972年，第243页。

动，必须始终存在。只不过它在资本主义制度下，象在奴隶制度等等下一样，具有对抗的形式。"①"在任何社会生产（例如，自然形成的印度公社，或秘鲁人的较多是人为发展的共产主义）中，总是能够区分出劳动的两个部分，一个部分的产品直接由生产者及其家属用于个人的消费，另一个部分即始终是剩余劳动的那个部分的产品，总是用来满足一般的社会需要，而不问这种剩余产品怎样分配。"②马克思论述了从劳动的特殊社会形式抽取出劳动一般，是政治经济学的科学抽象方法的必要步骤。"如果我们把它们的区别性和特殊形式抽掉，只注意它们的同区别性相对立的一致性，它们就是同一的。"③"如果我们把工资和剩余价值，必要劳动和剩余劳动的独特的资本主义性质去掉，那末，剩下的就不再是这几种形式，而只是它们的为一切社会生产方式所共有的基础。"④"使各种社会经济形态例如奴隶社会和雇佣劳动的社会区别开来的，只是从直接生产者身上，劳动者身上，榨取这种剩余劳动的形式。"⑤

　　人类劳动在性质上的二重化即表现为必要劳动与剩余劳动，乃是劳动社会性发展的一定阶段，即劳动生产率达到一定的水平的产物。在劳动生产力很低（例如在人类刚刚摆脱动物界的时期）、劳动产品量小的情况下，由于全部劳动产品都用于劳动者自身消费，还不存在剩余产品，因而全部社会劳动表现为维持自己生存的劳动，这时还不存在劳动的分化为必要劳动与剩余劳动。而一旦社会劳动生产率

① 《马克思恩格斯全集》第25卷，人民出版社，1974年，第925页。

② 《马克思恩格斯全集》第25卷，人民出版社，1974年，第992~993页。

③ 《马克思恩格斯全集》第25卷，人民出版社，1974年，第993页

④ 《马克思恩格斯全集》第25卷，人民出版社，1974年，第990页。

⑤ 《马克思恩格斯全集》第23卷，人民出版社，1972年，第244页。

达到一定的水平，即直接生产者生产的产品除了维持自己（及其家庭）生存还有剩余，——这个剩余产品或者作为维持非生产者的消费基金，或者作为扩大再生产的积累，或者用于满足其他的社会共同需要，——这样，物质生产劳动在性质上就一分为二，表现为维持直接生产者自身生存的必要劳动和剩余劳动。

一般剩余劳动，作为超过维持直接生产者（及其家庭）的生活需要以上的劳动，它的特点是：它不是用于维持直接生产者及其家庭生活需要的劳动，而是用来维持一个第三者的劳动[①]。这个第三者可能是超过一般增长率的人口；或者是不从事生活资料生产而是从事生产资料生产的其他劳动者；或者是不从事物质生产而从事生活服务——如妇女的家庭消费——的劳动者；或者是不从事物质资料生产而从事精神生产——包括教育、艺术、科学活动——和管理劳动的社会成员；或者是不从事任何物质生产和精神生产，而单纯从事享乐的寄生的剥削者及其仆从（包括维护剥削制度的镇压机关的成员）。可见，在任何社会形态下都会存在剩余劳动乃是社会进步的源泉，是直接生产者及其家庭成员以外的、脱离生活资料生产的第三者存在与增长的物质基础，是社会分工发展，即生活资料生产部门以外的其他的生产部门与服务部门分化出来的物质基础，也是寄生的剥削阶级产生的物质基础。如果没有剩余劳动，一切社会成员都将永远是生活资料的生产者，具体地说，将永远是原始的农业或畜牧业劳动者，只能养活自己及其家庭成员，不仅没有生产的扩大，而且也排斥了社会的进步与人类文化的发展。马克思说："一般剩余劳动，作为超过一定的需要量的劳动，必须始终存在。……为了对偶然事故提供保险，为了保证必要的、同需要

---

① 参见《马克思恩格斯全集》第23卷，人民出版社，1972年，第559页。

的发展以及人口增长相适应的累进的扩大再生产（从资本主义观点来说叫作积累），就需要一定量的剩余劳动。"[1]恩格斯说："劳动产品超出维持劳动的费用而形成的剩余，以及社会生产基金和后备基金从这种剩余中的形成和积累，过去和现在都是一切社会的、政治的和智力的继续发展的基础。"[2]

可见，《资本论》在广泛意义上使用的必要劳动即一般必要劳动范畴，和剩余劳动即一般剩余劳动范畴是重要的分析工具，借助这一对范畴，人们就能清楚地认识到人类社会存在和发展的最终的泉源之所在，就能发现社会的物质文明、精神文明的发展与劳动的不同部分之间的内在联系，而明确这一联系，对于我们当前正在进行的组织与发展社会主义经济的事业，有着重要的意义。

（二）必要劳动与剩余劳动的对立统一关系

《资本论》对必要劳动与剩余劳动二者之间的辩证关系，作了精要的分析，阐明了无论是从微观的角度即对单个直接生产者来说，或者是从宏观的角度即对社会生产劳动者总体来说，劳动的划分为必要劳动与剩余劳动的界限和方式，并不是取决于人们的意志，而是取决于社会生产方式的性质及其客观的经济规律。

一般剩余劳动是"超过一定需要量的劳动"，是超过维持直接生产者生存的劳动以外的劳动，因而，它的量——表现为直接生产者日劳动中所占的地位和比重——首先就是由必要劳动的性质与状况来规定的，具体地说，是由直接生产者生产用于维持他们的社会生存的

① 《马克思恩格斯全集》第25卷，人民出版社，1974年，第925页。
② 《马克思恩格斯选集》第3卷，人民出版社，1972年，第233页。

必要劳动时间来规定的。必要劳动与剩余劳动二者的量的关系的确定是以必要劳动及其所需时间为前提。如果必要劳动时间需要占有与囊括全部日劳动，剩余劳动就等于零；如果必要劳动时间表现为大部分日劳动，那么，直接物质生产劳动只是在较小程度上转化和表现为剩余劳动；如果必要劳动时间只是日劳动的小部分，那么物质生产劳动将在很大程度上转化和表现为剩余劳动。正如马克思在分析剩余劳动一般产生与存在的条件时说："这些条件是：直接生产者的劳动时间，必须超过再生产他们自己的劳动力即再生产他们本身所必需的时间。"[①]如果用公式来表示是：

$$工作日 - 必要劳动时间 = 剩余劳动时间$$

由于人们的工作日有着自然生理的极限，从而是一个常数，因此剩余劳动时间是直接决定于和依存于必要劳动时间的。

人类社会的幼年期，由于生产力水平十分低下，全部劳动产品都作为原始人的维持生存的资料，不存在剩余产品，这样，必要劳动时间占据全部劳动时间，原始人的物质生产劳动，表现为几乎是纯粹的必要劳动的性质，都是为了维持劳动者自身及其血族亲属的生存而从事的劳动。随着生产力水平的提高，人类劳动产品除了维持自身的生存而外还有一个剩余，这时，就意味着人类的一部分劳动突破与超越了必要劳动，原先的必要劳动时间中有一部分就分离出来并转化为剩余劳动时间。这样，统一的物质生产劳动就分化为必要劳动与剩余劳动，成为一个二重物。

---

① 《马克思恩格斯全集》第25卷，人民出版社，1974年，第715页。

生产力的一定发展水平，乃是原始的、单一的必要劳动分化出剩余劳动的物质基础。这也是以占有直接生产者的剩余劳动为内容的一切私有制产生的经济基础。正是由于劳动生产率的提高，直接生产者"他们的可供支配的劳动时间的**一部分**，足以把他们自己作为生产者再生产出来和维持下去，他们的必要生活资料的生产，不会耗费他们的全部劳动力"①。

人类社会襁褓时期（即原始公社初期）极低的劳动生产率，使原始人类费精竭力也往往难以糊口，社会劳动保持维持生存的必要劳动的性质与形式就是不可避免的。马克思指出："如果人在一个工作日内，不能生产出比每个劳动者再生产自身所需的生活资料更多的生活资料，在最狭窄的意义上说，也就是生产出更多的农产品，如果他全部劳动力每日的耗费只够再生产他满足个人需要所不可缺少的生活资料，那就根本谈不上剩余产品，也谈不上剩余价值。"②"没有一定程度的劳动生产率，工人就没有这种可供支配的时间，而没有这种剩余时间，就不可能有剩余劳动，从而不可能有资本家，而且也不可能有奴隶主，不可能有封建贵族，一句话，不可能有大私有者阶级。"③

资产阶级经济学家与小资产阶级社会主义思想家不可能科学地说明人对人的剥削，即占有直接生产者剩余劳动的条件，他们将直接生产者所提供的剩余劳动归之于榨取者的强力或意志。马克思则通过一般剩余劳动以一定的劳动生产率为基础的论述，在生产力决定生产关系这一历史唯物主义基本原理的基础上，科学地阐明了剩余劳动这一经济关系的本质，并由此科学地阐明了历史上各种榨取剩余劳动的社

---

① 《马克思恩格斯全集》第25卷，人民出版社，1974年，第715页。

② 《马克思恩格斯全集》第25卷，人民出版社，1974年，第885页。

③ 《马克思恩格斯全集》第23卷，人民出版社，1972年，第559页。

会生产方式存在的物质前提。

马克思还考察了把原先的必要劳动时间的一部分向剩余劳动时间转化的劳动生产率出现的条件。马克思深入地阐明了劳动生产力的提高，有来自社会的和自然的两方面因素。《资本论》论述了在人类社会发展的最初阶段，使劳动生产力能够提供出超过维持直接生产者自身而有余的产品，自然条件有着重要的作用。那时，土壤的肥力，渔产丰富的江河，等等，即劳动的自然生产力成为剩余产品形成从而剩余劳动出现的物质条件。《资本论》更透彻地阐明了随着劳动的日益社会化，劳动的社会生产力，特别是科学、技术就成为劳动生产率提高和剩余产品大幅度增长的决定因素。

马克思指出，在人类历史上，人类劳动首先表现为生产食物的、广义的农业劳动，因而农业劳动生产力的一定发展水平，就是原先的必要劳动分化出剩余劳动的基础。马克思说："因为食物的生产是直接生产者的生存和一切生产的首要的条件，所以在这种生产中使用的劳动，即经济学上最广义的农业劳动，必须有足够的生产率，使可供支配的劳动时间，不致全被直接生产者的食物生产占去；也就是使农业剩余劳动，从而农业剩余产品成为可能。"[1]他又说："社会为生产小麦、牲畜等等所需要的时间越少，它所赢得的从事其他生产，物质的或精神的生产的时间就越多。"[2]马克思提出的关于"超过劳动者个人需要的农业劳动生产率，是一切社会的基础"[3]这一有名的命题，深刻地揭示了在劳动生产率提高的基础上，用于生产生活资料形态上的原初的必要劳动逐步地向剩余劳动转化的规律。

---

[1] 《马克思恩格斯全集》第25卷，人民出版社，1974年，第715～716页。

[2] 《马克思恩格斯全集》第46卷上，人民出版社，1980年，第120页。

[3] 《马克思恩格斯全集》第25卷，人民出版社，1974年，第885页。

剩余劳动总是相对于必要劳动而言的，在一定的劳动生产率，从而一定的社会总产品的基础上，如果用于维持劳动者的必要产品的数量更少或者增长幅度更小，那么剩余产品从而剩余劳动就越大。马克思指出，在古埃及，一方面，由于有利的自然条件决定的劳动生产率；另一方面，由于那里炎热的气候条件，劳动力的维持时间较少，因而在奴隶主强制下，直接生产者的劳动日中更大部分转化为剩余劳动时间，这正是古埃及奴隶王朝所以能兴建起那些迄今还使举世惊叹的宏伟古代建筑的经济基础。马克思说："绝对必须满足的自然需要的数量越少，土壤自然肥力越大，气候越好，维持和再生产生产者所必需的劳动时间就越少。因而，生产者在为自己从事的劳动之外来为别人提供剩余劳动就可以越多。"①

必须看到，劳动生产率的增长总是剩余劳动增长的物质基础。这是因为，必要劳动作为维持直接生产者生存的劳动，它总是存在着由自然生理条件所决定的最低界限。马克思还阐明了作为经济学概念的劳动者的生存，是包括有社会的、历史的要素的社会存在方式与生存条件，而不简单地意味着自然生理的生命的维持。因此必要劳动也还有一个由历史的、文化的与道德的因素所决定的社会的界限，人们不能任意地超越这一社会必要的客观的界限去人为地扩大剩余劳动。例如在一个公有制社会形态中，人们不能不顾与牺牲直接生产者个人的生存、发展与享受基金而扩大积累基金和用于社会共同需要的基金。在阶级社会中，剥削阶级从直接生产者身上榨取最大限度剩余劳动的贪欲，也会遇到他们难以超越的劳动力再生产这一生理的（以及社会的）最低界限。可见，必要劳动时间进一步地向剩余劳动时间的

---

① 《马克思恩格斯全集》第23卷，人民出版社，1972年，第560页。

转化，总是必须以劳动生产率的进一步提高为物质前提，不从发展物质生产力着手而期望不绝地扩大剩余劳动与剩余产品——不论它表现为阶级社会中对直接生产者的加强剥削或是公有制社会中积累的增大——都是不可能有真正成效的。

总之，马克思在一般意义上论述了社会物质生产劳动一分为二的条件，分析了必要劳动与剩余劳动二者之间的对立统一关系，特别是论述了在劳动生产率提高的基础上，原先的必要劳动时间向剩余劳动时间转化的规律，揭示了这一转化的内在机制是维持直接生产者生存的劳动转化为用于促进社会发展与进步的劳动；农业形式的劳动逐步分化出从事工业、交通、商业的劳动；用于生产生存资料的劳动，日益分化出用于生产发展资料与享乐资料的劳动。马克思关于"超过劳动者个人需要的农业劳动生产率，是一切社会的基础"的命题，就是对社会物质生产劳动内在矛盾的开展的机制与规律的科学概括。

二、对阶级社会的必要劳动与剩余劳动的对立统一关系的分析

《资本论》中，按照唯物辩证法的方法，分析了对一切社会形态都适用的必要劳动与剩余劳动的对立统一关系，但是如马克思经常指出的，在论述经济关系的共同性时，不能忽略了在不同的社会形态下它的特殊性与差别。他在谈论生产一般范畴的意义时说："对生产一般适用的种种规定所以要抽出来，也正是为了不致因见到统一……就忘记本质的差别。而忘记这种差别，正是那些证明现存社会关系永存

与和谐的现代经济学家的全部智慧所在。"①因而，在必要劳动与剩余劳动辩证关系的阐述上，《资本论》的作者从来不停留在泛泛地讨论抽象的、一般的必要劳动范畴与剩余劳动范畴及其二者的关系，而是自始至终着重于考察各个不同的人类社会形态下的必要劳动与剩余劳动的对立统一关系，特别着重地剖析与阐述了阶级社会中的必要劳动与剩余劳动的对立统一关系。

（一）阶级社会中必要劳动与剩余劳动所具有的被剥削劳动的性质

马克思在分析人类历史上的各个以阶级对抗为基础的社会形态的必要劳动与剩余劳动范畴时，基于各个社会形态特定的社会生产关系，分析与论证了这一对范畴的特殊的社会经济内容。在人类历史上的以生产资料私有制为基础的生产方式（我们将自己占有生产资料的个体农民与手工业者的生产方式除外）下，由于直接生产者不占有生产资料，他们不得不在人身的强制——如在奴隶主的锁链下或是在农奴主的鞭子下——或是在经济的强制下为物质生产条件的垄断者卖命，因而上述条件下的直接生产者的劳动均是一种被剥削的劳动。而这些社会形态的必要劳动与剩余劳动自然地也就要体现为由该特定的社会生产关系所决定的被剥削劳动的性质。这也就是说，政治经济学在阐明必要劳动与剩余劳动这一对范畴的内涵时，不只是从维持直接生产者生存的劳动及其超额这种一般意义来理解，而是要进一步把握它所体现的是什么样的剥削关系和具有什么样的社会阶级内容。马克思在论述剩余劳动时，他首先从生产资料所有制与由此决定的社会生

① 马克思：《〈政治经济学批判〉导言》，见《马克思恩格斯选集》第2卷，人民出版社，1972年，第88页。

产方式的性质，来考察某一社会形态下剩余劳动的性质。《资本论》说："资本并没有发明剩余劳动。凡是社会上一部分人享有生产资料垄断权的地方，劳动者，无论是自由的或不自由的，都必须在维持自身生活所必需的劳动时间以外，追加超额的劳动时间来为生产资料的所有者生产生活资料，不论这些所有者是雅典的贵族，伊特刺斯坎的僧侣，罗马的市民，诺曼的男爵，美国的奴隶主，瓦拉几亚的领主，现代的地主，还是资本家。"① "使各种社会经济形态例如奴隶社会和雇佣劳动的社会区别开来的，只是从直接生产者身上，劳动者身上，榨取这种剩余劳动的形式。"②可见，按照马克思的分析经济范畴的方法，剩余劳动的内涵就不仅是作为超出必要劳动以上的劳动，而且是被生产资料所有者占有的、从属于私有者利益的、被剥削的劳动。在这里，"剩余"劳动的真正的与本质的规定，在于它不是归自己而是被生产资料私有主占有的性质，在于劳动的被剥削性。马克思对政治经济学的贡献，正是在于他根据历史唯物论的方法论，根据生产资料私有制和劳动的社会性质，科学地揭示与论证了以阶级对抗为基础的生产方式下的剩余劳动的社会阶级内容和经济本质。他指出了人类社会历史上存在三种被剥削的剩余劳动——奴隶制剩余劳动，农奴制剩余劳动，资本主义雇佣劳动制的剩余劳动，详细地分析了上述剩余劳动所采取的经济形式：奴隶的劳动苦役，各种封建地租形式，现代的剩余价值形式。

必要劳动是用于维持劳动力的正常再生产的劳动。按照马克思创立的历史唯物主义，劳动者的生存方式或劳动力的再生产方式固然

---

① 《马克思恩格斯全集》第23卷，人民出版社，1972年，第263页。
② 《马克思恩格斯全集》第23卷，人民出版社，1972年，第244页。

是有其自然的生理基础，如劳动力的再生产，要求有一定的起码的食品、衣服、住所，即由自然生理条件决定的不可少的维持生存资料。但是劳动力再生产的条件并不是单纯由自然生理条件所决定，而首先是由社会生产关系决定的，并且带有特殊的社会生产关系所赋予的特点。具体地说，在阶级社会中，必要劳动总是具有下列的特点：

第一，它是由榨取剩余劳动的经济机制的运转所必要的。马克思在论述雇佣劳动者的必要劳动的性质时指出："这种劳动对工人来说所以必要，是因为它不以他的劳动的社会形式为转移。这种劳动对资本和资本世界来说所以必要，是因为工人的经常存在是它们的基础。"① 在阶级社会，直接生产者所从事的必要的，即为自己的劳动，对剥削者来说也是必要的，因为，这种必要劳动归根到底，是为了维持劳动者的劳动能力，以便从他们身上榨取剩余劳动。剥削者所以要容许直接生产者从事必要劳动，不是由于他们的发善心，而是出于他们榨取剩余劳动的自私自利的目的。因此，对于阶级社会的必要劳动，我们不仅要看到它对于直接生产者来说是必要的，而且要看到它是榨取剩余劳动的前提，从而对于剥削者来说，也是必要的，尽管在这里，必要劳动具有另一意义。而这种必要劳动，由于是为各个社会榨取剩余劳动的机制所规定，它也就带有特定的社会生产关系的特征。

第二，这种必要劳动对直接生产者来说是被压抑的，极不充分的。在阶级社会中，作为剥削阶级榨取剩余劳动的前提的必要劳动，要受到一小撮寄生者占有剩余劳动的无厌贪欲和他们施加超经济的与经济强制的粗暴压制。因此，劳动力的再生产从来都是在极其恶劣的条件下进行的，直接生产者的生活资料总是要被限制在极不充分的，

---

① 《马克思恩格斯全集》第23卷，人民出版社，1972年，第243页。

甚至是在劳动力正常再生产也难以维持的十分狭窄的范围内，从而使这种必要劳动带有被压制、被侵占、极其有限的和不足额的性质。

总之，《资本论》在分析阶级社会中的剩余劳动和必要劳动时，并不是把它当作超历史的自然范畴，而是作为一个社会经济范畴。在《资本论》的有关篇章中，从各个社会的特殊所有制形式出发，深入地分析与揭示了由各个社会的生产关系所赋予这两个范畴的特殊内涵，这是我们研究必要劳动与剩余劳动这一对范畴时所必须遵循的方法。

（二）阶级社会中，必要劳动与剩余劳动的对立统一关系的特征

在《资本论》中，马克思深入地阐明了阶级社会，特别是资本主义社会的必要劳动与剩余劳动的相互关系的特征。在以阶级对抗为基础的生产方式中，必要劳动与剩余劳动的对立统一关系具有以下的特点：剩余劳动表现为矛盾的主导方面，在劳动日中，扩大剩余劳动时间成为动机与目的。我们看见，在原始共同体和社会主义、共产主义社会形态下，在分配社会总劳动时，人们首先必须保证用于直接满足劳动者物质生活需要的必要劳动时间，然后把工作日中的剩余部分作为满足社会共同需要和积累之用。如果用哲学的语言，这就是直接维持劳动者自身的必要劳动处在主导的地位，它制约着剩余劳动。在那里，不存在借压榨、侵吞必要劳动时间而延长剩余劳动时间——尽管剩余劳动时间也是用于满足公共需要——的现象，即剩余劳动与必要劳动的对抗。而在阶级社会中，剩余劳动却成为社会生产的决定性的目的与动机，处在主导地位。在那里，剥削者对剩余劳动的无厌的狼一样的贪欲，把必要劳动限制在最狭窄的界限内，它表现在劳动力的再生产采取了最原始、最粗陋的方式，也就是说直接生产者的生活需要被压低到甚至连劳动者（及其家庭）的生存及其繁衍也难以维持

的最低的水平。它不仅剥夺了劳动者的精神的需要和社会的需要，而且把维持肉体生存的生理的需要也降到最低的限度。因而，简直可以说，人类劳动力再生产被降低到牛马这样的自然劳动力再生产的地位。这种情况，突出地表现在古代的奴隶劳动中，特别是可以从战争中任意地和无偿地取得奴隶或是从外地廉价购买到奴隶的场合，这一必要劳动的自然生理性的最低界限也常遭到破坏。马克思指出了古代金银生产上的"骇人听闻的过度劳动。在那里，累死人的强迫劳动是过度劳动的公开形式"①。

资本主义生产方式产生了最大限度压缩维持劳动者自己的必要劳动和最大限度地扩大剩余劳动的范围的新的动机。这在于在以生产使用价值为特征的社会生产方式中，总是会给剩余劳动的需求课加某种限制。"如果在一个社会经济形态中占优势的不是产品的交换价值，而是产品的使用价值，剩余劳动就受到或大或小的需求范围的限制，而生产本身的性质就不会造成对剩余劳动的无限制的需求。"②而在一个以生产交换价值为特征的对抗性的生产方式，就会产生一小撮寄生的剥削者对剩余劳动的无厌的贪欲。资本主义生产是商品生产，在那里生产物表现为价值即物化的劳动，资本主义商品还包含剩余价值，即物化的剩余劳动，资本主义生产的目的与绝对动机，乃是最大限度的剩余价值。生产目的表现为交换价值的形式，这就打破了过去历史上那些以使用价值为目的的生产所固有的发展的限制性，对交换价值的无限度的永远填不满的贪欲，成为生产当事人即资本家的动机。这一罪恶的动机推动着他们像狼一样地去肆无忌惮地压缩必要劳动时间

---

① 《马克思恩格斯全集》第23卷，人民出版社，1972年，第263页。
② 《马克思恩格斯全集》第23卷，人民出版社，1972年，第263页。

和扩大剩余劳动时间，即去提高剥削率（$\frac{m}{v}$）。因为后者（$\frac{m}{v}$）的提高直接关系到一定数量的预付资本的取得最大限度的剩余价值。正是如此，一方面在资本主义经济中存在着把工作日的长度延长到人的生理所能容许的最高限度的趋势。这就是在把广大直接生产者生活的自然日中非劳动的自由时间——如履行家庭与社会道德职能的时间，进行社交活动的时间，自由运用体力和发展智力的时间——以及恢复体力所必要的睡眠、吃饭的时间，等等，都强行转化为剩余劳动时间（即绝对剩余价值的生产）。另一方面，资本主义生产方式又通过把工资压低到工人维持生活费用的最低水平以下，由此强使必要劳动转化为剩余劳动时间。"在这里，剩余劳动的延长，只是由于打破剩余劳动的正常界限，剩余劳动范围的扩大，只是由于侵占了必要劳动时间的范围。"[1]正如《资本论》指出："工资被降到仅够糊口的最低限度，而劳动时间却延长到人能忍受的最高限度。"[2]资本出于它固有的追逐最大剩余价值的本性，它恨不得能做到强使劳动者像不吃不喝的机器人那样把自然日的百分之百变成剩余劳动时间，把劳动者变成了供它压榨剩余劳动的人身工具。剩余劳动对必要劳动的压迫、侵吞与破坏，在资本主义制度下达到了顶点，它甚至大大超过了历史上的以交换价值为目的的奴隶制生产或农奴制生产中的那种骇人听闻的"过度劳动"[3]。

资本主义制度下的必要劳动时间不仅仅是限于（1）生产维持劳动

---

① 《马克思恩格斯全集》第23卷，人民出版社，1972年，第349页。

② 《马克思恩格斯全集》第23卷，人民出版社，1972年，第517页。

③ 《资本论》第一卷第八章为了纯粹地分析剩余劳动相对的延长，假定工资按照劳动力价值支付，而把这种打破剩余劳动的正常界限而造成的剩余劳动时间的延长的情况排除在外。但实际生活中借侵蚀必要劳动时间而延长剩余劳动时间是经常发生的。"这种方法在工资的实际运动中起着重要的作用。"（《马克思恩格斯全集》第23卷，人民出版社，1972年，第349页）

者自然生存所必要的生存资料的时间，而且还包括（2）生产满足劳动者的文化与道德需要的物质资料的时间。而且以上（1）（2）两项均是由社会各个不同时期的具体条件决定的。马克思说："工人必须有时间满足精神的和社会的需要，这种需要的范围和数量由一般的文化状况决定。因此，工作日是在身体界限和社会界限之内变动的。"①在资本主义社会的发生、发展和灭亡的总过程中，劳动力的再生产条件也会发生变化。如随着社会生产的发展，生活方式的发生变化，某些新的消费品会成为工人生存资料的要素；随着物质技术基础的现代化，劳动力也要求日益熟练化和智力化，劳动力再生产需要的学习费用会增加，从而要求有更多的发展资料；随着劳动生产率的提高与社会文化水平的提高，工人恢复他的劳动力会要求有更多的享乐资料。因此，随着资本主义社会生产力的发展，特别是随着无产阶级的组织性的增强和他们反对资产阶级剥削的阶级斗争的取得成效，劳动力的维持和再生产所必要的物质产品与文化、服务"产品"的内容有可能更加发展和扩大，这种情况体现了资本主义生产关系下必要劳动的新的特点。但是我们必须看到，资本家追逐最大限度利润和提高剩余价值率（mv）的绝对动机，总是会将劳动力的再生产费用即它所需要的物质资料与文化资料，压低到最低的社会水准，也就是劳动力价值这一狭窄界限。即使在劳动生产力有了很大提高的发展阶段，工人的实际生活状况较之过去有了某些改善，但这也一点不能改变必要劳动受到为资本家占有剩余劳动的限制、侵占的性质和必要劳动的极不充分的特点。

一切阶级社会中存在的上述借侵占、压缩必要劳动而扩大剩余劳

---

① 《马克思恩格斯全集》第23卷，人民出版社，1972年，第260页。

动的趋势，表明了历史上各个阶级社会形态生产的发展都从属于剥削者的私利而牺牲劳动者的利益，而这种劳动者与剥削者的对抗，在资本主义生产方式下，在广度和深度上都有更进一步的发展。资本主义的雇佣劳动所固有的必要劳动与剩余劳动的矛盾，正是工人阶级与资产阶级之间不断加深阶级对抗的经济基础。

辩证唯物主义的认识论不仅要求科学地揭示事物的内在矛盾，而且要求阐明在不同的发展阶段事物内在矛盾变化的状况，揭示出事物内部矛盾着的双方的地位的推移，即主要矛盾的演变。

《资本论》根据资本主义生产方式发展的不同时期的具体状况，分析与阐述了资本榨取剩余劳动的主要方法的变化。

在资本的萌芽期和资本主义发展初期，榨取剩余劳动的主要形式是绝对剩余价值的生产，即剩余劳动时间的增大是借助工作日的绝对延长。因为，这一时期劳动生产率较低，即使是被压到很低水平的劳动力再生产费用，也可能要占去工作日的很大比重。在这种情况下，为了榨取最大限度的剩余价值，资本家就只有诉诸尽可能地延长工作日，使它不仅侵吞了工人的生活日中的自由时间，甚至超越了恢复劳动力生理上所能容许的最大极限。正是如此，在资本主义生产方式的萌芽与幼年期，工作日是不断地延长的，每日十数个小时的过度劳动被普遍地采用。

这种剩余劳动时间的增大借助工作日的绝对延长，不仅意味着工人的发展体力与智力的自由闲暇时间的被剥夺，而且意味着工人用以恢复体力的吃饭与睡眠时间的被侵占。这样，简单劳动力的"萎缩的再生产"——如工人身体素质的下降、智力减退、工伤事故增加、死亡率增大，等等——就是不可避免的。其结果一方面是工人对资本家的反抗的加剧，是阶级矛盾与斗争的激化；另一方面是由于用来榨取剩余劳动的人身条件的资源的日益耗竭，从而供资本扩张之需的劳动力的数量上的扩大再生产的遭受破坏，以及技术进步所要求的劳动力素质上的扩大再生产——即劳动者熟练程度的提高——的遭受破坏。这样，资本扩大对剩余劳动的榨取的绝对动机就和必要劳动时间的刚性（或固定性）以及和自然日的固定性相矛盾。这一矛盾推动了榨取剩余劳动由旧方法向新方法的推移，即过渡到相对剩余价值的生产。正如马克思说："单靠残酷的过度劳动和夜间劳动来实现的劳动力的便宜化，终究会遇到某些不可逾越的自然界限，……当这一点终于达到时（这需要很长的时间），采用机器和把分散的家庭劳动（还有工场手工业）迅速转变为工厂生产的时刻就来到了。"[1]

　　相对剩余价值的生产乃是资本主义物质技术基础发展成熟时期资本榨取剩余劳动的主要形式，它表现为剩余劳动时间借必要劳动时间的缩短而相对地延长。"或者说，工人实际上一直为自己耗费的劳动时间的一部分，要变成为资本家耗费的劳动时间。这里，改变的不是工作日的长度，而是工作日中必要劳动和剩余劳动的划分。"[2]

　　由于工人阶级为了争取正常工作日而进行了长期的斗争，由于在竞争中逐渐形成的工作日或者法律规定的工作日业已通行于各个产业部门，从而给剩余劳动向正方向的延长——对自然日的侵占——规定了界限。同时，在竞争中总要促使工资在一个较长时期（在这里我们不考虑危机和大量失业的时期）接近或符合劳动力价值，这样就使剩余劳动借侵占必要劳动时间向反方向的延长更为困难。因此，在这种情况下，增加剩余价值生产唯一可行的方法便是提高劳动生产率，通

[1]　《马克思恩格斯全集》第23卷，人民出版社，1972年，第515页。
[2]　《马克思恩格斯全集》第23卷，人民出版社，1972年，第348页。

过减少维持工人所必要的生活资料的再生产时间即必要劳动时间来增大剩余劳动时间，这就是剩余劳动相对地延长。向这种榨取剩余劳动的新方法的过渡，是在竞争规律的强制作用下和在工人阶级为提高工资待遇和维护自身正常劳动条件的阶段斗争不断深入发展的条件下实现的，但它在根本上也是符合资本自身利益的。

有必要指出，不能把剩余劳动绝对地延长和相对地延长，当作是截然划分与互相排斥的。基于科学的抽象法，《资本论》在阐述剩余价值的生产时，从理论上区分了两种纯粹榨取剩余价值的方法，但是这两种榨取剩余劳动的方法，在实际的资本主义的价值增殖过程中往往是互相交织和结合在一起的。例如，资本家通过使用机器来提高消费品的劳动生产率和减少工资支出，与此同时，他也会绝对地延长工作日，这就是把两种榨取剩余劳动的方法同时并用。为了攫取最大限度的剩余价值，资本总是千方百计和不择手段的。但是正如辩证唯物主义的原理所阐明，事物在特定条件下总有其主要矛盾，资本榨取剩余劳动在不同历史条件下也有其主要的与通行的方法。在资本还是利用原先中世纪的生产方式，在技术进步和劳动生产力提高十分缓慢的情况下，剩余劳动绝对的延长就是主要的方法，正如马克思说："资本只是占有历史上遗留下来的或者说现存形态的劳动过程，并且只延长它的持续时间。"[①]而在劳动过程的技术条件和生产方法发生变革，劳动生产力不断提高的条件下，自然地，剩余劳动相对的延长就成为榨取剩余价值的主要的与通行的方法。《资本论》把相对剩余价值的生产放在绝对剩余价值的生产之后来论述，体现了逻辑与历史相一致的方法论。它既是逻辑思维所必要的顺序，又是事物发展的历史顺序。

---

① 《马克思恩格斯全集》第23卷，人民出版社，1972年，第350页。

如果历史地来考察资本榨取剩余劳动的两种方法，那么，我们可以看出，扩大与榨取工人的剩余劳动主要依靠劳动日的绝对延长和对工人必要劳动时间的侵占，这是与生产的物质技术条件还很落后，即劳动还是形式上从属于资本的资本主义生产方式初生期相适应的，而剩余劳动的扩张，主要依靠劳动力价值的降低与必要劳动时间的缩短，它是与社会生产的物质技术基础日益增强，即劳动实质上从属于资本，"特殊的资本主义生产方式"业已确立的资本主义发展与成熟期相适应的，而且这种榨取剩余劳动的形式，体现了资本对雇佣劳动的剥削进一步向纵深方向发展的有效形式。它是在当前技术进步十分迅速的发达资本主义国家榨取剩余劳动的典型形式。当然，这样说并不否认资本在任何时候，只要有可能，就还会采用延长劳动日来绝对地延长剩余劳动。

相对剩余价值生产这种榨取剩余劳动的方法的特点是：它是在工作日不绝对延长，甚至有所缩短（如当代发达资本主义国家实行的40小时以下的工作周）的情况下发生的剩余劳动时间的延长，是在工人并不付出更多日劳动条件下发生的剥削程度的提高，是看不见也感觉不到的有酬劳动的缩短与无酬劳动的延长，从而它是榨取剩余劳动的更精巧、更隐蔽的形式。比如原先工作日为16小时不变，必要劳动时间与剩余劳动时间各8小时，此后劳动生产率提高了，必要劳动时间缩减为6小时，剩余劳动时间为8小时，这样就是剩余劳动相对地（与绝对地）增强。如果工作日缩短了，剩余劳动时间不变，但必要劳动时间也缩短了，这是对剩余劳动榨取的相对的增强。例如工作日缩短为12小时，必要劳动时间缩短为4小时，剩余劳动时间仍然为8小时，它没有绝对地增长，但是必要劳动与剩余劳动之比却已经由6：8变成4：8，即由每小时劳动含剩余劳动34.3分钟或剩余劳动占日劳动（或每时每分）57%变成每小时含剩余劳动40分钟或剩余劳动占日劳动（或每时每分）66.6%。这是工作日不增加的条件下的劳动在更大规模上由为自己的劳动转化为资本家的劳动。这种情况表明工人劳动进一步地无酬化，但是在这里，剩余劳动的相对扩大却是带有劳动日缩短了的使人迷惑的外观。因为由于劳动生产率的提高，工人得到的必要产品的数量并不缩减，而归资本家占有的剩余产品的数量甚至还远较原先剩余劳动时间绝对延长时更加多，因而这是一种榨取剩余劳动的更加有效的形式。

例如，假定每小时生产的产品为1件，必要劳动与剩余劳动各为8小时，工人占有的必要产品为8件，资本家占有的剩余产品为8件。此后，劳动生产率提高50%，即每小时1.5件，必要劳动为6小时，剩余劳动为8小时，工人占有的必要产品为6×1.5件=9件，资本家占有的剩余产品为8×1.5件=12件，增加50%；假定劳动生产率再提高1倍，而每小时3件，必要劳动为4小时，剩余劳动为9小时，工人获得的必要产品为4×3=12件，增加30%，资本家占有的剩余产品为9×3=27件，增加125%。以上情况表明，在工作日缩短时，资本家可以借助剩余劳动时间相对地（与绝对地）延长而增加剩余价值和剩余产品的绝对量，即使是在工作日缩短，剩余劳动时间绝对地缩短（但相对地延长）的情况下，资本家也可以借助更高的劳动生产率而占有更多的剩余产品。而且，在这里，工人的必要产品有所增加，从而他们的物质生活状况有所改善，是与资本家占有的剩余产品有更大的成倍的增长同时发生的。正如马克思说："随着劳动生产力的提高，体现一定量价值从而一定量剩余价值的产品量也会提高。在剩余价值率不变甚至下降，但其下降比劳动生产力的提高缓慢的情况下，剩余产品量也会增加。因此，在剩余产品分为收入和追加资本的比例保持不变的情况下，资本家的消费可以增加，而积累基金并不减少。"[①]

可见，资本主义制度下劳动生产率的提高不过是起着将必要劳动转化为剩余劳动的作用。从理论上可以这样说，只要劳动生产率以一定的幅度持续增长，就有可能在必要产品有所增长的基础上，使业已缩短了的工作日中的 $\frac{1}{2}$、$\frac{2}{3}$、$\frac{3}{4}$、$\frac{4}{5}$ 转化为剩余劳动，从而实现剩余价值率 $\frac{m}{v}$ 的不断提高。这可以从下表中看出来。

劳动生产率	必要劳动时间（小时）	必要产品（件）	剩余劳动时间	剩余产品（件）	工作日（小时）	必要劳动时间占工作日	剥削率（%）
每小时1件产品	8	8	8	8	16	50 / 100	100
每小时1.5件产品	6	9	9	13.5	15	40 / 100	150
每小时2件产品	5	10	10	20	15	33 / 100	200
每小时3件产品	4	12	10	30	14	28 / 100	250
每小时10件产品	1.5	15	6.5	65	8	23 / 100	430
每小时20件产品	1	20	6	120	7	19 / 100	600

从上表中，我们可以看到，一方面资本支配的社会劳动——它表现在工作日中——甚至它无偿占有的剩余劳动量，都有可能呈现出下

---

① 《马克思恩格斯全集》第23卷，人民出版社，1972年，第663页。

降的趋势，但是它占有的剩余劳动在工人劳动中的比重以及剩余价值率却呈现出上升的趋势。与此同时，必要产品也有所增长，但是它却远远地落后于剩余产品的增长。上述趋势意味着资本越来越榨取更高效率的剩余劳动，这种剩余劳动即使是总劳动时间有所减少，但是它所代表的剩余产品却在规模上会大幅度、成倍或若干倍地增加，——这取决于劳动生产率增长的状况——，因而资本家不仅是依然夺取和垄断了工人阶级的更高效率的劳动所创造的在数量上更大的社会财富，而且他占有的剩余价值还在工人所创造的产品价值中占据更大的比重，而留给工人阶级的不仅是贫困，而且是在劳动日中比重更小的必要劳动时间。这意味着工人阶级地位的更加恶化，即相对贫困化。

可见，借助劳动生产率的提高，可以在工人的总劳动支出更少的条件下，大大加剧对剩余劳动的榨取。因此，这种榨取相对剩余价值的生产方法乃是一种资本榨取剩余劳动的最有效的方法。在工人阶级越加有组织性，在法定的工作日已经缩短，工资水平已经有所提高——由于社会的与历史的原因——的情况下，资本为了从工人身上挤压出更多的剩余劳动就越是要采用这一方法。

马克思的剩余价值理论科学地阐明了以压榨剩余劳动即生产剩余价值为最高目的和绝对动机的资本主义生产方式，一方面要采取绝对剩余价值生产的方法，通过延长工作日，把工人生活的自然日最大限度地转化为剩余劳动时间，另一方面还要大力提高劳动生产率——如革新生产设备，改进生产工艺，发展科学技术，改善经营管理，等等——来扩大相对剩余价值的生产。

相对剩余价值的生产，如果用哲学的表述方法，那么，就是必要劳动不断地向剩余劳动的转化。劳动生产率的提高和消费品的便宜所决定的维持工人自己必要劳动时间的减少，不仅不会缩短工作日和改变工人的社会经济地位，而且还会带来剩余劳动时间的延长。上述情况并不是偶然的现象，而是持续的和不可更易的，是剩余价值规律作用的表现。

在这里，我们有必要对否认资本主义经济中必要劳动向剩余劳动转化的经济机制与规律的资产阶级庸俗经济学的观念加以评述。资产阶级庸俗经济学家为了掩盖资本对雇佣劳动日益加深的剥削，他们致力于宣扬：必要劳动与剩余劳动的对抗是生产力水平低所决定的，说生产力的提高将缩减工作日，提高工资，使工人与资本家"共享技术进步的果实"，从而消除劳资的对抗。在技术革新深入发展，劳动生产率急剧提高的第二次世界大战后的年代，西方庸俗经济学家更是大肆宣扬上述论调。他们说，劳动已经不是生产的决定因素，不再创造价值；他们宣扬技术价值论，说当代的社会财富是科学技术创造的，而与劳动无关；宣称科学技术进步及由此带来的生产力将实现工人的福利，创造一个福利国家，而资本占有劳动的剥削概念已不再适用。

资产阶级庸俗经济学家的上述"理论"在方法论上是抽空了资本主义生产关系来谈论劳动生产力的作用。马克思根据历史唯物主义的一般原理，联系资本主义生产关系来考察劳动生产力的性质与作用，论述了资本主义制度下的劳动生产力表现为"资本的生产力"。在那里，不仅社会劳动——它是分工不同的各种劳动者的结合劳动——所表现的生产力表现为资本的力量，而且由社会劳动所实现的更高生产力的物质成果归资本占有。因此，资本家致力于提高劳动生产力根本不是为了缩短工人为自己工作的必要劳动时间，而是为了延长为资本家工作的剩余劳动时间。马克思说："在资本主义生产中，发展劳动生产力的目的，是为了缩短工人必须为自己劳动的工作日部分，以此来延长工人能够无偿地为资本家劳动的工作日的另一部分。"①

资产阶级经济学家大肆宣扬的工人将直接从生产力的提高中受惠，因为它会引起商品便宜，提高工人的实际工资。当代西方福利国家的理论就大肆宣扬这一谬论，并宣称《资本论》中的无产阶级贫困化理论业已过时。这种论调是毫无根据的。因为，资本主义制度下的工资水平乃是决定于劳动力的价值，这是不以人们的意志为转移的经济规律。资本的本性决定了劳动生产率提高和消费品便宜的优惠不会归劳动者，恰恰相反，这种优惠只能归资本家，也就是说资本家不会因劳动生产率的提高而自行增加工人的实际工资，他只是千方百计地企图独占劳动生产率提高而生产出来的追加的剩余产品和由此增大相对剩余价值的生产。马克思说："提高劳动生产力来使商品便宜，并通过商品便宜来使工人本身便宜，是资本的内在的冲动和经常的趋势。"②《资本论》深刻地揭示了劳动生产力与剩余劳动时间相对延长之间的本质联系，"相对剩余价值与劳动生产力成正比。它随着生产力提高而提高，随着生产力降低而降低"③。特别是劳动生产力的提高，意味着资本有机构成的提高，它减少了总资本中可变资本的比重，成为相对人口过剩出现的经济基础。此外，劳动生产力提高，生产规模急剧增长，加剧了生产过剩的经济危机。这一切进一步恶化了工人阶级的就业条件，使他们为了获得一个挣饭吃的工作岗位，不得不接受更恶劣的劳动条件和更低的工资。因此，资本主义制度下的劳动生产力的提高并不是解放劳动的手段，反之，它只是把原先的必要

① 《马克思恩格斯全集》第23卷，人民出版社，1972年，第357页。

② 《马克思恩格斯全集》第23卷，人民出版社，1972年，第355页。

③ 《马克思恩格斯全集》第23卷，人民出版社，1972年，第355页。

劳动时间中的一部分"并入剩余劳动的范围"①，转化为剩余劳动，使劳动在更大程度上无偿化，而工作日并不因此缩短，甚至还可以延长。这样，工人就越来越成为纯粹的供压榨剩余劳动的人身材料和"单纯制造剩余价值的机器"②。在《资本论》中，马克思指出："在麦克库洛赫、尤尔、西尼耳之流的经济学家的著作中，在这一页可以读到，工人应当感谢资本发展了生产力，因为这种发展缩短了必要劳动时间，在下一页接着就会读到，工人为了表示这种感谢，以后必须劳动15小时，以代替原来的10小时。"③

在资本主义经济发展的某些时期，工人的实际工资也会有所提高，但是这种提高总是要被约束在社会所规定的劳动力价值的狭窄范围内，而且这种实际工资的增长总是远远地落后于劳动生产率的增长，它绝不影响资本对剩余产品增量的垄断地位。正如《资本论》所指出："工人之变得便宜，从而剩余价值率的增加，是同劳动生产率的提高携手并进的，即使在实际工资提高的情况下也是如此。实际工资从来不会和劳动生产率按同一比例增加。"④这些论述深刻地阐明了资本主义制度下表现为资本生产力的劳动生产力与工人相敌对的性质，它不可能造福于工人，只能是增强对剩余劳动压榨的手段。

总之，《资本论》对相对剩余价值的生产的分析，有着十分重要的方法论的意义，它为我们研究与认识当代发达资本主义国家资本剥削雇佣劳动的新特征提供了重要的分析工具。我们可以由此得出如下的认识：当前还正在深入发展的科学技术革命及其所带来的很高的劳

① 《马克思恩格斯全集》第23卷，人民出版社，1972年，第355页。

② 《马克思恩格斯全集》第23卷，人民出版社，1972年，第439页。

③ 《马克思恩格斯全集》第23卷，人民出版社，1972年，第357页。

④ 《马克思恩格斯全集》第23卷，人民出版社，1972年，第663页。

动生产率只是在更大的广度与深度上把必要劳动时间转化为剩余劳动时间，它进一步恶化了工人阶级的社会经济地位，使广大直接生产者越发成为资本榨取剩余价值的人身材料，从而将使雇佣劳动制度所固有的必要劳动与剩余劳动的对抗越发深化。

劳动价值论中的辩证法

劳动价值论是马克思经济理论的基石。马克思创立的剩余价值理论，以及他创立的以研究和阐明资本主义生产方式的经济规律为任务的政治经济学的整个理论体系——体现在《资本论》这一宏伟的巨著中——均是以科学的劳动价值论为基础的。

马克思以前的资产阶级古典政治经济学，特别是李嘉图的政治经济学，就已经对劳动价值论的一般原理作了阐述。这些论述，是古典经济学的科学因素的重要体现，也是古典经济学对政治经济学做出的积极贡献。但是由于古典经济学家的资产阶级立场和他们的形而上学的方法论，他们的价值理论中也是既有科学因素，又有庸俗因素，从而表现为瑕瑜互见。即使是古典经济学家中最有抽象思维能力的李嘉图，由于他不懂得唯物辩证法，因而他也不能对资本主义商品经济中以最复杂的形式表现出来的价值关系作出全面的和彻底科学的理论阐明。众所周知，李嘉图就不能用劳动价值论来阐明资本与劳动之间的交换和商品按生产价格出卖，这两大难题成为李嘉图的理论体系中不可解决的矛盾，并终于导致了李嘉图学派的解体。而马克思的劳动价值论，阐明了商品价值的本质及其表现形式；阐明了发达的资本主义商品经济中价值的转化为市场价值，特别是阐明了价值向生产价格的转化及其机制；阐明了自由竞争受到土地有限性和土地私有权垄断限制条件下农产品的市场价值决定方式的特点，等等。总之，马克思在价值决定于生产中耗费的社会必要劳动的基础上，阐明了资本主义商品经济中极其多样的价值表现形式，确立了价值、价格、市场价值、生产价格、虚假社会价值等一系列科学的价值范畴，借助这些多样的价值范畴，阐明了自始至终支配着资本主义商品生产与交换的价值规律的作用，并由此科学地揭示了剩余价值的生产、实现与分配的规律和机制。马克思批判地继承了前人的特别是古典经济学的劳动价值理论的积极成果，而且进一步地用许多崭新的范畴与卓越的理论分析大大地发展了这一价值理论，建立起科学的劳动价值论，完成了价值学说史中的革命飞跃。

马克思的劳动价值理论，是把辩证唯物主义与历史唯物主义的科学世界观运用于商品价值关系的研究而结出的科学硕果。在《资本论》中，无论是对商品的使用价值和价值二重形式的分析，对商品价值实体与价值形式的分析，对商品价值最简单的表现形式到货币形式的历史发展的分析，对个别价值与市场价值的分析，还是对价值及其转化形式——生产价格——的分析，以及对实在的价值关系与虚假的社会价值形式的分析等，都贯穿着辩证唯物主义的方法论。这种辩证唯物主义方法论包括对立统一的分析方法，把事物区分为形式与内容、现象与本质的方法，考察事物的一般性与特殊性（共性与个性）的方法，考察事物历史的发展的方法，等等。把这些方法应用于价值关系一切方面的分析与阐明之中，正是马克思创立的价值理论的特色，也是马克思所以能够把价值决定于生产中耗费的人类劳动的基本观点贯彻到底和对发达的资本主义经济中最为复杂和使人迷乱的商品的各种价值表现形式作出有说服力的科学的阐明之所在。

这里，拟结合价值论中若干重要问题，对马克思应用于价值理论中的唯物辩证法进行一些考察。当然，在这里接触到并加以论述的，只不过是马克思价值理论的唯物辩证法的若干侧面。

一、对商品的物质内容与社会本质的辩证关系的分析

马克思开创了政治经济学的理论分析中的历史唯物主义的观点与方法，这个基本观点与方法表现于他以唯物辩证法为指导的科学抽象法来分析社会和社会生活。首先他把社会生活区分为经济领域与上层建筑领域，并把经济生活作为决定的因素。其次，他把社会经济生活与过程区分为社会形式即生产关系与物质内容两方面，并把生产关系作为决定性的因素。正如列宁在论述马克思在《资本论》中应用于研究社会经济现象的唯物主义方法论时指出："他所用的方法就是从社会生活的各种领域中划分出经济领域来，从一切社会关系中划分出**生产关系**来，并把它当做决定其余一切关系的基本的原始的关系。"[1]又说："他从各个社会经济形态中取出一个形态（即商品经济体系）加以研究，并根据大量材料（他花了不下二十五年的工夫来研究这些材料）把这个形态的活动规律和发展规律做了极详尽的分析。这个分析仅限于社会成员间的生产关系。马克思一次也没有利用这些生产关系以外的什么因素来说明问题。"[2]

马克思把生产关系作为社会生产的决定因素和把生产关系作为政

---

[1] 《列宁全集》第1卷，人民出版社，1955年，第118页。

[2] 《列宁全集》第1卷，人民出版社，1955年，第121页。

治经济学的对象，这种方法论体现了历史唯物主义。但是马克思在研究生产的社会形式即生产关系时，从来不是孤立地就生产关系论述生产关系，而是坚持生产关系与生产力的统一，紧密联系社会生产的物质技术形式来研究生产关系，这种方法体现了辩证法的要求。在分析社会经济现象与过程时，把唯物主义的历史观与辩证法紧密结合在一起，这就是马克思创立的政治经济学的方法论的基础。

上述分析方法，同样体现在马克思对商品及商品价值的分析之中。马克思根据辩证法的对立统一的规律，制定了关于商品二因素的理论。这一理论把商品规定为使用价值与价值的统一，使用价值体现了商品的物质内容的规定性，价值则是商品的社会经济本质。而反映商品物质规定性的使用价值与反映商品社会规定性的价值这二重规定性，便成为商品范畴固有的内涵。

把商品明确区分为使用价值与价值这二重规定性，是资产阶级古典经济学的功绩。古典经济学家如亚当·斯密与李嘉图，他们把注意力集中于考察商品价值性，这是正确的，但是他们都未曾对商品的使用价值这一规定性作出深入的阐明，特别是他们未曾深入地分析商品二重规定性的内在联系。例如斯密曾经认为，没有使用价值的东西也会有交换价值，这一错误观点表明他还不懂得使用价值是交换价值的物质前提[1]。

马克思创立的唯物辩证法的方法，是一种全面地分析事物的结构与内在联系的方法。

马克思在分析物质生产过程以及各种经济现象与事物的过程时，

---

[1] 斯密说："使用价值很大的东西，往往具有极小的交换价值，甚或没有。"见亚当·斯密：《国民财富的性质和原因的研究》上卷，商务印书馆，1972年，第25页。

他一方面总是要着眼于它们的社会形式即生产关系，即把剖析和确定经济事物与过程的社会本质作为主要任务。但是另一方面，马克思又从来不是脱离生产物质内容来谈论生产关系，在研究商品的二重规定性时，为了揭示商品的价值的本质，马克思并不抛弃对使用价值的考察，而是注意了对作为交换价值的物质前提的使用价值范畴的剖析。①

（一）真正的商品使用价值是物质的使用价值

马克思把使用价值作为商品的物质规定性从而确立了商品理论中的唯物主义观。资产阶级政治经济学中，很早以来就存在脱离商品体本身的物质属性，而把使用价值归之于购买商品的消费者主体的性质，认为是人们主观的消费欲望决定商品使用价值的大小。例如17世纪末的重商主义者巴尔本就宣称："一切商品的价值，都是从它的效用性（即它能满足人类的欲望与消费）生出来的，并且随着使用它的人们的心理与欲望的变更而变更。"②这是关于使用价值的唯心主义观点。

既然使用价值是以商品的物质属性为基础，那么一个商品体如果有多方面的物质性能，也就有多样的使用价值。马克思说："每一种这样的物都是许多属性的总和，因此可以在不同的方面有用。"③当然，某一种商品可能在很长时期还不会有大量社会需要，而现在可能成为许多生产单位、许多消费者的迫切需要，从而被发现有多方面的、广泛的使用价值。但是这种使用价值，也不是由于人们的需要所赋予和创造。在

---

① 政治经济学是以生产关系为对象，它不研究作为产品物质属性的使用价值，"同经济上的形式规定像这样无关的使用价值，……不属于政治经济学的研究范围。只有当使用价值本身是形式规定的时候，它才属于后者的研究范围"（《马克思恩格斯全集》第13卷，人民出版社，1962年，第16页）。

② 王亚南：《政治经济学学说史大纲》，中华书局，1949年，第377~378页。

③ 《马克思恩格斯全集》第23卷，人民出版社，1972年，第48页。

这里，现在呈现出来的使用价值的多样形式与丰富内容并不是无中生有，它仍然是决定于商品体的物质属性，只不过是在新的条件下，这些商品体所固有的物质属性的被发掘出来。正如马克思说："发现这些不同的方面，从而发现物的多种使用方式，是历史的事情。"①马克思把历史唯物主义的基本观点，用于分析使用价值范畴，论述了使用价值是劳动产品的物质属性，指出了使用价值是物品能满足人们的需要的效用或有用性（utility）。但是这种有用性绝不是政治经济学中的主观效用论者所说的，是决定于人对某种商品的主观的评价，从而是一种心理现象，是有其自然物质基础的，它是由商品体的物质属性决定的。马克思说：商品的"有用性"不是悬在空中的。它决定于商品体的属性，正是商品体所固有的"物质属性""使商品有用"②，"物的有用性使物成为使用价值"③"商品作为使用价值的这种存在，和它的自然的、可以捉摸的存在是一致的"④。正是由于小麦包含有淀粉等营养物质的性质，才使面包具有充饥的使用价值；正是由于棉花纤维结构具有不导热的性质，才使棉衣具有御寒的使用价值。可见，使用价值是不能离开商品体而存在的，离开了商品本身的自然物质体的性质与状况，就不可能对商品的使用价值的性质作出解释。正是这样，马克思有时将使用价值更明确地规定为"物质的使用价值"⑤。

对于马克思提出的"物质的使用价值"，我们应该有正确的理解。一般说来，"物质的使用价值"体现于有形的实物形态的物质产

---

① 《马克思恩格斯全集》第23卷，人民出版社，1972年，第48页。

② 《马克思恩格斯全集》第23卷，人民出版社，1972年，第50页。

③ 《马克思恩格斯全集》第23卷，人民出版社，1972年，第48页。

④ 《马克思恩格斯全集》第13卷，人民出版社，1962年，第15页。

⑤ 《马克思恩格斯全集》第26卷I，人民出版社，1972年，第150页。

品的有用属性中，但是并不是一切物质的使用价值都具有物化的形式，有某些产业部门，如发电业创造的物质产品——电能，就不具有实物和有形的形式，但是电能却是的的确确的"物质的使用价值"。与此相类似的物质的使用价值还可以举出很多。此外，马克思还把运输业作为物质生产领域，指出运输带来的商品使用价值的变化表现为商品位置的变化，"在这里，劳动对象发生某种物质变化——**空间的、位置的变化**"[①]。可见，物质的使用价值除了表现为实物形态的物质产品的有用属性外，也还要表现为非实物形态的物质产品的有用属性。[②]资产阶级经济学中所说的，对毒品的嗜好创造鸦片的使用价值，这一种消费者主观消费需求创造使用价值的理论，纯然是虚妄的。使用价值概念，既然是用以表现商品的物质规定性，这也就决定了使用价值量表现为实物量并且要用实物性的尺度去加以计量，如几打表、几码布、几吨铁。马克思说："商品尺度之所以不同，部分是由于被计量的物的性质不同，部分是由于约定俗成。"[③]

必须指出，《资本论》中的使用价值概念具有多样的含义，除了一般地将使用价值规定为具有实物形态的"物质的使用价值"外，《资本论》还提到非实物形态的使用价值，如《资本论》就把资本主义经济中作为商品的劳动力的使用价值，规定为"劳动力的使用，劳

---

① 《马克思恩格斯全集》第26卷I，人民出版社，1972年，第444~445页。

② 斯密把商品的使用价值归结为具有实物性和耐久的物质产品的使用价值。马克思指出："对劳动的物化等等，不应当象亚·斯密那样按苏格兰方式去理解。"（《马克思恩格斯全集》第26卷I，人民出版社，1972年，第163页）从这里可以看出马克思反对把物质的使用价值概念作机械的理解。

③ 《马克思恩格斯全集》第23卷，人民出版社，1972年，第48页。

动"①，"劳动力的使用价值"②是劳动，指出这是一种不表现为实物形式而表现为动态即"活动的形式"③的使用价值，而与一般物质产品表现为"产品的静止属性"的使用价值不同。《资本论》在谈到资本主义经济中作为交换对象的服务的使用价值时，指出了它是不表现为有用物品和商品物质体的属性，而是表现为非实物的有用效果或效用。马克思说："这种劳动以自己的物质规定性给自己的买者和消费者提供**服务**。对于提供这些服务的生产者来说，服务就是商品。服务有一定的使用价值（想象的或现实的）和一定的交换价值。"④指出它不是"存在于商品中的使用价值"⑤。但是，我们不能由此认为马克思提出了商品可以有非实物形式的，不表现为商品物质体的属性的使用价值概念，而应该理解为：马克思这里谈的是不同于真正的商品的特殊商品，谈的是劳动力这一"特殊商品"和服务这一形式上的商品的特殊的使用价值。至于真正的、原本的商品所固有的使用价值，马克思从来是把它理解为物质性即物品形式与有用性的统一的物质的使用价值。因此，一些同志提出的马克思主义的真正的商品使用价值的概念，也包括有非实物的使用价值的含义的观点，是值得商榷的。

总之，马克思制定的关于使用价值决定于商品物质属性的理论，体现了价值论中的唯物主义观点，它与资产阶级政治经济学中的使用价值决定于需求和人们的主观消费欲望，使用价值量是虚无而不可捉摸的主观幸福满足程度等唯心主义观点是针锋相对的。

---

① 《马克思恩格斯全集》第23卷，人民出版社，1972年，第210页。

② 《马克思恩格斯全集》第23卷，人民出版社，1972年，第210页。

③ 《马克思恩格斯全集》第46卷上，人民出版社，1980年，第464页。

④ 《马克思恩格斯全集》第26卷I，人民出版社，1972年，第149页。

⑤ 《马克思恩格斯全集》第46卷上，人民出版社，1980年，第208页。

（二）价值是商品的本质规定

任何事物所固有的内在矛盾，并不是互相并列的，而是有一方表现为矛盾的主要方面。组成商品的内在矛盾的使用价值与价值，也不是互相并列的，按照马克思的商品二重规定性的理论，使用价值乃是商品的自然属性，是商品和一般有用的物品的共有的属性，它是永恒的范畴，价值是商品的社会属性，是商品所特有的，并且是商品的本质属性，它体现和反映一定的社会生产关系。因此，价值就是商品内在矛盾着的双方的主要方面。要揭示商品范畴的内涵，就必须对价值作出科学的分析，而价值的分析、研究，正是马克思的商品学说主题。

马克思的价值论，阐明了价值是商品中凝结的抽象人类劳动或"对象化的劳动""物化劳动""一般人类劳动的结晶"，这样就揭示了价值来源于社会劳动，是一种社会存在，从而坚持了唯物论。马克思阐明了抽象劳动是商品经济中具体劳动的抽象化的产物，因而物化形态的抽象劳动，并不是任何社会形态都存在的一般范畴，而是商品经济特有的范畴，它是寓于商品体中的社会生产关系，它的实质是商品经济中的"生产者同总劳动的社会关系"[①]，而且是商品经济中的一种最基本的生产关系。把价值作为"社会生产关系"或"物质的生产关系"[②]，这就坚持了历史唯物论。可见，马克思对价值概念的阐明是历史唯物主义研究方法的体现，这样的阐述，真正科学地揭示了价值概念的内涵。如果考察一下马克思以前的劳动价值理论，就能进一步了解马克思在对劳动价值理论上所完成的重大的创新。

17世纪以来由威廉·配第发端的英国资产阶级古典政治经济学

---

① 《马克思恩格斯全集》第23卷，人民出版社，1972年，第89页。
② 《列宁全集》第1卷，人民出版社，1955年，120页。

家，由于他们处在阶级斗争还不发展的资本主义生产方式的初生时期，因而，他们还能在一定程度上公正无私地研究政治经济学。在商品价值的理论分析中，古典经济学家还能透过日常的价格不断变动的表象，深入到商品经济结构的里层，去探索决定商品生产关系的内在的、本质的价值决定的规律。

古典经济学家是劳动价值论的创始人，他们把价值归结为生产商品所耗费的劳动量，从而对价值概念作出了唯物主义的理论阐明。但是古典经济学家只是分析了价值的量的方面，他们的劳动价值理论的主要内容表现在把商品价值量的大小归之于商品中包含的劳动量的多少，他们不能阐明价值的社会本质，甚至不曾提出，生产商品的劳动为什么要表现为商品的价值对象性的问题，即不能把价值作为历史上的一种特殊生产关系即商品生产关系来认识。马克思说："古典政治经济学的根本缺点之一，就是它始终不能从商品的分析，而特别是商品价值的分析中，发现那种正是使价值成为交换价值的价值形式。恰恰是古典政治经济学的最优秀的代表人物，像亚当·斯密和李嘉图，把价值形式看成一种完全无关紧要的东西或在商品本性之外存在的东西。这不仅仅因为价值量的分析把他们的注意力完全吸引住了，还有更深刻的原因。劳动产品的价值形式是资产阶级生产方式的最抽象的、但也是最一般的形式，这就使资产阶级生产方式成为一种特殊的社会生产类型，因而同时具有历史的特征。因此，如果把资产阶级生产方式误认为是社会生产的永恒的自然形式，那就必然会忽略价值形式的特殊性从而忽略商品形式及其进一步发展——货币形式、资本形式等等的特殊性。"[1]古典经济学就把劳动创造价值和产品具有价值

---

[1] 《马克思恩格斯全集》第23卷，人民出版社，1972年，第98页注（32）。

性，作为通行于一切社会生产中的"不言而喻的自然必然性"。这就表明他们还未确立起对价值的历史唯物主义的见解。

古典学派解体后，庸俗经济学家如萨伊等，提出效用决定价值。萨伊的《政治经济学概论》宣称，价值的基础是效用。他说："价值本身则起源于那个产品的效用，或它所可能提供的满足。"[①]"当人们承认某东西有价值时，所根据的总是它的有用性。这是千真万确的，没有用的东西，谁也不肯给予价值。"[②]萨伊把价值归结为物的效用，他说，物的效用是劳动、资本和土地所共同创造，从而价值也是由三者共同创造。因此，他们反对斯密的价值决定于人类劳动的理论。萨伊实际上是混淆了作为表现生产关系的价值的范畴与作为表现产品的自然物质性质的使用价值范畴，他的效用价值论抽空与抛弃了价值的社会劳动的实质，是对古典经济学价值论的庸俗化。

19世纪中叶以后产生和广为流行的价值论中的主观效用论，进一步把价值归结为商品购买人主观的心理活动。主观效用价值论否认商品价值是一种社会存在和"物质生产关系"，他们把价值完全当作是可以随着消费者心理变化而变化的，当作是纯粹主观的心理现象。如洛桑学派的杰文斯就宣称："所谓价值，即应指一种商品的最后效用程度。它是用该商品的一个新加量所获得的快乐或利益的强度来计量的。"[③]而奥地利学派的门格尔宣称："价值既不是附属于财货之物，也不是财货所应有的属性，更不是它自身可以独立存在的。……价值就是经济人对于财货所具有的意义所下的判断。因而它绝不存在于经

---

① 萨伊：《政治经济学概论》，商务印书馆，1963年，第330页。

② 萨伊：《政治经济学概论》，商务印书馆，1963年，第59页。

③ 杰文斯：《政治经济学理论》，商务印书馆，1974年，第80页。

济人的意识之外。"①庞巴维克说："如果我认为我的福利同某一特定财货有关，占有它就能满足某种需要，能给予我一种没有它就得不到的喜悦或愉快感，或者使我免除一种没有它就必须忍受的痛苦，那末，我将说这一特定财货对我是有价值的。"②边际效用理论，大肆宣扬价值纯然是决定于人们对财货满足自己的欲望程度的主观评价，从而把唯心主义的主观效用价值论发展到顶峰。主观效用论在19世纪后期西欧资产阶级经济论坛泛滥起来，在20世纪随着资本主义危机的深化，这一思潮日益恶性发展。在当前它是资产阶级经济学论坛的流行思潮，主观效用价值论是价值论中的历史唯心主义的典型，它不仅与马克思的历史唯物主义的价值理论针锋相对，而且它的产生也正是为了与马克思的劳动价值论相对抗，妄图消除劳动价值论的影响，以达到他们反对剩余价值理论和麻痹工人阶级的政治目的。

把价值作为社会生产关系，这是马克思首次提出的。如上所述，马克思所创立的政治经济学研究中的历史唯物主义方法，表现在研究一切社会经济现象、事物与过程时，舍象它一般物质内容而抽取出和考察它的社会生产关系的实质。在阐述价值这一政治经济学的基本范畴的内涵时，马克思正是基于上述方法，舍象了商品的使用价值这一物质载体而抽象地分析价值的社会属性，并把价值归结为客观的物质生产关系，从而确立了历史唯物主义的价值概念。对价值这一社会生产关系——价值的质的规定性——的分析，是马克思对价值论的独创性的贡献。

马克思在分析商品价值关系时，遵循由具体到抽象，由现象到本质的思维方法与研究方法，他先从使用价值的分析开始，阐明了使用

---

① 门格尔：《国民经济学原理》，上海人民出版社，1959年，第67页。
② 庞巴维克：《资本实证论》，商务印书馆，1964年，第150页。

价值是商品的物质规定性，是价值的"物质承担者"，然后，他舍象了作为商品的表层的规定性的使用价值，进一步去发掘和分析研究作为商品内在本质的价值。

马克思把商品价值称之为价值对象性（Gegenständlichkeit），这是一个唯物主义的命题。马克思指出，把商品体的使用价值抽去后，一切商品"它们剩下的只是同一的幽灵般的对象性，只是无差别的人类劳动的单纯凝结"①。或如马克思经常表述的：价值是物化劳动，对象化劳动，人类劳动的结晶，等等。这一表述不仅指出价值是商品生产中耗费的劳动，而且强调指出它是对象化的劳动。劳动对象化意味着主体的客体化，具体地说是人的劳动的物化，它凝结于物之中，转化与形成商品的价值；价值对象性意味着价值体现与寓于物质产品中，成为物本身所固有的与天然的本性。

价值对象性是马克思基于历史唯物主义基本理论而独创的一个经济范畴，这个范畴科学地与确切地从理论上表现了作为生产关系的价值的客观性。首先，价值对象性意味着价值的客观现实性。资产阶级经济学中的唯心主义的价值论，把价值作为人们的主观评价，把价值说成是商品购买者和消费者的一种心理现象。价值对象性的概念则是以对象性（英文为reality）一词，表明商品的价值不是人们主观的幻想或虚构出来的，而是一种不依存于人们的主观意愿的客观存在。其次，价值对象性意味着价值体化于物中，表现为商品体所固有的本性。马克思阐明了生产物表现为商品的社会经济形态，生产关系具有物化的特点。在那里，生产中人们的相互关系不是直接地表现出来，而往往要通过物与物的关系表现出来。商品价值关系也同样是这样，

---

① 《马克思恩格斯全集》第23卷，人民出版社，1972年，第51页。

价值性是生产商品中的劳动耗费，但这种生产者为生产产品而支出的流动形态的社会劳动却表现为产品的物本身的性质，1丈布＝100斤谷，乍一看来，在这里1丈布的价值表现为100斤谷，不是因为二者生产中的人类劳动耗费相等，而仿佛是由于物本身的性质所决定。马克思说："商品形式在人们面前把人们本身劳动的社会性质反映成劳动产品本身的物的性质，反映成这些物的天然的社会属性。"①在商品经济中，价值的社会本质不能直接表现出来，反之，却是虚假地表现为物的天然的属性，生产者的相互关系——社会劳动的关系——即主体关系却表现为物与物的关系，即客体的关系。正如马克思说："当加利阿尼说价值是人和人之间的一种关系时，他还应当补充一句：这是被物的外壳掩盖着的关系。"②作为主体的商品生产者的关系，表现为作为客体的物的关系，这种情况，正是确切地表现于价值对象性这一概念之中。可见价值对象性这一概念不仅仅是一种哲学的表述方式，更主要的是这一带有哲学色彩的政治经济学概念极其恰当地从理论概念上表现了商品经济中价值这种生产关系的特点：价值关系的客观现实性——它是"物质的社会关系"③（即不通过人们意识而形成的生产关系）——以及价值这一社会属性被歪曲反映为物的自然属性的拜物教性质。

二、对使用价值与价值辩证关系的分析

马克思把辩证法关于对立物互相排斥又互相依存，即矛盾的斗争性与同一性的原理，用来分析商品二因素之间的关系，极其精辟地

---

① 《马克思恩格斯全集》第23卷，人民出版社，1972年，第88～89页。
② 《马克思恩格斯全集》第23卷，人民出版社，1972年，第91页注（27）。
③ 《列宁全集》第1卷，人民出版社，1955年，第120页。

揭示了商品的使用价值与价值之间的互相排斥、互相依存的辩证的关系。马克思首先从质上把价值与使用价值严格区别开来：使用价值是商品满足人们某种需要的能力，是物的有用性，它决定于商品体的自然物质属性；价值则是生产商品所耗费的抽象人类劳动，是商品的社会属性。商品的这两重规定性是互不相干，甚至是互相对立的。一方面，我们会看见，对人们有很大使用价值的商品，如维持人们生存所必要的衣服、食品等物品，可以只有很小的价值（在生活资料生产部门的劳动生产力很高的情况下）；另一方面，我们也看见，那些有很高价值的商品，却缺乏满足人们迫切生活需要的效用，例如钻石这样的奢侈品。因此，对商品的科学说明，应该将商品的二重规定性严格加以区别，而不能混淆二者的界限，更不能像资产阶级庸俗经济学那样把使用价值的决定因素视为是价值的决定因素。尽管使用价值与价值这二重规定性具有质的差别，但是它们二者间绝不是互不相关的，恰恰相反，它们二者间存在着有机的联系。马克思的商品二重性理论，既阐明了使用价值与价值二者间的差别性，又论述了二者间的同一性。这种同一性表现于：

（一）使用价值的质与价值形成的内在联系

使用价值的创造与价值形成之间存在着因果联系，即价值的形成以商品具有使用价值为前提。马克思确立了如下的一个命题：使用价值是交换价值的"物质承担者"，或如我们现在的通俗的说法，使用价值是价值的物质载体。马克思确立的这一命题表明：一个商品是否具有使用价值的质，即劳动产品是否具有满足人们需要的品质或物质属性，或马克思所说的"自然形式"，乃是它能否成为"承担"价值的物质载体的前提，是生产者的劳动能否对象化、物化的决定因素。

这一命题也表明，并不是任何的劳动都是表现为价值的，只有创造使用价值的劳动，才是形成价值这一社会实体的劳动。"如果物没有用，那末其中包含的劳动也就没有用，不能算作劳动，因此不形成价值。"①可见，价值的形成与使用价值的质存在着内在联系。如果人类劳动不是投于物质生产，如果它不能生产出一个物质产品，这种耗费了的人类劳动就不能对象化，从而不可能形成价值。例如，且不说那些社会生活中如政治、社会等非生产领域的活动是与形成价值无关，就是社会经济领域中的非物质生产性的纯服务，由于它们并不能创造物质产品，或物质使用价值，那么这种劳动因缺乏物质载体而不可能对象化，不能形成价值对象性，因而也不能参与价值的形成。此外，就是物质生产劳动，如果它不能提供一个具有完备的自然物质结构，从而不具有满足人们需要的使用价值，那么这种产品在市场上将会缺乏购买者，它的劳动投入也就不能为社会所承认，从而不具有形成价值的品质。即使这种劳动具有物质化的形态，但是也不存在社会劳动的对象化，这种情况在劳动产品是废品的场合鲜明地表现出来②。

（二）使用价值的量与价值实现的内在联系

使用价值的量，绝对地说，是指具有合格的、完满的使用价值的劳动产品量，是物质使用价值的量。使用价值量的重要意义在于商品生产者生产出来的具有使用价值的劳动产品在数量上必须是符合社

---

① 《马克思恩格斯全集》第23卷，人民出版社，1972年，第54页。

② 有用劳动，即形成使用价值的劳动是形成价值的劳动的前提。在生产是废品的场合，劳动投入不具有满足社会需要的性质，因而它不是有用的（有效的）劳动，即形成使用价值的劳动，因此，它就不能列入社会劳动范围并参加平均化。因而，生产废品的劳动不是创造了价值但未能实现，而是这种劳动不能形成价值。

会需求量。如果就某一个别产品来说，它在自然物质属性上是完全合乎标准的，从而具有完备的使用价值，但是它的总数量超过了社会需要，在这种情况下，即使每个商品都是体现社会平均劳动耗费，但是，由于总产品超过社会需求，产品市场销售困难，这样必然引起竞争激烈化与价格下跌到平均劳动耗费以下，而商品生产中投入的社会平均必要劳动，即物化的价值实体就不能实现。可见，使用价值总量的符合社会总需求，乃是价值实现的前提。这种情况，表明使用价值的量的规定性与价值实现之间存在内在联系①。不能把人们对劳动产品的主观评价的变化与使用价值量的概念混为一谈。例如由于消费方式与消费需求的变化，对低档消费品的需要转变为对高档消费品的需要，原有的低档消费品的"有用性"下降。但这不是使用价值量的变化，不能说低档消费品已经没有使用价值，而是应该说这些低档消费品在使用价值量上超过了需求，出现了剩余。把对某一产品的市场需求的减少，说成是这一商品使用价值的减少，或者是把在某一商品的市场需求的增加，说成是这一商品使用价值的增大，这在概念上是把主观效用与物质使用价值混为一谈，在方法论上是把需求作为使用价值的决定因素。还有必要指出，经济学界一些认为"第二含义社会必要劳动时间"决定价值的同志把需求变动作为价值决定因素，也是混淆了使用价值两个方面（质的方面与量的方面）与价值的关系，把使用价值的量与使用价值的质两个概念混为一谈。他们忘记了使用价值量的大小与价值形成无关。因为就各个产品来说，只要它具有完满的

---

① 马克思主义的使用价值量，是指的具有满足需要的品质的物质产品的数量，而不是资产阶级经济学中所说的商品对于个人需要、从而主观评价不同的人们所具有的效用。马克思说："在考察使用价值时，总是以它们有一定的量为前提，如几打表，几码布，几吨铁等等。"见《马克思恩格斯全集》第23卷，人民出版社，1972年，第48页。

使用价值，它的劳动耗费就物化与转化为价值。说使用价值与价值形成有关，指的是使用价值的质，即产品必须具有完满的使用价值，这种有用的具体形态上的劳动耗费才能形成价值。

可见，在自发性与无政府的商品经济中，并不是任何人类劳动耗费都形成价值实体，而是在有些场合，生产中的劳动耗费完全形成价值（在产品有完满的使用价值的场合），在有些场合，生产中的劳动耗费只有一部分形成价值（在总产品中有一部分是废品、次品、不具有完备的使用价值的场合），有些场合则是所有的劳动耗费均形成价值实体，但是却只有一部分价值得到实现（在产品均有完满的使用价值，但总产品超过了总需求的场合）。以上情况表明，商品价值的形成和商品的使用价值的状况是密切相关的。使用价值的质的状况，使用价值的量的状况，均会影响价值形成的过程。而联系着商品使用价值的状况来考察商品价值的形成和实现的状况，也正是马克思的商品价值的方法论的特色。认为马克思完全不考察使用价值而是采取孤立地考察价值的方法的观点是不正确的。

总之，马克思的商品二因素理论，把商品概念的内涵规定为自然物质存在形式（使用价值）和社会存在形式（即生产关系）的对立的统一。这一商品二因素理论，既分别地考察了商品自然物质属性与社会属性的区别及其矛盾，又考察了二者的联系与统一，特别是阐明了价值不是商品的本身的物的性质，而是商品的社会属性，是商品经济的生产关系，只不过这一商品生产者背后的生产关系，带有物的外观，从而找出了商品二因素中的主导的方面。

马克思商品价值论中采用的这种分析方法，不仅是辩证唯物主义的，而且是历史唯物主义的。它是在社会历史领域特别是经济关系领域的研究中应用唯物辩证法的方法论的光辉体现。

三、价值实体与价值形式的区分及二者的矛盾运动的分析

价值区分为价值实体（或价值物）与价值形式，是马克思把唯物辩证法的范畴论运用于价值理论研究的表现，是马克思的劳动价值理论所以能够克服古典学派的局限性，从而作出崭新的理论创造的方法论的基础。

唯物辩证法的认识论，把任何事物区分为形式与内容两个方面。形式是事物的外在的、表层的联系与规定性；内容则是事物内在的、里层的联系与规定性。形式与内容，表层与里层，是事物所固有的存在方式，是事物紧密联系的两个方面，二者间存在着相互矛盾、互相统一的关系。形式与内容二者的矛盾在于，形式与内容之间存在着不一致，如外表的东西不等于内在的东西，可以是内容的某种歪曲的表现。二者之间的统一在于，内容总要决定形式，事物内容的新变化或迟或早总要获得与之相适应的新形式，由此来实现表层关系与内在本质的统一。基于事物存在的上述规定，辩证唯物主义的科学范畴，就要区分为表现事物内容的范畴与表现事物形式的范畴。作为内容的范畴，它表现事物的内在联系和本质的规定性，作为形式的范畴，它固然是内容的表现，但却是事物的外在联系和规定性的直接体现。人们在认识事物时，通过这两类范畴，既把握事物的内在的本质，又把握事物的外在的形式，从而就能对事物有全面的与科学的了解。

马克思把关于形式与内容的辩证法的范畴论运用于价值论的分析与研究，确立了关于商品价值实体的范畴，这就是把物化的人类劳动作为商品内在的价值实体，把交换价值作为价值的外在的表现形式，借助价值实体这一范畴，人们就能确切地区分交换价值与价值，就能通过价值的外部的、现象形式深入到里层，去把握作为商品的灵魂的价值的本

质。可见，价值实体乃是科学的价值理论的一个重要的范畴。

众所周知，商品是用作市场交换的产品，商品的价值是不能自己表现出来的，是看不见、摸不着的。一个小麦的生产者，不管他怎样翻弄这一小麦物质体，他也不能发现它的价值。正如马克思说："商品的价值对象性不同于快嘴桂嫂，你不知道对它怎么办。同商品体的可感觉的粗糙的对象性正好相反，在商品体的价值对象性中连一个自然物质原子也没有。因此，每一个商品不管你怎样颠来倒去，它作为价值物总是不可捉摸的。"①生产者的发现和从感知到他生产出来的产品有价值，首先是在交换中，而且只能是在交换中。由于100斤小麦能在交换中换得工厂生产的10尺棉布，而且是经常地、不止一次地能从交换中换得10尺棉布，这样才使生产者发现他的生产物包含有价值。100斤小麦＝10尺棉布，这是在交换中，通过其他商品即棉布表现的小麦的价值，这就是经济学上的交换价值。马克思说：交换价值是价值的表现形式，"这是作为最初的表现形式的交换价值"②。因而，人们认识商品价值关系，首先开始于认识交换价值，而政治经济学的价值理论，也要开始于对交换价值的考察。

但是，商品价值的研究如果停留在交换价值上，对于弄清商品的价值关系是远远不够的。这是因为，交换价值乃是价值的相对的表现形式，在那里，价值通过一个商品所交换得的其他的商品来表现。这种价值表现方式涉及被表现其价值的商品（即相对价值形式），也涉及用来作为表现价值的商品（即等价物）。例如，最初1磅糖＝2磅咖啡，后来1磅糖＝4磅咖啡，这里糖的交换价值发生了变化，但是如果

---

① 《马克思恩格斯全集》第23卷，人民出版社，1972年，第61页。
② 《马克思恩格斯全集》第26卷Ⅱ，人民出版社，1973年，第187页。

我们将上述等式倒过来，最初2磅咖啡＝1磅糖，后来2磅咖啡＝$\frac{1}{2}$磅糖，这里咖啡的交换价值发生了变化。到底是交换双方哪一方的价值发生了变化而引起这一交换比例的变化呢？单单从交换价值形式中是不能加以表明的。因此，进一步揭示价值的本质，就要由商品交换价值的研究进入到商品本身的、内在的价值的研究。

资产阶级古典政治经济学家李嘉图在研究价值时所采取的由表层的价值范畴进至更里层的价值范畴的研究线索是，他首先研究交换价值——有时称之为相对价值，也称为"比较价值"——然后引申出绝对价值（在有些场合，他称为"实际价值"或"价值"），后者不是用另一个商品的使用价值来表示其价值的交换价值或相对价值，而是"生产商品本身所必需的，即物化在商品本身中的劳动时间"[①]，例如，1磅糖耗费的劳动时间不变，但是咖啡耗费的劳动量减少一半，那么用咖啡来表示的糖的价值就是1磅糖＝4磅咖啡，可见，绝对价值的不变却会有相对的交换价值的变化。但是李嘉图由于缺乏关于形式与内容的辩证范畴理论，他不能区分价值的表现形式及其实在内容，因而，他的"实际价值"仍然只是价值量的范畴，他没有关于价值实体的范畴，也不能从概念上把交换价值作为价值实体的表现形式，因而他不能用科学的范畴来反映与阐明他已经感觉到的价值与交换价值的区别与联系，他的关于相对价值与绝对价值的概念只是这种联系的模糊的、不确切的表现。特别是李嘉图有时把"相对价值"解释为"由劳动时间决定的交换价值"，有时又把它解释为"用另一种商品的使用价值来表现一种商品的交换价值，比如说，用咖啡的使用价值来表

[①] 《马克思恩格斯全集》第26卷Ⅱ，人民出版社，1973年，第189页。

现糖的交换价值"①。这表明有时把交换价值与价值混淆在一起。马克思说：李嘉图"完全不是从形式方面，从劳动作为价值实体所采取的一定形式方面来研究价值，而只是研究价值量"②，缺乏价值形式与价值实体的科学范畴，是李嘉图的劳动价值理论的一个根本缺陷。

马克思在制定科学的劳动价值论中，借助价值实体的范畴而把价值范畴与交换价值范畴明确地区别开来。

如果说资产阶级经济学家，由于他们惯常使用的是形而上学的，即停留在事物表象上的方法，他们从日常交换现象出发来把握价值，从而他们只看到A量小麦＝X量棉布＝Y量丝绸＝Z量金等的交换等式，因而，他们像列特隆那样，说"价值就是一物和另一物、一定量的这种产品和一定量的别种产品之间的交换关系"③，那么，马克思则是采取科学的抽象法，即从日常的交换现象中深入到里层，去发现商品交换关系的内在的本质。马克思舍象了日常交换活动中呈现出来的交换价值关系或交换价值等式中的各种商品多样的具体的使用价值形式，而把它们归结为一定量的同一的抽象的人类劳动。这个抽象的人类劳动尽管是无形的，是看不见摸不着的，但它绝不是人们头脑中的虚构，而是一个客观存在，即马克思称为的"价值对象性"（Gegenständlichkeit）或"社会实体的结晶"④。马克思论述了互相交换的商品，"在它们是交换价值的情况下，它们按其实体来说是相同的。它们的实体是劳动。所以它们是'价值'"⑤。

---

① 《马克思恩格斯全集》第26卷Ⅱ，人民出版社，1973年，第187页

② 《马克思恩格斯全集》第26卷Ⅱ，人民出版社，1973年，第190页

③ 《马克思恩格斯全集》第23卷，人民出版社，1973年，第49页注（6）。

④ 《马克思恩格斯全集》第23卷，人民出版社，1972年，第51页。

⑤ 《马克思恩格斯全集》第26卷Ⅱ，人民出版社，1973年，第180～181页。

"价值实体"这一概念，是马克思在经济学说史上第一次提出与论述的，它是马克思主义的劳动价值论的重要概念。价值实体概念的内涵是：（1）商品生产中耗费的人类劳动量的实在性。"价值实体"一词，以形象化的语言，用以表示生产商品所耗费的劳动时间的确定性与客观实在性，用以表示商品本身所固有的内在价值物在量上所具有的稳定性与持续性；（2）生产中耗费的人类劳动采取了对象化或物化的形式，即价值对象性，表现为物所固有的本性和特征；（3）价值这种生产关系的客观现实性。价值乃是商品性生产关系的理论表现，价值实体性表明商品生产者在生产产品中所耗费的劳动与总劳动的关系的客观实在性，它用自然物质存在的"实体"形式的形象化的语言来强调这种商品性生产关系是一种不以人们的意志为转移的物质生产关系。

在这里，有必要指出，对价值实体这一概念，以及劳动的物化、结晶等词，不能从形式上或语义学上来理解，如我们不能把产品生产中所耗费的劳动时间作为一个真正的、有形的自然物质实体来理解一样。这种物质形式的价值实体是根本不存在的。因为按照马克思的劳动价值论，商品的自然物质实体只能是使用价值，而价值却是一个社会物质存在，是一个无形的、看不见与摸不着的"幽灵般的对象性"[①]，它不包括任何一个使用价值的原子。在国外经济学界中某些主张抽象劳动是永恒范畴的学者，他们就把价值实体说成是任何社会生产中存在的一般人类劳动的耗费，这是把价值实体概念的内涵物质化的观点，是价值理论中的机械唯物主义。其实，商品经济中商品所具有的价值实体性，只不过是表明"劳动的社会性质反映成劳动产品本

---

① 《马克思恩格斯全集》第23卷，人民出版社，1972年，第51页。

身的物的性质，反映成这些物的天然的社会属性"①。价值对象性和价值实体性只是商品经济中生产关系物化性质的表现，一旦产品不再是商品——如像在共产主义的全社会所有制下那样——产品就将以自身的自然物质形式，即使用价值形式的一重性而出现。固然，那时的产品生产中仍然将体现人类劳动的耗费，但这种劳动已经不再属于抽象劳动范畴，这种劳动耗费的社会关系，不再表现为商品价值关系，它不取得内生于商品中的价值对象性与实体性的社会形式。因此，把产品生产中的人类劳动耗费也称之为抽象劳动，并认为这种共产主义产品中也存在物化的价值实体是不正确的。

一旦确立了价值实体的概念，自然也就形成了价值实体与价值形式的一对相对应的科学范畴，前者是商品固有的价值本质与共同内容，后者是价值的外在的、通过其他商品的"必然的表现方式或表现形式"②。基于上述价值实体与价值形式的概念，政治经济学就获得了有效的认识工具，由此就能进一步认识商品价值性所包含的内在矛盾，揭示价值实体与价值形式的对立与统一关系及其矛盾运动的辩证法，科学地揭示与阐明支配商品运动的价值规律的作用机制。

（一）借助价值实体与价值形式的范畴，才能科学阐明交换价值和价值规律

内容与形式都是事物存在的方式。形式是事物外在的与表层的规定性，它与事物外部的条件有关，从而具有多样的与丰富的形态，并带有变量性；内容则是事物的内在的、本质的规定性，较之形式是带

---

① 《马克思恩格斯全集》第23卷，人民出版社，1972年，第89页。
② 《马克思恩格斯全集》第23卷，人民出版社，1972年，第51页。

有稳定性的，而且，内容总是决定形式的，事物形式上的重大特征及其变化总是由于内容的性质及其变化所决定的。因此，单纯地着眼于形式，是不能对事物有深刻了解的，只有更深入地认识事物的内容，才能更好地懂得事物的形式的规定性，也才能更好地认识事物的全貌。交换价值与价值的关系也是这种形式与内容的关系，都是商品存在的方式，但是商品价值形式具有多样性与变量性，具有令人眼花缭乱的复杂的外观和偶然性。第一种情况：A 量小麦 ＝ x 量鞋油 ＝ y 量棉布 ＝ z 量金。随着市场的扩大与开拓，这个价值等式的系列还可以进一步扩大，如 ＝ G 量茶 ＝ h 量盐，等等。也会有第二种情况，（例如在等价物一方的劳动生产率发生变化的情况下）还会出现 A 量小麦 ＝ $\frac{x}{2}$ 鞋油 ＝ $\frac{y}{3}$ 量棉布 ＝ $\frac{z}{4}$ 量金，等等。如果人们确立了价值实体（商品中物化的劳动量）的科学概念，人们懂得了交换价值的差别性后面存在着价值的等一性，"同一种商品的各种有效的交换价值表示一个等同的东西"[1]，"在商品的交换关系或交换价值中表现出来的共同东西，也就是商品的价值"[2]，这样，人们将容易理解小麦所以有这些多样的交换价值形式，或多系列交换等式，在于这交换等式中的各种商品量均是同一的价值实体的表现形式。人们也就能透过某一商品"随着时间和地点的不同而不断改变"[3]多样的交换价值形式，发现它们所具有的共同内容——同等的社会必要劳动量。

把事物存在方式区分为形式与内容的辩证的范畴论，还包含下述内容：形式固然要表现内容，并与内容相一致，但是形式又不等同于内

---

[1] 《马克思恩格斯全集》第23卷，人民出版社，1972年，第49页。

[2] 《马克思恩格斯全集》第23卷，人民出版社，1972年，第51页。

[3] 《马克思恩格斯全集》第23卷，人民出版社，1972年，第49页。

容，它在某些条件下又与内容相矛盾，如事物也可以表现在一个掩盖它内容真相的歪曲的与虚假的形式上。价值形式与价值实体的关系也是如此。因为既然某一商品的价值是通过交换价值表现，那么这种价值的相对的表现就包含着商品的内在价值与等价物的价值的不一致的可能性。例如A量小麦＝x量棉布的价值关系也可以由于在交换活动中的供求因素表现为A量小麦＝$\frac{x}{2}$量棉布，从而使价值表现形式与价值实体出现不一致。在商品价值表现在货币商品上，从而表现为价格的场合，价值表现形式与价值体的不一致就表现为价格对价值的偏离。

马克思说："商品的价值量表现着一种必然的、商品形成过程内在的同社会劳动时间的关系。随着价值量转化为价格，这种必然的关系就表现为商品同在它之外存在的货币商品的交换比例。这种交换比例既可以表现商品的价值量，也可以表现比它大或小的量，在一定条件下，商品就是按这种较大或较小的量来让渡的。可见，价格和价值量之间的量的不一致的可能性，或者价格偏离价值量的可能性，已经包含在价值形式本身之中。"[①]

价格是价值的表现形式，但价格不一定经常等同于价值，在商品交换中，价格对价值的偏离是经常发生的。在商品的供给低于需求时，就会出现价格上升到价值以上，而在供给超过需求时，就会出现价格下降到价值以下。但本质总是要表现于现象中，价值实体总是要在波动的价格中表现出来。具体地说，商品经济所固有的竞争引起的价格变动机制，最终总会使供给与需求相一致并由此实现价格与价值相一致。马克思说："竞争会使价格化为价值"[②]，价格的波动以及

---

① 《马克思恩格斯全集》第23卷，人民出版社，1972年，第120页。
② 《马克思恩格斯全集》第26卷Ⅱ，人民出版社，1973年，第232页。

日常的价格受供求的制约，仿佛价格决定是与价值规律相矛盾的，但是基于辩证法的观点，正是在这种价格偏离价值中，趋向与接近价值的矛盾运动中，价值实体对价格决定起调节与决定作用——即价值规律——才得到实现。

资产阶级古典经济学家李嘉图论述了商品价值决定于它的生产中所耗费的劳动，但是他不能阐明价值规律实现的方式与机制，这是他的价值论的重大缺陷。这一理论缺陷的方法论的根源在于他对辩证逻辑毫无所知，他不懂得作为科学必须把关于事物形式的范畴与关于事物内容的范畴区分开来。李嘉图不能确切地区分价值与价值形式，更不懂得价值与价格的又相矛盾又相统一的运动，尽管他正确地论述了价值决定于生产中耗费人类劳动量的规律，但是他不能认识到这一规律是通过价格的经常地波动与偏离价值而实现的。李嘉图只用形而上学的观点来阐述价值决定的。他把价值规律视为是绝对地按照生产中耗费的劳动量进行交换，因此，当他在谈论价值决定的规律时，他就无视了价格与价值偏离的现象，而当他肯定现实的生产价格形式时，他就认为那是价值规律的被违反和失效。这种情况表明他还不能科学地阐明商品经济中具有复杂外观的价格形式的变动规律——价格围绕着价值波动的规律。马克思在他早期的著作中，对李嘉图的价值决定论不能从理论上阐明日常经济生活中大量的与经常的价格波动进行了深刻的评述："穆勒——完全和李嘉图学派一样——犯了这样的错误：在表述抽象规律的时候忽视了这种规律的变化或不断扬弃，而抽象规律正是通过变化和不断扬弃才得以实现的。"[①]马克思说："如果说，例如生产费用最终——或更准确些说，在需求与供给不是经常地

---

① 《马克思恩格斯全集》第42卷，人民出版社，1979年，第18页。

即偶然地相适应的情况下——决定价格（价值），是个不变的规律，那么，需求和供给的不相适应，从而价值和生产费用没有必然的相互关系，也同样是个不变的规律。"[1]论证了价值决定规律的科学阐明必须要能够说明市场上价格日常的波动现象[2]。马克思又说："科学的任务正是在于阐明价值规律是如何实现的。……李嘉图的错误恰好是，他在论价值的第一章里就把尚待阐明的所有一切范畴都预定为已知的，以便证明它们和价值规律的一致性。……庸俗经济学家根本想不到，实际的日常的交换关系和价值量是不能直接等同的。资产阶级社会的症结正是在于，对生产自始就不存在有意识的社会调节。合理的东西和自然必需的东西都只是作为盲目起作用的平均数而实现。"[3]

马克思对劳动价值论的重要贡献，正是在于他把规律及其实现形式与机制统一起来，阐明了价值决定于劳动时间的规律要通过价格围绕价值而波动，通过偏离价值，借不实现而实现。"规则只能作为没有规则性的盲目起作用的平均数规律来为自己开辟道路。"[4]而对价值规律及其实现方式的阐明，乃是立足于价值与价格、价值实体与价值形式这一对应的范畴之上。可见，价值实体与价格形式这一对应范畴，正是用以阐明价格与价值的又相矛盾、又相统一的辩证运动，揭示价值规律发生作用的机制的有效思维工具。

---

[1] 《马克思恩格斯全集》第42卷，人民出版社，1979年，第18页。

[2] 马克思在早期著作中，还未能科学地区分价值和交换价值。在1859年出版的《政治经济学批判》中，第一次把价值从交换价值中抽象出来，从而确立交换价值这个重要的理论范畴。他既从内容上（抽象劳动的表现）来考察价值，又从形式上（一个商品的价值在另一商品中的表现）来考察交换价值。但在当时他仍然把它们都称为交换价值。在《资本论》中，他明确区分了这两个范畴，并指出二者的区别和相互关系。

[3] 《马克思恩格斯选集》第4卷，人民出版社，1972年，第368～369页。

[4] 《马克思恩格斯全集》第23卷，人民出版社，1972年，第120页。

（二）借助价值实体与价值形式的概念，才能阐明商品经济中的虚假的价格形式

在商品经济中，货币的产生使交换关系的范围扩大化了，不仅商品换得货币，而且非商品——如非劳动生产物的土地、名誉、良心等，这些均是没有价值的东西——的事物在它们为他人需要的场合，它们都能出卖，并换得一个货币额，并由此具有商品的形式（这是形式上的商品——作者注）。马克思说："没有价值的东西在形式上可以具有价格。在这里，价格表现是虚幻的，就象数学中的某些数量一样。"[①]因此，商品经济中不仅存在着作为实在的价值的表现价格的形式——这又包含价值的确切表现（即价格符合价值）的价格形式与偏离了价值的价格形式（即价格高于或低于价值）——而且存在着虚幻的价格形式，马克思说："虚幻的价格形式——如未开垦的土地的价格，这种土地没有价值，因为没有人类劳动物化在里面。"[②]此外，我们还可以把那些不创造物质产品而只是提供一个有用效果的各种服务——消费生活服务、文化生活服务、医卫服务以及非物化的精神生产等——归入这种虚幻的价格形式之内，作为它的一个层次。这些服务固然是一种劳动，但它是不表现为对象化形态和不表现为一个劳动产品的非生产劳动。由于服务不产生物质产品，劳动不物化为价值实体，因而作为买卖对象的服务不是真正的商品，而仅仅具有商品的形式，它的价格是名义上的，实质上也是虚幻的价格。总之，随着商品货币关系的发展，特别是随着各类服务的发展，资本主义商品世界中的多样的商品形式也大大地发展起来，而价值形式

---

① 《马克思恩格斯全集》第23卷，人民出版社，1972年，第121页。
② 《马克思恩格斯全集》第23卷，人民出版社，1972年，第121页。

也就更加多样化与复杂化，虚幻的价值更加与实在的价格相交杂，使许多领域的价格形成似乎脱离与超越了价格决定的规律。正如马克思指出：他们"能掩盖实在的价值关系或由此派生的关系"①。因此，阐明上述多种价格形式的区别与联系，进一步弄清价格与价值的矛盾运动，才能揭示价值决定的规律的更加复杂的机制，而对这些多种价格形式的科学区分与理论分析，则必须借助价值实体与价格形式这一对对应的范畴。

（三）借助价值实体与价格形式的概念才能阐明生产价值的形成

还必须指出，依据价值形式与价值相一致又相矛盾的理论，人们才能科学地阐明生产价格与价值的关系，才能懂得生产价格是发达的资本主义条件下价值的转化形态，并且认识到生产价格这一商品价格决定方式正是价值决定的规律发生作用的新形式。

如果说，价值实体与价格形式的关系在简单商品交换中表现为价值与价格形式的矛盾运动，那么，在发达的作为资本的商品交换中，价值实体与价格形式的关系就要表现为生产价格与价值的矛盾运动。这是因为，在发达的资本主义的条件下，存在着资本有机构成不同的许多部门，在商品按照价值出售的场合，同一的预付资本将表现为不同的利润率。但是部门之间的竞争与资本自由转移会使不同产业部门的特殊利润率转化为平均利润率，从而使价值转化为生产价格。生产价格使有机构成高的部门的商品总价格超过了它的个别价值的总和，使有机构成低的部门的商品总价格低于它的个别价值的总和。但是包括各个部门总商品的社会总商品的价格总和却是与价值相一致的。因

① 《马克思恩格斯全集》第23卷，人民出版社，1972年，第121页。

此，生产价格并不是没有实在价值的虚假的价格形式，而是价值的转化形式，它也不是偏离了价值决定的偶然的与不断变动的市场价格，而是具有稳定性的、作为市场价格波动的中心的市场价值。归根到底，生产价格规律不是违反了价值规律，而是存在有机构成不同的诸部门在自由竞争的条件下价值规律发生作用的新形式。

生产价格是价值的转化形式，这是马克思为克服李嘉图的价值理论的缺陷，经过长期探索而得出的科学命题。在李嘉图的价值论中，存在着商品以生产价格出售与价值决定的矛盾。李嘉图发现在资本有机构成不同的情况下，如果商品按其价值售卖，就不能使等量资本提供等量利润。而要使等量资本提供等量利润，商品就不能按价值售卖，而是按不同于价值的费用价格（资本加平均利润）出售。因此，李嘉图在分析商品按生产价格出售时，他不是从价值决定于生产中耗费的劳动这一原理出发，而是从生产价格本身出发。他预先假定有一个一般利润率，假定了商品按不同于价值的平均价格出售，因而他在肯定生产价格时，就否定了价值决定于劳动时间的规律。正如马克思指出：他"有时使价值规律失效"[①]，"不是从价值规定本身出发来阐述费用价格和价值的差别，而是承认那些与劳动时间无关的影响决定'价值'本身"[②]。李嘉图要么从价值规律出发从而否定了生产价格，要么是从生产价格出发从而否定了价值规律。这就是李嘉图价值论的不可克服的矛盾。

李嘉图学派也正是由于无法解决这一矛盾而最终陷于解体。李嘉图所以会陷于这一矛盾，正是在于他缺乏价值实体与价值的表现形

---

① 《马克思恩格斯全集》第26卷Ⅱ，人民出版社，1973年，第211页。

② 《马克思恩格斯全集》第26卷Ⅱ，人民出版社，1973年，第211页。

式的概念，他不懂得价值形式与价值实体之间存在的又相矛盾又相统一的辩证关系，缺乏价值形式决定于价值实体，但是又不等同于价值实体的理论观念。他在理论上完全混同了价值形式与价值（尽管他实际上已经认识到这一差别）。既然是把价值形式与价值混淆在一起，甚至是视为同一，他就不能看出生产价格是价值的转化形式，是发达的资本主义经济中实在价值的新的表现形式。李嘉图价值论的这一严重缺陷与他的不懂得辩证逻辑和他的形而上学的方法密切攸关。

马克思则是以其彻底的辩证唯物主义的世界观与方法论，借助价值实体（内在本质）与价值表现形式这一对对应范畴，通过把生产价格作为价值表现形式这一对对应范畴，通过把生产价格作为价值的转化形式与特殊形式，科学地解决了价值理论中的这一艰难的课题。

稍稍回顾一下马克思在《资本论》中由分析价值概念而进至分析生产价格的方法，对加深我们对马克思分析价值论的辩证方法的理解是有帮助的。

马克思把科学抽象法用于分析价值，他先从各种形形色色的具体的交换价值形式中找出抽象的价值实体的规定性，然后又由价值的抽象本质，向它的各种具体形式上升。

在《资本论》中，马克思对价值论的分析方法有下列三个步骤：第一步是研究价值实体这一本原的价值范畴，分析了它作为社会必要劳动的内涵。第二步研究价值实体的表现形式——交换价值及价格形式，这里撇开了供求关系和价格与价值的不一致，也就是说是在纯粹的形式上来考察价格实体及其表现形式——交换价值的^①。第三步则是研究作为价值实体的发达资本主义条件下的转化形式，即生产价格。

可见，原本的价值范畴—作为价值表现形式的交换价值或价格—作为部门内价值表现形式的社会价值—作为价值的转化形式的生产价格，《资本论》通过这一价值范畴的逻辑的发展顺序，展示了资本主义经济中价值这一现实关系的发展与复杂化。正是在由抽象向具体上升中借助价值、市场价值、生产价格等抽象程度不等的多样的价值范畴（既包括本原的价值范畴，又包括转化的价值范畴）。《资本论》在逻辑与历史的一致中，深入地剖析了资本主义商品经济运动中展示出来的原本形式的价值与它的转化形式——生产价格——的矛盾运动，并且科学地阐明了生产价格范畴仍然是价值实体的表现，是在部门间竞争条件下的价值的特殊形式，论证了这种价值形式只是赋予价值决定的规律的实现以新的特点，使之带有较为隐蔽的形式与迂回曲折的性质，但是它并不取消价值规律。这样，《资本论》就越过了李嘉图及其学派的价值理论中存在的不可逾越的障碍，解决了在价值决定的基础上阐明生产价格的难题，从而做到了以价值规律为基础来说明资本主义经济的一切价值关系与现象，把古典学派奠基的劳动价值论进一步完备化与真正地科学化了。《资本论》对价值实体及其转化形式的理论阐述，闪耀着辩证逻辑的光芒。

---

① 日本伊滕诚在《马克思的价值理论研究》一文中说：《资本论》第一章第一节还未充分区别开交换价值与价值实体，从而似乎是照搬李嘉图的价值论。（载《现代国外经济学论文选》第三辑）这种论点，不能说是正确的，因为《资本论》第一章第一节中明确地区分开了价值与交换价值，第一节中所以要着重于论述价值实体，在于这里是舍象了价值表现形式而径直考察价值的内在实体，这种分析方法，正是体现了马克思的科学抽象法。因而认为第一节的讨论"显然是不能令人满意的"的说法，是不懂得马克思的研究方法。

四、个别价值与社会价值的区分及其矛盾运动的分析

深入剖析个别价值与社会价值（市场价值）的矛盾运动，是马克思把唯物辩证法运用于价值论研究的另一个重要方面。

辩证唯物主义的范畴论中还包括一般与特殊这一对应的范畴。有关事物一般的范畴，它是事物的共性的理论表现，有关事物特殊性的范畴，它是事物的个性的理论表现。由于事物总是具有共同的规定性与它各自的特殊的规定性，因而借助表现事物共性的范畴与表现事物个性的范畴，通过对事物的共性与个性的内在联系的分析，人们就能形成关于事物总体的科学概念。

（一）区分个别价值与市场价值

马克思在政治经济学的分析与研究中的辩证方法的一个重要表现，就是创立与深入分析了一系列经济领域中的共性范畴与个性范畴。如在价值理论中，马克思进一步把价值区分为个别价值与社会价值（市场价值）这一对对应的范畴。社会价值就是价值论中的一般范畴，个别价值就是价值论中的特殊或个别范畴，前者是一般的、社会的或平均的价值，是商品经济中任何一个生产者的商品实际体现的价值，它决定于社会平均必要劳动时间，后者是从那些客观生产条件（包括生产工具的效率、原材料的性质与状况）和主观生产条件（包括劳动者的劳动技能与熟练程度）都互不相同的许多生产者各自来看的价值，它决定于生产者个别劳动时间。马克思深刻地分析了商品交换关系中个别价值与社会价值（市场价值）的矛盾运动，由此揭示了价值决定的规律的作用得以实现的具体的机制。

《资本论》对价值范畴的分析表现为由最抽象的价值范畴进至社

会价值（市场价值）的范畴，前者主要是在第一卷中，后者主要是在第三卷中。这种由最纯粹的抽象价值范畴的分析开始，逐步进展到次一级的社会价值范畴的分析，体现了《资本论》的科学抽象法。

基于由抽象向具体上升的方法，《资本论》第一卷第一章对价值的本质与实体在纯粹形式下加以考察。在那里，（1）假定一个单一的商品生产者，（2）假定生产的商品量＝社会需要量，（3）假定他的生产条件、劳动熟练程度与劳动强度就是社会平均的生产条件、平均熟练程度与劳动强度。上述假定的条件表明，那里分析的是一个供求均衡条件下的价值决定的抽象的和简单的方式，即价值决定于单个生产者在生产中耗费的劳动时间。由于每一个单个的生产者已具有平均生产者的品质，因而他的个别劳动耗费也就是社会平均必要劳动耗费，它形成了价值实体。在这种条件下，个别价值与社会价值是同一的，因为每一个在这种平均条件下进行生产的商品生产者，不论他是生产小麦的、鞋油的，还是生产布匹的，他的商品的市场价值都是与他的个别劳动耗费相吻合的，不存在着个别劳动耗费不能得到实现和补偿的状况。这是一种价值决定的简单的与直接的实现机制，这一机制中不存在个别价值与社会价值的矛盾运动。

但是按照马克思的科学抽象法，从经济关系与过程中抽出来的简单的规定，只是作为用以进一步向具体上升的起点。因而上述价值决定的简单方式与直接的实现机制，也只是用以研究现实经济生活中更加丰富而具体的价值决定方式的起点。如果人们只是停留在上述价值决定的简单方式与直接机制的理论模式上，甚至是连简单的商品经济中的价值决定过程也是不能说明的。我们都知道，在简单的商品交换中，商品供求不一致从而价格与价值的不一致也仍然是存在的。因此，商品的内在价值并不是在任何场合都能在交换关系中得到实现。

　　《资本论》第三卷中，马克思不再是在最高抽象形态上来认识与把握价值决定，而是借助个别价值与社会价值（市场价值）的范畴，更加详细地揭示这一价值决定得以实现的经济过程或市场机制。马克思首先分析与揭示了存在许多条件不一样的生产者的产业部门内的商品的价值决定方式与机制，即个别价值的转化为市场价值。商品生产总是存在许许多多生产者的社会的生产，一种商品完全由一个生产者来提供的情况是根本不存在的（即使是垄断资本主义阶段，同一个生产部门内也存在几家垄断组织）。在存在众多生产者的场合，这些生产者的个别劳动耗费是不相同的。这些个别劳动耗费高低不一的商品的价值是如何决定呢？价值决定不是决定于生产者的个人的意愿，不是决定于对这些生产中的劳动耗费的事先的计算（加权平均），而是一个自发的社会行为，而且是许许多多商品生产者在市场竞争中共同来进行和完成的社会行为。在这种市场竞争的条件下，商品之间的交换比例不是由个别生产者的商品中包含的个别劳动耗费量，而是由生产同一商品的许多生产者的平均劳动耗费量来决定。因此，那些使用的工具落后、技术不熟练、个人劳动时间更长的生产者并不能因此要求对方交付给他更高的价格，恰恰相反，"商品是天生的平等派和昔尼克派"[①]。在市场上，同样的商品只存在同一的价格，如果这个生产者要为他个人所付出的更多劳动耗费而索取更高的价格，他就会没有购买者，他的商品也因此被排除于市场之外。可见，竞争使同一种商品确立一个统一的市场售卖价格，由此把生产者的有差别的个别劳动耗费转化为对一切商品一视同仁的、无差别的、平均劳动耗费，也就是把彼此不等的个别价值转化为一般价值或市场价值。"竞争……造

---

① 《马克思恩格斯全集》第23卷，人民出版社，1972年，第103页。

成市场价值，即为同一生产领域的商品造成同一价值"①，"这种产品具有的一般价值，对所有这种产品都是相同的，不管它对每一个别商品的个别价值的比例如何。这种一般价值，就是这些商品的市场价值"②。市场价值是指生产同一商品部门内的总商品的平均价值。

"竞争在同一生产领域所起的作用是：使这一领域生产的商品的价值决定于这个领域中平均需要的劳动时间，从而确立市场价值。"③可见，如果我们基于动态的研究方法，考察部门内在市场竞争中进行与实现的价值决定的机制与过程，我们就会发现这是一个个别价值平均化的过程，是有差别的个别价值转化为无差别的一般的市场价值的过程。为了把握与剖析这一过程，价值范畴也就应该相应地演化出个别价值与社会价值或市场价值这样的第二级的抽象价值范畴。此外，还要指出，由于竞争与个别价值的转化为市场价值的过程，也就是商品生产者在交换中得到超额的价值补偿或发生不足的价值补偿，即得到经济利益或发生损失的过程。因而，商品生产者总是要关心他的作为个别价值的基础的个别生产成本，要比较市场价格与个别生产成本，这样，个别价值与社会价值也就以个别生产费用与市场价格等形式而朦胧地出现于生产与交换当事人的思维之中，从而成为一对客观的价值范畴。

（二）剖析个别价值转化为市场价值的三种方式（对个别价值与社会价值矛盾运动的分析）

应该说，在简单的商品经济中，价值决定就是在个别价值与社会

---

① 《马克思恩格斯全集》第26卷Ⅱ，人民出版社，1973年，第229页。

② 《马克思恩格斯全集》第26卷Ⅱ，人民出版社，1973年，第227页。

③ 《马克思恩格斯全集》第26卷Ⅱ，人民出版社，1973年，第230页。

价值的矛盾运动中实现的。在那里，实在的价值范畴业已表现为个别价值与社会价值。当然，由于当时商品生产还处在不发达的阶段，以保守性为特征的手工工具的技术基础决定了商品生产者的个别劳动耗费的差别不是很大的，更不可能是悬殊的，由于小商品生产者的生产能力，从而竞争能力是较为均衡的，因此，他们提供到市场上的商品在市场商品总量中的比重也是差不多的。在这种情况下，个别价值平均化的过程，也是较为简单的，体现在这一平均化过程中的个别价值与社会价值的矛盾，还不是充分展开的。因此我们可以设想，这里社会价值采取单一的表现，只存在一个区别于单个生产者的个别价值的统一的市场价格水准，即单一的市场价值。例如假设只有下述三种鞋的生产者，他们提供到市场的商品量是相同的都是33双（市场总需求

99双的 $\frac{1}{3}$ ），售价稳定在每双10元。这时个别价值表现为生产者甲每双个别价值12小时，即12元，生产者乙每双个别价值10小时，即10元，生产者丙每双个别价值8小时，即8元。那么，竞争中将很容易地使个别价值平均化，即使每双鞋的社会价值规定为10元。如果对鞋子的需求增加一倍，由99双增加到198双，甲乙丙三类生产者各自又会相应提供33双。由于在手工技术的基础上，新增加的生产者仍将是保持着原先的个别劳动消耗水平，因而，这个198双鞋子出售的个别价值的均衡化的结果，仍将表现为一个10元的社会价值水平。归根到底，在简单商品经济中，尽管市场供求会有变化，社会价值却是带有稳定性，并保持着单一性。

但是在发达的资本主义商品经济中，以变革与发展为特征的机器大工业这一技术基础，不仅扩大了生产者之间的经济上的差距，使处在同一生产部门的各个资本主义企业为生产同样商品的个别劳动耗费

差别很大，甚至是高低悬殊，而且由于生产能力的不平衡，生产者之间的竞争能力也是强弱不一，并且随时随地都在变化之中。此外，各类生产者生产的商品的数量与他们在市场销售量中占有的比重也是经常变化的。在这种情况下，市场竞争中个别价值与社会价值的矛盾充分发展了，它表现在社会价值不再是长期稳定的，它将随着部门生产者结构的变化而发生变化。具体地说，统一的社会价值要表现为多样的社会价值形式。

在《资本论》第三卷中，马克思分析了发达的资本主义商品经济中存在着许多资本主义生产者的产业部门的内部的价值决定，他指出了这种条件下，"市场价值要按不同的方法来调节"[①]，从而表现为市场价值的多样形式。马克思把一个产业部门内的生产者划分为拥有平均生产条件、最好生产条件、最坏生产条件三种类型，与此相适应也就有三种类型个别价值：平均的个别价值（个别价值＝平均价值），低位的个别价值（低于平均价值），高位的个别价值（高于平均价值）。马克思指出了同一产业部门生产一定的商品总量有不同的结构：由具有平均条件的企业生产的商品占多数，由具有最好生产条件的企业生产的商品占多数，由具有最坏生产条件的企业生产的商品占多数。马克思分析与阐明了上述条件下，部门内的竞争和个别价值转化为市场价值的三种表现形式，这就是：（1）部门内很大数量的商品是在平均条件下生产出来，较小部分分别由最好条件与最坏条件的生产者提供出来的情况下，由平均条件的企业提供的商品的个别价值决定与调节市场价值。（2）部门内很大数量的商品是由较坏条件下的企业生产出来，这种高位的个别价值决定与调节市场价值。（3）部门内

---

① 《马克思恩格斯全集》第25卷，人民出版社，1974年，第207页。

很大数量的商品是由最好条件下的企业生产出来，这种低位的个别价值就决定市场价值。这样，马克思就论述了平均的个别价值、高位的个别价值、低位的个别价值，根据不同情况都可以充当市场价值的决定者和调节者，都可以充当同一种商品的市场价格波动的中心。"在上述关于市场价值的各个规定中，我们假定，所生产的商品的量是不变的，是已定的，只是这个总量的在不同条件下生产的各个组成部分的比例发生了变化，因此，同样数量的商品的市场价值要按不同的方法来调节。"①

上述个别价值平均化为市场价值的三种形式，也就是决定与调节市场价值的三种方式，《资本论》第三卷对市场价值的三种具体形式的分析，使价值范畴进一步丰富了。如果说，《资本论》第一卷第一章中提出与分析的是最抽象、最纯粹形态的价值范畴，在第一卷第十章，通过论述超额剩余价值，提出与分析了个别价值与社会价值的范畴，那么，在《资本论》第三卷，又进一步提出与分析了市场价值及其三种具体形式。马克思就是循着由抽象向具体上升的路线，展开了对抽象程度不等的几个层次的价值范畴的分析，并在这一分析中逐步完成科学的劳动价值理论的创造。

（三）深入地分析市场价值与个别价值的对立与统一

马克思的科学的劳动价值论自始至终贯穿着的辩证法，还表现在对市场价值与个别价值的又相矛盾又相统一的相互关系的卓越的分析中。

马克思首先论述了市场价值决定的机制包括市场价值与个别价值的矛盾。因为，既然我们谈到的是商品市场价值，即不同的个别价值

---

① 《马克思恩格斯全集》第25卷，人民出版社，1974年，第207页。

平均化为一个市场价值，这个一般的、统一的市场价值除了对于具有平均条件下生产的商品的个别价值是相吻合的而外，对于其他条件下提供的商品，都是偏离个别价值的。"在这些商品中，有些商品的个别价值低于市场价值（也就是说，生产这些商品所需要的劳动时间少于市场价值所表示的劳动时间），另外一些商品的个别价值高于市场价值。"① "这样，在最坏的一端生产的人，必然低于个别价值出售他们的商品；在最好的一端生产的人，必然高于个别价值出售他们的商品。"②可见，无论是简单商品经济或是资本主义发达的商品经济中，由于价值决定采取市场价值决定的形式，因而对于一部分平均条件以外的生产者来说，价值决定表现为与商品个别劳动的投入量不相干，对这些生产者来说，个人投入的劳动耗费的增长也不会提高商品的市场价值，个人投入的劳动耗费的减少，也不会降低商品的市场价值。市场价值和个别价值的矛盾与偏离，在发达的资本主义的商品经济中，是更加地发展，更加地经常。因而乍一看来，市场价值似乎就脱离了商品的实在价值，价值似乎不再是内生的，而成为外在的。人类劳动耗费物化为价值实体和价值量决定于商品生产中所耗费的劳动量的规律，似乎是不再能成立了。然而，马克思的市场价值理论，不仅科学地揭示了市场价值形成机制中社会价值与个别价值的矛盾，而且以不可辩驳的逻辑力量阐明了市场机制中社会价值与个别价值的统一。

《资本论》中马克思对社会价值与个别价值的统一，从以下三方面进行了论述。

---

① 《马克思恩格斯全集》第25卷，人民出版社，1974年，第199页。

② 《马克思恩格斯全集》第25卷，人民出版社，1974年，第205页。

第一，市场价值是以个别价值——个别生产者"实际花费的劳动时间"[①]为基础。尽管"商品的现实价值不是它的个别价值，而是它的社会价值，就是说，它的现实价值不是用生产者在个别场合生产它所实际花费的劳动时间来计量，而是用生产它所必需的社会劳动时间来计量"[②]。但是，这个作为社会价值的社会平均必要劳动时间却是以个别劳动耗费为基础，是投入市场的所有商品所包含的个别劳动时间的平均化，或就某种意义上说，它是商品的个别价值的加权平均，即

$$\frac{\Sigma 商品个别价值}{总商品}$$，只不过这种加权平均应理解为：它是作为一个社

会经济过程即作为市场机制的个别价值的平均化。如果不是以各个生产者的个别劳动耗费为基础，如果不是把实际的个别劳动耗费投入平均化的熔炉，也就不可能形成现实的市场价值，马克思指出："市场价值必定表现实际价值。"[③]

第二，部门内部的竞争和个别价值转化为市场价值的过程中，在市场价值由中位个别价值或"中等价值"[④]来决定的情况下，尽管"对两端生产的商品来说，表现为一种强加于它们的平均价值"[⑤]，最好条件一端生产的商品会表现出一个为正数的差额价值[⑥]，在最坏生产条件一端生产的商品会表现出一个为负数的差额价值，前者形成超额剩余价值，后者变成剩余价值的扣除与不足部分，但是，也会出现这种情

---

① 《马克思恩格斯全集》第23卷，人民出版社，1972年，第353页。

② 《马克思恩格斯全集》第23卷，人民出版社，1972年，第353页。

③ 《马克思恩格斯全集》第26卷Ⅱ，人民出版社，1973年，第298页。

④ 《马克思恩格斯全集》第25卷，人民出版社，1974年，第199页。

⑤ 《马克思恩格斯全集》第25卷，人民出版社，1974年，第205页。

⑥ 马克思说："我把市场价值和个别价值之间的差额通称为差额价值。"（《马克思恩格斯全集》第26卷Ⅱ，人民出版社，1973年，第298~299页）在最好生产条件一端市场价值–个别价值＝正，即差额价值为正，在最坏生产条件一端，差额价值为负。

况：部门内部最好生产条件一端的作为正数的差额价值与部门内部最坏生产条件一端的作为负数的差额价值互相均衡，正负相抵。可见，对每一端来说，社会价值对个别价值是相偏离与相矛盾的，而就两端的总和来说，社会价值与个别价值却又是相一致与相统一的。

第三，在上述条件下进行的部门的竞争，虽然"就各个等级的产品来看，当然，它们的（个别）价值可能高于或者低于市场价值"①，但是市场价值的总和必然是等于个别价值的总和。马克思说："商品总量的价值，也就同所有单个商品合在一起——既包括那些在中等条件下生产的商品，也包括那些在高于或低于中等条件下生产的商品——的价值的实际总和相等。"②马克思就这样从商品总量的价值的角度来论证了市场价值决定的机制中仍然体现了社会价值与个别价值的一致。他说："商品的个别价值应同它的社会价值相一致这一点，现在在下面这一点上得到了实现或进一步的规定：这个商品总量包含着为生产它所必需的社会劳动，并且这个总量的价值＝它的市场价值。"③

基于以上三个方面，马克思论述了部门总商品的市场价值决定方式（这里是指的中位的生产条件的个别价值决定市场价值的情况），尽管在具体形式上不同于单个商品的价值决定方式，但是，它"并不违反价值规律"④，而是价值决定的规律的作用在部门内总商品的交换中得到实现的新的和带有迂回性的形式。

有必要指出，马克思的市场价值理论，深入地分析与论证了即使是在由两端的，即劣等条件的高位个别价值决定市场价值以及优等的

---

① 《马克思恩格斯全集》第26卷Ⅱ，人民出版社，1973年，第298页。

② 《马克思恩格斯全集》第25卷，人民出版社，1974年，第204页。

③ 《马克思恩格斯全集》第25卷，人民出版社，1974年，第203页。

④ 《马克思恩格斯全集》第26卷Ⅱ，人民出版社，1973年，第301页。

即低位个别价值决定市场价值的情况下，尽管市场价值与个别价值的偏离表现得更加显著，它意味着社会价值与个别价值的矛盾的更加深化，但是在那里仍然存在着市场价值与个别价值的统一。

马克思分别地分析了由较坏条件下生产的商品调节市场价值与由较好条件下生产的商品调节市场价值的情况。

在部门总商品构成中，较坏条件下生产的商品占相当大的比重，马克思指出，在这里，"市场价值或社会价值就由在较坏条件下生产的大量商品来调节"[①]。我们不能把马克思的这一段话理解为最坏条件的个别价值就是市场价值，而是说高位个别价值乃是市场价值形成的中准和不可逾越的界限。对市场价值由高位个别价值来调节的情况，马克思这样说："严格地说，每一单个商品或商品总量的每一相应部分的平均价格或市场价值，在这里是由那些在不同条件下生产的商品的价值相加而成的这个总量的总价值，以及每一单个商品从这个总价值中所分摊到的部分决定的。"[②]这里明确指出，市场价值是个别价值的平均化，也可以视为 $\dfrac{\Sigma a + \Sigma b + \Sigma c}{\text{商品总量}}$，不过这绝不是一个计算中的加权平均，而是属于社会经济过程与生产关系的市场竞争中的个别价值平均化。

在这里，我们要结合《资本论》的论述，进一步分析市场价值决定的机制。假定低位个别价值调节市场价值的以下三种情况：

第一，假定制鞋部门总商品结构中，劣等条件下生产的商品占据优势。a 是上等条件下生产的商品，比重为10%，它的个别价值假定是8元，商品量为100，$\Sigma a = 800$元；b 是中等条件下生产的商品，个别

---

① 《马克思恩格斯全集》第25卷，人民出版社，1974年，第204页。

② 《马克思恩格斯全集》第25卷，人民出版社，1974年，第205页。

价值假定是10元，商品量是200，$\Sigma b = 2000$元；c 是最坏条件下生产的商品，个别价值假定为12元，商品量为700，$\Sigma c = 8400$元。这个商品（鞋）的市场价值$\frac{11200}{1000} = 11.2$元，这11.2元不应从绝对数值来理解，即把它作为是现实的市场价值量——作为数学平均值的现实市场价值量是根本不存在的，而应该视为是一个理论模式数值，它可以读为：以高于中等条件但低于最好条件的个别价值水准。这是由于在为出售同一商品的市场竞争中，从供给方面来说，（1）占生产者大多数的劣等条件的生产者一方面要尽量争取足以弥补个别价值的售价的价格（包括实现商品中的剩余价值），（2）出现在市场上的中等与优等条件的生产者愿意在超过他们的个别价值时及早将商品脱手。而从需求一方来说，由于三种条件生产出来的商品均是社会需要的，这种社会需要，通过买方的竞争，使商品市场价格要抬高到中等条件生产的商品的个别价值以上，才能把劣等条件生产的商品吸收到市场上来和让渡出去。正是上述市场购销因素形成的合力，使一个高于中等条件但低于不利条件的个别价值成为市场价格稳定的中准。这样的竞争与个别价值平均化"得到的市场价值，不仅会高于有利的一端生产的商品的个别价值，而且会高于属于中等部分的商品的个别价值；但它仍然会低于不利的一端生产的商品的个别价值"[①]。

第二，我们还可以假定一个部门总商品构成中最劣等条件下生产的商品占更大比重，例如 a 类占8%，商品量为80，$\Sigma a = 640$元；b 类占10%，商品量为100，$\Sigma b = 1000$元；c 类商品占82%，商品量为820，$\Sigma c = 9840$元。按照上述个别价值平均化为社会价值的方式，鞋子

---

① 《马克思恩格斯全集》第25卷，人民出版社，1974年，第205～206页。

的市场价值为 $\frac{11480}{1000}=11.48$ 元。这一例子表明不利一端在总产量中比重的增大，改变了市场供求因素的合力，使市场价值向高位个别价值接近。

第三，我们还可以进一步假定部门总商品的构成中劣等条件下生产的商品占绝对的优势，例如，a 类商品占 2％，商品量为20，$\Sigma a=160$；b 类商品占3％，商品量为30，$\Sigma b=300$；c 类商品占95％，商品量为950，$\Sigma c=11400$。按上述各个别价值平均化为市场价值的方式，鞋子的市场价值 $\frac{11860}{1000}=11.86$ 元。这种情况表明，劣等条件的商品生产规模的进一步扩大条件下，市场供求因素形成的合力，使市场价值与高位个别价值进一步接近和走向一致。马克思说：市场价值"和后一种个别价值接近到什么程度，或最后是否和它相一致，这完全要看不利的一端生产的商品量在该商品部门中具有多大规模"[①]。

可见，马克思在论述两端生产的商品的个别价值量不能相平衡条件下的市场价值决定时，把市场价值作为是在市场竞争中实现的个别价值的平均化的结果。它的理论模式是 $\frac{\Sigma 商品价值}{商品量}=\frac{\Sigma a+\Sigma b+\Sigma c}{商品量}$。就本质上来说，市场价值向高位个别价值接近的变动，完全是由于生产构成的变化所引起的个别劳动量的增长。在这里个别劳动量仍然是价值决定的现实基础，只不过它要汇总为社会总劳动量，并分摊到每一个商品中。因而，马克思阐明了这一种市场价值决定的方式，仍然体现了价值量决定于生产中耗费的劳动量的规律。马克思还论述了在有

---

① 《马克思恩格斯全集》第25卷，人民出版社，1974年，第206页。

利一端生产的商品量占优势的情况下的价值决定方式，论证了市场价值是随这种商品在部门生产中所占比重的增大而与低位个别价值相接近或一致，阐明了它同样地体现了价值决定的规律的作用①。这样，马克思就透过市场价值决定的多样方式所固有的偏离个别价值的外观，揭示了市场机制中仍然存在着个别价值与市场价值的内在的统一，并通过个别价值与市场价值的矛盾运动，来阐明了部门内部商品交换中价值规律作用的新形式。

五、结合供求关系分析价值规律作用得以实现的机制

商品价值决定于生产中的社会必要劳动时间的规律，是通过市场机制而得到贯彻的。具体地说，商品按照社会必要劳动量进行交换是通过市场上供求变化→价格涨跌→供求变化→价格与价值相一致的机制来实现的。对资本主义商品经济中的这种变动不居的和令人迷惑的市场现象，囿于事物表象的资产阶级经济学家是不能科学地剖析与从规律上来阐明的，他们的价值论充满着"价格由供求决定而同时供求又由价格决定这种混乱观点"②。马克思则把上述市场现象归结为价值决定于社会必要劳动时间的规律所由以发生作用的市场机制，并且运用科学抽象的方法，通过由抽象向具体上升，一步步地分析了价值规律是怎样地通过市场供求的变动与价格的波动而得到贯彻的。这些分析，表现在《资本论》这一著作中，特别是在《资本论》第三卷第十章和三十七章中，把价值规律的作用与市场机制联系起来，通过市场

---

① 参见《马克思恩格斯全集》第25卷，人民出版社，1974年，第203～206页。
② 《马克思恩格斯全集》第25卷，人民出版社，1974年，第213页。

机制来论证价值决定的规律，这样的分析论述有着重大的理论意义，特别是方法论的意义。

（一）供求与价值决定于社会必要劳动时间的规律的实现机制

商品价值决定于生产中耗费的社会必要劳动时间的规律，并不是在任何时候都得到最纯粹的表现的。在商品供过于求的场合，商品生产者在市场交换中处于不利的地位，他的商品的市场价格会低于市场价值，而在商品供不应求的场合，生产者在市场交换中处于有利的地位，商品的市场价格会高于市场价值。只有在供求一致时，商品的市场价格才与市场价值相一致，"这种规律只有在供求不再发生作用时，也就是互相一致时，才纯粹地实现"[①]。可见，尽管价值决定与供求无关，但是价值决定的规律的实现形式——如是得到纯粹的实现还是不纯粹的实现——则是与供求的状况密切相联系的。正是因此，如果人们不仅要抽象地表述价值决定的规律，而且要揭示这一规律作用得以实现的具体形式与机制，那么，就有必要结合供求状况来进行考察。

从某种意义上说，《资本论》第一卷第一章中对价值决定的高度抽象考察，就是以对商品的供求一致为前提的。《资本论》第一卷，在阐述价值决定于生产中的社会必要劳动时间时，舍象了对商品供求变动的各种复杂的状况。这是由于：这里是根据科学抽象法的要求，抽象地考察单个商品的价值决定。但是，这里也并不是假定了一个不存在供求关系的价值决定方式，而是以商品的供求相等为分析的前提。因为，这里所考察的单个商品的价值是表现在与它相交换的另一个商品上，如20码麻布＝1件上衣，而这一单个商品的简单价值表现等

---

① 《马克思恩格斯全集》第25卷，人民出版社，1974年，第212页。

式，就包括着商品供求的相等。

在《资本论》第三卷进一步考察一个产业部门内部，通过许许多多生产者的竞争而实现的价值决定的规律时，马克思更是引入了商品的供求因素，联系供求变动的复杂状况来考察价值决定的实现形式与机制。

《资本论》第三卷中把商品供求归结为"生产某种物品的社会劳动的数量，和要满足的社会需要的规模"是否"适应"①的问题，也就是用于生产某种物品的社会劳动耗费量是否是被规定在满足社会需要的必要劳动的界限内的问题。马克思在这里提出了满足需要的部门的必要劳动这一个范畴——他称为另一种意义的必要劳动——，并且把使用于各个部门的社会劳动量的符合满足需要的必要劳动量，作为商品价值实现的条件。满足需要的社会必要劳动是由社会需要来调节的，投于各个分工不同的部门（假定每一部门生产一种特殊产品）必要的劳动量，"这是生产特殊物品，满足社会对特殊物品的一种特殊需要所必要的劳动"②。如人类要生存，总是需要有必要数量的食物和衣服，为此就必须保证有用于生产食物的必要劳动，和用于制造衣服的必要劳动，按照社会需要规定的使用价值量，去调节和决定用于生产中的社会劳动量，乃是人类社会生产的客观规律。在社会分工存在的条件下，这一规律表现为，为了满足社会多方面的需要，必须把社会总劳动划分为不同的比例，用于各种不同的使用价值的生产。可见，规定满足需要的社会必要劳动的机制是，社会的需要→某种产品的数量→生产该种产品的社会劳动量（产品量×单位产品的社会劳动耗费）。

---

① 《马克思恩格斯全集》第25卷，人民出版社，1974年，第209页。
② 《马克思恩格斯全集》第25卷，人民出版社，1974年，第716页。

上述按照社会需要而将人类劳动分配于各个生产部门，即社会总劳动转化为部门社会必要劳动（量），在商品经济中意味着商品供求相一致，和商品得以按照它在生产中耗费的社会必要劳动量出售。这对于商品经济，特别是在社会分工高度发达、生产部门众多的资本主义商品经济有着特别重要的意义。在那里，对个别商品来说，它的价值的实现是以它的具有使用价值，即有满足社会需要的能力为前提；而对某一部门总商品来说，它的价值的实现，是以部门总产品有使用价值，即产品总量是符合社会需要量为前提；而对包括许多不同产品的社会总产品来说，它的价值的实现是以这些各类产品总量的适应各种社会需求，即社会需求结构为前提，也就是要以各个部门中投入的劳动符合满足需要的部门必要劳动为前提。马克思根据资本主义经济中众多不同的生产部门和众多的商品相竞争的情况，分析了供求对于价值决定的规律的实现的影响，深入地论述了由不同部门的总产品构成社会总产品，就它的总价值来说，即它所包含的总社会平均必要劳动量能否实现，取决于这个使用价值的数量和结构。对于部门总商品，按照价值交换规律的实现，取决于这个使用价值的数量。使用价值量的增加过量，由于供过于求，会引起价格低于市场价值；使用价值量的减少过量，由于供不应求，会引起价格高于价值。只有社会所有的部门的生产规模，从而社会产品总量均是恰恰适应社会需求结构时——马克思称之为社会产品具有使用价值——商品的价值才能得到实现。"在社会总劳动时间中，也只把必要的比例量使用在不同类的商品上。这是因为条件仍然是使用价值。但是，如果说个别商品的使用价值取决于该商品是否满足一种需要，那末，社会产品总量的使用价值就取决于这个总量是否适合于社会对每种特殊产品的特定数量的需要，从而劳动是否根据这种特定数量的社会需要按比例地分配在不同的生产领域。"① "在这里,社会需要,即社会规模的使用价值,对于社会总劳动时间分别用在各个特殊生产领域的份额来说,是有决定意义的。"②

可见,马克思在考察部门内部(以及部门之间)竞争条件下,价值决定规律的作用的实现形式时,结合供求的作用,进一步阐明了价值决定的规律并不是采取纯粹的形式表现出来,而是经常地采取借不实现而实现的形式。

(二)供求变动过程中的价值表现形式

如上所述,价值决定于社会必要劳动量的规律的纯粹的表现,是以商品供求一致为前提。但实际情况是供求总是经常地不平衡,在某些时候可能达到暂时的、相对的平衡,然后又走向新的不平衡。那么,人们会问:供求的这种变动会怎样地影响商品价值的表现形式呢?对这一问题,马克思在《资本论》第三卷第十章中进行了十分卓越的探讨。

1. 供求变动引起虚假的社会价值形式的出现

在部门内的竞争与市场价值形成过程中,如果对这一商品的供给与需求发生不相均衡的状况,它会引起虚假的社会价值形式的产生,使商品的内在价值实现不足或包括价值实现的虚假因素。假定某一产业部门内有上中下三种条件的生产者,假定我们考察的是一个生产周期内的情况,即这一产业部门内部生产构成不变(由有着优等的、平均的、劣等的不同的生产者组成的结构),那么供求的变化会引起市

---

① 《马克思恩格斯全集》第25卷,人民出版社,1974年,第716页。

② 《马克思恩格斯全集》第25卷,人民出版社,1974年,第716页。

场价值移向两极的个别价值水准，甚至引起市场价值"顶格"，达到最低或最高个别价值所规定的极限，从而产生一个不足价值或是虚假的社会价值。如在供大于求的场合，由于市场价值向低位个别价值（优等生产条件）看齐，假定这个产业部门上下两端的个别价值不能相均衡，而且是优等条件的生产占有很大比重，在由低位个别价值决定市场价值的情况下，就会产生一个低于实际市场价值的虚假社会价值。

各企业提供的商品总量（件）	每件产品的个别价值	每件产品的市场价值	个别价值总和	市场价值总和	个别价值总和与市场价值总和之差
优等条件　4000	5小时	5小时	20000	20000	0
中等条件　500	10小时	5小时	5000	2500	2500
劣等条件　500	15小时	5小时	7500	2500	−5000
合　　计　5000			32500	25000	−7500

从上表可以看出由于商品实际个别价值是这个部门商品总体的价值分摊到每个商品中的成分，因此，这种低位的市场价值使每一件商品中包括一个未实现的不足价值要素，同样，这一部门商品总量的实际价值也有一部分未能得到实现。商品的市场价值总量对它的实际价值来说，就有一个不足价值。正如马克思说："尽管每一物品或每一定量某种商品都只包含生产它所必需的社会劳动，……但是，如果某种商品的产量超过了当时社会的需要，社会劳动时间的一部分就浪费掉了，这时，这个商品量在市场上代表的社会劳动量就比它实际包含的社会劳动量小得多。"[①]而在供不应求的场合，情况就恰恰相反，它使市场价值决定于高位个别价值（劣等生产条件），从而形成高于

---

① 《马克思恩格斯全集》第25卷，人民出版社，1974年，第209页。

商品实际价值的虚假市场价值。上述的由于供大于求和供不应求情况下的市场价值决定，都包含有对商品实际价值的偏离，市场价值总量或是有一个未实现的不足价值，或是有一个膨大了的、虚假的社会价值。只有在商品的供求均衡时，市场价值才完全与商品包含的劳动量，即它的实际价值相一致。

2. 供求变动引起市场价格对市场价值的偏离

市场价值是以生产者的个别价值为极限的，由于一个部门总商品是由上中下几种不同生产条件的商品组成，因而这种个别价值平均化形成的市场价值，无论如何也是不能达到上下两端的个别价值的极限的，更不能超过这一极限。马克思在论述农业中由若干不同等级土地生产的农产品的市场价值时指出："这个市场价值本身决不能大于最贫瘠的等级的产品的个别价值。如果它高一些（作者注：在需求大于供给情况下），这只是证明市场价格高于市场价值。"[1]马克思把这种因需求超过供给而由最坏条件下生产的商品来调节的市场价值，和因供给超过了需求而由最好条件下生产的商品来调节的市场价值，都称之为市场价格对价值的"第一种偏离"[2]。又说："但是，我们这里所谈的市场价值……是不能高于它自己的。"[3]在需求稍微超过供给的场合，会引起市场价值向个别价值靠近，但是它绝不能超过个别价值。在出现严重的供不应求时，商品以高于高位个别价值以上的价格出售，即使这种供不应求、从而更高的售价是带有持续性的，但是马克思指出，它只能是属于市场价格，是市场价格的"偏离市场价值更

---

① 《马克思恩格斯全集》第26卷Ⅱ，人民出版社，1973年，第298页。

② 《马克思恩格斯全集》第25卷，人民出版社，1974年，第207页。

③ 《马克思恩格斯全集》第26卷Ⅱ，人民出版社，1973年，第304页。

远，或更高于市场价值或更低于市场价值"①。

以上所论述的供求引起的虚假社会价值形式或价格与价值的偏离，实质上是商品经济中价值决定的规律作用的实现所采取的形式。它表明在自发性的商品经济中，价值实体并不是都能得到完满的和准确的表现。恰恰相反，由于供求这一外在因素的作用，它会使内在的实际价值采取某种虚假的形式。而价值决定于生产中耗费的劳动时间的规律，也是要通过这种多样的价值形式而实现。这种情况也表明，供求变化只是关系到价值表现的形式而与价值决定无关，无论在上述的哪一种场合，部门内生产中现实的劳动耗费量，从而价值实体并没有发生变化。

（三）供求变化引起市场价值的移位

在上面的例证中，采取的是短期分析方法，即只是考察一个生产周期的市场价值决定，由于假定由上中下几种不同的生产条件组成的部门总商品结构不变，因而供求的变化只能引起市场价值的接近上下两端的个别价值，和市场价格的偏离市场价值。如果我们考察一个较长的时期的若干持续的再生产周期，那么，我们就会看见供求的变化，还会引起产业部门内部生产构成的变化，并在总商品个别价值总量变化的基础上引起市场价值水准的变化（即移位）。例如供不应求，可以在一个时期内吸引更多生产者在较坏条件下从事生产，使这种高位个别价值的产品在部门总产品中占有更大的比重，它由此增大总商品的个别价值总量，从而使市场价值提高。而供过于求，它可以将最坏条件下的生产者，甚至一部分中等条件的生产者排除出市场，

---

① 《马克思恩格斯全集》第25卷，人民出版社，1974年，第207页。

使具有低位个别价值的产品在部门总产品中占有更大的份额，从而在减少总商品个别价值总量的基础上使市场价值降低。

当然，供不应求也会出现另一种情况，即供不应求引起的市场价值的提高，只是暂时的。随着技术进步与劳动生产率的提高，上等或中等条件的生产者会排挤劣等条件的生产者，从而改变某一产业部门的生产构成，使部门总商品结构中最好条件的商品占据优势。这时，供不应求却导致了市场价值的向低位个别价值转移。

如何来认识供求关系所带来的市场价值水准的移位？这是不是意味着供求也参与了价值决定？认为市场供求决定价值或是决定价值的重要因素，乃是《资本论》出版以来泛滥于西方经济学中反对劳动价值论的思潮的重要表现。持这种理论的西方经济学家不断地创造出所谓《资本论》第三卷与第一卷相矛盾的谎言。他们说，本来就不存在价值决定，而只有由供求决定的价格。如庞巴维克说："他（作者注：指马克思）要求我们用他的劳动价值理论的观点去观察现代社会的关系。如果我们根据他的判断，在现代社会中寻找他的价值规律的作用范围，我们将是徒劳的。因为，或者不存在竞争，在这种情况下，商品根本不按它们的价值进行交换……或者竞争起作用，在这种情况下，商品更加不按它们的价值，而按它们的生产价值进行交换……"①西方资产阶级经济学家上述谬说，表明了他们对《资本论》的价值理论的一窍不通。实际上，马克思在《资本论》第三卷第十章中的理论内容就已经阐明了下述思想：供求影响价格涨跌并不是否定了价值规律的作用。《资本论》第三卷的有关章节中，透辟地阐明了

① 《马克思体系的终结》，1896年德文版，第27页，转引自王稼祥：《中国〈资本论〉研究会第一次学术讨论会资料》，1981年12月。

在供求中实现的价值移位与市场价格决定，并不能从供求本身加以说明，而只有在劳动价值论的基础上把它作为价值规律的作用实现的市场机制才能加以科学地阐明。因为马克思并不是脱离和超越个别价值（即生产商品的个别劳动时间）来论述市场价值的，而是把市场价值作为个别价值的"平均化"①，即在市场交换与竞争中实现的个别价值的加权平均：$\dfrac{\Sigma a+\Sigma b+\Sigma c}{商品总量}$。马克思给市场价值下的定义是："市场价值，一方面，应看作是一个部门所生产的商品的平均价值。"②根据这一定义，市场价值是作为个别价值的平均。《资本论》设计了平均条件下生产的商品占大多数和两端个别价值相平衡的部门内部生产结构，论证了上述定义的市场价值，也就是"这个部门的平均条件下生产的、构成该部门的产品很大数量的那种商品的个别价值"③。这就十分明确地表明市场的价值必须以商品的个别劳动耗费为基础，只不过它不是直接地体现个别劳动时间，而是体现平均劳动时间，即总个别劳动时间在每个商品上的分摊额。可见，市场价值决定本身不过是价值决定在同一产业部门的总商品交换中的具体表现形式。在我们谈论价值决定时，我们说价值实体是商品生产中的社会劳动量的对象化的结晶，那么，在谈论部门总商品的价值决定的场合就应该说，形成市场价值实体的乃是每个商品中包含的平均化了的社会劳动量的总和。马克思的劳动价值论，它的基础与精髓正是人类生产活动中的实在的劳动耗费决定价值，无论是商品的使用价值，或是消费者的需求均与价值决定无关。马克思不仅在抽象地考察价值决定时完全排除供

---

① 《马克思恩格斯全集》第25卷，人民出版社，1974年，第201页。
② 《马克思恩格斯全集》第25卷，人民出版社，1974年，第199页。
③ 《马克思恩格斯全集》第25卷，人民出版社，1974年，第199页。

求的作用，他在更具体地考察市场价值决定时，也是坚持了供求与价值决定无关的基本原理。

有的同志以供求引起市场价值水准的移位来论证供求参与价值决定，提出所谓第一种含义的社会必要劳动与"第二种含义"的社会必要劳动共同决定价值，说马克思指出的那种最坏条件下或最好条件下的个别价值调节市场价值就是供求决定价值，这种观点是值得商榷的。因为，如我们在前面所指出的，马克思即使是在论述由最坏条件和最好条件下的个别价值"调节市场价值"的场合，他首先指出了这种市场价值决定的方式仍然是劳动时间决定价值的一种形式。他说：

"**严格地说**，每一单个商品或商品总量的每一相应部分的平均价格或市场价值，**在这里**是由那些在不同条件下生产的商品的价值相加而成的这个总量的总价值，以及每一单个商品从这个总价值中所分摊到的部分决定的。"①然后，他指出："这样得到的市场价值，不仅会高于有利的一端生产的商品的个别价值，而且会高于属于中等部分的商品的个别价值；但它仍然会低于不利的一端生产的商品的个别价值。至于它和后一种个别价值接近到什么程度，或最后是否和它相一致，这完全要看不利的一端生产的商品量在该商品部门中具有多大规模。"②显然，对于这种由不利条件下个别价值调节市场价值的情况，马克思仍然是坚持市场价值 $= \dfrac{\Sigma a + \Sigma b + \Sigma c}{\text{商品总量}}$ 的劳动价值理论模式。正是由于 Σc 在商品总价值中占了很大比重，才使市场价值可以由低于 c （高位个别价值）而高于 b （中位个别价值）的市场价值出售。同样地，马克思在论述有利条件生产商品占优势的场合，指出市场价值将

---

① 《马克思恩格斯全集》第25卷，人民出版社，1974年，第205页。
② 《马克思恩格斯全集》第25卷，人民出版社，1974年，第205~206页。

视有利一端生产的商品在总商品中所占的比重而与低位个别价值相接近，这里也仍然是个别价值的平均化——即 $\dfrac{\Sigma a + \Sigma b + \Sigma c}{\text{商品总量}}$ ——在起作用。基于以上的分析，我们可以看见，即使是由于供求变化引起市场价值向高位与向低位的移位，但是在这种场合，市场价值水准的变化，仍然在于部门内部生产结构的变化，在于生产中耗费的个别劳动时间的总量发生了增加或减少，这里仍然是通行着劳动时间决定价值的规律。在这里，价值**决定**与形成，与供求是毫无关系的。在这里，供求的作用只在于它引起新的生产结构与总商品量中的劳动耗费量的变化，一点也不意味着供求可以形成哪怕是一粒市场价值实体。

主张供求参与市场价值决定的同志，往往引证马克思关于在供不应求或供大于求时，市场价值会移位到两极，由高位个别价值或低位个别价值来调节的论述："如果这个量过小，市场价值就总是由最坏条件下生产的商品来调节，如果这个量过大，市场价值就总是由最好条件下生产的商品来调节，因而市场价值是由两端中的一端来规定的。"[①]他们认为，这里是肯定了供求决定市场价值。我们认为，《资本论》中指出的这种部门内生产结构不变情况下供求引起的市场价值移位——价值变大或是变小——实质上是一种虚假的市场价值。由于这里假定供给（生产构成）是不变的，因而供不应求是经常的现象，从而这种抬高了的市场价格水准不是短暂的，而是持续的，它是"市场价格波动的中心"[②]，从而可以称之为市场价值。但是另一方面，这一市场价值乃是由两端的个别价值决定，它不是这一个部门的总商品的平均价值。而且作为平均价值"商品总量的价值，也就同所有单个

---

① 《马克思恩格斯全集》第25卷，人民出版社，1974年，第207页。

② 《马克思恩格斯全集》第25卷，人民出版社，1974年，第199页。

商品合在一起——既包括那些在中等条件下生产的商品，也包括那些在高于或低于中等条件下生产的商品——的价值的实际总和相等”①。但是在这里，例如在由最坏条件的个别价值决定市场价值的场合，商品总量与价值就大于所有单个商品的价值的实际总和，而在由最好条件下生产的商品的个别价值决定市场价值的场合，商品总量的价值就小于所有单个商品的价值的实际总和。因而，这两种市场价值决定方式，并不能显示出真正的市场价值形成所固有的个别价值平均化的特征。正是因此，马克思又把上述两种市场价值的决定方式称之为市场价格对市场价值的“第一种偏离”②。这也就意味着它是一种“虚假的”市场价值。在论述长期的供不应求下农产品的市场价值由最劣等条件的个别价值决定时，马克思说：“这是由在资本主义生产方式基础上通过竞争而实现的市场价值所决定的；这种决定产生了一个虚假的社会价值。这种情况是由市场价值规律造成的。土地产品也受这个规律支配。产品（也包括土地产品）市场价值的决定，是一种社会行为，虽然这是一种不自觉的、盲目的社会行为。”③马克思指出：在这种由劣等条件个别价值决定市场价值的情况下，社会是“按产品内所包含的实际劳动时间的二倍半来购买这种土地产品”，因而是“被看作消费者的社会对土地产品支付过多的东西”，“社会劳动时间在农业生产上的实现”是一种“负数”④。

由上所述，可以看出，由劣等条件或由优等条件的个别价值来决定市场价值的场合，都会产生一个虚假的价值表现。在前一情况下，

---

① 《马克思恩格斯全集》第25卷，人民出版社，1974年，第204页。
② 《马克思恩格斯全集》第25卷，人民出版社，1974年，第207页。
③ 《马克思恩格斯全集》第25卷，人民出版社，1974年，第744~745页。
④ 《马克思恩格斯全集》第25卷，人民出版社，1974年，第745页。

即由劣等条件的个别价值来决定市场价值的场合，部门总商品价值体现有一个正数的虚假社会价值，而其中的中等与优等条件下生产的商品便体现有一个强加于它们的正数的"差额价值"[①]。在后一情况下，即由优等条件的个别价值来决定市场价值的场合，部门全部商品的市场价值总和较之实际的价值就有一个未实现的不足额。马克思是把这种市场价值决定下，价值采取的虚假形式（包括用来与农产品交换中的消费品的价值实现的不足），作为价值决定得以实现的市场机制来认识的。马克思指出：农产品由劣等地的个别价值决定，和优等土地农产品由此有差额价值的形成，"并不违反价值规律"[②]。指出，"这种差别决不能意味着价值是不依赖该生产领域一般使用的劳动量而决定的"[③]。我们认为，这一分析是完全适用于上述市场价值决定的方式的。这也就表明：由两端生产的商品的个别价值决定市场价值的方式，一点也不意味着劳动时间决定价值的规律失灵或半失灵，而要代之以供求决定价值或是劳动与供求二者来决定价值的规律。恰恰相反，这里只不过是价值采取了某种虚假的表现（就商品总量来说），存在着实现过多或是实现不足，从而有市场价值（虚假的）对实际价值的偏离。可见，马克思把供求引进于市场价值的分析，并不是由此否认了价值规律和放弃了劳动决定价值的一元论，而恰恰是在劳动价值论的基础上进一步揭示了资本主义市场经济中更加复杂的价值表现方式和更加困难与更加曲折的价值实现的机制。

① 《马克思恩格斯全集》第26卷Ⅱ，人民出版社，1973年，第299页。

② 《马克思恩格斯全集》第26卷Ⅱ，人民出版社，1973年，第301页。

③ 《马克思恩格斯全集》第26卷Ⅱ，人民出版社，1973年，第301～304页。

六、生产价格理论——把唯物辩证法应用于价值理论中结出的硕果

生产价格理论在马克思的价值论中占有十分重要的地位，正是借助这一理论，使资本主义经济中由资本有机构成不同的产业部门提供的作为资本的商品的价值决定的机制得到了科学的阐明。因此，生产价格理论的制定（包括作为它的必要前提与中介的市场价值的理论），使价值理论不是停留在简单的、抽象规定的形式上，而是由于它所包含的部门内总商品以及社会总商品的价值决定的实现机制的阐明而进一步展开和大大地丰富了。可以说，《资本论》第三卷中所阐述的生产价格理论，标志着马克思的科学价值理论的完成。

商品按生产价格出售，早就是发达的资本主义经济中的客观实际，但是资产阶级经济学包括古典经济学却无法对这一复杂的价值形式作出理论的阐明。只有马克思依靠科学抽象法，借助一系列表现复杂的商品价值关系的科学范畴（包括个别价值、社会价值、平均利润、一般利润率、生产价格、个别生产价格、一般生产价格、超额利润，等等），通过周密地分析价值实体与生产价格形式的矛盾运动以及对个别价值（这里是各个部门的平均价值）与社会价值（这里是生产价格）的矛盾运动，部门特殊利润率与一般利润率的矛盾运动，等等，科学地阐明了生产价格形成的经济机制，彻底地从理论上解决了这一导致李嘉图学派解体的难题。在马克思的生产价格理论中，唯物辩证法的方法论有着最集中的、最鲜明的体现。深入地领会马克思制定生产价格理论的哲学方法，不仅是真正掌握马克思的价值理论所必要的，而且是马克思主义的经济学家，用来锻造锐利的方法论武器去彻底批判西方经济学中对劳动价值论的甚嚣尘上的攻击与污蔑所必要的。

（一）生产价格是经常地偏离实际价值的价格

马克思的生产价格理论，是建立在劳动价值论的坚实基础之上的。在分析生产价格范畴时，马克思是以商品价值决定于生产中耗费的劳动时间和商品按照价值出售作为出发点的。根据这一劳动创造价值的基本原理，一个商品的价值就等于商品中包含的不变资本的价值，加上可变资本的价值，再加上剩余价值。但是由于这里考察的是由资本主义经济中许许多多有机构成不同的生产部门提供的大量商品群体，按照上述假定（撇开资本的周转速度），资本有机构成高的生产部门，由于可变资本相对量少，等量资本包含的剩余价值量也较少（假定各个部门的剩余价值率是相等的），而资本有机构成低的生产部门，由于可变资本相对量多，等量资本包含的剩余价值量也较多，因而，商品按照价值出售，有机构成低的部门将因其商品中包含有更大的剩余价值而得到更高的利润率，有机构成高的部门则因其商品中包含的剩余价值量小而只能得到更低的利润率。这样，总资本运动中存在着作为资本共济会平均成员的单个资本与实际上的利润率高低不等的单个资本的矛盾。这样，就必然会引起竞争——它表现为资本在各个部门之间的流动与各个部门的商品价格的涨跌——从而引起差别利润率的平均化，即一般利润率的形成与价值的转化为生产价格。这样就终于实现了与资本主义生产方式——自由竞争的资本主义——的本性相适合的等量资本占有等量利润的原则。

生产价格是偏离商品的实际价值的价格（那些具有平均有机构成的生产部门的商品除外）。马克思说："商品的生产价格和它的价值决不是等同的。"① "商品的平均价格②也总是不同于商品的价值。"③
具体地说，商品按照生产价格出卖，对于具有高位有机构成部门的产
品，生产价格会高于它们的实际价值，而对于具有低位有机构成部门
的产品，生产价格会低于它的实际价值，只有在恰恰具有平均有机构
成和具有平均的资本周转速度的部门，即"只有在例外的情况下才和
它的价值相一致"④。生产价格形成的机制使各个特殊生产部门的商
品的实际价值并不能得到充分的表现，它在那些有机构成高的部门表
现出一个强加的正差额价值，而对那些有机构成低的部门，却会表现
出一个强加的负差额价值，只有对于具有平均有机构成的部门，它的
商品才是按照价值售卖。由于各种各样的产品性质不同，它们的生产
技术条件也就不可能一样，以及由于各个产业部门生产力发展的不平
衡和从事各种生产与经营的资本家经济实力的强弱不等，因而具有平
均有机构成的部门总是少数，甚至可以说只是一个理论的假设，而实
际生活中的产业部门绝大多数是属于高位的或是低位的有机构成。在
高位或低位有机构成中又会区分出许许多多的差别与类型。由此，我
们可以看到，在资本主义的商品世界中，生产价格符合价值的只能是
极少数，而绝大多数却是偏离它的实际价值的，而且必须看到生产价
格不是从属于市场供求变动而不绝变动的市场价格，而是带有稳定性
的，是各个不同生产部门的商品的市场价格变动的中心和调节者。因
此，生产价格与价值的偏离，完全不同于部门内竞争中由于供过于求
而引起的市场价格与市场价值的偏离，后者是市场价格与市场价值在

---

① 《马克思恩格斯全集》第25卷，人民出版社，1974年，第855页。
② 马克思在这里讲的平均价格就是生产价格。
③ 《马克思恩格斯全集》第26卷Ⅰ，人民出版社，1972年，第76页。
④ 《马克思恩格斯全集》第25卷，人民出版社，1974年，第855页。

短时间内产生但很快又会消失，即在供求一致时就会消失的偏离，而在生产价格的场合，则意味着各个产业部门社会总商品的供给与需求相一致，而这种作为商品稳定的均衡价格的生产价格仍然包含着对价值的偏离。可见，生产价格范畴意味着商品价格符合价值是偶然的，而价格与实际价值的偏离却成为常规，成为合乎规律的事，"现在，如果一个特殊生产部门实际生产的剩余价值或利润，同商品出售价格中包含的利润相一致，那只是一种偶然的现象。现在，不仅利润率和剩余价值率，而且利润和剩余价值，通常都是实际不同的量"①。

乍一看来，一个个特殊生产部门的生产价格具有的这种经常地偏离价值的特点，与政治经济学价值论中关于劳动时间决定价值的规律是相矛盾的。因为就那些有机构成高、雇用工人少、生产中耗费劳动量少的生产单位，它的商品却依然表现为一个较大的市场价值，而投放于这一部门中的同等资本，与投放于有机构成低、雇用工人多、耗费劳动量大的生产单位一样，能够稳定地实现与占有同等的利润。可见，资本主义经济中现实的价格决定，从表面上不仅是与价值决定的规律无关，甚至完全与之相矛盾，因为部门之间的竞争，不是使商品价格去适应价值，如部门内的竞争那样，而是力求使商品的价值转化为在量上不相同的生产价格——在这里我们撇开市场价格背离生产价格的情况——"所有这些现象，似乎都和价值由劳动时间决定相矛盾，也和剩余价值由无酬的剩余劳动形成的性质相矛盾。"②

在政治经济学的价值理论发展史中，生产价格问题曾经是阻碍劳动价值论创立的拦路虎。李嘉图曾经论述了劳动时间决定价值的原

---

① 《马克思恩格斯全集》第25卷，人民出版社，1974年，第188页。
② 《马克思恩格斯全集》第25卷，人民出版社，1974年，第232页。

理，并且把它作为分析整个资本主义经济关系的出发点。但是李嘉图从劳动价值论出发，他就无法解释商品按照费用价格出售的问题，而当他要以费用价格为理论前提时，他就不能不放弃价值决定，也就是背离了他的整个理论体系的劳动价值论的基础。马克思说："以前的经济学，或者硬是抽掉剩余价值和利润之间、剩余价值率和利润率之间的差别，以便能够保持作为基础的价值规定，或者在放弃这价值规定的同时，也放弃了对待问题的科学态度的全部基础，以便保持那种在现象上引人注目的差别，——理论家的这种混乱最好不过地表明，那些陷在竞争中，无论如何不能透过竞争的现象来看问题的实际资本家，必然也不能透过假象来认识这个过程的内在本质和内在结构。"①

李嘉图体系的这一致命的矛盾，不仅是由于他的资产阶级立场，而且也是由于他的与唯物辩证法格格不入的形而上学的方法论，使他不能从范畴区分价值实体与价值形式，更谈不上阐明二者之间的区别与联系。马克思说："李嘉图的这整个错误，……是由于他象其余的政治经济学家那样粗暴地，缺乏理解地对待形式规定而造成的。"②

我们业已指出，李嘉图不能从内容与形式的对立统一来把握价值与价格的关系，不能从理论上把商品交换中价格的波动，从而价格与价值的不一致，看成是价值规律作用的必然形式。李嘉图更不懂得客观世界发展与变化中展示出来的事物的本原形式与转化形式的对立与统一的辩证法，因此，他也就不懂得生产价格与价值的区别和联系，

---

① 《马克思恩格斯全集》第25卷，人民出版社，1974年，第189页。
② 《马克思恩格斯全集》第26卷Ⅱ，人民出版社，1973年，第239页。

并且把商品生产价格出售误认为是价值规律失效了①。

（二）生产价格是价值的转化形式

马克思把唯物辩证法应用于剖析生产价格范畴，建立起平均利润与生产价格理论，阐明了生产价格与价值的辩证关系，论述了它们是又相矛盾又相一致的。马克思的生产价格理论科学地阐明了生产价格是价值的转化形式，商品按照生产价格出卖是价值决定在部门间竞争条件下新的实现形式。马克思批判地继承了黑格尔关于事物转形的辩证法思想，创立了唯物辩证法关于事物运动中"转形"的理论，并把它运用于经济关系与过程的理论分析之中，并由此建立了一系列由原本的范畴与作为它的转化形式的范畴组成的政治经济学范畴体系。所谓原本的范畴，就是客观经济关系简单的和本质的规定的理论表现。由于社会经济过程的复杂性，在某些领域会有下列情况：原来的经济关系的本质规定不变，但由于条件变化，从而这一经济关系的本质规定采取了新的表现形式（规定），作为某一原本范畴的转化形式的范畴就是这种经济关系的理论表现。如马克思论述了计件工资是计时工资的转化形式，利润是剩余价值的转化形式，利润率是剩余价值率的转化形式，等等。经济关系的本质不变，但却取得了新的形式规定性，这就是作为某一原本范畴的转化范畴的特征。例如剩余价值范畴，作为生产过程中用于雇佣工人的可变资本带来的价值增殖额，它直接地体现资本对工人的剩余劳动的占有。作为表现总资本的增殖额

---

① 李嘉图说："可以看出，资本在不同行业中划分为不同比例的固定资本与流动资本，在相当大的程度上改变了在几乎完全只用劳动来生产的情形下能普遍适用的一条法则，即除非生产中所用的劳动量有增减，否则商品的价值决不会改变。"［《政治经济学及赋税原理》，《李嘉图著作和通信集》第1卷，商务印书馆，1983年，第30页］

的利润范畴，却表现为投入生产的预付资本价值和由生产与经营获得的新价值的关系，尽管它作为剩余价值的本质不变，但却取得了新的形式规定，取得了与原本范畴的本质规定不相一致的甚至是恰恰相反的虚假的与颠倒的形式规定。马克思在论述作为剩余价值的转化形式的利润范畴时说："在剩余价值中，资本和劳动的关系赤裸裸地暴露出来了；在资本和利润的关系中，也就是在资本和剩余价值——这时，剩余价值一方面表现为在流动过程中实现的，超过商品成本价格的余额，另一方面表现为一个通过它对总资本的关系获得进一步规定的余额——的关系中，资本表现为**一种对自身的关系**。"[①] "利润是剩余价值的一个转化形式，在这个形式中，剩余价值的起源和它存在的秘密被掩盖了，被抹杀了。"[②]

马克思把辩证逻辑中关于原本范畴与转化范畴的方法论运用于考察资本主义经济中的商品价值关系，得出了生产价格是价值的转化形式的命题，通过生产价格＝成本价格＋平均利润的公式，论证了商品价值不是成本价格＋本部门生产的剩余价值，而是成本价格＋全社会总剩余价值在这一部门中按平均比例的分摊额。

生产价格是价值的转化形式，这是一个意义十分重要的科学论点。它一方面肯定了生产价格不是属于一般的与价值要素的无关的价格范畴，而实质上是价值范畴，另一方面它又指出了生产价格是价值的特殊表现形式，它是以平均利润为构成要素的价值的表现形式。由于它是商品价值平均化即总剩余价值按各个产业部门预付资本的量来进行分配的结果，"虽然不同生产部门的资本家在出售自己的商品时

---

① 《马克思恩格斯全集》第25卷，人民出版社，1974年，第56～57页。

② 《马克思恩格斯全集》第25卷，人民出版社，1974年，第56页。

收回了生产这些商品所用掉的资本价值，但是他们不是得到了本部门生产这些商品时所生产的剩余价值或利润，而只是得到了社会总资本在所有生产部门在一定时间内生产的总剩余价值或总利润均衡分配时归于总资本的每个相应部分的剩余价值或利润"①。生产价格这种内涵的规定，既肯定了它作为商品实在价值的本质，又指出了它作为商品内在价值实体（包括内生的剩余价值）的带有迂回性的特殊表现形式。可见，马克思关于生产价格范畴的含义的规定，既体现了唯物论，又体现了辩证法。

马克思的生产价格理论，不仅将生产价格规定为价值的转化形态，而且分析与揭示了价值向生产价格转化的机制。

对商品价值平均化为生产价格的内在机制的阐明："生产价格是由商品价值的平均化产生的。"②要科学地阐明生产价格的形成，必须分析商品价值平均化的过程，它的核心是剩余价值平均化为平均利润，"平均利润本身是在十分确定的历史生产关系下的社会生活过程所形成的一个产物，正如我们所知道的，这个产物要以极为复杂的中介过程为前提"③。要阐明商品价值的平均化，就必须有一系列中介范畴，例如利润、利润率、平均利润率、平均利润，等等，这些也就是用以分析与阐明价值向生产价格转化的中介范畴。李嘉图的价值理论由于缺乏这些中介范畴，因而他无法找到从价值过渡到生产价格的桥梁。马克思则通过考察商品价值平均化的过程，确立了一系列表现这一内在机制的范畴，从而完成了价值转化为生产价格的理论阐明。

第一，部门内的竞争与市场价值的形成，是生产价格形成的前

---

① 《马克思恩格斯全集》第25卷，人民出版社，1974年，第177页。

② 《马克思恩格斯全集》第25卷，人民出版社，1974年，第857页。

③ 《马克思恩格斯全集》第25卷，人民出版社，1974年，第882页。

提。《资本论》第三卷详细地分析与阐明了部门内部的竞争，在这一卷中通过对价值转化为市场价值的理论阐明，规定了生产某一特殊商品的统一的市场价值水准，并且由此规定了提供这一商品的特殊生产部门的平均有机构成。由于分析的出发点是商品按照一般的市场价值出售，因此部门内部的剩余价值总量（$v \times \frac{m}{v}$）就规定了部门特殊利润率（假定剩余价值率是相同的），用公式来表达：$p = \frac{m}{C}$。特殊利润率的概念是一般利润率范畴产生的历史的与逻辑的前提。由于特殊利润率是以各个部门的产品中所包含的"实际价值"[①]为基础，这就为在劳动价值论的基础上阐明价值向生产价格转化奠定了牢固的地基。

"生产价格以一般利润率的存在为前提；而这个一般利润率，又以每个特殊生产部门的利润率已经分别化为同样大的平均率为前提。这些特殊的利润率在每个生产部门都 $= \frac{m}{C}$，并且象本卷第一篇所作的那样，它们要从商品的价值引伸出来。没有这种引伸，一般利润率（从而商品的生产价格），就是一个没有意义、没有内容的概念。"[②]

第二，部门之间的竞争与特殊利润率的平均化，是生产价格形成的内在的杠杆。部门内部的竞争，只是使个别价值平均化为市场价值。与生产价格的形成直接相关的是部门间的竞争，是这一竞争中实现的特殊利润率的平均化——一般利润率的形成，和剩余价值的平均化——平均利润的形成。马克思对这一进程的分析，是严格地遵守价值决定的规律的。它首先从商品按照价值出售的假定出发，论述了资本有机构成不同（以及周转速度的不同）各个生产部门有着不同的特殊利润率。由于资本追逐最大利润的竞争，它又在每时每地强制特殊利润率转化为一般

---

① 《马克思恩格斯全集》第25卷，人民出版社，1974年，第173页。

② 《马克思恩格斯全集》第25卷，人民出版社，1974年，第176页。

利润率。各个生产部门的特殊利润率是由商品价值中（即它的价值 c ＋ v ＋ m 构成）引申出来的，即它是商品实在价值的表现。而一般利润率又是特殊利润率的平均化机制的产物。正如马克思说："这些不同的利润率，通过竞争而平均化为一般利润率，而一般利润率就是所有这些不同利润率的平均数。"[①]如果用公式来表示，即为：

$$p' = \frac{\Sigma m}{\Sigma Z}$$（p' ＝一般利润率，m ＝各个特殊生产部门的剩余价值量，Z ＝各个部门的预付总资本）；

或者用更确切的公式来表示：$p' = \dfrac{\Sigma Am + \Sigma Bm + \Sigma Cm\cdots}{\Sigma Z}$

（ΣAm，ΣBm，ΣCm……为生产ABC等不同商品的各个生产部门的剩余价值量）。

以上两个公式都表明平均利润率，不过是总剩余价值与总资本的比率，p' 的高低是以各个部门投进平均化的"大锅"的剩余价值量为基础。在上述公式中，p' 乃是一个因变量，它的大小要决定于 ΣAm、ΣBm、ΣCm 等参数的大小，也就是最终要决定于各个特殊生产部门中商品的实际价值和其中包含的实际剩余价值的大小，从而部门特殊利润率的大小。归根到底，部门间的竞争把各部门的特殊利润率转化为社会统一的一般利润率，从而把利润（实质是剩余价值）转化为平均利润。而这一市场上进行的利润率平均化的机制都是以商品价值为基础的，因而作为部门总资本乘以平均利润率的平均利润，尽管已经在数量上与部门总资本乘以部门利润率的"内生的利润"[②]即剩余价值量相偏离，但它绝不是与后者脱钩，它是社会总利润，从而社会

---

① 《马克思恩格斯全集》第25卷，人民出版社，1974年，第177页。

② 《马克思恩格斯全集》第25卷，人民出版社，1974年，第855页。

总剩余价值在竞争中按照部门总资本量归属于各部门的平均分摊额，而这个社会总剩余价值乃是部门剩余价值即内生的利润的总和。可见平均利润量不是任意规定的，而仍然是由各个部门生产的商品中所包含的价值，从而由剩余价值量所规定的，只不过它还要经过一个在市场竞争中自发进行和实现的平均化机制作为中介。马克思说："没有这一规定，平均利润就是无中生有的平均，就是纯粹的幻想。那样的话，平均利润就既可以是10%，也可以是1000%。"①利润的转化为平均利润，商品价值也就表现为成本价格＋平均利润，即采取生产价格形式。可见，如同一般利润率和平均利润不是任意规定的，而是受到商品价值的制约一样，生产价格同样也不是任意决定的，而是由商品价值来规定和调节的。总之，马克思在论述生产价格的形成时，是由商品的实际价值（包含剩余价值），引申出部门特殊利润率，然后又由部门特殊利润率与利润引申出一般的（平均）利润率与平均利润，经过这一系列中间环节与中介范畴，最终合乎逻辑地引申出生产价格范畴。借助这一系列范畴，马克思就科学地剖析与阐明了特殊利润率平均化的机制，在劳动价值论的基础上阐明了生产价格的形成。

生产价格的形成是价值决定得到贯彻的特殊形式的阐明：如我们已经指出，经济规律总是要随着条件的变化而采取一定的发生作用的形式，或作用实现的机制。同样地，价值决定于产品物化的劳动时间的规律的实现方式也不是永远不变的，它要因经济条件的不同而采取一定的具体的形式。在《资本论》中，马克思基于历史与逻辑相一致的方法，曾经论述了下述几种价值决定规律的实现方式：（1）价值决定通过商品价格围绕价值上下波动而实现，这是与不发达的简单的商

---

① 《马克思恩格斯全集》第26卷Ⅱ，人民出版社，1973年，第210页。

品生产与交换相适应的（也是商品经济的一切发展阶段的价值规律作用实现的一般形式）；（2）价值决定通过高位的、中位的或低位的市场价值等多样形式而实现，这是与发达的资本主义经济中部门内竞争的条件相适应的；（3）价值决定通过生产价格的形式来实现，这是与发达的资本主义经济中部门之间的竞争相适应的。如果说，《资本论》的作者在论述上述第一种价值决定的方式时，采用科学的抽象法来概括价值决定的规律得以实现的一般形式或理论模式，它的表现形式是单个商品的价值决定，那么在论述第二种价值决定的实现方式时，就是采用进一步从抽象向具体上升的方法来分析与阐述一个包括许许多多互相竞争的生产者的产业部门内的市场机制及在这种条件下的价值决定。而这种分析方法，由于涉及的不是单个商品，而是一个部门内的商品总量，因此我们可以称之为部门分析方法。而上述第三种情况，则是进一步由抽象向具体上升，分析与阐述存在着产业部门之间的竞争的条件下的价值决定。这种方法涉及的不仅是一个产业部门的总商品，而且涉及的是全社会的商品总量，因此可以称之为总量分析法或现今人们常常说的宏观方法。

马克思价值理论中的辩证法的重要表现，在于它采用了把总量的（及宏观的）分析与个量分析相结合的方法，深入地分析了单个商品的价值与总体的商品的价值的矛盾运动，以不可辩驳的说服力阐明了生产价格并不是用以取代价值的和与价值无关的范畴，它只不过是商品价值的"转化形式"或"变形"，而生产价格水准的确定及其变动只不过是价值决定规律的特殊形式。

假定我们考察的是一个简单的商品经济，由于在那里商品价值关系的表现是较为简单的，因而关于价值决定抽象的与一般定义和对单个商品价值决定的分析方法是可以适用的。但是如果我们考察的是由互相竞争的单个资本形成的社会总资本的运动，考察的是一个社会分工发达、产业部门众多的发达的资本主义商品经济，在那里存在着大量的"商品集聚"，存在着自发性的市场机制，商品价值关系采取复杂的表现形式。显然，要从理论上分析与表现这一价值关系，就要相应地扩大观察的广度与深度，要由微观的观察一步步进至宏观的观察，由用简单范畴从理论上表现简单的商品价值关系，发展到运用较具体的和总体的经济范畴从理论上表现较为复杂的商品价值关系。具体地说，就要由价值范畴引申出总产品价值范畴，由剩余价值范畴引申出总剩余价值范畴，由利润引申出总利润范畴。而在考察生产价格时，正是由于马克思制定了上述总体的价值范畴（包括总利润，生产价格总和，等等），并且借助这些总体范畴来作为进行价值决定的总量分析的逻辑工具，马克思才得以制定他的生产价格理论。

对于生产价格只不过是价值的"转化形式"或"变形"的阐明，是通过对商品价值与实际价值的矛盾运动来进行的。一方面，马克思论述了生产价格经常地和在大多数场合下是对商品实际价值的偏离，但是另一方面他又论述了生产价格与商品价值的一致。这种一致首先表现于：商品价值的变化总会引起生产价格的变化。这是由于生产价格＝k（成本价格）＋kp′（一般利润率）。上述公式表明，生产价格的变化决定于成本价格与一般利润率这二者。由于对某一个产业部门来说，它的特殊利润率会有日常的变动，但是个别产业部门的特殊利润率的变动的最终引起一般利润率的变化是要很长的时间才能实现。因而对于个别部门来说，它的生产价格的变动，在于成本价格的变化，如果由于社会劳动生产率的变化，进入成本的各种物质要素的价值发生了增减，生产价格也就会发生涨跌。可见，"不同种商品的生产价格的变动，在其他一切情况不变时，完全是由这些商品的价值的变动决定的"①。"在任何一个较短时期内（把市场价格的波动完全撇开不说），生产价格的变化显然总是要由商品的实际的价值变动来说明，也就是说，要由生产商品所必需的劳动时间的总和的变动来说明。"②

生产价格与商品价值的一致，最主要表现在生产价格的总和＝价值的总和。"如果把社会当作一切生产部门的总体来看，社会本身所生产的商品的生产价格的总和等于它们的价值的总和。"③这是马克思基于总量分析方法所得出的一条原理。马克思基于生产价格＝k＋kp′的公式，论证了作为平均利润的kp′，在那些有机构成高的生产部门会有一系列的超过部门剩余价值的余额，而对于那些有机构成低的生产部门，会有一系列低于部门价值的不足额。但是这个平均利润对部门剩余价值的余额总量总是与不足额的总量相等，而剩余价值总量也是与平均利润总量相等，全社会总产品的价值总量也是与生产价格总和相等。可见，商品按生产价格售卖就单个商品来说确实是偏离了价值，但是就商品总量来说，它的总售卖价格（生产价格的总和）却依然等于商品的实际价值；就单个商品来说，利润确实是偏离了剩余价值，但就商品总量来说，总利润却是等于总剩余价值。正如马克思说："总剩余价值，以及总利润这一不过是以另一种方法来计算的剩余价值本身，通过这种活动决不会增加，也决不会减少；由此发生变化的并不是剩余价值本身，而只是剩余价值在各个不同资本之间的分配。"④"这种不同的分配，即在不同个人之间分割剩余价值的比率的变更，既丝毫不会改变剩余价值的大小，也丝毫不会改变剩余价值的

---

① 《马克思恩格斯全集》第25卷，人民出版社，1974年，第855页。

② 《马克思恩格斯全集》第25卷，人民出版社，1974年，第186页。

③ 《马克思恩格斯全集》第25卷，人民出版社，1974年，第179页。

④ 《马克思恩格斯全集》第46卷下，人民出版社，1980年，第281页。

性质。"①因此，从表面上看，正是商品交换中的竞争形成了生产价格，从而造成了有机构成不同的部门的生产价格对商品实际价值的偏离，但是如果就事物的本质来说，那么生产价格水准的形成以及不同部门生产价格对价值的偏离程度，都不是由竞争来规定的，而是由商品的价值来规定与调节的。具体地说，是由商品总量中包含的剩余价值总量，由这个剩余价值总量中平均分摊到部门总资本中的数额来调节的。可见，基于这一总量的分析方法，人们就不难发现，在商品按照生产价格出售的场合，单个商品的价值表现中的背离价值决定规律只不过是事物的外观与现象，而实质上在这一领域内，价格决定并不曾被废止，而只是改变了形式，它通过某种较为迂回曲折的形式表现出来。

小结一

第一，在以部门间的竞争为特征的发达的资本主义市场机制中，商品价值表现中固有的价值实体与价值形式的矛盾通过实际价值与生产价格的矛盾而表现出来，而且这一矛盾是大大地发展与深化了的。李嘉图建立的劳动价值论体系就因为无力说明这一矛盾而陷于解体。马克思制定了生产价格理论，通过对特殊利润率的平均化为一般利润率和价值转化为生产价格的机制的科学阐述，特别是通过对实际的价值与生产价格的又相对立、又相统一的关系的分析，彻底地与科学地解决了这个问题。这一理论主要体现在《资本论》第三卷中。

第二，庸俗经济学家，包括当代西方的庸俗经济学家用供求决

---

① 《马克思恩格斯全集》第25卷，人民出版社，1974年，第51~52页。

定价值, 大肆诽谤与攻击马克思关于价值转化为生产价格的理论, 编造出《资本论》第三卷与第一卷之间存在着理论上的矛盾的谎言, 说本来不存在如《资本论》第一卷中所论述的那种价值决定。特别是在西方经济学界甚嚣尘上的关于"价值转形"的"新"理论、效用决定价值等理论, 其目的在于取消科学的劳动价值论。经济学中形形色色的关于生产价格与价值相对立与相排斥的"理论", 除了由于西方经济学家的资产阶级立场而外, 还在于他们的形而上学方法。他们采取要么是作为价值实体的劳动时间在任何场合都得到直接的与完全的表现, 要么就是根本不存在价值实体, 从而价值概念也是不必要的赘词的论辩方法。他们根本不懂得价值实体与价格形式之间的辩证关系。

第三, 生产价格是价值的转化形式, 价值表现不是完全与个别商品的内在价值相吻合, 而往往是有着某些程度的偏离, 但是生产价格概念仍然是属于价值范畴, 它是价值表现的特殊形式。马克思对生产价值上述性质的论述, 是基于下述的方法而作出的: 这里不是考察一般商品的价值表现, 而是考察作为资本的商品即包含剩余价值的商品的价值表现; 这里不是考察单个商品的价值表现, 而是考察整个社会的众多产业部门生产出来的互相竞争的商品的价值表现(也包括同一产业部门内许多资本家生产出来的、互相竞争的商品的价值表现); 这里考察商品的价值关系不是单纯着眼于生产过程, 而且要引入流通过程(包括供求关系与竞争性的市场机制), 并且要结合商品剩余价值的分配关系来进行, 因而生产价格理论不同于对价值决定的抽象原理的表述, 后者是对价值决定的本质作简单的理论规定, 前者是论述在部门间竞争条件下的价值决定的实现的具体形式。因而《资本论》第一卷到第三卷, 从价值决定的抽象原理到生产价格, 体现了价值理论中运用的科学抽象法, 正是借助于价值—市场价值—生产价格, 一步步地由抽象向具体上升，这样就不仅从逻辑上而且从历史上揭示了价值规律在各种条件下——包括简单商品交换下，资本主义生产部门内部的市场竞争下，各个部门的市场竞争下——的发生作用的经济机制。这样就有条不紊地由揭示商品价值的简单表现形式，进而揭示商品价值的最复杂的表现形式。这样就合乎逻辑地一步步地从观念上再现出资本主义经济中价值决定的方式的有血有肉的具体。而这种分析的最后结论是：生产价格是价值表现的资本主义的歪曲的形式，生产价格的形成并不违反价值决定的规律，恰恰相反，它正是在部门间竞争的条件下价值规律发生作用的新形式。

第四，由于生产价格理论的制定，劳动价值论的内容就进一步地丰富和发展了，价值规律的内涵也进一步地丰富了。它不仅包含着价值决定于劳动时间的简单规定，而且包含着有关市场价值决定以及生产价格决定的内容，而劳动价值理论也由此真正成为一个能确切地阐明商品经济广泛现象的内在本质的政治经济学中的理论基础。正由于此，生产价格理论的创立也就标志着马克思的价值理论的完成。

七、对一般生产价格与个别生产价格的矛盾运动的分析

马克思价值理论中辩证方法的另一重要方面是：把生产价格范畴进一步区分为一般生产价格范畴与个别生产价格范畴。在此基础上阐述了商品价值表现中个别生产价格与一般生产价格的又相矛盾、又相统一的关系。并且由此阐明了同一部门中超额利润的产生、消失、复又产生的过程，以及土地产品中的级差地租的形成及其变动的规律。

（一）一般生产价格与个别生产价格的矛盾与超额利润

如前所述，生产价格乃是在部门间的竞争中形成的。它是调节某一特殊产业部门产品的市场价格变动的中准。马克思说："这实际上是市场生产价格，是那种和它的各种变动相区别的平均市场价格。"①这个生产价格是由该部门在平均条件下为生产这一个商品平均耗费的成本价格所决定的，即部门平均成本价格＋一般利润率。但是部门内生产这一特定商品的有许许多多资本家，他们的总资本量、生产条件、组织管理与经营水平都不一样，因而个别成本有高有低，作为个别的成本价格加平均利润的个别生产价格也就有差别。具体地说，除了在平均条件下进行生产的企业的个别生产价格等同于一般生产价格而外，那些在平均条件以上的企业，由于具有低位的成本价格，从而有低位的个别生产价格，而那些在平均条件以下从事生产的企业，则具有高位的成本价格和高位的个别生产价格。由于同一部门内个别企业条件与劳动生产率实际上存在许多差别，上述高位、低位的个别生产价格还将表现为更多的具体的级差。

个别生产价格与一般生产价格的差别是超额利润产生的经济基础。商品价格由一般生产价格来决定和调节，使同一部门内那些个别生产价格大小不同的商品生产者获得不同的利润量。对于在平均条件以上从事生产的企业来说，由于个别成本低于平均成本，它会实现一个超出平均利润的超额利润（其数量等同于平均成本价格与个别成本价格之差）；对于在平均条件以下从事生产的企业来说，由于个别成本高于平均成本，它会有低于平均利润的一个不足利润额（其数量等同于平均成本价格与个别成本价格之差）。马克思正是基于商品按生

---

① 《马克思恩格斯全集》第25卷，人民出版社，1974年，第722页。

产价格出售的市场机制所包含的个别生产价格与一般生产价格的差别，论述了超额利润的产生，指出了"这种超额利润，也就等于这个处于有利地位的生产者的个别生产价格和这整个生产部门的一般的、社会的、调节市场的生产价格之间的差额"[①]。

马克思对超额利润的分析与阐述，是结合工业领域与农业领域的具体条件和市场竞争状况来进行的，对工业领域的超额利润的分析，是具有重要意义的。在工业生产领域中，由于前资本主义的所有制形式被更彻底地消灭，资本主义生产关系发展得更为成熟，因而工业生产领域的超额利润的产生及其发展变化体现了超额利润运动的一般规律。如我们在上面已经指出，那些有机构成较低，从而可变资本比重大、雇用工人多的部门，尽管商品价值包含有一个超过生产价格的余额，但是也不能改变生产价格的水平，部门间的竞争与生产价格形成的市场机制排除了把这个余额归这个产业部门所有和将它转化为超额利润的可能性。在工业领域内，超额利润不可能是**部门**超额利润，只是企业超额利润，正常的超额利润来源于部门内个别企业的个别生产价格与一般生产价格的差额，和个别企业较高的个别生产力，从而个别生产价格与一般生产价格的差额的产生，主要来自"采用新的、改良的、超过平均的生产资料和生产方法"[②]，即采用了先进的物质技术条件与先进的生产方法，劳动的分工与协作，科学转化为直接生产力的状况，等等。总之，超额利润的产生，主要的是由于科学技术生产力或社会结合劳动的生产力的运用。而在资本主义生产方式下，这种社会生产力要素不是某一个别企业家所能垄断或者至少是不能长久

---

① 《马克思恩格斯全集》第25卷，人民出版社，1974年，第722～723页。

② 《马克思恩格斯全集》第25卷，人民出版社，1974年，第726页。

加以垄断的。工业领域内的较完全的竞争与资本的自由转移，使上述社会生产力的要素成为资本共同的生产力，而不能成为个别企业的特殊生产力。因此，正如马克思说："在这里，超额利润来源于资本本身（包括它所推动的劳动）：或者是所用资本的量的差别，或者是这种资本的更适当的应用。本来没有什么事情会妨碍同一生产部门按同样的方式使用一切资本。相反地，资本之间的竞争，使这种差别越来越趋于平衡。"①工业内部的这种情况，使那些因为有效地利用了这些要素的企业的较高的个别生产力不具有垄断的性质，在同一部门内的竞争（包括部门之间的竞争）中，随着资本向这一领域中的自由投入和自由转移，那些生产条件差的企业，由于会获得较先进的机器设备和改善经营管理，从而使它的个别生产力提高到先进企业的水平。这样也就决定了在工业中，个别生产价格与社会生产价格的差别，从而超额利润总是会不断产生、不断消失、又重新产生。不过，它不是注定在某一个企业中产生，而是时而产生于这一企业，时而又产生于另一些企业。这种情况表明只存在个别企业超额利润，而不存在超额利润的部门垄断，即部门超额利润。马克思说："所以，资本的趋势是，只容许这样的超额利润，这种超额利润，在一切情况下都不是由商品的价值和生产价格之间的差额产生的，而是由调节市场的一般生产价格和与它相区别的个别生产价格之间的差额产生的；所以超额利润不是产生在两个不同生产部门之间，而是产生在每个生产部门之内……"②

工业领域内的超额利润，不同于平均利润，是带有经常的变易性

---

① 《马克思恩格斯全集》第25卷，人民出版社，1974年，第726页。

② 《马克思恩格斯全集》第25卷，人民出版社，1974年，第858页。

的附加利润。平均利润是各个产业部门的剩余价值的平均化，它的量是由社会各产业部门实际的剩余价值量的总和所规定的，而在一定的时期内，在各个产业部门的状况未发生重大变化时，平均利润率、从而一定总资本所得到的平均利润量是带有稳定性的，是一个常数。超额利润是决定于企业个别生产力的状况，而资本主义生产方式中企业个别生产力是一个活跃的与经常变化的要素，在激烈的竞争中，在对最大的超额利润的追逐中，每个个别资本都是不断地通过改进生产的物质技术条件与经营管理条件，去最大限度地提高个别生产力和降低个别生产价格，实现尽可能多的超额利润。这样，超额利润就不是固定不变的，而是随着企业个别生产力提高和超过社会平均生产力的状况而膨胀，从而是一个变量。我们看见资本主义经济中，在既定的平均利润率下，却会有个别企业的高低不一的超额利润率（超额利润与预付总资本之比）。在平均利润率不变的情况下，个别资本家正是借助这个可变的超额利润率才实现了以最少的投资获得最大限度的利润的。超额利润作为一个变量，对个别企业来说，它还是一个会缩小与消失的量。这是由于部门内部的追逐超额利润的竞争，促使那些生产条件差的落后企业，逐步地向先进企业看齐，从而使多数企业的个别生产价格下降到原先的先进企业的低位个别生产价格的水平，这样，就出现了部门内部个别企业的超额利润的普遍化。由于部门内的竞争是与部门间的竞争相交织的，如果部门内竞争的结果使这个产业部门的商品的原先的生产价格普遍地包含有一个超额利润，就会引起部门之间的竞争，并终于使这个部门的生产价格下降到只能保证平均利润的更低的水准。这样这个部门的多数企业的个别生产价格与社会生产价格的差额，使它们所享有的超额利润归于消失。当然，部门内部的竞争又会进一步促使企业的技术进步与经营完善，从而使个别生产力发生新的分化，那些有较高个别生产力的个别资本又会获得一个超额利润，但是部门内的竞争在使个别企业的较高生产力在部门内普遍化的基础上，终究又会把个别的超额利润普遍化。而与此同时并行的部门之间的竞争又将使社会生产价格发生又一次新的调整，即下降到较低水平和使这个部门内普遍化的超额利润归于消失。可见，作为变量的个别超额利润，不仅表现在它的增长的可能性上，而且表现在它的消失的必然性上，在重新调整后的社会生产价格水平下，超额利润的消失，正是社会生产力发展的必然表现。

（二）农业领域超额利润形成的特点

马克思还论述了农业领域中即土地产品的个别生产价格与社会生产价格的差别产生的特殊条件，以及农业领域的超额利润形成的特点，并由此阐明了资本主义经济中级差地租的性质及其变动的规律。

农业领域中超额利润的形成，具有与工业内不相同的特点，这些特点是与农业领域中的土地所有权的存在相关的。资本主义生产方式中的土地所有权，尽管它已经被改造得与资本主义生产关系相适应，但它毕竟是对资本关系的进一步成熟发展的一种阻挠因素，因而，在这种土地私有制条件下形成的农业领域的超额利润，体现了超额利润的特殊形式。在《资本论》中由第一卷的超额利润一般到第三卷的工业领域的超额利润，然后到农业领域的超额利润的分析，体现了研究方法中由抽象上升到具体和由一般到特殊。

如上所述，工业领域的超额利润带有变易性与不稳定性，在激烈的资本主义竞争与不断变化着的各个工业部门的生产结构与社会产业结构下，在生产价格的形成和变动的机制下，个别企业的超额利润的产生而又消失是表现得十分鲜明的。但是对于农业领域来说，超额利润却是带有稳定的与持续的性质，它成为农业领域的投资的稳定的利润。农业领域中超额利润的稳定的性质，首先是来源于投入农业的资本对自然生产力的支配与垄断。

众所周知，土地是农业生产的重要生产手段，而土地（包括河流、森林、地下矿藏等）具有天然的肥力，从而体现了一种自然生产力。而投入土地的资本不仅仅是转化为物质的生产条件与人身的生产条件，从而运用了资本的生产力，而且也包括了对那种无偿的自然生产力的利用，"这种生产力和一种自然力的利用结合在一起"①。由此，农业企业的个别生产力存在着一个自然基础。马克思说："在农业中（采矿业中也一样），问题不只是劳动的社会生产率，而且还有由劳动的自然条件决定的劳动的自然生产率。"②劳动生产力的自然因素的特点，在于它不像社会劳动要素和科学技术要素那样，是任何资本都可以加以利用的，或可以称之为供应上不匮乏的，从而不存在私人垄断的。土地这种自然力要素则是天然的产物，而不是人工所能任意加以创造的，谁都知道，即使凭借再多的投资，也不能在城市创造出土地，使地下生长出所需要的矿石资源。马克思说："这种自然条件在自然界只存在于某些地方。在它不存在的地方，它是不能由一定的投资创造出来的。"③由于土地存在着肥沃程度不等的差别，那些占有了（不论它是自己所有或是租佃来的）某一优等土地的资本主义经营者，较之那些占有劣等土地的经营者，他们就享有对这更高的自然生产力的垄断，从而使他们的资本表现出某种较为持久的更高的个别生产力。马克思在论述利用自然瀑布作为动力的工厂的生产力时

---

① 《马克思恩格斯全集》第25卷，人民出版社，1974年，第726页。

② 《马克思恩格斯全集》第25卷，人民出版社，1974年，第864页。

③ 《马克思恩格斯全集》第25卷，人民出版社，1974年，第727页。

指出："这里所使用的劳动是生产率较高的，它的个别的生产力，比大多数同类工厂所使用的劳动的生产力要大。它的较大的生产力表现在：同别的工厂相比，它生产同量商品，只需要较少量的不变资本，只需要较少量的物化劳动。此外，因为水车无须加热，所以它需要的活劳动的量也较少。所使用的劳动的这种较大的个别生产力，会减少商品的价值，但也会减少商品的成本价格，从而减少商品的生产价格。"①可见，在农业中，那些利用了有利的自然条件的个别资本，它们的持续的更高的个别生产力在经济上就表现为土地经营者持续的超额利润。

农产品生产的特点是由于土地的有限性所造成的供应的限制与社会日益增长的需求的矛盾，从而使农业部门长期存在供不应求，这就使最劣等生产条件的个别生产价格成为"起调节作用的生产价格"②。社会生产价格的这种规定方式，就使投在从优等到劣等的一系列土地级别上的同量资本，带来与它的个别生产价格的余额，也就是存在一系列从低位到高位的持续性的超额利润的梯级。上述农业领域超额利润的持续性，与超额利润的级差性，正是作为经济范畴的级差地租存在的客观依据。这是由于资本主义农业中存在着土地私人所有制的垄断，农业资本家作为常规地只是向土地所有者租地从事经营，竞争就强使这些不同土地上的级差性的超额利润转化为级差地租。

马克思说："这种地租总是级差地租，因为它不参加商品的一般生产价格的形成，而是以这种生产价格为前提。它总是产生于支配着一种被垄断的自然力的个别资本的个别生产价格和投入该生产部门的

①　《马克思恩格斯全集》第25卷，人民出版社，1974年，第723页。
②　《马克思恩格斯全集》第25卷，人民出版社，1974年，第765页。

一般资本的一般生产价格之间的差额。"①马克思的价值转化为市场价值和生产价格的形成的理论，不仅通过个别生产价格与社会生产价格的差额阐明了农业领域级差性的超额利润的产生，从而科学地阐明了级差地租的本质及其变动的规律，而且，还通过农业劳动方式和农业的资本主义生产方式的特点，论述了农业领域的资本的较低的有机构成和由此决定的同等资本实际带来的更大的剩余价值，阐明了农业领域超额利润另一形成方式，从而科学地阐明了绝对地租的本质及其变动的规律。

关于农业领域中级差性超额利润转化为级差地租的分析，是假定最劣等土地不支付任何地租。这种假设是不符合资本主义经济中任何土地都必须支付一定的地租——即绝对地租——的事实的。为了从理论上肯定在事实上存在的绝对地租，一些资产阶级经济学家把劣等地支付给土地所有者的绝对地租说成是农产品的简单的加价，即把绝对地租的来源归结为由垄断价格所带来的超额利润。这种理论力图以那些产于特殊地区的名牌葡萄酒的垄断价格和由此带来的超额利润来作为依据。但是，不用说这是一种停留在事物的表象上的肤浅和庸俗的见解，因为"真正的垄断价格"②是那种"经常高于价值的价格"，是"没有价值要素的那种高额价格"③，"这种价格只由购买者的购买欲和支付能力决定，而与一般生产价格或产品价值所决定的价格无关"④。例如古董、陈年老酒等稀缺而又为市场急需的产品，它们可以实现一个买方愿意和可能支付的，甚至超出常规的高价。而这种垄断

---

① 《马克思恩格斯全集》第25卷，人民出版社，1974年，第728页。

② 《马克思恩格斯全集》第25卷，人民出版社，1974年，第861页。

③ 《马克思恩格斯全集》第25卷，人民出版社，1974年，第861页。

④ 《马克思恩格斯全集》第25卷，人民出版社，1974年，第873页。

高价所带来的超额利润，只不过是已经生产出来的总剩余价值通过价格而实现的再分配。显然，用垄断价格及价格在流通中对剩余价值实行再分配的机制是不能说明资本主义经济中劣等地生产的农产品所固有的稳定的超额利润实体从而绝对地租实体的来源的[1]，马克思说："这个地租就好象纯粹是对这个纯粹自然产物的垄断加价。"这样，用以支付绝对地租的超额利润就是来源于流通领域。这种观点是与劳动价值论格格不入的。马克思为此引述了拉姆赛反驳那种流通领域也产生利润的观点："互相交换的产品的价值总额，显然不会通过产品的交换而改变，因为这个价值总额本来就是这些产品的价值总额。它在交换以后同它在交换以前是一样的。"[2]按照这种观点，"那就非常清楚，剩余价值，从而价值本身的源泉必定不是劳动，而是别的什么东西了，而这样一来，政治经济学就会失去任何合理的基础了"[3]。对绝对地租的科学说明，必须是以劳动价值论为基础。李嘉图也力图使地租理论与劳动价值论相一致，他摒弃那种从农产品的加价去说明地租，即劣等地的投资的超额利润的庸俗方法，因而他否认绝对地租的存在。

马克思在分析绝对地租的来源时，坚持价值决定于生产中耗费的劳动的理论，指出绝对地租与级差地租一样，是剩余价值的转化形式，肯定了地租的剩余价值本质，具体地说，肯定了土地产品中所包含的超额剩余价值或超额利润的本质。马克思的绝对地租理论的制定，在方法论上是他善于从分析一般进一步上升和引导到分析特

---

① 马克思说："地租无非是这个形成地租实体的超额利润的一种形式。"（《马克思恩格斯全集》第25卷，人民出版社，1974年，第760页）

② 《马克思恩格斯全集》第25卷，人民出版社，1974年，第47页。

③ 《马克思恩格斯全集》第25卷，人民出版社，1974年，第167页。

殊，具体地说，在于他把市场价值决定一般的分析运用于农业领域，进一步阐明了农产品的市场价值决定方式的特点，特别阐明了农产品的竞争中表现出来的商品的价值与生产价格的矛盾运动的规律。而李嘉图之所以不能解释绝对地租并且否认有绝对地租的存在，则是由于他的劳动价值理论缺乏辩证法的方法论的基础，他不懂得价值实体与价值形式二者间的区别与联系。在李嘉图体系中，价值与费用价格（成本＋平均利润）这两个范畴是混淆不清的，因而他根本不懂得部门间竞争中商品的价值表现所存在的费用价格与价值相背离又相一致的辩证法。因此，李嘉图以农产品按照费用价格即一般生产价格出售为出发点，认定了最坏土地生产的农产品的固定价格，只能提供平均利润，如果劣等地还提供一个绝对地租，那么就只能是由于农产品的价格高于它的价值，这样，"商品价值就不是由商品中包含的劳动量来决定了。这样一来，政治经济学的整个基础就被推翻了。因此，李嘉图理所当然地得出结论说，不存在绝对地租，只可能有级差地租"①。

马克思根据他的市场价值决定的学说，阐明了资本主义经济中的部门结构大体说来可分为资本有机构成属于高位、中位、低位三类，中位有机构成的部门生产的商品的生产价格等于它的价值，高位有机构成的部门生产的商品的价值低于它的生产价格，低位有机构成部门生产的商品的价值高于它的生产价格。由于农业的劳动方式具有密切地依存于土地和动植物的自然再生产的特点，也由于农业中存在的旧生产关系的残余等原因，农业劳动生产力同工业相比处于较低的发展阶段，它表现为有机构成较低，同量的预付资本要使用更大量的

---

① 《马克思恩格斯全集》第26卷Ⅱ，人民出版社，1973年，第269页。

活劳动，从而要创造更多的剩余价值，这样就使农产品的价值具有高于一般生产价格的特点。由于农产品的供不应求与市场价值由劣等条件生产单位调节，它的价值超过生产价格的余额就会表现为一个超额利润。这种作为劣等地生产的农产品中的实际价值所体现的超额利润——与由垄断价格产生的超额利润不同——是带有稳定性的。由于土地的有限性和不能自由创造的性质和土地私有权的垄断妨碍资本的自由投入，竞争的障碍使这一有利的投资领域产生的超额利润不再平均化和按比例分配于农业以外的一切产业部门，而却在土地所有者的索取下转化为绝对地租。

可以这样说，马克思论述的工业领域的生产价格形成方式，体现了部门间竞争条件下的价值决定一般，在那里是一个纯粹的自由竞争条件下各个产业部门商品价值充分地平均化机制下的价值决定，即生产价格形成方式。资本的自由转移使那些有机构成较低的部门的商品总价值，在平均化的机制中转化为低于价值的生产价格，这个部门的超额剩余价值在平均化机制中也就按比例分配于一切有机构成高的生产部门。马克思说："这种情况只有在资本的竞争能够实现这种平均化的时候才发生，而实现平均化又只有在一切生产条件由资本本身创造出来，或者作为自然要素同样受资本支配的时候才有可能。"[①]这样，在工业领域里，就不存在部门超额剩余价值的转化为部门超额利润，而只有在同一生产部门内部存在暂时性的超额利润。马克思论述的农业领域里的土地产品的价格决定方式——农产品的市场价格通常维持在生产价格以上——则是体现了价值决定特殊，那是一个由于自然生产条件的限制性（土地有限）与土地私有权的垄断抑阻了充分自

---

① 《马克思恩格斯全集》第26卷Ⅱ，人民出版社，1972年，第270页。

由的竞争条件下的价值决定，在那里，部门间的竞争并不引起农业领域的商品价值参与社会的平均化，同等资本带来的超额剩余价值保持在农业部门内部，并以超额利润形式转化为绝对地租。

可见，借助价值决定一般，通过生产价格形成来阐明平均利润；借助各级土地产品的个别生产价格与社会生产价格的级差来阐明农业领域的超额利润与级差地租；借助价值决定特殊，通过上涨到生产价格以上的农产品价格形成来阐明绝对地租。《资本论》中采用的这种由一般到个别再到特殊的分析方法，就把资本主义经济中价值决定的具体形式最全面和最清楚地展示了出来。

（三）超额利润形成与变动中价值决定规律的作用机制

《资本论》在分析商品价值表现的具体形式时，自始至终是坚持价值决定于生产中耗费的社会劳动的基本原理。《资本论》在分析商品价值表现中存在价值实体与价值形式的矛盾运动时，详细地剖析了生产价格与价值之间以及利润（包括超额利润）与剩余价值之间的区别与联系，这种联系在于它们之间有着共通的本质和存在着总量上的一致性。

我们在这里要试图研究这样的问题：在部门之间的竞争与部门内竞争的交织中，在生产价格的形成、变动以及超额利润的形成、变动中，剩余价值与利润的矛盾运动具有怎样的形式。

第一，假设只存在部门之间的竞争，部门平均利润的总和等于剩余价值的总和。

如果我们舍象部门内部的竞争，单纯考察资本有机构成表现为上、中、下三类型的三个工业部门的竞争，那么，由于特殊剩余价值率的转化为平均利润率和剩余价值的转化为平均利润，因而平均利润的总和就等于剩余价值的总和。

	剩余价值	剩余价值率	平均利润率	平均利率	生产价格	超额利润
Ⅰ 90 C ＋10 V	10m	10%	20%	20	120	0
Ⅱ 80 C ＋20 V	20m	20%	20%	20	120	0
Ⅲ 70 C ＋30 V	30m	30%	20%	20	120	0
	60			60		

第二，假设部门间的竞争与部门的内部的竞争相交织，而部门内部上等条件生产的商品的价值量与劣等条件生产的商品的价值量相均衡，平均利润、超额利润与不足利润的总和等于剩余价值的总和。

资本主义经济中，部门之间竞争实际上是与部门内部的竞争相交织的。因此，生产价格的形成（作为部门之间的竞争的结果）是与超额利润的形成（它是部门内的竞争的结果，是先进企业较低的个别生产价格与社会生产价格的差额的转化形式）同时出现的。假定上等条件下生产的商品的更低的个别生产价格所实现的超额利润与劣等条件下生产的商品的更高的个别生产价格所包含的不足利润（低于平均利润的）相均衡，这一部门内的平均利润、超额利润和不足利润的总和等于剩余价值的总和。

		m′	p′	m	平均利润	生产价格
第1部门	90 C ＋10 V ＋10m	100%	10%	10	20	120
第2部门	80 C ＋20 V ＋20m	100%	20%	20	20	120
第3部门	70 C ＋30 V ＋30m	100%	30%	30	20	120
				60	60	360

		个别生产价格	社会生产价格	超额利润	剩余价值	超额剩余价值
（1）	82 C＋18 V＋18 m	118	120	2	18	2
（2）	80 C＋20 V＋20 m	120	120	0	20	0
（3）	78 C＋22 V＋22 m	122	120	−2	22	−2
		360	360	0	60	0

假定（1）（2）（3）类企业的数量相等（假定是100个），占总企业，也就是总资本的 $\frac{1}{3}$ 的（1）类企业即先进企业的超额利润总量是与占总资本 $\frac{1}{3}$ 的（3）类企业即落后企业的平均利润不足额总量相一致和互相均衡的。从上表可以看出，这种情况下，由于一些企业有超额利润的产生而另一些企业有不足利润的出现，其结果并不影响这一个工业部门的利润总量与剩余价值总量的相一致。这种情况表明，尽管一方面部门间的竞争引起部门间商品的总价值与生产价格的偏离，另一方面部门内部的竞争引起部门内先进企业和落后企业的个别生产价格同社会生产价格的偏离，但是尽管有这两重偏离，商品总量的利润总和（平均利润总量＋超额利润总量＋不足利润总量）仍然等于剩余价值的总和。这就表明，部门之间与部门内部的两重竞争尽管使商品的价值表现采取更加多样和更加迂回曲折的形式，但是它并不曾取消价值规律的作用。

第三，假定部门间的竞争与部门内部的竞争相交织，部门内部上等条件生产的商品的价值量与劣等条件生产的商品的价值量不能相均衡，平均利润、超额利润与不足利润的总和大于剩余价值总量。

我们这里考察的限于平均条件的产业部门，即它的平均利润＝剩余价值。如果部门内部的竞争，引起部门内部劣等条件的企业向先进企业看齐，从而使先进企业在部门内部占据优势，这种条件下，会引起部门内部超额利润量的发生变化。根据上表假定第Ⅱ部门中（1）类企业生产的商品占商品总量的比重有所增长，（2）类企业平均条件下生产的商品比重不变，（3）类企业生产的商品占商品总量的比重有所下降。假定商品按照社会生产价格出售，（1）类的商品实现的超额利润，会比原来（1）类企业占产量 $\frac{1}{3}$ 时的超额利润增大。（1）类企业的超额利润，（2）类企业的平均利润，（3）类企业的不足利润（即它的实际的剩余价值—平均利润）的总和，将大于剩余价值的总和。这种情况下整个部门的商品的社会生产价格大于价值的总和。可见，在既定的部门间的竞争条件下即既定的生产价格水平下，由于部门内部的竞争引起的部门内生产构成的变化，会引起部门超额利润量的变化，甚至会产生部门利润数量超过部门内的剩余价值总量，从而使部门总价格偏离和超过实际价值。

部门内部发生的超额利润量的偏离实际剩余价值量，在一定范围是不会影响社会生产价格总和与社会剩余价值总和相一致的机制的。这就是：在某一个部门出现超额利润量增长和超过实际剩余价值量时，也可能有另一些部门的超额利润量出现减少和低于它的实际剩余价值量。例如在上述第Ⅱ产业部门的企业向优等条件转化的同时，也可能会出现第Ⅲ产业部门的落后企业比重的增长，这部门的企业的超额利润、平均利润与不足利润的总和将小于剩余价值的总和，使这个产业部门总商品包含有一个很大的未实现的剩余价值量，从而发生部门总价格对价值的偏离，即低于实际价值。如果上述第Ⅲ部门的总价格的向下偏离与第Ⅱ部门总价格的向上偏离相均衡，因而社会生产价格总和还是等于总剩余价值量。

在部门内部的竞争中（假定这是平均条件下的生产部门），限制在个别企业范围内的一个超过本部门剩余价值量的超额利润差额，会不绝地产生，又不绝地消失，又不绝地产生。这个价值差额，即超额利润的存在倒应该是资本主义经济中的常规。而且一个部门的超额利润的膨胀（超过实际剩余价值），并不是必定会为另一个部门中产生的不足利润（低于实际剩余价值的平均利润）所抵消，恰恰相反，超过本部门的实际剩余价值量的超额利润的存在，倒是经常的现象。特别是部门间竞争，还会进一步对超额利润的形成发生影响和由此扩大某一部门的价格与价值的偏离。例如，由于资本的投入某一种新产品的制造，从而引起一个有机构成更低的部门参加到产业部门结构中来，并且进一步提高了社会生产价格水平，那么，原先的有机构成高的生产部门的先进企业的较低的个别生产价格与调整到更高水平的社会生产价格的差额就会进一步增大，该部门的超额利润将进一步增大，部门总商品价格也将进一步大于剩余价值总量。相反地，如果有一个有机构成高的部门参加到产业结构中来，从而使社会生产价格水平降低，其结果不仅原先的有机构成低的生产部门（先进类企业）的超额利润会进一步降低，而且该部门总商品中包含的未实现的剩余价值量将进一步提高，从而发生部门总价格更低于价值。可见，影响超额利润变动的不仅仅是部门内的竞争，而且每时每刻都在进行着的部门间的竞争，又会通过社会生产价格水平的再调整，引起某一生产部门内的超额利润的增减和进一步扩大该部门商品价格与价值的偏离。

"……超额利润只能产生于一般生产价格和个别生产价格之间的差额。"[1]按照劳动价值论，超额利润总是有其价值实体的内容与基

---

[1] 《马克思恩格斯全集》第25卷，人民出版社，1974年，第724页。

础的。如我们已经指出：（1）部门内竞争中产生的先进企业与落后企业的剩余价值的超额部分与不足部分互相均衡条件下的超额利润是价值实体的体现，只不过这是通过部门内的剩余价值平均化的机制而以迂回形式表现的价值实体。（2）农业领域由于有机构成较低，从而农业产品价值有一个超过社会生产价格的余额而产生的超额利润，这是超额剩余价值的转化形式，从而是农业内部形成的价值实体的体现。（3）由垄断价格，即价格超过价值实体而产生的超额利润，纯粹是通过价格对社会生产出的价值物的征取。（4）由于市场价值决定方式，具体地说，由于市场价格决定于社会生产价格，在那些先进企业中产生的超额利润，不能为部门的落后企业的不足利润所均衡的场合，这种超出部门实际剩余价值的超额利润，乃是社会虚假价值的表现形式。这种超额利润在每一个工业生产部门中是与平均利润共存的，尽管它在数量上表现为局部的，而且在个别企业中只是暂时的。（5）基于市场价值的决定方式，农业中超额利润（级差地租），会表现为部门实际剩余价值的超出额。因为，市场价值决定的机制，在一定条件下，使那些处在劣等条件下的高位个别价值成为价值的中准和市场价格波动所趋向的稳定中心，这样，农业部门内的各种高低不同个别价值均以高位个别价值计算而形成的商品总价值就会超过本部门的实际价值，这种对实际价值的超过额，乃是虚假的社会价值。它是由这一部门产品的购买者（包括生产消费者与个人消费者）来支付的。马克思在论述农业中的土地产品实现的超额利润（级差地租）时指出："这是由在资本主义生产方式基础上通过竞争而实现的市场价值所决定的；这种决定产生了一个虚假的社会价值。这种情况是由市场价值规律造成的。"①马克思还指出，市场价值形式会使商品内在价值（实际劳动时间）取得膨大的表现，这种情况意味着土地产品是以大于它"所包含的实际劳动时间的二倍半"②来售卖，即价格大大偏离了实际价值，它的实质是非农业领域的商品价值在农产品上的实现是不充分的，"社会劳动时间在农业生产上的实现来说……是负数……"③也就是"被看作消费者的社会对土地产品支付过多的东西"④。马克思并将这种农业中的超额利润（地租）称为是社会付给大土地所有者的"贡赋"⑤。（6）马克思的这些论述，同样适合工业领域的那种超出于部门的实际劳动时间的超额利润，这是由市场价值决定的方式所产生的特殊利润范畴。具体地说，是商品按社会生产价格出售的条件下，各个生产部门中那一部分处于先进地位的企业（但不是固定归属于某一个企业）实现的利润的特殊部分，是这种企业的超额利润中超出本部门的实在剩余价值的部分，这一部分价值额来源于先进企业对社会的征取，是消费者（包括生产消费者的企业和居民）对这一部门的过度支付。

归根到底，在交织在一起的部门内竞争与部门之间的竞争中，超额利润的形成和与此相伴随的部门总价格（商品总量×社会生产价格）对部门商品中包含的实际价值的某些相偏离现象，并不表明价值规律的不再发生作用，而是意味着商品价值决定通过更加迂回的、甚至是虚假的表现形式而得到贯彻。

以上对超额利润的考察，是针对部门内的一个有中等有机构成的

① 《马克思恩格斯全集》第25卷，人民出版社，1974年，第744～745页。

② 《马克思恩格斯全集》第25卷，人民出版社，1974年，第745页。

③ 《马克思恩格斯全集》第25卷，人民出版社，1974年，第745页。

④ 《马克思恩格斯全集》第25卷，人民出版社，1974年，第745页。

⑤ 《马克思恩格斯全集》第25卷，人民出版社，1974年，第817页。

部门而言的。在那里的某些情况下，超额利润可以是部门超额剩余价值的体现，只有在市场价值决定的机制使超额利润超过了部门超额剩余价值的场合，即上等条件的企业生产的商品占据优势的场合，这些上等条件的企业，在按社会生产价格出售时获得的超额利润中超过本部门剩余价值的余额，才是社会虚假价值的体现。如果我们考察的是一个有机构成高的部门，那里，超额利润的形成就是与社会虚假价值的形成完全一致。在这一个生产部门，商品的生产价格本身就超过了商品的价值，而平均利润总和也超过了部门剩余价值的总和。由于这个部门的平均利润包含着由有机构成低的部门中创造的和转移过来的一部分超额剩余价值，因而，平均利润仍然是剩余价值实体的体现。但是这个有机构成高的部门的先进企业获得的超额利润却是具有不同的性质，因为在本部门并不存在超额利润形成要素的价值实体，同时，通过社会生产价格而转移过来的剩余价值额也仅仅足以实现一个平均利润。这种情况表明，这种超额利润与作为剩余价值的表现形式的平均利润不同，它完全是一种社会虚假的价值，是由社会来进行支付的。

超额利润形成的不同方式可以表示如下：

高位有机构成的部门	平均利润大于本部门剩余价值	超额利润体现社会虚假价值
中位有机构成的部门	平均利润等于本部门剩余价值	①超额利润来自本部门超额剩余价值 ②超额利润体现社会虚假价值
低位有机构成的部门	平均利润小于本部门剩余价值	①超额利润来自本部门剩余价值 ②超额利润体现社会虚假价值

小结二

综上所述，价值转化为生产价格是一个生产价格的形成和再调整的过程。一方面在部门间的竞争与生产价格形成的基础上，部门内部先进企业形成一个超额利润（包括属于社会虚假价值性质的超额利润的形成），这个超额利润将随着部门内竞争的开展而发生变化。"所以超额利润不是产生在两个不同生产部门之间，而是产生在每个生产部门之内；因此，它不会影响不同生产部门的一般生产价格，也就是说，不会影响一般利润率，反而以价值转化为生产价格和以一般利润率为前提。"①

但是，另一方面，也必须看到，超额利润的形成，并不是纯粹封闭式的部门内竞争的结果，它还与部门间的竞争有关，部门内实现的超额利润量的大小也要取决于部门间竞争的状况，而且它还会影响和引起部门之间的竞争，最终影响到生产价格的再调整。还要看到，部门内的竞争与超额利润的产生并不影响生产价格的形成，这只是在下列情况下才是正确的，这就是：部门内个别企业生产力的提高与超额利润的产生，是由于依靠本部门内的资本，它或是由于企业的内含的扩大再生产——不增加投资而只是更新更有效率的生产设备——或是由于落后企业中的投资转向先进的企业。我们业已指出，超额利润是零散地产生于每一个生产部门之中，只要各个部门内的超额利润水平相当时，情况就会是这样。但是如果某一个部门的超额利润高出一般的水平即形成特殊的超额利润率，它就会吸引其他部门资本的流入和部门生产构成的变化，并且改变这一生产部门的商品价值（包括剩余

---

① 《马克思恩格斯全集》第25卷，人民出版社，1974年，第858页。

价值）水平。而部门间的竞争又将引起变化了的部门商品价值和剩余价值的平均化，从而使社会生产价格水平发生变化。

归结起来，资本主义经济中在部门内的竞争与部门之间的竞争相交织中，存在一个生产价格形成与变动的机制，大体说来，它包含下列一系列环节：（1）部门内的竞争形成某种商品的社会价值即平均价值；（2）部门之间的竞争形成一般生产价格；（3）在生产价格形成前提下部门内超额利润的形成；（4）作为变量的超额利润，随着部门内的竞争与生产条件的改变——优等条件生产的商品比重的增大而在量上的增长，与此同时，属于虚假社会价值性质的部门超额利润的出现；（5）在部门特殊超额利润率形成的基础上，其他部门资本的流入，在这种部门间的竞争下又引起一般生产价格的再调整。